上海師範大學敦煌學研究所主辦

佛教文獻研究

佛教文獻研究

第 三 輯

方廣錩 主編

敦煌遺書與佛教研究專刊

廣西師範大學出版社
·桂林·

圖書在版編目(CIP)數據

佛教文獻研究. 第三輯 / 方廣錩主編. —桂林: 廣西師範大學出版社, 2019. 12
(漢文佛教文獻研究系列)
ISBN 978 - 7 - 5598 - 1921 - 5

Ⅰ. ①佛… Ⅱ. ①方… Ⅲ. ①佛教-文獻-文集
Ⅳ. ①B948 - 53

中國版本圖書館 CIP 數據核字(2019)第 133421 號

出 品 人: 劉廣漢
責任編輯: 劉孝霞
裝幀設計: 徐 妙
封面題字: 方廣錩
廣西師範大學出版社出版發行
(廣西桂林五里店路 9 號 郵政編碼: 541004
網址: http://www.bbtpress.com)
出版人: 張藝兵
全國新華書店經銷
銷售熱綫: 021 - 65200318 021 - 31260822 - 898
山東鴻君傑文化發展有限公司印刷
(山東省淄博市桓臺縣壽濟路 13188 號 郵政編碼: 256401)
開本: 787mm × 1 092mm 1/16
印張: 22 字數: 345 千字
2019 年 12 月第 1 版 2019 年 12 月第 1 次印刷
定價: 88.00 圓

目 録

《佛教文獻研究》第三輯
2019年，1—22頁

從敦煌遺書看隋唐敦煌漢傳佛教的宗派

方廣錩

内容摘要： 以“宗派”來解釋隋唐佛教的生態是否符合中國佛教的史實，“宗派”如何定義，隋唐佛教可分幾宗，這些問題雖經湯用彤、任繼愈、杜繼文及日本佛學界衆多學者研究，但至今仍然莫衷一是。從敦煌文獻來看，衆多的中華撰著及漢譯典籍證明，隋唐時期敦煌存在“佛教十宗”：天台宗、三論宗、華嚴宗、法相宗、律宗、禪宗、淨土宗、真言宗、三階教，以及尚待深入研究的藏傳漢文佛教。但是，敦煌地區的寺院和僧人究屬何宗，依據現有文獻，無從判定。考慮到現在難以確認在宋以前的文獻中“宗派”一詞是否已經出現，故宗派佛教在隋唐敦煌佛教中究竟處於什麽地位、是否主流，與佛教信仰是什麽關係，都成了敦煌遺書擺在我們面前的重大問題。

關鍵詞： 宗派；隋唐佛教；敦煌佛教；敦煌遺書；日本佛學；藏傳佛教；佛教經濟

作者單位： 上海師範大學哲學與法政學院

一、前　言

自接觸敦煌遺書以來，筆者對中國的佛教的表現形態及其發展歷程逐漸有了一些想法。這些想法的早期形態曾表述在20世紀90年代上半期所寫的《中華文化通志·佛教志》[1]中。其後隨著對有關問題的不斷思考而不斷修訂，現重新表述如下：

---

〔1〕 方廣錩：《中華文化通志·佛教志》，上海人民出版社，1998年。

佛教作爲一種宗教，既有比較精細、高深的哲學形態，也有比較粗俗、普及的信仰形態。由此，它能夠適應不同層次人們的不同需要。我把前一種形態稱爲“佛教的義理層面”，把後一種形態稱爲“佛教的信仰層面”。義理層面的佛教以探究諸法實相爲特徵，以收入大藏經的域外譯典及中國歷代高僧著述爲依據，以追求最終解脱爲目標；而信仰層面的佛教則以他力拯救與功德思想爲基礎，以漢譯佛典中的信仰性論述及中國人撰著乃至諸多疑僞經爲依據，以追求現世利益、來世福報乃至最終解脱爲目標。

用上述觀點觀察敦煌佛教[1]，敦煌佛教同樣存在義理層面與信仰層面這樣兩種表現形態。本文主要探討敦煌佛教的義理層面，不擬涉及其信仰層面。因此，本文衹是對敦煌佛教義理層面這一面向的初步探討，並非對敦煌佛教的全面論述。

在中國佛教史上，不同時期的佛教，其義理層面的表現形態各不相同。本文把討論的時段限定在隋唐時期。目前學術界與佛教界的多數人認爲，隋唐時期中國漢傳佛教的主要特徵是出現“宗派佛教”，主張隋唐時代的佛教宗派共有“八宗”。這些宗派取代南北朝時期的佛教“學派”，成爲隋唐佛教的主流。在佛教研究與佛教教學中，甚至有一種筆者稱之爲“一談到隋唐佛教，言必稱‘八宗’的傾向”。

本文認爲，學術界與佛教界所謂的隋唐“宗派佛教”實際僅屬筆者上文所説的“義理層面佛教”，故本文也擬從所謂“宗派佛教”入手進行論述。

二、略談隋唐敦煌佛教之“宗派”

關於中國佛教的學派與宗派，至今依然存在許多模糊不清的空間，需要進一步澄清與研究。

（一）問題的提出

2013年7月13日在香港中文大學“中國佛教研究的現狀與未來”學

〔1〕本文所謂的“敦煌佛教”，指從敦煌遺書、敦煌石窟及其他古代資料中反映出來的、古代活動在敦煌地區的佛教。

術研討會上，我以“談談中國佛教的學派與宗派”爲題發表論文[1]，指出近代佛教研究中所謂“南北朝時期的佛教學派”，實際是湯用彤先生對日本學者的“中國佛教有十宗或十三宗”之類説法進行批駁，加以改造以後的産物。而日本學者所謂的中國佛教有十宗或十三宗，又是以日本佛教爲背景，從佛教在日本的傳播史角度，倒過來向中國佛教追根溯源而提出的，並非對中國佛教發展史的如實記述。由此，日本學者對中國佛教史的那種學派及宗派的分判，本身是可疑的。湯先生的改造，起到了正本清源的作用。但湯用彤先生在日本學者分判的基礎上提出的“學派”“教派”等觀點，依然需要進一步論證。

其後，我在《讀〈續高僧傳・道紀傳〉》中，對“學派”一詞進行了考察，指出：“學派”一詞最早出現在宋代，是儒家的用語。中國古代佛典中並無“學派”一詞。在南北朝佛教典籍中更未見有這一名詞。我認爲，名詞是對現實生活中有關事物的概括與反映。應該説，没有出現這一名詞，是因爲現實生活中没有出現這種現象，缺少産生這一名詞的社會需要與現實基礎。所以，用“學派”來解釋南北朝佛教，實際是後代研究者對南北朝佛教的詮釋學的産物。我認爲“我們可以看到一個現象，亦即從整體來説，南北朝佛教是‘有學無派’”，“南北朝時期，一大批佛教僧人比較熱衷於某些經論的傳承、學習、宣講與注疏，這是客觀的歷史事實。以往佛教研究界用‘學派’一詞來表述這一歷史事實，亦即認爲在南北朝時期，已經以這些經論爲中心形成若干相互有一定區隔的派别。這種觀點，恐怕難以成立。那麽，我們應該如何對南北朝佛教的上述現象進行準確的歸納與表述，如何正確認識當時存在的經論學習熱潮及其地位與作用，這些問題，恐怕都有待進一步研究”[2]。

本文則擬進而考察“宗派”問題，在此先考察“宗派”一詞的由來。

就漢譯佛典而言，“宗派”一詞最早出現在清代工布查布翻譯的《藥師七佛供養儀軌如意王經》與《佛説造像量度經解》兩部經典中，意義與我們現在所用的“宗派”相同。我認爲，這應該屬於我所謂的“翻譯中的

〔1〕 該論文僅作爲會議論文宣講，其後未發表。
〔2〕 方廣錩：《讀〈續高僧傳・道紀傳〉》，《佛教文化研究》第1期。

文化反浸"[1]，故在此不予討論。就中華佛教撰著而言，"宗派"一詞最早見於唐道宣的《四分律含注戒本疏行宗記》卷一、唐宗密的《金剛經疏記科會》卷一及署名"秦三藏法師鳩摩羅什譯經、唐圭山大師宗密述疏、宋長水沙門子璿録記、清荆溪後學沙門行策會編"的《金剛般若經疏論纂要刊定記會編》所附的《十八住階位圖説》。雖然上述三篇文獻均與道宣、宗密等唐代僧人有關，但文獻中的"宗派"一詞，或實際出於宋代人之手筆，或其意義並非本文所討論的"宗派"。起碼從現有資料看，尚難確認"宗派"一詞在唐代文獻中已經出現。

宋以下，"宗派"這個詞使用頻率增加，開始加入"派别"的含義。但可以看到這樣一種情況，起先主要是禪宗使用這個名詞，指禪宗南宗所分的五派。後來天台、淨土也開始使用。雖然已經在"派别"這個意義上使用這個名詞，但對什麽叫"宗派"，缺乏明確的定義。詳細辨析，此處從略。

上面追溯的是從佛教初傳到明清，中國佛教界關於"宗派"一詞使用的情況。由此可見，就隋唐佛教而言，所謂"宗派"，依然是後人依據後代佛教發展的情況，對隋唐佛教進行詮釋的産物。

如上所述，在中國佛教研究史上，最早提出"宗派"問題的不是中國學者，而是日本學者。日本學者從佛教在日本的傳播史出發，追根溯源到中國，認爲中國佛教有十宗、十三宗等。20世紀30年代，湯用彤先生對日本學者的上述論題作出回應。他在其名著《漢魏兩晉南北朝佛教史》中，明確指出：南北朝佛教"各立門户，與唐宋各宗之爭，性質幾全相同。惟唐代之爭，已立宗派。而六朝之世，佛學衹有師法，尚未成立教派。日本僧人所傳，謂南北朝有成實宗、三論宗，等等，實則不合史實"[2]。在20世紀二三十年代撰寫的授課講義《隋唐佛教史稿》中，湯先生爲隋唐佛教列出九宗，分别是三論宗、天台宗、法相宗、華嚴宗、戒律［宗］、禪宗、淨土宗、真言宗、三階教。[3]湯先生的這一觀點其後被日本學者接受，20世紀50年代日本出版的《佛教史概論・中國篇》，將

---

〔1〕 方廣錩：《再談佛教發展中的文化匯流》，《敦煌研究》2011年第3期。
〔2〕 湯用彤：《漢魏兩晉南北朝佛教史》，中華書局，1983年，第515頁。
〔3〕 參見湯用彤著《隋唐佛教史稿》，《湯用彤全集》第二卷，河北人民出版社，2000年。

成實、地論、攝論等定爲“學派”，而在“宗派系譜”中同樣羅列了上述九宗。[1]

（二）什麼叫“宗派”

回顧學術界對隋唐佛教宗派的研究史，早期人們僅探討隋唐時代佛教到底有多少“宗”。但對什麼叫“宗”，却缺乏定義。20 世紀 60 年代，湯用彤先生在《論中國佛教無“十宗”》和《中國佛教宗派問題補論》兩篇文章中論述中國佛教無十宗時，開始對什麼叫“宗”進行探討。

在《論中國佛教無“十宗”》中，湯用彤先生主張：

> “宗”本謂宗旨、宗義，因此，一人所主張的學説，一部經論的理論系統，均可稱曰“宗”。從晉代之所謂“六家七宗”至齊梁周顒之“三宗”都是講的宗教學説上的派别，這是“宗”的第一個意義。
>
> “宗”的第二個意義是教派，它是有創始，有傳授，有信徒，有教義，有教規的一個宗教集團。
>
> 兩晉以來盛行的學派的“宗”和到隋唐時教派競起的“宗”，兩者的區分尚待研究。它們有相同之點，也有相異之點，主要的分别，似可説學派之“宗”是就義理而言，教派之“宗”是就人衆而言，它們是一個歷史的發展。[2]

上文第一個“就義理而言”意義上的“宗”，湯先生明確稱爲“學派”；第二個“就人衆而言”意義上的“宗”，湯先生稱之爲“教派”，亦即學術界目前所稱的“宗派”。按照上述觀點，湯先生主張：俱舍、成實、涅槃、攝論、地論等不能算宗派，祇能算學派。他説：

> 關於中國佛教之宗派，我們認爲，主要應根據宗鑑、志磐之説，除天台宗外，有禪宗、華嚴、法相、真言、律宗等五宗。至於三論宗，雖已形成教派，但傳世甚短。三階教隋唐盛行於民間，應可認爲

[1] 當年看過此書，寫作此文時手頭無書，轉引自《湯用彤全集》第二卷，第 415 頁。
[2] 湯用彤：《湯用彤全集》第二卷，第 372—373 頁。

教派。至於淨土，則祇有志磐謂其“立教”，但中國各宗均有淨土之説，而且彌勒彌陀崇拜實有不同，亦無統一之理論……因此，淨土是否爲一教派實有問題。[1]

也就是説，與20世紀二三十年代的《隋唐佛教史稿》所列宗派相比，到了60年代，湯先生的觀點有所變化。他主張天台、禪宗、華嚴、法相、真言、律宗等六宗爲宗派。三論宗雖然傳世甚短，但也已形成爲宗派。三階教應認爲是宗派。這樣中國佛教共有八宗。雖然在《隋唐佛教史稿》中，湯先生把淨土列爲一宗，但此時他對淨土能否算爲宗派持保留態度，没有作出最後的結論。他又説：

可見中國各種教派情形互異。我們欲窺其全豹，必須廣搜史料，從各代筆記小説、寺院碑文、僧人墓志、地方志書等，就各宗的經濟情況、社會基礎、與政權之關係、在政治上的作用、規章制度、教理歷史等加以切實研究。[2]

亦即在《論中國佛教無“十宗”》中，湯先生自承對他所謂的“教派”，亦即我們現在討論的“宗派”還需要從“各宗的經濟情況、社會基礎、與政權之關係、在政治上的作用、規章制度、教理歷史等”各個角度加以深入的研究。值得注意的是，湯先生在此將“各宗的經濟情況”列爲需要考察的首要問題。關於寺院經濟問題，他在同一篇文章中是這樣説的：

隋唐以後，宗派勢力既盛，僧人繫屬於各宗，有時壁壘森嚴……寺廟財産亦有所屬……但古代佛教宗派組織，寺廟經濟情形還不明了，需要詳細研究也。[3]

亦即他注意到在探討“宗派”問題時，寺院財産是一個需要詳細研

---

〔1〕 湯用彤：《湯用彤全集》第二卷，第382頁。
〔2〕 同上。
〔3〕 同上書，第375—376頁。

究的對象，應予以重視。在其後的《中國佛教宗派問題補論》中，湯先生再次明確提出經濟問題在研究佛教宗派問題上的重要地位，特别提到把一宗教義與寺院財産相結合的問題、在宗派鬥爭中藴含著的經濟利益問題：

> 中國佛教史的經濟方面，等待我們詳細研究的問題很多……及至宗派興起，經濟問題更須研究。我們可以初步提出兩點：（一）寺廟産業漸成爲各宗派所有，如前所述天台國清寺擁有土地，至宋初延慶寺等規定“須弘天台教法”。（二）寺廟擁有田産是在宗派發生以前，如前引《四論玄義》卷七所言宗派的爭道統“如娘婢二子爭父産”，可知佛教那時的道統爭執之激烈，是寺廟土地經濟的反映。[1]

前面提到，湯先生論述“宗”之“教派”義時，稱之爲是“有創始，有傳授，有信徒，有教義，有教規的一個宗教集團”，我認爲這可以視爲是對佛教“宗派”的一個定義。其後湯先生已經注意到，論述宗派時必須考慮寺院財産問題，亦即注意到寺院財産在宗派中的重要地位，但没有把寺院財産問題納入定義。認爲還需要詳細研究，態度非常慎重。

任繼愈先生在《漢唐時期佛教哲學思想在中國的傳播和發展》中，在寺院財産繼承這一方面，進一步完善了湯先生的觀點：

> 在隋唐時期，寺院有了自己的産業，必需保持它，於是發生了廟産繼承權的問題。佛教徒也發生了像世俗地主封建宗法制度的傳法關係。這樣，一個廟的師父傳授的佛教學説觀點，祇能連同廟産一並傳給他的嫡系的弟子們，而不能傳給另外學派的弟子。南北朝時，還不是一個寺院祇講一派的理論，一個寺的主要主持者死了，可以請另外一個學派的僧人來主持。這個寺院就屬於另一個學派。由於寺院主持人的變更，該寺院所屬的學派並不是固定的。所以説，南北朝時中國的佛教祇有學派，還没有宗派。到了南北朝末期，陳隋之際，才出現

〔1〕 湯用彤：《湯用彤全集》第二卷，第409—410頁。

佛教的宗派。〔1〕

任先生的觀點影響比較大，以後的研究者對宗派的解説大體接受這一觀點。比如吕澂先生在《中國佛教（第一輯）·唐代佛教》中説：

唐代佛教在發展過程中更成立了好些宗派。這是一方面因爲佛教的傳播日廣，要適應各階層信徒的要求，就不能不有各種教理和修持體系。一方面也因爲寺院的經濟基礎，日益龐大，佛教徒采取了用宗派形式加强組織，以維持其既得的利益。〔2〕

如果説湯先生的上述表述大體符合定義的規範，則任先生、吕先生的説法都偏重於描述，没有做出簡明的定義。

杜繼文先生主編的《佛教史》在"佛教宗派的形成"一節的開頭，有如下論述：

由各類"師説"發展成爲大型宗派，是隋唐佛教的一個重要特徵。它們的形成需要寺院經濟的高度發達，前後一貫的學説體系，擁有相對穩定、人數衆多的社會信仰層，以及保證師徒延續的法嗣制度。它們弘揚不甚相同的佛教教義，反映著不全相同的政治力量、經濟利益和社會風貌，在社會上發揮著不同的作用。

陳隋之際，是政治上由南北分裂走向全國統一的轉變時期，天台宗首先在此時建立起來。智顗創建天台宗的活動是在學派紛爭的基礎上進行的，是對南北朝佛教運動的總結，體現了從割據到大一統的政治需要和複雜的社會動態。

隋的統一，促進了各地文化的交流，使以往南北各有側重的佛教信仰得以相互補充、融合。南北佛教僧侣交相往還，溝通教義，南北各家師説走向調和會通，在佛教内部出現理論與修行並重的要求，和

〔1〕 任繼愈：《漢唐時期佛教哲學思想在中國的傳播和發展》，《漢唐佛教思想論集》，人民出版社，1973年，第16頁。

〔2〕 中國佛教協會編：《中國佛教》第一輯，知識出版社，1980年，第78頁。

"破斥南北，禪義均弘"的做法。

南北朝時期，寺院經濟已具相當規模，隋以後又有新的發展。一方面是統治階級繼續投入大量財物，另一方面是僧衆們大規模的自我墾殖。寺院經濟不但强盛，而且相對穩定，使提倡某一佛教思想的學者可以長期定居，研究教理，教授學徒，形成各具風格的僧侶集團，參與争取群衆和統治者支持的競争，凡此，促使僧侶采取排他性强的宗派形式來維護本集團的利益。這些宗派以某些大寺院爲據點，以某些名僧爲領袖，形成各自的勢力範圍，一般歷史較長，影響政治，影響社會，影響人的思想。

南北朝以來，由於譯經浩繁，種類雜多，致使歧義紛出，師説林立。爲調和各類佛典之間的矛盾，克服佛教内部的理論分歧，南北朝時已出現了判教的做法。所謂判教，是斷定佛教的主要經典和體系各有存在的理由和價值，但以本宗信奉的那部分爲最高最尊，處於圓滿地位的特殊論述方法。這類判教，至隋而特别流行開來。它們雖缺乏史實根據，却反映了隋唐宗派佛教的一個共同傾向：宗派性儘管是强烈的，但對異己者是寬容的；調和是主流，鬥争僅限於高低主次的理論領域。

關於隋唐佛教宗派的劃分，中外學者有不同的意見。我們認爲，創立於隋代的有天台宗、三論宗、三階教；産生於唐代的有華嚴宗、法相宗、禪宗、律宗、淨土宗、密宗和藏傳佛教。〔1〕

這段文字較長，論述了佛教"宗派"産生的原因，但作者依然没有對什麽叫"宗派"給出定義。值得注意的是，上述引文見於該書的 2006 年修訂本，而該書曾於 1991 年由中國社會科學出版社初版，本段引文可參見初版第 259—260 頁。比較兩種版本，修訂版對初版此段引文有所修訂。所作修訂大抵屬於文字的修飾，比較重要的修訂爲删去"寺院經濟的日趨龐大，也産生了廟産的繼承問題"一句。爲何删除此句，作者未做説明。因爲杜繼文先生在"新版後記"中交代，修訂版完全由他個人進行，主要有三個方面：（一）糾錯，（二）豐富知識，（三）補充内容。此處之删節

〔1〕 杜繼文主編：《佛教史》（修訂版），江蘇人民出版社，2006 年，第 222—223 頁。

顯然不屬於“豐富知識”與“補充内容”，那麼是否體現了杜先生對寺院財産在宗派中的作用有了新的思考，尚有待杜繼文先生今後新作的發表。

拙作《中華文化通志·佛教志》中對“宗派”有這樣一個定義：

> 所謂中國式佛教宗派，大致有這麽一些特點：以一定的佛教學説爲傳承，以一定的寺院經濟爲依託，仿照中國封建宗法制父子相承的形式，將學説的傳承與寺院財産、教團領導權的繼承結合起來，團體成員雖然不像世俗社會那樣存在血緣關係，但一般均像世俗社會一樣講究祖孫昭穆等輩分，由此形成相對穩定的佛教團體。[1]

這個定義是二十多年前做出的，實際是繼承湯用彤先生、任繼愈先生，特别是任先生闡述的觀點，並吸收任先生的某些表述歸納、整理而成，自然也加入我自己的某些認識。現在看來，如果拿上述定義去看中國佛教史，在所謂八宗存續期間，那八個宗派都符合上述定義嗎？這顯然是存在疑問的。如果不符合，那麽是完全不符合，還是僅在某些時空、對某些派别符合，而在另一些時空、對另一些派别不符合？誠如此，我們到底怎樣來定義中國佛教的“宗派”，以使它符合中國佛教宗派的歷史事實？

（三）隋唐敦煌佛教有多少個宗派

隋唐時期，中國佛教到底有多少個宗派，不同學者觀點不同。如上所述，湯用彤先生在《隋唐佛教史稿》中爲隋唐佛教列出九宗，分别是三論宗、天台宗、法相宗、華嚴宗、戒律［宗］、禪宗、淨土宗、真言宗、三階教。目前佛教界的主流觀點認爲隋唐佛教有“八宗”。這“八宗”實際是在湯用彤先生所主張的“九宗”的基礎上，删掉三階教而成。杜繼文先生則主張有“十宗”，如上引文，他説：“關於隋唐佛教宗派的劃分，中外學者有不同的意見。我們認爲，創立於隋代的有天台宗、三論宗、三階教；産生於唐代的有華嚴宗、法相宗、禪宗、律宗、淨土宗、密宗和藏傳佛教。”亦即在“九宗”的基礎上再加藏傳佛教。中國文化由多民族共同創造並交匯影響，從這個角度講，藏傳佛教乃至南傳佛教都應該納入中國佛教的範疇。

[1] 方廣錩：《中華文化通志·佛教志》，第105頁。

就本文探討的“隋唐敦煌佛教”而言，我認爲杜繼文先生的“十宗”分判較爲適用。

早在7世紀，佛教就從尼泊爾、漢地兩路傳入吐蕃。經尼泊爾傳入的印度佛教，特别是印度佛教的後期形態——密教其後逐漸與藏文化結合，形成獨具特色的藏傳佛教，成爲吐蕃佛教的主流。加以7世紀起，吐蕃勢力迅速崛起於青藏高原。而“安史之亂”以後，唐王朝的國力却急劇衰落，故敦煌等甘肅河西走廊一帶、新疆南疆的不少地區其後均被吐蕃占領，這些地區進入所謂“吐蕃統治時期”。隨著吐蕃勢力的擴張，藏傳佛教也於此時傳入吐蕃新占領的這些區域。所以考察隋唐敦煌佛教，應該計入藏傳佛教這一派别。

從歷史上看，至今爲止，藏傳佛教曾有五次大規模的對外傳播的歷史：前四次先後發生在唐、西夏、元、清，第五次則從中華民國開始，至今依然方興未艾。藏傳佛教五次外傳的内部、外部情况不同，結果也不同，但都與藏文化以外的其他文化進行交流與碰撞，對中華民族的形成與發展産生巨大影響。其中的歷史經驗值得我們重視與總結。

與第二次藏文化主要與西夏文化、第三次主要與蒙古文化、第四次主要與滿族文化的交流不同，敦煌地區漢文化根深蒂固，漢傳佛教實力强大，故唐代隨著吐蕃勢力進入敦煌的藏傳佛教主要與漢文化、漢傳佛教進行交流。面對從中華民國以來至今蓬勃興盛的藏傳佛教在内地的第五次大傳播，則當年的藏傳佛教第一次與漢文化的交流史便更值得我們深入關注、研究與總結。從現有資料看，當時的交流包括一批藏僧進入敦煌，一批漢僧進入吐蕃；也包括吐蕃贊普向敦煌高僧曇曠請教佛教教義，當時一批漢文佛教典籍被翻譯爲藏文，一批藏文佛教典籍被翻譯爲漢文。

由此産生的一個問題是，杜繼文先生上述“十宗”中所謂的“藏傳佛教”是指以藏語爲傳承語言的佛教系統，而敦煌此時出現了一個從這個“藏傳佛教”系統衍生出來的以漢語爲傳承語言的佛教系統。爲了便於表述，本文暫且將這一從“藏傳佛教”衍生出來的以漢語爲傳承語言的佛教系統稱爲“藏傳漢文佛教”。

由於“藏傳漢文佛教”這個詞是我生造的，所以需要對它進行一點探討。

第一，隋唐敦煌地區是否存在這樣一個“藏傳漢文佛教”?

我認爲是存在的。因爲敦煌遺書中的確存在一批從藏文翻譯爲漢文的佛教經典。當然，對這些經典及其所代表的佛教形態在敦煌地區的具體地位與作用，還需要進一步研究，但我們應該承認這些經典的存在，承認這些經典所代表的佛教形態與其他佛教形態的差異。

第二，我們應該把這個"藏傳漢文佛教"看作是附屬於藏傳佛教的一個子系統，還是看作是相對獨立的一個系統？

當時敦煌地區駐有藏族僧人——即占據當時敦煌佛教界上層地位的所謂"蕃大德"，並流傳著藏文佛典。這説明敦煌地區流傳有地道的藏傳佛教。雖然細節還不很清楚，但可以想象，正如"藏傳漢文佛教"的典籍是從藏文佛教典籍翻譯過來，則所謂"藏傳漢文佛教"也會受到"蕃大德"的指導乃至領導。衆所周知，所謂漢傳佛教，依據的基本典籍原本是從梵文等西域文本翻譯爲漢文的佛典，再加上中國佛教歷代祖師學習這些典籍以後所撰寫的各種中華佛教撰著，漢傳佛教在歷史上也受到過入華的梵僧或西域僧人的指導。既然漢傳佛教可視爲佛教中獨立的一支，那把"藏傳漢文佛教"視爲相對獨立的一個系統，似乎也無可厚非。

但"藏傳漢文佛教"是否可以與"漢傳佛教"作如此比擬，還是需要研究的。應該説，我們現在對敦煌地區當時的這一所謂"藏傳漢文佛教"研究甚少，對它的面貌還若明若暗，所以，上面所説衹能屬於假設。本文假設該"藏傳漢文佛教"可以視爲一個相對獨立的佛教系統，並對它進行考察。

應該説明，這裏所謂的"相對獨立"有兩層含義：第一，相對於母體藏傳佛教，"藏傳漢文佛教"有自己的特點，有"相對的"獨立性；第二，相對於其他漢傳佛教各宗，"藏傳漢文佛教"也有自己的特點，有"相對的"獨立性。考慮到中華民國以來漢藏佛教在第五次大交流的過程中，藏傳佛教在漢地的種種表現，我認爲上述考察具有重要的學術與現實意義。

綜上所述，我主張隋唐時期在敦煌地區曾經活動過十一個佛教"宗派"，它們是天台宗、三論宗、三階教、法相宗、律宗、華嚴宗、禪宗、淨土宗、密宗、藏傳佛教、藏傳漢文佛教。由於筆者不通藏文，對藏傳佛教的了解有限，更由於本文主要從漢傳佛教這一範圍來考察隋唐敦煌佛教，故本文從上述"十一宗"中排除藏傳佛教，僅考察其餘"十宗"。

三、敦煌遺書中的“十宗”典籍與敦煌寺院

以下本文擬先考察敦煌遺書中是否存有上述“十宗”的典籍。需要説明的是，這裏所謂的“‘十宗’的典籍”，除了“藏傳漢文佛教”外，對其餘九宗不是考察該宗所宗的印度佛教譯典，而是考察在敦煌遺書中是否存在該宗的中華佛教撰著。因爲諸宗所宗的印度佛教譯典，比如天台宗依《妙法蓮華經》爲宗旨，《大智度論》作指南，《大般涅槃經》爲扶疏，《大般若經》爲觀法；淨土宗以《無量壽經》《觀無量壽經》《阿彌陀經》《往生淨土論》等三經一論立教。上述《妙法蓮華經》等經論均爲我國歷代大藏經所收。敦煌遺書中若出現上述經論，不能説明天台宗、淨土宗的確已傳入敦煌。但如敦煌遺書中存有諸宗特有的中華佛教撰著，則可以證明該宗的確已傳入敦煌。至於“藏傳漢文佛教”，由於我們目前對它的了解還非常膚淺，故本文主要通過藏傳漢文譯典來論證它的存在。

其次，擬考察隋唐時期敦煌佛教寺院，主要考察他們是否具備某種宗派傾向。

本文擬通過上述考察，探討隋唐時期中國佛教各宗派在敦煌的實際生存狀態。

（一）敦煌遺書中的“十宗”典籍

1. 天台宗

據不完全統計，敦煌遺書現存天台宗典籍有：

《天台分門圖》、《天台智者大師發願文》、《天台智者大師智顗别傳》、《天台法華玄義科文第二》（注：或爲傳世本，待考）、用“天台五義”疏釋經文的《維摩詰所説經釋》（擬）、天台宗僧人資聖寺道液撰《淨名經集解關中疏》、《維摩經天台五義分門記》（擬）。在敦煌遺書《寺藏雜經録》（擬）中著録有《維摩天台抄》、天台沙門湛然述的《授菩薩戒儀》等。

上述天台宗的典籍，特别是天台宗的儀軌傳入敦煌，説明天台宗的確傳入敦煌。

特别值得注意的是《沙洲敦煌縣金光明寺僧伽藍巳年十二月十五日布薩文》（擬），該文獻爲敦煌金光明寺於歸義軍時期某巳年十二月十五日作布薩時使用的實用文獻。文獻主體由兩部分組成。

第一部分，從第1行到第23行，爲《入布薩堂説偈文等》，行文可依次參見《大正藏》第2852號，85/1301a4-16；85/1301a26-b2；85/1301a17-25等。

第二部分，從第28行到第49行，借用《天台菩薩戒疏》卷下所載布薩文之相關文字，填入"沙洲敦煌縣金光明寺"名稱，進行布薩。行文參見《大正藏》1812號，40/0597a20-b7。由於該布薩文利用了《天台菩薩戒疏》的文字，自然充分證明天台宗在敦煌的存在。

關於金光明寺的宗派屬性，擬在下文討論。

2. 三論宗

三論宗存世時間較短，除了域外譯典外，主要依據三論宗創始人吉藏法師的著作闡述宗義。據不完全統計，敦煌遺書現存吉藏所撰三論宗典籍有：

《法華經義疏開題並玄義十門》、《法華論疏鈔》（擬）、《法華義疏》、《彌勒經遊意》。

此外還有：《中論義記》卷一（擬）、《肇論》、《肇論疏》（擬）等中華佛教撰著，應該都屬於三論宗傳承的著作。

3. 三階教

三階教創於隋代，唐代屢禁屢起。三階教有自己的典籍及本宗典籍目録《人集録都目》，在歷代經録保留了《人集録都目》著録的這些典籍，但由於三階教最後被禁絶，故這些典籍未能被歷代大藏經所收。敦煌遺書發現後，日本矢吹慶輝、西本照真對敦煌遺書中所存的三階教經典做了較爲全面的整理，包括：

《人集録都目》、《人集録於十二部經修多羅内驗出對根起行法》一卷、《三階佛法》卷二（擬）、《七階佛名經》、《信行口集真如實觀》、《第三階佛法廣釋》（擬）、《大乘無盡藏法》、《無盡藏法略説》、《大乘法界無盡藏法釋》（擬）、《如來身藏論》、《制法》一卷、《明惡法》（擬）、《示所犯者瑜伽法鏡經》、《三階佛法》、《三階佛法密記》卷上、《華嚴章》（擬）、《人集録明諸經中對根淺深發菩提心法》、《三階某禪師行狀始末》（擬）、《窮詐辨惑論》卷下、《發菩提心法》（擬）、《三階觀法略釋》（擬）、《受八戒法》、《乞食法》（擬）、《佛性觀》（擬）、《佛性觀修善法》、《惡觀》、《佛性問答》（擬）（含《佛性觀修善法》）、《明諸大乘修多羅内世間出世間兩階人發菩提心同異法釋》（擬）、《依諸經論略抄頭陀乞食法》一卷（擬）、《人集録依諸大乘經中略發願法》、《麻禪師行狀》。此外還有若干殘片尚待考訂。敦煌遺書所存《龍録内無名經論律》著録了若干三階教典籍，也反映了三階教典籍在敦煌被傳習的情況。

4. 法相宗

法相宗在唐代盛極一時。唐法相宗僧人智周撰的《大乘入道次第》在敦煌遺書中被發現，同時發現的有曇曠對該《大乘入道次第》所撰的《大乘入道次第開決》，以及不知名作者的《大乘入道次第義疏》。我們知道，敦煌被吐蕃統治早期，著名僧人曇曠曾弘揚法相唯識，除了上述《大乘入道次第開决》，他還撰寫了《大乘百法明門論開宗義記》《大乘百法明門論開宗義决》《唯識三十論要釋》等弘揚法相宗義的著作。敦煌遺書中還留下了他答吐蕃贊普問的《大乘二十二問》。此外吐蕃統治晚期及歸義軍早期，著名的僧人吴法成在敦煌翻譯藏傳佛教經典之外，還講習《瑜伽師地論》，至今留下了大量的《瑜伽師地論分門記》《瑜伽師地論隨聽疏》等，最近又發現一件法成的《瑜伽師地論義疏》。

此外，敦煌遺書還存有一些殘片，與法相宗有關，我把它們命名爲《論唯識義》（擬）、《唯識論疏釋》（擬）、《唯識名數雜釋》（擬）、《唯識宗疏釋》（擬）等，詳情有待查考。

5. 律宗

敦煌遺書中律宗的資料相當豐富，據不完全統計，有《八波羅夷戒中覆藏戒釋》（擬）、《八戒功德文》（擬）、《比丘羯磨》（擬）、《比丘戒述要》（擬）、《比丘六念》（擬）、《比丘尼布薩文》（擬）、《比丘尼羯磨》（擬）、《比丘尼羯磨鈔》（擬）、《比丘尼羯磨法》（擬）、《比丘尼羯磨文》（擬）、《比丘尼式叉摩那沙彌尼威儀鈔》（擬）、《比丘尼自恣羯磨文》（擬）、《比丘雜羯磨》（擬）、《波逸提懺悔法》、《持戒十利》（擬）、《初受三歸菩薩戒羯磨文》（擬）、《大比丘尼羯磨》、《大比丘尼雜羯磨》、《大戒尼羯磨文》、《大僧與比丘尼作羯磨文》（擬）、《梵網經菩薩戒羯磨文》（鳩摩羅什本）（擬）、《結解戒場法》（擬）、《結戒集十句義解》（擬）、《羯磨》（擬）、《羯磨法鈔》（擬）、《羯磨文》（擬）、《戒律教義雜記》（擬）、《戒律疏釋鈔》（擬）、《戒緣》卷上卷下、《鳩摩羅什法師誦法》、《毗尼心》、《菩薩安居及解夏自恣法》、《菩薩二十四戒》（擬）、《菩薩和戒文》、《菩薩羯磨戒文》、

《菩薩受戒儀軌》（擬）、《菩薩受無盡戒羯磨》、《七佛教誡偈文》、《入布薩堂說偈文》、《沙彌護戒偈》（擬）、《沙彌尼十戒法並七十二威儀》（擬）、《沙彌十戒文》、《沙彌十戒文五德十數及七十二威儀》、《失名佛教戒律》（擬）、《式叉摩那六法文》、《式叉摩那六法文並沙彌十戒及八敬等法》、《式叉摩那六法文附受衣文、說淨法》（擬）、《式叉摩那六法文兼十八法》、《釋迦牟尼佛說教誡偈》、《釋尼戒初篇八波羅夷義决鈔》（擬）、《釋尼戒初篇八波羅夷義决要略》（擬）、《釋僧戒初篇四波羅夷義决》、《釋僧戒初篇四波羅夷義决》（異本）、《釋僧戒初篇四波羅夷義决鈔》（擬）、《受菩薩戒儀》（擬）、《授大戒羯磨》（擬）、《四波羅夷略疏》（擬）、《四分比丘尼羯磨法鈔》（擬）、《四分比丘尼羯磨文》（擬）、《四分比丘尼戒本》（異本）、《四分律比丘含注戒本》（二卷本）、《四分律比丘含注戒本》（一卷本）、《四分律比丘戒本》（加注本）、《四分律比丘尼含注戒本》（撮略本）卷上、《四分律删繁補闕行事鈔略解》（擬）、《四分律删繁補闕行事鈔》、《四分律删繁補闕行事鈔疏》（擬）、《四分律删繁補闕行事鈔序》、《四威儀詩》（擬）、《小抄》、《小抄》（異本）、《行事鈔中分門圖録》、《宗四分比丘尼隨門要略行儀》，等等。

上述文獻，有的是使用儀軌文獻，有的是理論闡述，均應歸入律宗。

6. 華嚴宗

屬於華嚴宗的文獻，現知在敦煌遺書中有《華嚴經探玄記》卷一、《解迷顯智成悲十明論》、《華嚴一乘十玄門》等。

7. 禪宗

敦煌禪宗文獻的發現，已經爲禪宗研究開闢了新的天地。日本柳田聖山、田中良昭等先生做出卓有成果的研究。關於敦煌遺書中現存禪宗文獻的情况，田中良昭、程正兩位先生著有《敦煌禪宗文獻分類目録》〔1〕可以參看，本文不再贅述。

8. 淨土宗

屬於淨土宗的文獻，現知有《安樂集》卷上、《大乘淨土贊》、《淨土五會念佛誦經觀行儀》三卷、《禮阿彌陀佛文》、《禮阿彌陀佛文》（異本）、《十六衆想文》、《釋淨土群疑論》及其異卷、《說往生淨土咒及念誦功德》

---

〔1〕 田中良昭、程正：《敦煌禪宗文獻分類目録》，大東出版社，2014 年。

（擬）、《往生禮贊偈》、《往生禮贊偈鈔》（擬）、《轉經行道願往生淨土法事贊》卷上。

9. 密宗

屬於密宗的有《北方毗沙門天王隨軍護法真言鈔》（擬）、《比丘志雄抄陀羅尼》（擬）、《變食真言等真言雜鈔》（擬）、《持大悲經發願文》（擬）、《大乘四無量安心入道法要略》、《大摧碎金剛延壽陀羅尼真言及前儀》（擬）、《大佛頂如來頂髻白蓋陀羅尼神咒鈔》（擬）、《大佛頂尊勝出字心咒》、《大力金剛心真言》、《大輪金剛法附陀羅尼壇》（擬）、《大青面忿怒嚴峻攝一切毒龍□□毒害禁縛一切□□□夜迦驅逐一切夜叉羅刹大法□陀羅尼》、《大獻樂陀羅尼》（擬）、《大獻樂陀羅尼神妙章句真言》、《大元帥啓請》、《得食真言等真言雜鈔》（擬）、《東方金剛大集想》、《多寶如來等五如來真言》（擬）、《佛頂尊勝陀羅尼神咒》、《佛爲諸盲聾説明眼目陀羅尼神咒》、《觀世音不空羂索王心神咒功德法門名不空成就王法》、《觀世音菩薩大悲隨心陀羅尼神咒》（擬）、《觀世音陀羅尼集》（擬）、《觀自在菩薩大悲咒等雜咒》（擬）、《護多神能令君臣喜不嗔咒等咒語兩道》（擬）、《金剛蓮華大摧碎真言》、《軍荼利提牙印咒》、《密教修持儀》（擬）、《密教修習儀軌》（擬）、《密教最上乘法觀行法》（擬）、《密宗二十八戒》（擬）、《千臂千眼大悲觀世音菩薩法印咒》、《如意輪王摩尼別行法印》、《神印法》（擬）、《生淨土陀羅尼等真言及念誦功德三道》（擬）、《施餓鬼食並水真言印法附咒食儀》（擬）、《師子吼菩薩咒》（擬）、《十方三世諸佛無量隨心大神咒》、《釋迦牟尼請佛心真言》、《授金剛心法心地法門戒》（擬）、《四天王發願了頭真言》、《壇城圖三幅》（擬）、《陀羅尼雜咒集》（擬）、《一切佛心咒・一切佛心印咒》（擬）、《治病雜咒》（擬）、《咒食施一切面燃餓鬼飲食水法》（異本二）、《咒食儀壹本》、《自心印陀羅尼鈔》（擬）、《最上乘修持法》（擬）等。

10. 藏傳漢文佛教

屬於吐蕃統治時期從藏文佛典翻譯爲漢文的佛典有《無量壽宗要經》、《無量壽宗要經》（異本）、《般若波羅蜜多心經》（異本）、《諸星母陀羅尼經》、《薩婆多宗五事論》、《菩薩律儀二十頌》、《八囀聲頌》、《釋迦牟尼如來像法滅盡之記》、《金有陀羅尼經》、《大乘四法經》（異本）、《因緣心論頌》、《因緣心論釋》、《因緣心論開決記》，還有宗舜法師曾經研究過的關於“彌勒禪”的文獻[1]，等等。

需要説明，上述資料乃從本人編纂的“敦煌遺書數據庫”中檢出。由於對敦煌遺書的調查尚未完成，已經調查得到的部分資料尚未全部輸入數據庫，數據庫中的資料尚需進一步整理與完善，故目前還没有能夠做到完整、準確地全部輸出所需資料，因此，上述資料僅供參考。僅從上述資料而言，我們説，隋唐時期，中國佛教漢傳十宗均曾傳入敦煌，應該是没有疑問的。

（二）隋唐時期的敦煌寺院的宗派傾向

敦煌地處陸上絲綢之路要衝，爲佛教沿陸上絲路傳入中國的必經之地。依據最新考古資料，早在東漢永平年間（58—75），佛教已經在敦煌地區聚集活動，當地已經有“小佛陀里”這一地名。由此推測，不排除當地還有對應的“大佛陀里”這樣的地名。

隋唐時期，敦煌地區大大小小的佛教活動場所甚多，有龍興寺這樣官方寺院，也有地方、家族修建的寺院乃至蘭若、佛堂、精舍。從敦煌遺書資料看，隋唐時期，敦煌地區的大寺院大致保持在十多所這一規模，其中僧寺若干所、尼寺若干所。《敦煌學大詞典》有較爲詳盡的介紹，可以參看。

現在的問題是，雖然從敦煌遺書看，十宗的文獻典籍都傳入敦煌，可以肯定這十宗都曾在敦煌活動；也可以肯定，上述十宗在敦煌進行活動期間，敦煌地區存在十幾個大寺院，且有其他諸多大大小小的佛教活動場所。那麼，我們現在能不能確定這些寺院各自的宗派傾向？或者説，哪個宗派各以哪個寺院或哪個場所爲基地開展活動？自然，這裏的“宗派”，指的是上述湯用彤先生所謂“就人衆而言”意義上的“宗”，亦即我在《中華文化通志·佛教志》一書中定義的那種“宗派”。

很遺憾，就目前的資料，我們實在很難説隋唐時代敦煌的這十幾個寺院，到底哪個屬於哪一宗；也很難指實某宗主要依據某寺院開展活動，或某寺院在某一段時間中，除了弘揚某宗外，不弘揚其他佛教宗派。

説有容易説無難。在此具體討論一下金光明寺。如前所述，在《沙洲敦煌縣金光明寺僧伽藍巳年十二月十五日布薩文》（擬）中借用了《天台菩薩戒疏》卷下所載布薩文之相關文字，並在空白處填入“沙洲敦煌縣金

〔1〕 宗舜：《敦煌寫卷所揭“彌勒禪”之初探——北京圖書館藏月 091（7119）號卷子解讀之一》，《戒幢佛學》第二卷，岳麓書社，2003 年。

光明寺”名稱，既然如此，該金光明寺是否屬於天台宗?

據《敦煌學大辭典》，金光明寺在沙洲城西，吐蕃統治時期辰年（788）初見其名，北宋天禧三年（1019）猶存。有關該寺的歷史沿革，此處從略。從敦煌遺書看，該寺人數最少時衹有十六人，最多時大僧、沙彌共有六十二人。有羊群、田園、倉貸、磑課及布施等多種收入。曾辦寺學。

筆者在“敦煌遺書數據庫”中檢索得到與金光明寺有關的資料八十五條，相同名稱的文獻予以歸並後共得七十三種，這些文獻的年代從吐蕃統治時期到歸義軍時期，大體是 8 世紀中期到 10 世紀末，今按照漢語拼音羅列如下：

（1）白畫（擬）；

（2）般若波羅蜜多心經；

（3）般若波羅蜜多心經（異本）；

（4）比丘尼常精進狀；

（5）變文；

（6）茶酒論；

（7）丑年（821）金光明寺寺户團頭史太平等請便麥牒及處分（擬）；

（8）丑年十二月沙州諸寺羊籍五通（擬）；

（9）淳化二年（991）四月馬醜女迴施疏（擬）；

（10）辭道場贊；

（11）大般若波羅蜜多經卷五六八；

（12）大乘百法明門論疏（擬）；

（13）大乘稻芉經；

（14）大乘稻芉經隨聽疏；

（15）大佛頂如來密因修證了義諸菩薩萬行首楞嚴經卷九；

（16）大智度論卷三九；

（17）梵網經盧舍那佛説菩薩心地戒品第十卷下；

（18）佛名經（十六卷本）卷八、卷一三；

（19）付金光明寺龍興寺諸色人等經歷；

（20）觀世音經；

（21）護首（大般若波羅蜜多經）；

（22）護首（經名不詳）；

（23）己未年（959）四月報恩寺寺糧麻入歷（擬）；
（24）甲申年二月四日諸家上欠便勿名目；
（25）解僧正開七齋僧數；
（26）金剛般若波羅蜜經；
（27）金光明寺比丘保淨狀；
（28）金光明寺牒；
（29）金光明寺付氈布歷；
（30）金光明寺故索法律邈真贊並序；
（31）金光明寺僧惠元惠進題記；
（32）金光明寺僧造食用麥油等歷；
（33）金光明寺寫經人名；
（34）金光明最勝王經卷九；
（35）淨名經集解關中疏卷下；
（36）淨土五會念佛誦經觀行儀卷下；
（37）救疾經（大本）；
（38）鉅鹿索法律和尚義晉功德碑稿（擬）；
（39）開運四年（947）三月九日曹元忠爲其故兄追設供請金光明寺僧疏；
（40）禮懺文；
（41）禮懺文一本；
（42）靈圖寺寄住僧道猷牒；
（43）靈修寺某年香積厨破歷（擬）；
（44）論語集解卷二；
（45）某僧詩文雜鈔（擬）；
（46）某寺法事面油破歷；
（47）千字文；
（48）秦婦吟；
（49）清泰二年（935）金光明寺上座神威等上都僧統狀並判；
（50）請僧疏告（擬）；
（51）散華樂；
（52）沙州敦煌縣金光明寺僧伽藍巳年十二月十五日布薩文（擬）；
（53）社會文書；

（54）社司轉帖；
（55）社邑文；
（56）釋迦牟尼如來涅槃會功德贊並序；
（57）四分律比丘戒本；
（58）四分律戒本疏卷一；
（59）四分律刪補隨機羯磨卷下；
（60）蘇子清遺書右效王；
（61）嘆佛文；
（62）題記；
（63）天福十年（945）金光明寺比丘慶遂爲追念故僧政百日設供疏；
（64）同光四年（926）金光明寺僧慶寂神威等上都僧統狀並判；
（65）王梵志一卷；
（66）爲亡妣追七功德請金光明寺僧疏；
（67）維摩詰所說經卷下；
（68）無常經；
（69）無量壽宗要經；
（70）無量壽宗要經（甲本）；
（71）辛巳年（982?）金光明寺僧保真貸紅繒契；
（72）戌年（818）到子年（819）沙州諸寺丁壯車牛役簿（擬）；
（73）雜寫。

從上述資料，實在難以看出該金光明寺有什麽特定的宗派傾向，上述《沙洲敦煌縣金光明寺僧伽藍巳年十二月十五日布薩文》（擬）所以借用《天台菩薩戒疏》卷下所載布薩文之相關文字，可能是由於該《天台菩薩戒疏》已經傳到敦煌，金光明寺僧人出於某種原因在布薩時采用了該《天台菩薩戒疏》中的某些表述，這可以看作天台宗在敦煌地區的確具有影響，但不等於該金光明寺已經歸屬天台宗，專弘天台宗。

（三）兩位義學高僧

我們還可以考察敦煌兩位最著名的義學僧。

曇曠，吐蕃統治初期的僧人。據上山大峻先生研究，他一生著述可分爲《金剛經》《大乘百法明門論》《大乘起信論》等三個系統。雖然從總體看，他的思想傾向於唯識法相宗，但在對《大乘起信論》的注疏中，體現出受到華嚴宗法藏的影響。[1]

法成，吐蕃統治後期、歸義軍統治初期的僧人。從總體傾向看，他大力弘揚唯識法相宗，但無可諱言，他又是敦煌“藏傳漢文佛教”的代表性人物。

四、結論與感想

由於篇幅的原因，本文很難再對這一論題展開詳細論述。筆者的基本結論是，十宗的典籍雖然均在隋唐時期的敦煌遺書中被發現，説明十宗當時均曾在敦煌活動，但考察敦煌的佛教寺院，很難確定其宗派傾向；考察某些敦煌佛教代表性人物，也很難確定他們的宗派傾向。這對我們研究隋唐敦煌佛教，特别是所謂“佛教宗派”的生存狀態，對到底什麽叫“佛教宗派”，提出了新的研究課題。

上面考察的雖然是隋唐敦煌佛教的情況，但對我們把握隋唐中國佛教的整體有著重要的參考價值。亦即隋唐時期的確出現了宗派佛教，但這種“宗派”到底如何定義？是完全“就人衆而言”意義上的“宗”嗎？它的特徵是什麽？這種宗派佛教在整個佛教中到底處於什麽地位？它們是否真的占據了佛教的主導地位，成爲當時佛教界的主流表現形態？它與佛教的信仰層面又有什麽關係？

還以曇曠爲例。曇曠出身建康，曾隸籍於長安西明寺，安史之亂以後來到敦煌。所以在敦煌遺書中，他的著作往往署名爲“京西明道場沙門曇曠撰”。類似署名，在我的數據庫中檢索到十七條。我們知道，在曇曠那個年代，長安西明寺是個著名的律宗道場，但我們查看曇曠的所有論著，看不到他有絲毫律宗的色彩，看到的却是一個尊崇法相唯識思想，又受到華嚴思想影響的義學僧人的形象。

總之，如何正確認識宗派佛教在隋唐佛教中的地位，是擺在我們面前的一大任務。我想，這也是敦煌遺書向我們提出的重大問題，我們應該正視它。

---

〔1〕 參見上山大峻著《增補敦煌佛教の研究》，法藏館，2012 年。

《佛教文獻研究》第三輯
2019年，23—38頁

京都大學綜合博物館所藏敦煌遺書簡介

［日本］高田時雄

内容摘要： 京都大學綜合博物館現藏三件敦煌遺書，是1925年由濱田耕作作爲考古學教室的標本購置的：（一）《大方廣佛華嚴經》殘卷二紙，第一紙第一行寫著“大方廣佛華嚴經離世間品第卅三，卷第卅一”與今本分卷不同。（二）《救諸生苦難經》與《新菩薩經》合卷一紙。文末有題記云：“乾德伍年（967）丁卯歲七月廿一日疫疾寫經牓門上題□”。這兩種疑僞經經常連續寫在一起，本卷亦同出一轍。此卷的明顯特點是紙張特别厚，且表面的發黑和污垢突出，使人想象其長時間暴露在屋外，即符合於“寫經牓門上題”的條件。（三）開元年間（713—741）《雜齋文》二紙半，前後均殘。此文筆者靈悟應爲大曆十一年（776）《大唐隴西李氏莫高窟修功德記》中的僧政沙門釋靈悟法師。

關鍵詞： 日藏敦煌遺書；京都大學綜合博物館；濱田耕作

作者單位： 復旦大學特聘教授

京都大學綜合博物館現在藏有三件敦煌遺書，原是京都大學考古學的首任教授濱田耕作（1881—1938）作爲文學院考古學教室的標本購置的。迄今爲止基本上未嘗聽説有人提及，因此想介紹其概要如下。〔1〕

一、 濱田耕作與敦煌遺書

濱田耕作以濱田青陵之號聞名，1881年生於大阪南部岸和田藩的上士家庭，就讀於京都的第三高等學校，1905年畢業於東京帝國大學史學

〔1〕 本文依據2016年2月9日進行的調查所寫。在當天的調查中受到博物館研究員横山操氏的關照，謹申謝忱。

科，專業是美術史。在升學進入研究所的同時，從事雜志《國華》的編輯工作。1909 年，到京都帝國大學文科大學就任講師。這個人事任命的前提是校方考慮在不久的將來設置考古學講座，由他擔任教授。因此 1913 年 3 月濱田被任命爲副教授，同時被派往歐洲留學，在英國師從皮特里（Sir William Matthew Flinders Petrie，1853—1942）學習考古學。皮特里作爲埃及考古學的專家享有盛名，並因確立了現代考古學的系統性的方法而聞名。濱田於 1916 年回國正式負責考古學講座，翌年成爲正教授。日本設置考古學講座以京都大學爲最早，濱田除了以在歐洲學到的方法廣泛從事研究與教育工作外，還每年在日本國内各地進行發掘調查，其成果《京都帝國大學文科大學考古學研究報告》每年都刊行。他還系統地整理獲得的考古標本，熱心投入考古學陳列室的配備工作。〔1〕在此介紹的敦煌遺書就是作爲該陳列室的標本而買到的。濱田於 1930 年擔任文學院院長，1931 年成爲帝國學士院會員，並於 1937 年就任京都帝國大學總長，因病於任内逝世，享年五十七周歲，著有《濱田耕作著作集》〔2〕，共七卷。

濱田作爲講師到京都赴任的第二年，即 1910 年，京都文科大學爲調查剛從敦煌送往北京的學部的敦煌寫本，派了内藤虎次郎、狩野直喜、小川琢治等教授前往北京，當時濱田與富岡謙藏一起隨行。用濱田自己的話來説，就是"内藤、狩野、小川三位博士説因爲將來應該去中國進行調查，於是在去北京調查敦煌經卷時將我拉去了"〔3〕。當然不能認爲濱田對敦煌寫本懷有特别濃厚的興趣，但因前輩教授提携而去北京的濱田是在這時開始接觸敦煌寫本的。五個教官在北京的學部及李盛鐸的私宅調查的經卷，從整體來看不過是極少的一部分，儘管如此還是製作了八百件經卷的目録帶回日本。可以推測主要是在内藤、狩野的指導下製作於當地的《清國學部所藏敦煌石室寫經翻閲目録》，似乎是由濱田與富岡兩人筆録的。〔4〕而

〔1〕 參看濱田耕作著《考古學教室の思ひ出話》，《京都帝國大學文學部三十周年史》，京都帝國大學文學部編，1935 年，第 200—203 頁。

〔2〕 濱田耕作：《濱田耕作著作集》，同朋舍，1987—1993 年。

〔3〕 濱田耕作：《考古學教室の思ひ出話》，第 202 頁。

〔4〕 該目録影印於玄幸子、高田時雄編《内藤湖南敦煌遺書調査記録》，關西大學出版部，2015 年。關於 1910 年在北京學部的敦煌遺書調查，請參看該書所收的高田時雄《内藤湖南の敦煌遺書調査及び關連資料—前書きに代えて》及《明治四十三年（1910）京都文科大學清國派遣員北京訪書始末》，載《敦煌吐魯番研究》第七卷，上海古籍出版社，2004 年，第 13—27 頁。

數年後，濱田被公派留學歐洲時，在倫敦看到了大英博物館的斯坦因發掘品。以陪同來到倫敦的狩野直喜去博物館爲契機，濱田在狩野回國後也常去博物館進行調查，並公布了其調查記録。〔1〕濱田關心的當然主要是考古遺物，但在文獻方面也介紹了“乾寧三年葬書斷片”“甲戌年西漢敦煌國王許出家敕書”“曹氏祈福疏”“化度寺塔銘拓本”“咸通九年刻本金剛經”“歸三十字母例”等十餘件，稱之爲敦煌學搖籃時期的重要成果之一也不爲過。

濱田耕作雖以考古學爲專業，但也有不忘關注歷史時代遺物的廣泛視角。吉利支丹（天主教）遺物的研究等就是這種範例，而對於敦煌寫本，或許也有當時風潮的影響，又有到京都赴任以來在北京、倫敦實際接觸寫本的經歷，想來濱田逐漸産生了不小的興趣。這無疑是購置敦煌寫本作爲考古陳列室標本的背景。

二、 考古陳列室的敦煌遺書

三件敦煌遺書的内容是（一）《大方廣佛華嚴經》離世間品第三十三，（二）《救諸生苦難經》及《新菩薩經》合卷，（三）《雜齋文》殘簡，係濱田於1925年購置的〔2〕，據説從那以來直至近年爲止都放在陳列室的玻璃櫃中。這些寫本在1963年公開發行的考古學教室的資料目録〔3〕中已有照片與簡單的解説，考古學教室藏有敦煌寫本作爲標本是爲人所知的，但奇怪的是迄今爲止幾乎没有引起注意。

目録中衹記録了上述三件，但本來似乎還有一件，即玄應的《一切經音義》卷二的殘簡，現存看來是用於展覽説明的一張紙片（圖一）。不過該寫本似乎早已失去，1963年的目録完全没有提到。爲了慎重起

〔1〕《大英國博物館スタイン氏發掘品過眼録》（上、下），《東洋學報》1918年第八卷第一號，第117—125頁；1918年第八卷第三號，第427—434頁。

〔2〕據京都大學文學部部刊《京都大學文學部博物館考古學資料目録・第3部中國》，1963年，第268—269頁的記載，編號分别是2743、2744、2746。2745缺失，必是下文提到的《一切經音義》。目録號碼是木漆紙製品004—006。此外，據傳目録的解説出於藤枝晃教授之手。參看小野山節《ライカによる午前三時の銅印撮影》，《藤枝晃先生追悼文集》，大阪：自然文化研究會，2000年，第74頁。

〔3〕即京都大學文學部部刊《京都大學文學部博物館考古學資料目録・第3部中國》。

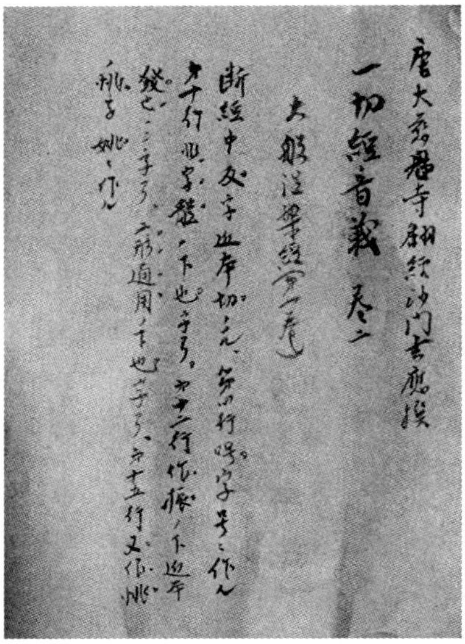
圖一：《一切經音義》用於展覽的説明

見，特將該紙片的文字與圖版一起移録如下。

唐大慈恩寺翻經沙門玄應撰
一切經音義卷二
大般涅槃經（第一卷）

斷經中，反字近本切トナル。第四行呺字，号ニ作ル。第十行非字體ノ下也字アリ。第十二行作振ノ下，近本發也ノ二字アリ。二形通用ノ下也字アリ。第十五行又作恌ノ恌字，姚ニ作ル。

（斷經中，反字近本爲切。第四行呺字作号。第十行非字體之下有也字。第十二行作振之下，近本有發也二字。二形通用之下有也字。第十五行又作恌之恌字作姚。）

濱田購買這四件寫本，不同於一般的收藏家，而衹是考慮其作爲標本的價值，因此可以感受到其儘量選擇多種多樣寫本的意圖。這些寫本不見於1929年刊行的《昭和法寶總目録》第一卷收録的“敦煌本古逸經論章疏並古寫經目録”，應該也是因爲與古經卷收藏家的世界不相往來的緣故。不過引人注目的是“（二）《救諸生苦難經》及《新菩薩經》合卷”，見於羅福萇（1895—1921）《古寫經尾題録存》[1]（1923年，下文簡稱《録存》）。

羅氏《録存》收録了敦煌經卷中存有題記者，包括補遺在内共一百四十七條。據編者羅福萇之弟羅福葆（1899—1967）的説明，“癸亥（1923）春既爲先叔兄校寫古寫經尾題録存，秋七月見皖江張氏[2]所藏大般涅槃經二卷均有尾題，家大人命補録附入，異日續有所見當繼續録之，上虞羅福葆”，補遺是1923年秋七月補充了皖江張氏收藏的涅槃經等三條，正編是同年春天羅福葆繕寫的。羅福萇於1921年夭折，因此《録存》正編當

〔1〕參見羅振玉《羅雪堂先生全集初編》，文華出版公司，1968年，第1247頁。
〔2〕皖江張氏不詳，有待將來考察。

然是該年以前編纂的。本文文末所附的表摘録了《録存》所收一百四十七件經卷的經題與收藏者，並在括號内補記了現在的收藏者。羅氏明確記載收藏者的不及全書的一半，而其中大部分（三十九件）是“日本大谷氏”即大谷光瑞帶來的經卷，其次列舉了“北京圖書館藏”的八件。此外有“日本富岡謙藏氏藏”兩件、“倫敦博物館”與“大英博物館藏”共兩件、補遺的“皖江張氏”兩件、“松本（文三郎）氏藏”“大谷大圖書館”“江西李氏藏”“北京某氏藏”各一件。〔1〕不過，北京某氏即李盛鐸，這從該經卷見於散録的李氏目録〔2〕這一點可知。不僅如此，羅氏認爲係北京圖書館藏的八件中有五件均見於散録的李氏目録，實際上是歸於李氏之手的。這些寫本在上述的京都大學教官於 1910 年前往北京時已置於李氏宅中，《翻閱目録》也附記爲“北京某氏藏敦煌出土寫經”〔3〕。因此雖然羅氏認爲這些是北京圖書館藏品的看法令人無法理解，但如考慮羅氏《録存》使用的記録是羅振玉很早所作的就可以恍然大悟。〔4〕

那麽羅氏未提到收藏者的寫本，又是根據什麽收録的呢？可以從附表看出，其中有很多（三十五件）是現在英國國家圖書館收藏的寫本。矢吹慶輝帶來的大英博物館所藏敦煌佛典的照片通過展覽會等方式在日本公開，目録也公開發行過，所以想必羅氏就是以此爲據〔5〕，而非見過實物。可以認爲未記收藏者是轉引的緣故。此外，現在藏於中村不折的書道博物館者有九件，根津美術館與京都大學綜合博物館各有一件，其他四十二件現在不知下落。中村不折開始搜集敦煌及西域出土的墨寶是在 1920 年前後〔6〕，因此，在《録存》編纂時其藏品還不太多。根津美術館的《金光明最

〔1〕 尚有一件見《新城王氏新疆稽古録》，據王樹枏的著作可知，因性質有所不同，此處不包括在内。

〔2〕 敦煌研究院編：《敦煌遺書總目索引》，中華書局，1983 年，第 318 頁；散録之三《李氏鑒藏敦煌寫本目録》，第 190 號。

〔3〕 見第 24 頁注 4。

〔4〕 應在到達學部後不久、李盛鐸竊取以前。參看拙文《明治四十三年（1910）京都文科大學清國派遣員北京訪書始末》，《敦煌吐魯番研究》第七卷，第 13—27 頁。

〔5〕 從時間上看羅氏應該目睹的矢吹目録有《シュタイン氏蒐集敦煌地方出古寫佛典ロートグラフ解説目録》（大正六年五月二十二日宗教大學創立記念展覽會，東京：宗教大學，1917 年），此外《敦煌出古寫佛典ロートグラフ解説目下》（第三回大藏會陳列目録下，大正八年十一月四日高等家政女學校，1919 年）也可能見過。

〔6〕 中村不折：《西域出土の寫經について》，《書菀》第六卷第九號，三省堂，1942 年。有“余は古代の墨蹟の研鑽に志し，已に二十餘年を過ごした”，據此推算而得。

勝王經卷第八》的收藏年代雖不可知，但京都大學綜合博物館的《救諸生苦難經》及《新菩薩經》合卷，如上所述是1925年濱田購買的。因此應該認爲《録存》未記收藏者的寫本中，在英藏文獻之外的五十五件當時是在未知的收藏者手中。現在已不可能知道該收藏者或收藏者們的名字，不過耐人尋味的是，在未記收藏者名的經卷中有一件即下表第十八號《大雲無想經》卷九正是羅振玉本人收藏的。

羅振玉爲避辛亥革命寓居京都後，第一年將藏書寄存於大學，與王國維一起住在田中村，但苦於常常要因整理藏書而往返於寓所與大學之間，就在淨土寺買地而名之爲永慕園，又建造書庫，稱爲大雲書庫。[1]該書庫的名稱出於架藏的北朝初期寫本《大雲無想經》卷九，這是廣爲人知的。但羅氏《録存》完全没有提到此卷是自家所藏。如此則令人疑心其他未記收藏者的經卷中也有羅家的藏品，或許濱田所買的《救諸生苦難經》及《新菩薩經》合卷原在羅氏手中，不過這些僅是筆者空想而已。衹是不能排除濱田在購買四件寫本作爲考古陳列室的標本時，羅振玉以某種形式介入其中的可能性。

三、關於三件現藏的介紹

（一）《大方廣佛華嚴經》

《大方廣佛華嚴經》離世間品第三十三是東晉的佛陀跋陀羅（Buddhabhadra）翻譯的，與武周時代于闐之僧實叉難陀（Sikṣānanda）新譯八十卷本的所謂《八十華嚴》相對，被稱爲《六十華嚴》。不過在敦煌本中，保存了改編爲六十卷以前的最早形態的五十卷本與六十卷本並存。[2]該殘卷卷首的“離世間品第三十三”標題下記有“卷第卅一”，因此可以推測是五十卷本。如係現行的六十卷本，離世間品應在卷三十六。[3]

本寫本現存的是殘卷二紙（圖二），第一紙存自卷首至“……普照菩

〔1〕 羅振玉：《集蓼編》（貞松老人遺稿甲集之一），1941年，第30葉背。

〔2〕 參看《敦煌學大辭典》的“大方廣佛華嚴經”條（方廣錩執筆），上海辭書出版社，1998年，第654—655頁。

〔3〕《大方廣佛華嚴經》，《大正新修大藏經》（以下簡稱《大正藏》）第四卷，第0278號，新文豐出版公司，1983年。順便提一下，《京都大學文學部博物館考古學資料目録》認爲是《大正藏》第0279號，失檢。

薩，普幢菩薩，普覺菩薩，如"[1] 共三十二行，第二紙存以“智，何等爲正受三昧……”[2] 開頭至“……何等爲師子吼，何等爲淨施，何等爲"[3] 結束的三十五行。第一紙的開頭殘破，下部文字有若干缺損。此外，第二紙的第四行與第五行之間可見紙的接縫。第一紙與第二紙的文本不直接相連，以一行十七字計算則缺了三十行左右。因此可知現在的第二紙是原來第二紙的末尾四行與第三紙，而原來的第二紙已經缺失。一張紙的大小爲 26.5 cm×51 cm，料紙染成黄色，有烏絲欄。文字筆畫略存古態，可以認爲是唐以前抄寫的。《資料目録》認爲是 6 世紀後半書寫的，應是大致恰當的（圖三）。

圖二：《大方廣佛華嚴經》殘卷二紙

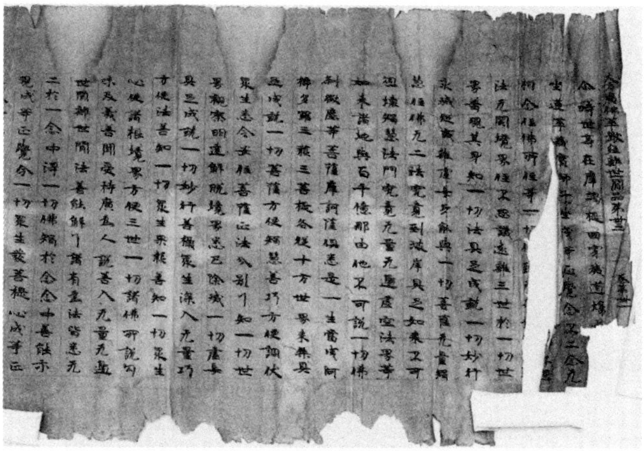

圖三：《大方廣佛華嚴經》第一紙（部分）

（二）《救諸生苦難經》及《新菩薩經》合卷

《救諸生苦難經》與《新菩薩經》合卷均爲出自中國人之手的所謂疑僞經，講説抄寫讀誦的功德，在唐末流傳於民間，敦煌遺書中頗爲多見。此外，兩者連起來抄寫的情形也不少。該寫本也是兩者連寫。卷末有“乾德伍年丁卯歲七月廿一日疫疾寫經牓門上題□[4]”，如上所述，收入羅氏

〔1〕《大方廣佛華嚴經》，《大正藏》第九卷，第 0278 號，第 631 頁下 11。

〔2〕同上書，第 632 頁上 14。

〔3〕同上書，第 632 頁中 22。

〔4〕關於最後的□字，《録存》及池田温《中國古代寫本識語集録》（東京大學東洋文化研究所，1990 年）均以爲“記”，但諦視寫本後發現無法看作“記”字。現暫從《京都大學文學部博物館考古學資料目録》作□，存疑。

《録存》中。該寫本寫在 32 cm×46 cm 的相當大的紙上，其顯著特點是紙的厚度與表面發黑、污垢明顯，令人想象其曾長期露置屋外（圖四）。襯上紙粘貼加固（圖五）或許也是爲了便於貼在屋外。《新菩薩經》的經文有"今勸諸衆生寫一本免一身，寫兩本免一門，寫三本免一村，若不侵[1]（信）者滅門，門上牓之得過此難"，鼓勵信徒將其貼在門上，如果此卷忠實地遵照了這一要求，可以説是極其耐人尋味的。這在敦煌爲數衆多的《新菩薩經》寫本中也是珍貴的遺存實例，作爲宗教民俗史的好材料值得一提。

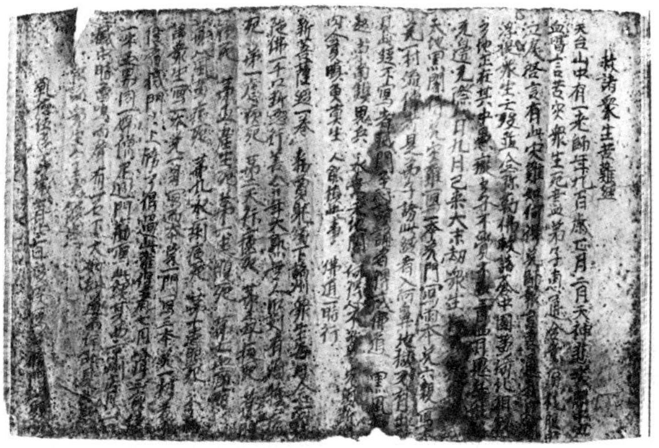

圖四：《救諸生苦難經》與《新菩薩經》

圖五：可見襯上紙粘貼

（三）《雜齋文》殘簡

該寫本係二紙半粘貼而成，全件紙高 27 cm，長 82 cm。一張紙長 35 cm，是上等的薄紙。連續書寫了兩種文獻，分别爲二十七行與十四行。兩者都是廣義的願文，《資料目録》認爲是《雜齋文》，但從語句上看，似應稱前者爲開經文，後者爲臨壙文。開經文部分以"靈悟聞"開頭[2]，此人可以認爲就是作者。臨壙文部分雖然開頭是完整的，文章却中斷了。此外，雖然前後墨色不同，但可看作是同一人書寫的。

大曆十一年的《大唐隴西李氏莫高窟修功德記》（伯 3608 號）頌揚了

〔1〕京都大學博物館本作"侵"，應據他本改爲"信"。

〔2〕《京都大學文學部博物館考古學資料目録》認爲首缺。這也完全有可能，但本文考慮爲首全。

莫高窟第 148 窟的窟主李大賓的功績，其中可見作爲李大賓之弟的僧政沙門釋靈悟法師。這篇開經文的靈悟可以認爲正是此人。開經文中稱開元聖文神武皇帝陛下，因此是開元年間（713—741）書寫的，如是則與大曆十一年在年代上有相當的距離。但若是開元末年之物，則相差三十餘年，應該並非不可能。此外，大曆十一年靈悟已升爲僧政，因此可以推測當時已是相當高齡了。如果開經文是其年輕時所作，那就符合邏輯了。僧靈悟之名亦見於吐蕃時期的乾元寺科香帖（伯 3043 號），應該認爲是同名的另一個人。

這兩種願文迄今未被介紹，故擬提供録文如下，以供參考。

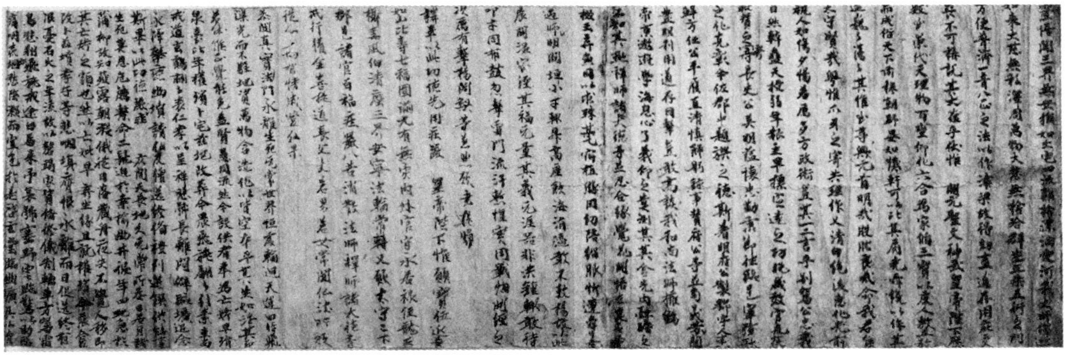

圖六：開經文與臨壙文

京都大學綜合博物館所藏敦煌寫本第 2746 號
僧靈悟開經文（擬）：

靈悟聞三界無安，猶如火宅，四流難捨，漂淪愛河。我大師釋迦如來，大慈無私，澤周萬物，大悲無捨。洽群生三乘五衍之門，方便普濟一音八正之法，以作津梁，故得劫盡道存，用庇交喪，不可稱説，其大藴乎。伏惟開元聖文神武皇帝陛下，歷數至崇，代天理物，百蠻仰化，六合爲家，循三寶以度人，敷五教而成俗，天下肅穆，朝野晏如。羲軒可以比其肩，堯舜纔以侔其迹，巍巍蕩蕩，其惟至尊歟。元首明哉，股肱良哉，命我君侯，太守賢哉，粤惟爪牙之寄，共理作乂，清白絶後，惠化光前，視人如傷，夕惕若厲，多方政術，豈其一二言乎。别駕公，忠義自然，幹蠱天授，弱年報主，早摽定遠之功，晚歲效官，見莅毗贊之寄。長史公，英明藴懷，忠勤秉節。往臨邑宰，弦歌之禮克彰；今佐郡中，題旟之德斯著。明府公，製錦字人烹鮮。方任公，平履直清慎飾，躬録事贊府公等，並菊茂蘭芳，豐明利用，道存目擊，豈敢高談。我和尚法師，擁錫帝京，遨遊學海。息心了義，仰之莫測其其；含光内融，瞻之不知其極。禪師諸大德等，並忍合緣覺花開悟，去崑石而掇玉，棄魚目以求珠。某乙宿植勝因，幼（叨）陪緇服，忻遭舜日，幸遇明師，闒垣小才，輒昇高座，飲海涓滴，敢不敷揚，故以此晨開溫室經，其福無量，其義無涯，器非洪鍾，輒敢待叩，才同布鼓，忽擊雷門，流汗慙惶，實用戰灼，開經之次，厲有擊揚，闍梨等慈悲，願垂提奬。

講畢，以此功德，先用莊嚴皇帝陛下，惟願寶位延長，如山比壽，七福圓滿，九有無災，内外官守，永居禄位，龍王攝毒，風伯清塵，三界安寧，法輪常轉。又願太守已下，郡邑諸官，百福莊嚴，八苦消散。法師、禪師、諸大德等，戒行獲全菩提道。長父人，若男若女，常聞佛法，所願從心，一切有情，咸登佛果。

臨壙文：

恭聞真實法門，永離生死，無常世界，恒處輪迴，天運四時，飛隟光而不駐，地資萬物，含造化以皆空。本乎其生如浮，其死若休，惟正覺能免。蓋賢愚同流，然今設供者，奉爲亡姥，早殞泉臺，比年權殯，卜宅玆地，改葬今晨。飛旐翩翩，引素車而戒道；玄鶴翽翽，表仁孝以呈祥。悲號長離悶僻臨壙，追念永隔，攀戀幽墳，請佛及僧，送終備禮，列筵饌供，能事斯畢，以此功德莊嚴。仄聞天長地久，無常所吞，日居月諸，生死莫恩。危藤繫命，二鼠迫於桑榆；幽井侵年，四蛇急於蒲柳。故知薤露朝凝，俄從日落，藏舟夜失，不覺人移，即其亡姥之類也。然以亡妣早棄生緣，且就權殯，今晨合葬，改卜玆墳，孝子等悲咽填膺，恨永離而日促，送終有限，憂石火之年流，故以罄竭家資，備修儀制，輀車方駕，霜鳥悲翔，飛旐戒途，白馬來弔。哀號塞野，寒飈驚以助悲；痛咽荒郊，愁陰凝而冥色。於是

啓玄堂，臨幽壙，具以清……（下闕）

附表：羅福萇《録存》所收經卷（括號中爲筆者補充）：

編　號	經卷名	出　處
001	華嚴經卷第三	（斯 2724 號）
002	華嚴經卷第十五	日本大谷氏藏
003	華嚴經卷第十八	?
004	華嚴經卷第二十四	中國國家圖書館藏（散録 133 號）
005	華嚴經卷第四十九	（斯 2527 號）
006	大般涅槃經卷第十一	（斯 81 號）
007	大般涅槃經卷第十一	（斯 1954 號）
008	大般涅槃經卷第十一	日本大谷氏藏
009	大般涅槃經卷第十二	日本大谷氏藏
010	大般涅槃經卷第十五	?
011	大般涅槃經卷第十六	（斯 2598 號）
012	大般涅槃經卷第十八	（斯 2082 號）
013	大般涅槃經卷第廿一	（斯 2216 號）
014	大般涅槃經卷第廿四	?
015	大般涅槃經卷第廿八	?
016	大般涅槃經卷第三十八	（斯 6650 號）
017	大般涅槃經卷第三十九	（斯 2231 號）
018	大雲無想經卷第九	（羅氏所藏）
019	妙法蓮華經卷第一	日本大谷氏藏
020	妙法蓮華經卷第一	?
021	妙法蓮華經卷第二	?
022	妙法蓮華經卷第二	（斯 592 號）

（續表）

編　號	經卷名	出　處
023	妙法蓮華經卷第二	?
024	妙法蓮華經卷第二	日本大谷氏藏
025	妙法蓮華經卷第三	（斯 2419 號）
026	妙法蓮華經卷第三	?
027	妙法蓮華經卷第三	（斯 4168 號）
028	妙法蓮華經卷第三	?
029	妙法蓮華經卷第四	中國國家圖書館藏
030	妙法蓮華經卷第四	（斯 312 號）
031	妙法蓮華經卷第四	中國國家圖書館藏（散録 135 號）
032	妙法蓮華經卷第五	（斯 84 號）
033	妙法蓮華經卷第五	日本大谷氏藏
034	妙法蓮華經卷第五	中國國家圖書館藏（散録 136 號）
035	妙法蓮華經卷第六	（書道博物館）
036	妙法蓮華經卷第六	日本大谷氏藏
037	妙法蓮華經卷第六	?
038	妙法蓮華經卷第七	?
039	妙法蓮華經卷第七	（書道博物館）
040	妙法蓮華經卷第□	?
041	妙法蓮華觀世音經	日本富岡謙藏氏藏
042	妙法蓮華觀世音經	?
043	妙法蓮華觀世音經	（書道博物館）
044	大品般若經	日本大谷氏藏出吐峪溝
045	大般若波羅蜜多經卷第二百七十四	日本大谷氏藏
046	金剛般若經	（書道博物館）
047	金剛般若經	（斯 3686 號）

（續表）

編　號	經卷名	出　處
048	金剛般若經	日本大谷氏藏出庫車
049	金剛般若經	?
050	金剛般若經	大英博物館藏
051	金剛般若經	?
052	般若波羅蜜多心經	?
053	仁王經	日本大谷氏藏出吐峪溝
054	譬喻經	（書道博物館）
055	大通方廣經卷中	大谷大學圖書館
056	大慈悲經	?
057	阿彌陀經	（斯 2424 號）
058	阿彌陀經	?
059	觀無量壽佛經	?
060	佛説無量壽觀經	?
061	佛説延壽命經	日本大谷氏藏
062	大集經卷六	?
063	大集經卷第十八	（斯 3935 號）
064	大集經卷第二十五	倫敦博物館
065	摩訶衍經卷第八	北京某氏藏（散録 190 號）
066	維摩詰經	日本大谷氏藏出吐峪溝
067	維摩詰經卷上	日本富岡謙藏氏藏
068	維摩詰經卷第三	江西李氏藏
069	佛説菩薩藏經殘卷	（書道博物館）
070	諸佛要集經卷下	日本大谷氏藏出吐峪溝
071	佛説佛名經卷第五	日本大谷氏藏
072	佛説佛名經殘卷	日本大谷氏藏出吐峪溝

（續表）

編　號	經卷名	出　處
073	佛説佛名經殘卷	日本大谷氏藏出吐峪溝
074	佛説佛名經殘卷	?
075	大方便佛報恩經卷第七	（斯 4284 號）
076	未曾有因緣經	中國國家圖書館藏（散録 194 號）
077	深解蜜經卷第二	中國國家圖書館藏（散録 197 號）
078	金光明最勝王經卷第四	?
079	金光明最勝王經卷第六	?
080	金光明最勝王經卷第八	（根津美術館）
081	佛説示所犯者瑜伽注鏡經一卷	?
082	藥師瑠璃光如來本願功德經	?
083	藥師瑠璃光如來本願功德經	?
084	佛説如來相好經天請問經	?
085	佛説犯戒罪報輕重經	（書道博物館）
086	佛説閻羅王受記經一卷	（書道博物館）
087	救諸生苦難經　新菩薩經	（京都大學綜合博物館）
088	□界陀羅尼	日本大谷氏藏出吐峪溝
089	七俱胝佛母心大准提陀羅尼經	?
090	佛頂尊勝陀羅尼經	?
091	大智度論卷第十二	日本大谷氏藏
092	大智度論卷第十三	?
093	大智度論卷第廿一	日本大谷氏藏出吐峪溝
094	大智度論卷第四十二	（斯 5130 號）
095	大智度論卷第五十八	日本大谷氏藏
096	阿毗曇毗婆沙卷第五十五	?
097	入阿毗達摩論卷上	日本大谷氏藏

（續表）

編號	經卷名	出處
098	瑜伽師地論卷第七	日本大谷氏藏
099	瑜伽師地論卷第二十三	日本大谷氏藏
100	瑜伽師地論卷第三十九	日本大谷氏藏
101	瑜伽師地論卷第四十分門記	日本大谷氏藏
102	成實論卷第十四	（斯 1547 號）
103	成實論卷第十四	?
104	戒緣下卷	中國國家圖書館藏
105	優婆塞戒卷廿七	日本大谷氏藏
106	大比丘尼羯磨一卷	（斯 736 號）
107	摩訶僧祇比丘尼戒本	日本松本氏藏
108	勝鬘經義記	（斯 2660 號）
109	勝鬘經義記卷中	日本大谷氏藏出吐峪溝
110	勝鬘疏	（斯 524 號）
111	維摩經義記卷第一	?
112	維摩經義記卷第四	日本大谷氏藏出吐峪溝
113	維摩經義記卷第四	（斯 2732 號）
114	維摩經義記卷第七	?
115	維摩義記	（斯 2106 號）
116	維摩詰經注卷第四	?
117	無量壽經義記下卷	?
118	釋肇序略分	?
119	藥師經疏	?
120	仁王般若經疏	（斯 2502 號）
121	法華經義記	（斯 2733 號）
122	四部律並論要抄	（斯 2050 號背）

（續表）

編　號	經卷名	出　處
123	四分戒本疏卷第一	日本大谷氏藏今藏所無
124	四分律删繁補闕行事鈔卷上	日本大谷氏藏
125	十誦律卅事卷第七	（書道博物館）
126	大乘起信論略述卷上	?
127	攝論疏	（斯 2048 號）
128	淨名經關中釋批卷上	日本大谷氏藏今藏所無
129	贊阿彌陀佛並論卷上	（斯 2723 號）
130	大乘廿二問本	（斯 2674 號）
131	大乘無生方便門	?
132	大目犍連變文	（斯 2614 號）
133	見一切入藏經目	日本大谷氏藏
134	殘經	見新城王氏新疆稽古録
135	□□□卷第七	?
136	不知名經	（斯 797 號背）
137	不詳佛經	日本大谷氏藏出吐峪溝
138	不詳佛經	日本大谷氏藏出吐峪溝
139	不詳佛經	日本大谷氏藏出吐峪溝
140	不詳佛經	日本大谷氏藏出吐峪溝
141	不詳佛經	日本大谷氏藏出吐峪溝
142	不詳佛經	日本大谷氏藏出吐峪溝
143	金真玉光八景飛經	（斯 238 號）
144	太上道本通微妙經卷第十	（斯 2999 號）
補遺 001	大般涅槃經卷七	皖江張氏（三井八郎右衛門）
補遺 002	大般涅槃經卷三十一	皖江張氏（三井八郎右衛門）
補遺 003	佛説尊勝陀羅尼神咒	中國國家圖書館藏

《佛教文獻研究》第三輯
2019年，39—51頁

再談敦煌寫卷伯2001號
——學術史與《大唐西域求法高僧傳》的書名

王邦維〔1〕

内容摘要： 巴黎法國國家圖書館收藏的伯希和敦煌漢文寫卷伯2001號，是唐義淨《南海寄歸内法傳》的一份殘抄。在伯希和漢文寫卷目録中，它是第一號。伯希和把它編爲第一號，是隨意之舉，還是出於一定的原因？本文根據伯希和當年在敦煌藏經洞"覓寶"時所作的日記和筆記，結合其學術經歷和背景，對此進行討論，認爲伯希和此舉並非偶然。這個問題看似無足輕重，此前也没有人提出過，但細究起來，却與當時英國、法國乃至歐洲的東方學學術研究和學術史密切相關。問題雖小，但以小而見大，對於我們今天了解敦煌研究最初的情况和敦煌學學術史不無意義，也有助於準確認識敦煌寫卷的三個最主要的目録，即英國目録、法國目録和中國目録各自的特點以及相互間的差異。本文同時根據這份寫卷中提到的義淨另一部重要著作《大唐西域求法高僧傳》的一個不一樣的書名，分析《大唐西域求法高僧傳》最早流傳時的一些細節、原書的寫作過程和結構，並對其中的變化及其與初唐時期政治文化變化的關係加以説明。

關鍵詞： 法藏敦煌文獻；伯希和；東方學學術史；《南海寄歸内法傳》；《大唐西域求法高僧傳》

作者單位： 北京大學東方文學研究中心

巴黎法國國家圖書館收藏的伯希和敦煌漢文寫卷伯2001號，是一份很

---

〔1〕 本文是國家社科基金項目"中國東方學學術史研究"階段性成果的一部分，項目編號爲14 ZDB084。

有意思的卷子。卷子上抄寫的是唐義淨的《南海寄歸内法傳》，但不完整，僅存《南海寄歸内法傳》的卷一部分。1989 年，我發表過一篇小文章，談這份寫卷，題目是《敦煌本〈南海寄歸内法傳〉（P.2001）題記》[1]。2016 年 9 月，有機會見到日本的落合俊典教授，談話中討論到日本的佛教寫經，於是又想到這份卷子，有一些想法，再在此處談一下。

説法藏敦煌漢文寫卷伯 2001 號很有意思，有兩點理由：第一，它排在整個伯希和漢文寫卷編號的第一位。法國所藏的伯希和漢文寫卷，一共 5579 個編號[2]，排在第一號的，爲什麽會是這份寫卷？伯希和漢文寫卷的號，是伯希和自己編的，這個第一號，是伯希和隨便給出的嗎？這樣的問題，從來没有人提出過，現在提出這樣的問題，是不是有點奇怪？雖然有點奇怪，我還是想提出這個問題，理由見下面。第二，這份寫卷，抄寫的是唐代義淨的《南海寄歸内法傳》。《南海寄歸内法傳》在佛教和佛教文獻史上的重要意義，不必我多講。敦煌寫卷中，抄寫《南海寄歸内法傳》的，這是唯一的一份，因此，從文獻學和文本的角度講，很值得注意。在内容方面，最值得注意的，則是其中提到的義淨的另一部重要著作，《大唐西域求法高僧傳》一書最早的書名。

這兩點理由，也可以看作是兩個可以討論的問題。以下是我對兩個問題的一些意見，上面提到的那篇文章裏講過的，就不講或少講，主要談幾點新的想法。

先談第一個問題。

伯希和從敦煌藏經洞弄走了大批的寫卷，當然也還有其他一些東西，都帶回到巴黎。回巴黎以後，伯希和爲寫卷編了目録，稱作《伯希和目録》，2000 號以前留給了非漢文，即藏文文獻，從 2001 號開始，是漢文文

---

〔1〕 王邦維：《敦煌本〈南海寄歸内法傳〉（P.2001）題記》，《中國文化》創刊號，生活·讀書·新知三聯書店，1989 年，第 44—46 頁。

〔2〕 據敦煌研究院編《敦煌遺書總目索引》，商務印書館，1983 年。但耿昇譯的《伯希和敦煌石窟筆記》（甘肅人民出版社，2007 年）第 21 頁耿昇撰寫的“代序”説，據《巴黎國家圖書館所藏伯希和敦煌漢文寫本目録》，伯希和漢文寫卷編有 4040 號。爲此我問過法國國家圖書館寫本部的羅棲霞（Julie Lechemin）女士，她用電郵告訴我，法國國家圖書館目前編成的伯希和漢文寫卷目録共包括有 6040 個編號。不過，雖然前面的大部分編號可以確定由伯希和自己給出，但伯希和給出的編號究竟是到哪裏爲止他們也不清楚。法國國家圖書館編成的目録出版都是在伯希和去世以後，也大部分不是伯希和自己編的。

獻。漢文文獻的第一號，即伯 2001 號，這個第一號，伯希和爲什麽就給了《南海寄歸内法傳》? 當然，最簡單的解釋，這不過是一個偶然的結果。但我覺得，問題似乎不是這麽簡單。

説問題不是這麽簡單，是因爲在我看來，當時在伯希和的心裏，顯然很注意這個東西。伯希和在他的學術背景下，認爲這部書很重要。

我們是不是可以做這樣的設想：伯希和從中國回到巴黎，著手編目，在他面前，這麽多文書，他編目時，是見一卷取一卷，隨手拿起一份就給一個號呢，還是孰先孰後，多少有所考慮，工作時有一定規矩的呢? 伯希和是一位學者，而且是一位思維細密的學者，他工作的方式，我以爲一定是後一種。我甚至認爲，伯希和從敦煌帶走這些文書的過程中，包括最初的揀選，到裝箱，到法國後開箱，他都有一定的工作程式和規範。如果不是這樣，伯希和恐怕就不成其爲伯希和了。

我們還可以做進一步的設想：伯希和遇到一個萬年千年都難逢的機會，鑽進了藏經洞，面前一大堆貴重得不得了的寫卷和絹畫等寶貝，有機會拿走一部分，但又不是全部，機會難得，怎麽辦? 其中挑哪些拿走，收穫才算最大、最不虚此行? 這些具體的問題，肯定都在伯希和當時的考量之中。我們看伯希和在藏經洞中的工作照片，就是這樣。他時間有限，緊張地檢查一個一個的寫卷，看是什麽内容，手邊一個小本，做簡單的記録。有的趕緊記下，趕緊挑出來，有的當時就放棄。已經挑出來的，還要分爲首選或是次選。挑出來後，與王道士談好交易的條件，從洞裏取出來，趕緊裝箱，裝箱時也不能太亂，因爲考慮到回去還要整理。伯希和爲此做了記録。回到巴黎，他編目時最初的工作基礎，就是這些記録，包括他當時的工作筆記和日記。〔1〕

伯希和在藏經洞裏翻檢寫卷的情況，在他的日記裏有逐日的記載。他發現《南海寄歸内法傳》，是在他進入藏經洞的第十二天，即 1908 年 3 月 14 日。在這天的日記裏，他提到他發現了“義淨的《南海寄歸内法傳》”，還説他特地把《南海寄歸内法傳》與其他十件寫卷一起“單獨放在一邊”。這十件寫卷中，第一件是玄奘的《大唐西域記》，第二件他認爲

〔1〕 筆記和日記在伯希和身後由法國學者整理了出來，成爲兩種書。兩種書都有漢譯本：一種即前面提到的《伯希和敦煌石窟筆記》，另一種是《伯希和西域探險日記》，也由耿昇翻譯，中國藏學出版社，2008 年。

也與玄奘有關，第三件即《南海寄歸内法傳》。[1]其他幾天的日記中，伯希和還多次提到義淨以及義淨翻譯的佛經。

伯希和在寫卷中發現了玄奘《大唐西域記》和義淨的《南海寄歸内法傳》，這讓他很興奮。他檢閲寫卷時，有他自己的幾個關注點，其中之一就是中國求法僧的著作。對此伯希和也專門講到了：

> 這次對佛教文獻的大搜羅中，特别吸引我注意的還是那些取經進香人的遊記。有關在他們之中的最著名者玄奘的材料……我既未遇到有關法顯的著作，也未找到有關悟空的任何材料。但在藏經洞中，義淨却由《南海寄歸内法傳》的一種漂亮寫本所代表，這就是由高楠順次郎先生翻譯過的那部著作。您知道，義淨著作的現有文本並非是無可指責的，高楠先生頗有成效地使用了18世紀寫成的注釋。它們是由日本詮釋者於18世紀寫在一種單獨的稿本中（如果我没有搞錯的話）。因此，我希望我發現的寫本會提供某些好的寫法。[2]

伯希和的這些話，寫在他1908年3月26日給法國西域國際考察委員會主席，也是伯希和擔任這次考察任務的推薦人塞納爾（E. Senart）——當時法國很有名的一位印度學家——的信中。[3]伯希和3月3日進入藏經洞，他在藏經洞裏挑選寫卷和其他文物的工作，就結束在這一天。

伯希和見到《南海寄歸内法傳》，爲什麽立即就表現出這樣大的興趣，顯然與當時歐洲的學術研究狀況以及他早期所受過的學術訓練有關。

在歐洲研究東方學、印度學的學者中，注意到《南海寄歸内法傳》的學者不止一位，但其中最突出的應該説是英國牛津大學的德裔學者Max

〔1〕 伯希和：《伯希和西域探險日記》，耿昇譯，第490頁。

〔2〕 伯希和：《伯希和敦煌石窟筆記》，耿昇譯，第420頁。伯希和還講，他得到王道士的允許，進入藏經洞，一下見到這麽多寶物，第一個反應是，“我於是便迅速做出了決定，必須至少是簡單地研究一下全部藏經。我應該在此完成這項工作。從頭到尾地展開收藏於此的15 000—20 000卷文書，這是無法想象的。我即使用六個月的時間也無法完成它。但我必須至少是全部打開它們，辨認每種文書的性質，看一下在何種程度上能有幸爲我們提供新文獻。然後將它們分成兩份，其一是精華和高級部分，也就是要不惜一切代價讓他們出讓的部分；另一部分是儘量爭取獲得的部分，而在無奈時也衹得放棄的部分”（《伯希和敦煌石窟筆記》，第414頁）。伯希和顯然一開始就考慮到了要怎麽選取和帶走他認爲最有價值的一部分寫卷。

〔3〕 这封信在《伯希和敦煌石窟筆記》一書中的标題是《敦煌藏經洞訪書記》。

Müller。所有這些，又與日本學者有關。

Max Müller 是 19 世紀末和 20 世紀初歐洲在東方學尤其是印度學研究方面很有影響的一位學者。Max Müller 不懂中文，但他在東方學研究方面學識廣泛，尤其是在與日本學者——大多是明治時代到歐洲留學的年輕的日本學生的接觸，使他對漢語佛教文獻有了很多的了解。他注意的不僅是保存在印度的梵本佛經和佛經的漢譯，也注意在漢語文獻中保留的求法僧著作。在此稍早一些時候，也已經有學者做過《南海寄歸内法傳》的一些段落的翻譯，如英國的比爾（S.Beal）以及俄國的瓦西列夫（V.P.Vasil'ev）。

Max Müller 的主要研究領域是印度宗教。《南海寄歸内法傳》是研究印度佛教——有些地方超出佛教——的重要文獻，所以 Max Müller 很希望有人能把《南海寄歸内法傳》翻譯出來，爲印度宗教尤其是佛教的研究提供新資料。

在當時的情況下，要完成這項任務，Max Müller 最寄希望的，是日本的學者。這很自然，Max Müller 當時已經跟日本的學者有了一些聯繫。他找到的——或者也可以説是日本學者找到了他——是日本明治時代的三位學者：笠原研壽（Kenjiu Kasawara）、藤島了隱（Ryauon Fujishima）和高楠順次郎（Junjiro Takakusu）。三位都是日本最早到歐洲留學的年輕人，都有僧人的身份。

笠原研壽與高楠順次郎都跟 Max Müller 學習梵文、印度學和宗教學。笠原研壽翻譯《南海寄歸内法傳》，僅完成了一部分就去世了。最終完成這個任務的，是高楠順次郎。高楠順次郎在 Max Müller 的指導和幫助下，把《南海寄歸内法傳》完整地翻譯爲英文，同時還撰寫了一篇很長的導言並對全文做了詳細的注釋。〔1〕

爲了《南海寄歸内法傳》的翻譯，Max Müller 給高楠順次郎寫了一封長信，作爲序，放在英譯《南海寄歸内法傳》的書前。以 Max Müller 當時的地位和影響，他的推介，《南海寄歸内法傳》很快就受到了歐洲的東方學、印度學、佛教學研究的學者的注意和重視。書出版後，很快就有

〔1〕 *A Record of the Buddhist Religion as Practised in India and the Malay Archipelago (A.D. 671—695)* by I-tsing, translated by J.Takakusu, with a letter from the Right Hon. Professor F.Max Müller, Oxford: The Clarendon Press, 1896.

不止一篇書評，撰寫書評的學者中，包括當時德國著名的印度學家A.Barth。高楠順次郎雖然當時還年輕，由此也在歐洲學術界有了影響。在英譯《南海寄歸内法傳》正式出版的同年，高楠順次郎在德國萊比錫大學獲得博士學位。他提交的博士論文，就是他翻譯《南海寄歸内法傳》時所撰寫的那篇導言。這篇導言，前後不過二三十頁，高楠能夠以此申請德國的博士學位並獲得成功，足見高楠的翻譯和研究被當時的東方學學術界認可的程度。此後高楠順次郎回到日本，被聘爲當時建立還不久的東京大學的講師，再後來被聘爲東京大學首次設立的梵文及印度哲學講席教授。高楠順次郎在歐洲學習和研究的這段經歷，成爲他一生學術事業的基礎。明治時代的後期到昭和時代的前期，高楠順次郎無疑是日本現代學術意義上的佛教研究的領袖人物之一。他主持編纂的《大正藏》以及其他的一些學術著作，對於今天研究佛教的學者而言，其意義自不待言。

高楠順次郎英譯的《南海寄歸内法傳》在歐洲出版的時候，伯希和還是大學生。他進入東方學研究的圈子雖然還不算久，但對相關研究的情況，無疑很熟悉。伯希和完全清楚《南海寄歸内法傳》在學術上的分量。

不過這還祇是一個方面的情況。伯希和是法國學者，他學術上的成就和取向，代表的是法國的東方學學術傳統。伯希和有自己的師承。從師承方面講，伯希和能夠迅速注意到義淨的《南海寄歸内法傳》，與他的老師沙畹（Ed. Chavannes）直接有關，因爲就在高楠順次郎英譯《南海寄歸内法傳》在英國牛津出版兩年之前，即1894年，沙畹在巴黎出版了義淨的另一著作《大唐西域求法高僧傳》的法文譯本。[1]這是沙畹早期重要的学术著作之一。沙畹翻譯《大唐西域求法高僧傳》在一定程度上是因爲受到了當時法國另一位著名印度學家列維（Sylvain Lévi）的影響。列維也曾經是伯希和的老師之一。伯希和一生的學術研究中，不時也可以看到列維的一些影子。

作爲沙畹的學生，伯希和當然熟悉沙畹所有的學術著作，包括沙畹翻譯的義淨的《大唐西域求法高僧傳》。

對於這個時期法國乃至歐洲東方學，尤其是其中的漢學研究，沙畹有

---

〔1〕 *Mémoire compose à l'époque de la grande dynastie T'ang sur les religieux éminents qui allèrent chercher la loi dans les pays d'Occident*. 沙畹的法譯本是《大唐西域求法高僧傳》的第一個西文譯本，法譯本包括導言和詳細的注釋，是一部標準的學術著作。

著多方面的影響和貢獻，他被公認爲這個時期法國漢學的領頭人。而且，沙畹的成就，還不僅僅體現在他個人的研究成果上，他培養出的學生，有的非常傑出，其中之一就是伯希和。關於沙畹，幾年前張廣達教授曾經做過詳細的介紹。[1]

除了義淨的著作，在檢閱和挑選藏經洞文物（主要是寫卷）的過程中，伯希和關注的還有玄奘等所有中國求法僧的著作。這一點，上面所引伯希和自己的敘述中已經説得很清楚。重視研究中國求法僧的著作，從來就是法國漢學界——一定程度上也包括法國的印度學界——的一個好的學術傳統。最早把《法顯傳》和《大唐西域記》翻譯爲法文，介紹給歐洲學術界的，就是法國早期東方學研究的兩位學者，一位是雷慕沙（Abel Rémusat），翻譯的是《法顯傳》；一位是儒蓮（Stanislas Julien），翻譯的是《大唐西域記》。其中的雷慕沙，公認是近代法國漢學研究的創始人。儒蓮是雷慕沙的學生，也很有名。今天法蘭西學院爲漢學研究設立的大獎，就以儒蓮的名字命名。對於伯希和而言，他們都是自己需要追隨的前輩。伯希和從沙畹那裏所繼承的學術傳統，最早就可以追溯到此。

通過以上的討論，我想是不是有理由這樣説：敦煌藏經洞裏的《南海寄歸内法傳》，排在伯希和漢文寫卷的第一號，其中有偶然的因素，更有必然的成分。這件事，雖然看起來不算要緊，但細細講來，却與當時英國、法國乃至歐洲的東方學的學術研究和學術史有關。問題雖小，但以小而見大，可以增加我們對敦煌研究最初情況的了解。其中的細節，其實也可以説是敦煌學學術史的一部分。

在 20 世紀前期所編的幾種最主要的敦煌寫卷目録中，我以爲伯希和的目録最值得注意。説值得注意，有幾個原因。原因之一是，伯希和進入藏經洞時，除了王道士取走的交付斯坦因的那一部分外，大部分寫卷還保留在最初的狀態中。這看照片就可以知道。王道士没打算把所有的寫卷都給伯希和，伯希和可以做挑選，也衹能做挑選。而這個時候的敦煌寫卷，數量還多，還有足夠的挑選的餘地。原因之二是，伯希和不僅是内行，而且是一位不一般的内行，這個挑選寫卷的過程，很大程度上就體現了伯希

〔1〕 張廣達：《沙畹——"第一代全才的漢學家"》，《史家、史學與現代學術》，廣西師範大學出版社，2008 年，第 134—175 頁。

和的學養和學術見識，他在當時關心什麼，注意什麼。同樣都是從藏經洞的寶藏中“淘寶”，斯坦因的情況完全不一樣。斯坦因是梵文和考古的專家，但他不懂漢文，更談不上有多少相關的知識。面對漢文寫卷，斯坦因當時能依靠的，衹有蔣師爺。蔣師爺雖然有一定的文化，但不是學者，與伯希和相比，他哪知道什麼學術，遑論歐洲的東方學及漢學研究。面對藏經洞裏的寶物，斯坦因當時的注意力，實際上更多地集中在佛教的藝術品和非漢文寫卷部分。雖然出於直覺，斯坦因感覺到漢文寫卷也很重要，但哪些最重要、爲什麼重要，他完全没有判斷力。斯坦因掠獲的敦煌寫卷，運回倫敦後，最早的比較完整的目録，由小翟理思（L. Giles，或稱翟林奈）編成。從小翟理思編的目録看，小翟理思編目時，没有、也不可能有什麼特别的學術考慮，真的就是見一卷編一卷。何況與當年的伯希和比，小翟理思的學术水平也差得太遠。至於當年京師圖書館，也就是今天的國家圖書館收藏的敦煌寫卷，最初由陳援庵先生編爲《敦煌劫餘録》。陳援庵先生的學問水平固然很高，但他面對的，是一大堆早已經過多人多次挑選，最後留下的“劫餘”之物，其中雖不能説没有“漏網之魚”，仍然有價值的好東西，但好東西畢竟不多。面對這樣的情形，陳先生不可能有更多的考慮，因此他的編目，次序也完全隨機。這一點，一眼就可以看得很清楚。三個目録，虽然一樣都是目録，其實是有差異的，差異背後反映出的問題，也涉及歐洲東方學背景下的敦煌學研究的學術史。這一差異，還表現爲一個結果，那就是，雖然都是從藏經洞裏出來的東西，整體而言，法藏的好東西最多，英藏次之，相比之下，北京的收藏雖然整體上數量最多，品質却要差不少。細究起來，這中間反映出的，其實是“吾國學術之傷心史”的另一個側面。〔1〕

第二個問題：義淨《大唐西域求法高僧傳》的書名。

伯 2001 號寫卷，内容抄寫的是唐代義淨的《南海寄歸内法傳》，可惜是殘卷，衹有卷一部分。卷一的前半，我過去做整理和校注工作時，把它稱作“序”。在“序”快結束之處，義淨寫道：

〔1〕 陳寅恪：《陳垣〈敦煌劫餘録〉序》，《金明館叢稿二編》，上海古籍出版社，1980 年，第 236 頁。

謹依聖教及現行要法，總有四十章，分爲四卷，名《南海寄歸内法傳》，又《大唐西域高僧傳》二卷，並雜經論等十卷，並録附歸。

這是我在中華書局出版的《南海寄歸内法傳校注》中經過校勘的文字。校勘時使用的底本是《磧沙藏》本，對照校勘的古抄本和古刻本有八種，各個本子在文字上有一些差異。此處我出的校記是：

（6）大唐西域高僧傳二卷　金本、麗本、大本作“大唐西域高僧傳一卷”，敦本作“大周西域行人傳一卷”，石本作“大周域行人傳一卷”。〔1〕

這裏的“金本”指的是《趙城金藏》，“麗本”是《高麗藏》，大本是《大正藏》，“石本”是日本的“石山寺本”〔2〕，敦本即伯 2001 號。這幾個本子中，敦本和石本在年代上顯然最早。從敦本和石本的文字，以及“唐”與“周”兩個國號前後的變化考慮，可以得到一個結論：《大唐西域求法高僧傳》的書名，最早不是《大唐西域求法高僧傳》，而是《大周西域行人傳》。而且很可能最初不分卷，全書一卷，後來才分爲兩卷。我的這個意見，其實在更早，也就是 20 世紀 80 年代初，整理和校注《大唐西域求法高僧傳》時就講過。〔3〕

三十五年前，日本七寺的古寫經還不爲人所知。20 世紀 90 年代初，七寺古寫經被發現，其中也有《大唐西域求法高僧傳》，書名就是《大周西域行人傳》，這一方面支持了我的這個結論，另一方面也説明七寺古寫經傳承的確實是一個比現存很多傳本更古老一些的傳統。〔4〕

日本的古寫經，不管是石山寺本，還是七寺本，原卷是從中國帶到日本的，還是在日本抄寫的，我不了解更多的情況，不好下結論。如果是在

〔1〕義浄著、王邦維校注：《南海寄歸内法傳校注》，中華書局，1995 年，第 24 頁。

〔2〕收入《西域求法高僧傳集》，《天理圖書館善本叢書》第五卷，天理大學，1980 年。

〔3〕義浄著、王邦維校注：《大唐西域求法高僧傳校注》，中華書局，1988 年，第 17 頁。

〔4〕落合俊典：《義淨撰大周西域行人傳について》，《宗教研究》第六十二卷第四輯，1989 年；《大唐西域求法高僧傳の原題》，《三康文化研究所年報》1989 年第二十一號。《七寺一切經と古逸經典》，載《七寺古逸經典研究叢書》第一卷之《中國撰述經典》（其之一），大東出版社，1994 年，第 434—435 頁。

日本抄寫的，抄寫是在什麽時候，這方面我不是專家，也不好下結論。但無論如何，從内容看，石山寺本的《南海寄歸内法傳》與七寺本的《大唐西域求法高僧傳》至少是更多地保留了早期的形態。至於敦煌本《南海寄歸内法傳》，可能就是我們目前所能見到的《南海寄歸内法傳》最早的寫本。

還有一點需要加以注意，我們現在見到的《大唐西域求法高僧傳》的内容，與義淨在天授二年（691）五月十五日派遣大津從室利佛逝送回中國的文本其實不完全一樣。二者最大的差别在什麽地方呢？就在前者在送回中國時，顯然還没有後來通行本中有的《重歸南海傳》一節。這樣講，理由也很簡單：

第一，書中的《重歸南海傳》，明顯另成一個部分。

第二，其中的文字，也説得很清楚，是義淨回到中國，或者更準確地説，回到洛陽以後增補進去的：

> 其僧貞固等四人，既而附舶俱至佛逝，學經三載，梵漢漸通。法朗須往訶陵國，在彼經夏，遇疾而卒。懷業戀居佛逝，不返番禺。唯有貞固、道宏相隨，俱還廣府，各並淹留且住，更待後追。貞固遂於三藏道場敷揚律教，未終三載，染患身亡。道宏獨在嶺南，爾來迥絶消息。雖每顧問，音信不通。嗟乎四子，俱汎滄波，竭力盡誠，思然法炬。誰知業有長短，各阻去留。每一念來，傷歎無及。是知麟喻難就，危命易虧。所有福田，共相資濟。龍華初會，俱出塵勞耳！

《重歸南海傳》撰成的時間，我三十多年前的考證，是在神功元年，即697年或更後。[1]

2016年9月16日，日本國際佛教大學院大學的落合俊典教授訪問北京大學，在北京大學做報告，我們談話，涉及這個問題。落合俊典教授認爲，《大唐西域求法高僧傳》這部書，最早的書名是《大周西域行人傳》，而《大唐西域求法高僧傳》這個書名，是義淨去世以後才有的。

[1] 義浄著、王邦維校注：《南海寄歸内法傳校注》，第245頁。

落合俊典教授的前一半意見，與我三十多年前的意見一樣，我當然同意，但後者我則有不同的看法。我以爲，《大唐西域求法高僧傳》這個書名，在義淨在世時，應該已經確立。

落合俊典教授説，他的看法，義淨活著的時候，不會有《大唐西域求法高僧傳》這個書名，因爲義淨不會稱自己爲“高僧”，義淨不會這樣“自大”。

對此我的想法則有些不一樣。我以爲，義淨撰書，最初的書名的確是《大周西域行人傳》，後來改爲《大唐西域求法高僧傳》，改名的時間是什麽時候？顯然衹能是武則天的“周”代以後，也就是神龍元年（705）二月，唐中宗恢復唐的國號以後。

《大唐西域求法高僧傳》的書名究竟是什麽時候有了這樣的改動，準確時間不太好説，但可以確定的是，上限是在神龍元年的二月，理論上應該是緊跟這個時間。因爲國號既然已經從“周”改爲“唐”，舊的書名《大周西域行人傳》就不能繼續使用了。義淨先天二年（713）去世，此後所編的經録，時間最接近的是智昇的《續古今譯經圖記》和《開元録》。《續古今譯經圖記》和《開元録》中著録的義淨的兩部書，一部是《大唐西域求法高僧傳》，另一部是《大唐南海寄歸内法傳》。這裏需要注意的是“大唐”兩個字，它不是憑空加上去的。這説明什麽？説明即使是一千多年前，也要講政治，在中國，所有一切，首先要政治正確。

至於義淨是否“自大”，把自己也列入“高僧”的行列，這似乎不應該是一個問題。因爲依我看，義淨在書中並没有突出自己，他甚至没有爲自己列出專條，義淨的名字，在書最前面的目録中也没有出現。有關他自己的求法經歷一段，衹是穿插在“玄逵律師”一條之後，寫明是在室利佛逝寫的。這都顯示出，義淨固然在書中講到了自己，但並不顯得特别“自大”。因此，義淨在世時，恐怕不會反對使用《大唐西域求法高僧傳》這個書名。當然，如果一定要做進一步的推想，在義淨自己這方面，我以爲他是希望至少身後會被人視爲高僧的。義淨爲了信仰，捨生忘死，赴印求法，這畢竟是他一生的追求和最終目標。實際上，他在世時已被尊稱“三藏法師”，這個稱號，已經不是一般的僧人能夠擔當得了的，等同被認爲是高僧了。

最後附帶談一個問題：傳抄本和刻本中的“周”字以及石山寺本中的

武周新字。

首先可以確認的一點是，傳抄本和刻本中的“周”字，是因爲義淨撰寫《南海寄歸内法傳》的時間和書最早的流傳，正是在武則天改唐爲周之時。書中的“周云”和“周譯”，反映的正是這一段歷史背景，衹是在武則天之後，唐中宗神龍元年恢復國號後，“周云”和“周譯”才被改爲“唐云”“唐譯”。敦煌本和石山寺本都有“周”字，顯示這兩個抄本更多地反映出義淨書原來的狀態。

三十多年前，我做《南海寄歸内法傳》的校勘，當時就有一個印象，抄本中敦煌本和石山寺本比較接近，屬於最早的抄本系統。校勘中還有一個印象：宋以後的刻本，金藏本與高麗藏本文字比較接近，千字文編號也相同，應該屬於《開寶藏》以後出現的北方系統。其餘各本較接近，應該屬於宋代南方的刻本系統。過去的一些研究者認爲，佛經北方的刻本系統優於南方系統。〔1〕但如果以《南海寄歸内法傳》爲例，這好像不可以一概而論。金藏本、高麗藏本作“唐云”“唐譯”等處，南方刻本與最早的敦煌抄本和石山寺抄本相同，俱作“周云”“周譯”，至少在這一個地方顯示出了優點。不過，這個“周”字，在金本和高麗藏本中也並没有完全消失，金藏本和高麗藏本卷四最後一段的第一句話“義淨敬白大周諸大德”中的“大周”二字，顯然就是當時的漏改之處。

再有一點是石山寺本中的“武周新字”。石山寺本中的“正”字，都抄作“缶”，這是武則天載初元年（690）正月所造的十二個“新字”之一。〔2〕

〔1〕 這是我三十多年前對中國古代刻本佛經傳承系統的認識。拙文初稿曾提交2016年10月在上海師範大學召開的“敦煌遺書與佛教研究國際學術研討會”，其後再經修改，修改中曾向上海師範大學方廣錩先生請教。方先生用电邮告訴我：“刻本各系，均上承寫本，寫本不同，形成刻本不同的系統。”現在一般把《遼藏》稱爲“北方系”，《開寶藏》及由此衍生出的《金藏》《高麗藏》稱爲“中原系”。北方系比較忠實於“開元大藏”系統，且經過校訂。“中原系”用四川的一個寫本刻成，初期錯誤極多，其後在東京（即今開封）不斷修訂。方先生是佛教文獻研究的專家，他根據近三十多年來的新發現和新研究，對刻本佛經做了更細密的分類。如果依照方先生的分類，我這裏説的北方刻本系統，就基本等同於方先生説的“中原系”。我説的南方系統，則指的是我當年做校勘時使用的《思溪藏》《洪武南藏》《永樂南藏》以及《永樂北藏》，因为這幾種藏經——其中《永樂北藏》除外——的刊刻，都在南方完成。我感謝方先生的提示。

〔2〕 參見司馬光著《資治通鑒》第十四册，卷二〇四，中華書局，1982年，第6462—6432頁。載初元年正月即永昌元年十一月，自是改用子正。“新字”字形亦見《宣和書譜》及《歷代書譜》等。

這種寫法流行的時間很短。[1]這就說明，不管石山寺本是從中國直接流傳到日本的古抄本，還是日本僧人所抄寫，這個抄本或抄本代表的原本也一定是一個很早的本子。

做過文本校勘工作的人都知道，一個字的差異或變化，往往可以追溯出一段特定的歷史。《南海寄歸内法傳》抄刻本中的“周”字，爲我們提供了又一個例證。

〔1〕 也是方廣錩先生提示我：“武周新字並未因大周傾覆而廢止，故其流傳時間極長。就敦煌遺書看，直到北宋，還有人用，尤其如‘正’字之類不太繁雜的字形。”如此看來，这個問題比我原來想的还要稍微複雜一些。不過，石山寺本在日本被判定爲奈良時期（710—784 或 710—794）的寫本，如果這樣的判定無誤，石山寺本那就可以説跟敦煌本幾乎同時了。

《佛教文獻研究》第三輯
2019年，53—69頁

敦煌本《二入四行論》文獻研究史*

程　正

内容摘要： 在浩如煙海的禪宗語録中，被視爲記載有東土初祖菩提達摩語録的《二入四行論》，無疑是其中最璀璨奪目的一種。自從其現身於敦煌遺書之後，歷來得到學界的矚目。有關《二入四行論》文本以及思想的各種研究成果層出不窮。本文首先以敦煌本爲中心，介紹目前已知的《二入四行論》各種異本，再擬以時間順序爲軸，從文本校訂和内容思想兩個方面，回顧了迄今爲止有關《二入四行論》的文獻研究史。

關鍵詞：《二入四行論》；敦煌禪宗文獻；天順本；研究史

作者單位： 日本駒澤大學佛教學部

在最具有中國佛教特色的禪宗中，菩提達摩被視爲將釋迦牟尼佛的正法傳至中國並據此創立禪宗的偉人，因此被奉爲“西天二十八祖”“東土初祖”，自始至終備享殊榮。傳世資料姑且不論，僅僅從敦煌遺書中發現的被冠以菩提達摩之名的禪宗文獻就不下十種。但是，這位來自印度的禪師究竟給他的漢人弟子們傳授了哪些殊勝之法呢？當我們静下心來想要正本清源探討這個問題時，突然發現這些被歸於達摩名下的文獻，幾乎都是後人假托，唯一例外的就是本文中所要介紹的《二入四行論》。

《二入四行論》因在篇首記叙了被視爲禪宗初祖菩提達摩現存唯一的真實禪法之“二入四行説”，並直接收録了以達摩爲中心的初期禪宗先驅者們語録的重要文獻，所以自從敦煌遺書發現以來就一直受到學界的矚目。這裏

---

* 本文根據拙著《敦煌禪宗文獻分類目録》所收《Ⅱ語録類　28二入四行論》一章翻譯、增補改訂而成。

首先將《二入四行論》的敦煌·吐魯番本以及本文所涉及的三件朝鮮刊本的情況簡單介紹如下：

（一）敦煌·吐魯番本及朝鮮刊刻本

1. 敦煌·吐魯番本（漢文）

英藏斯坦因本：①斯 1880V　②斯 2715　③斯 3375V　④斯 7159
⑤斯 11446

法藏伯希和本：⑥伯 2923　⑦伯 3018　⑧伯 4634V　⑨伯 4795

中藏本：⑩北敦 1199（宿 99、北 8374）　⑪北敦 9829（朝 50）

日藏本：⑫杏雨書屋藏 25—1

德藏本：⑬Ch 2569

2. 敦煌本（藏文）

⑭P.tib116

3. 敦煌本以外的主要版本

⑮朝鮮《禪門撮要》本　⑯《少室六門集》本　⑰天順本

20 世紀 70 年代，日本學界掀起了一股競相出版中國禪宗語録譯注、現代語譯本的熱潮。當時，《二入四行論》也得到這股潮流的領軍人物柳田聖山的垂青。經柳田之手，作爲禪宗語録系列叢書的第一册出版了題爲《達摩の語録〈二入四行論〉》（筑摩書房，1969 年）一書。柳田這部極具分量的著作包含了《二入四行論》的文本校定、訓讀、現代語譯以及極爲詳盡的注解，代表了《二入四行論》研究成果的最高水準。時至 21 世紀的今日，它依然是研究《二入四行論》的不二之選。接著，柳田又將這些研究成果收録於他主編的世界古典文學全集三十六 A《禪家語録》Ⅰ（筑摩書房，1972 年）。而且在這兩本著作的卷首，柳田還爲《二入四行論》附上了詳細題解，並在介紹當時由田中良昭新發現的⑥之際，簡潔概括了之前的有關《二入四行論》的主要研究成果，爲後人提供了極大方便。因爲在下文中多處涉及《二入四行論》的具體内容，爲了方便讀者了解《二入四行論》的内容構造，按照柳田劃分的段落，做一個簡單圖示如下。

1	達摩小傳
2—5	二入四行説以及門下弟子的書簡
6—50	達摩語録（雜録第一）

51—75	達摩門下十弟子的問答語録（雜録第二）
76—92	東山法門的修行記録（雜録第三）
93	祇存在於天順本的内容

《二入四行論》包括被認爲是禪宗初祖菩提達摩現存唯一的真實禪法——“二入四行説”在内的長達一萬餘字的初期禪宗長篇語録。時至今日，我們已經從敦煌遺書中發現了共計十三種（漢文）之多的異本。最初是鈴木大拙在中藏本中發現了⑩，並在 1935 年出版的《少室逸書》中作了介紹；接著鈴木又利用⑩與朝鮮刊本《禪門撮要》（⑮所收《菩提達摩四行論》）進行了對校，並將校訂本發表在第二年出版的《校刊少室逸書及解説》（安宅佛教文庫，1936 年）一書之中。同年，鈴木又在英國倫敦從斯坦因本中發現了《二入四行論》另一個敦煌本②，並利用當時已知的所有三個本子②⑩⑮，重新校對，並將其最新研究成果發表於題爲《禪思想史研究第二》（岩波書店，1951 年）的著述之中。

由於資料匱乏以及信息的閉塞，在此後的很長一段時間内，都没有能夠發現有關《二入四行論》的新異本。之後，隨著敦煌遺書縮微膠卷逐漸傳入日本，根據其影像，關於敦煌遺書的調查研究突飛猛進。首先是田中良昭在 1965 年發表了題爲《四行論長卷子と菩提達摩論》（《印度學佛教學研究》14-1）論文，向學界介紹了他從敦煌遺書中新發現的《二入四行論》的三個異本——斯坦因本③、伯希和本⑦和⑧。雖然，田中新發現的這三個異本，都祇是抄寫有《二入四行論》的中間部分的斷片，其資料價值並不高，但正是因爲⑦的出現，《二入四行論》的部分内容，曾經被稱爲《菩提達摩論》的這一個史實纔被最終證實。另外，由於伯希和本⑥的出現，我們纔知道《二入四行論》還存在此前不爲人知的内容；但是，即使補上新發現的⑥，我們依然無法得窺《二入四行論》的全貌。接著，田中良昭利用當時剛剛設立的駒澤大學專職教師在外研究制度，於 1972 年遠赴英倫，對當時收藏於大英博物館書庫中的斯坦因本敦煌遺書進行實地調查，又新發現了《二入四行論》的另一個異本斯坦因本④。這也是一件抄寫有菩提達摩二入四行説部分内容的斷片。而伯希和本⑨的存在，則是柳田最先提及的。

另外，致力於研究唐高宗永徽年間（650—655）職員令的池田温、岡野誠等兩位學者，又爲我們介紹了《二入四行論》的另一個寫卷——斯坦因本①。池田和岡野發表題爲《敦煌·吐魯番發見唐代法制文獻》（《法制史研究》27，1978年），兩位學者在這篇論文中指出，利用寫有職員令的紙張背面抄寫《二入四行論》的敦煌本，除了已知的斯坦因本③和伯希和本⑧之外，還有斯坦因本①。並將這些抄寫在正反面的敦煌本之間錯綜複雜的關係通過圖表形式巧妙地表現出來。

此後，以池田、岡野的研究成果爲基礎，土肥義和又發現了可以同時與上述寫卷正反面的文獻進行完美結合的新寫本。土肥新發現的是《二入四行論》的斯坦因本⑤，他將其研究成果公諸於題爲《永徽二年東宮諸府職員令の復元——大英圖書館藏同職員令斷片（S11446）の發見に際して——》（《國學院雜志》83-2，1982年）的論文之中。他認爲，由於⑤的出現，被抄寫在紙張反面的《二入四行論》内容，可以按照如下順序來復原。

> （首缺約四行），S11446號第二紙V六行、S3375號V三三行、（由於被截斷缺失約二六行）、S1880號B的V三四行、S11446號第一紙V五行、S1880號AV二三行、（由於被截斷缺失約二八行）、P4634號A（2）V七七行、（由於被截斷缺失約二七行）、P4634號A（1）V四七行；接著是前述的P4634號C2的V二十行。

就這樣，書寫有頒發於永徽二年（651）《職員令》的紙張反面被再次利用，用於抄寫最具代表性的初期禪宗語録——《二入四行論》。因爲，一般認爲，紙張反面的再利用絶大多數是在抄寫正面内容的五十年以内。由此推斷，抄寫於永徽二年《職員令》背面的《二入四行論》，其抄寫年代大致爲7世紀末，那麽可以推斷作爲禪宗語録的《二入四行論》，其成書年代應該是極早的。

而有關《二入四行論》的斯坦因本④，也是田中良昭造訪英倫，在考察實物後將之比定爲《二入四行論》的異本。田中的研究成果作爲附記首次發表在其題爲《菩提達摩に關する敦煌寫本三種について》（《駒澤大學佛教學部研究紀要》31，1973年）的論文之後。此外，方廣錩在其編著的《英國圖書館藏敦煌遺書目録（斯6981號—斯8400號）》（宗教文化出版社，2000年）對④也有著録。根據田中的介紹以及《英國圖書館藏敦煌遺書目録（斯6981號—斯8400號）》中的有關記録，斯坦因本④是由三紙構成的殘卷，總體尺寸約爲91.5 cm×29.1 cm，共有五十五行，每行三十字左右；其具體内容，大致相當於柳田校訂本的“（二）夫入道多途”到“（十三）問三世［諸佛］”；並且，第一紙首部的下半部分破損，從第三紙的上部開始，各紙中央部分有相同間隔的十處破損，紙張都已變爲赤褐色，整體保存狀態不佳。

到此爲止，敦煌遺書發現《二入四行論》漢文寫本已多達十種。即便采用全部十種寫本，最終還是缺損卷尾極少部分内容，依然無法徹底復原《二入四行論》的完整文本。出乎意料的是，可以彌補敦煌本卷尾缺損的部分，竟然不是歷來爲人矚目的敦煌遺書，而是被通稱爲天順本《菩提達摩四行論》的朝鮮刊本。這是一件徹頭徹尾的傳統傳世資料。天順本的發現，椎名宏雄厥功甚偉。1996 年 3 月，他連續發表了題爲《天順本〈菩提達摩四行論〉》（《駒澤大學佛教學部研究紀要》54，1996 年）與《天順本〈菩提達摩四行論〉の資料價值》（《宗學研究》38，1996 年）兩篇重要的學術論文。在第一篇論文中，他首先介紹了天順本的發現經過、文獻構成以及性格特徵，並進行了全文翻刻；在第二篇論文中，他圍繞天順本的資料價值展開詳細論考。正是因爲椎名的研究成果，纔使學界翹首以待的《二入四行論》整體復原工作畫上了一個完美句號。在此基礎上，沖本克己以《二入四行論》的全本——天順本爲研究對象，附上了訓讀、現代語譯以及注記，出版了題爲《二入四行論》（《第三期禪語録傍譯全書》1，四季社，2006 年）一書。特別值得一提的是，田中良昭在題爲《〈二入四行論〉文獻研究史》（《聖嚴博士古稀記念論集：東アジア佛教の諸問題》，山喜房佛書林，2001 年。後收入田中良昭《敦煌禪宗文獻の研究第二》，大東出版社，2009 年）的論文中，對《二入四行論》的研究史做了詳細的介紹和綜述，包括天順本的出現給《二入四行論》研究帶來具有劃時代意義的進展。

此後，在世界散藏敦煌遺書中，又發現了兩件《二入四行論》的異本。這就是中藏本⑪和日本杏雨書屋所收藏的⑫。首先，中藏本⑪是因收入當時正在出版的系列叢書《國家圖書館藏敦煌遺書》（北京圖書館出版社，2008 年）第一百零六册，纔爲學界所知的。根據第一百零六册卷末的“條記目録”記載，中藏本⑪的書志情況大致如下：它是一件由尺寸分别爲 25.4 cm×14 cm 和 8.8 cm×4 cm 的兩紙黏合而成的殘卷，共有十八行，每一行約二十二字。最初十行的下部以及最後一行的上部已殘缺，所存内容大致相當於從菩提達摩的“二入四行”中第三行“無所求行”的後半部

分，到柳田聖山當年所劃分的“仲間の手紙　その一”那一段的最後部分。

接下來是日本杏雨書屋所收藏的⑫，這是李盛鐸舊藏的敦煌遺書之一。李氏舊藏敦煌遺書在其去世之後，就流落日本，幾經輾轉而成爲了日本人羽田亨的收藏品，如今又收藏於日本武田科學振興財團杏雨書屋。最先注意到⑫中保存有《二入四行論》內容的是日本京都花園大學教授衣川賢次，他將這個重要的信息及時提供給了當時對天順本研究傾注了大量心血的椎名宏雄。椎名宏雄關於天順本研究成果，已凝縮在前述他的兩篇論文之內。這兩篇論文隨後由笔者翻譯成中文，並根據椎名本人的意願，合二爲一，以《天順本〈菩提達摩四行論〉》爲題刊登於《中國禪學》第二卷（中華書局，2003年。後收入光明主編的《達摩禪學研究》（下册），廣州華林禪寺編：《中國禪學研究系列叢書》，中國大百科全書出版社，2003年）。在這篇被翻譯成中文的論文最後，對於學問一絲不苟的椎名，又特地將衣川提供⑫的最後幾行內容，通過附記方式做了補充。附記中所追加的內容，僅存於⑫，甚至在被視爲《二入四行論》全本的天順本中都不見踪迹。2009年，杏雨書屋出版《敦煌秘笈影片册》第一册（非賣品），至此⑫的原始照片纔正式公諸於世。

最近，經王招國（定源）的提醒，筆者又從德藏吐魯番漢文文書中發現了一件《二入四行論》殘片⑬。⑬是一件僅爲10.1 cm×12.5 cm的紙片，僅存九行，且天頭地脚殘缺，其內容大致相當於柳田本的最後部分。

如上所述，至今從敦煌遺書中已經發現了多達十三種（漢文）《二入四行論》的異本。可是這些異本都存在不同程度的首部破損和殘缺，而存有尾題的衹有斯坦因本①的《論一卷》，雖然斯坦因本⑤出現了“菩提達摩論”以及在《禪門撮要》本中出現了“菩提達摩四行論”等文獻名稱，但是根據推斷，這些也僅僅衹是本書的略稱而已。因此目前我們依然無法知曉《二入四行論》原來的確切名稱。另外，《少室六門》中的“安心法門”，實際就是《二入四行論》一部分內容的摘録；而且永明延壽《宗鏡録》中從卷九七至卷一〇〇所引用的大量禪師語録，其實也是取自《二入四行論》。這就充分證明了《二入四行論》是初期禪宗文獻的重要思想源泉。此後，駒澤大學教授石井公成發表了題爲《馬祖における〈楞伽經〉〈二入四行論〉の依用》（《駒澤短期大學佛教論集》11，2005年）的論文。石井指出，如果將馬祖的語録與四卷本《楞伽經》以及《二入四行論》作内容對比，便不難發現，被認爲馬祖禪最大特色的“平常心”思想就是來源於《二入四行論》；不僅如此，這種思想傾向隨後被馬祖的弟子黄蘗希運所繼承。石井的這篇論文後來翻成了中文，以《馬祖與〈楞伽經〉〈二入四行論〉》爲題，刊登在《馬祖道一與中國禪宗文化》（楊曾文、蔣明忠主編，中國社會科學出版社，2006 年）一書中。

《二入四行論》自鈴木發現並介紹以來，其内容大致被分成三大部分：（一）二入四行論及略序等，（二）雜録第一，（三）雜録第二。在（一）“二入四行論及略序等”的最後，收入了向居士寫給慧可的回信；而《少室六門》中的“安心法門”部分則是《二入四行論》（二）“雜録第一”的一部分内容摘録，由此給《二入四行論》究竟是何人所撰的問題，帶來了各種推論。首先，鈴木認爲，（一）和（二）是達摩所説（向居士寫給慧可的回信可能衹是混入罷了），而（三）則是以慧可爲首的達摩以外的禪師們所説的。對此，宇井伯壽則認爲，（二）是慧可所説，所以從這個部分摘録而成的“安心法門”也就理所當然地歸屬於慧可了。此後，中川孝撰寫論文，支持宇井將（二）作爲慧可所述之説。可是，關口真大却撰文進行反駁，田中也在題爲《〈二入四行論長卷子〉（擬）研究覺え書》（《駒澤大學佛教學部研究紀要》38，1980 年）一文中對中川之説提出質疑。目前，有關《二入四行論》究竟爲何人所撰這個問題，依然没有得到根本解决，衹能留待後人考證了。

《二入四行論》卷首内容被認爲是菩提達摩所説的“二入四行説”。它曾以《菩提達摩略辨大乘入道四行並弟子曇林序》爲名，收録於道宣撰寫的《續高僧傳》卷十六、北宗淨覺編寫的《楞伽師資記》、道原編著的《景德傳燈録》卷三十等各種佛教文獻中；而且在⑮的《少室六門》中被專門列爲“二種入”。有關“二入四行説”受到了以老莊思想爲中心的中國思想的强烈影響，這一點從胡適《楞伽宗考》（《中央研究院歷史語言研究所集刊》第五本第三分册，1935 年；柳田聖山編：《胡適禪學案》，正中書局，1974 年）論文，到柳田聖山《達摩の語録》（《禪の語録》1，筑摩書房，1969 年），伊藤隆壽的題爲《〈二入四行論〉の格義》（伊藤隆壽：《中國佛教の批判的研究》，大藏出版社，1992 年）等多篇論文中，已被屢屢提及。在此基礎上，石井公成發表了題爲《隨縁の思想》（荒牧典俊編：《北朝・隋唐佛教の研究》，法藏館，2000 年）論文，指出達摩“四行”中的“隨縁行”，與漢譯經論中常見的有關隨縁的用法有很大差異，但是却有不少似乎是基於《莊子》山木篇以及《莊子》郭象注的。據此石井推斷，“隨緣行”這部分的内容本身很可能相當多地利用《莊子》山木篇以及郭象注而構成的。此後，石井又在其發表題爲《〈二入四行論〉の再檢討》（《平井俊榮博士古稀記念論集：三論教學と佛教諸思想》，春秋社，2000年）論文中，首先將《二入四行論》中的“二入四行説”與道宣抄録在《續高僧傳》中的内容進行了比較，並進一步探討了《二入四行論》中關於“心”的問題，並認爲该書已包含有日後導致禪宗分派的因素，其中有許多思想與老莊思想有關聯，所以無法斷定该書爲達摩親口所述。最後，作爲論文的結論，石井指出，如果僅從以往的中國傳統思想出發，類似《二入四行論》這樣的禪宗文獻是不可能成立的。

以石井上述幾篇論文的研究成果爲基礎，伊吹敦連續發表了分别題爲《〈二入四行論〉の成立について》（《印度學佛教學研究》55-1，2006年）、《〈二入四行論〉の作者について——〈曇林序〉を中心に》（《東洋學論叢》32，2007年）、《慧可傳の再檢討》（《東洋學論叢》33，2008年）的三篇論文。首先在《〈二入四行論〉の成立について》一文中，伊吹在介紹《二入四行論》内容和所依據文獻的基礎上，考察了《二入四行論》構造的來源，之後指出：“（從《二入四行論》的）内容來看，它不僅僅很大程度上受到了南北朝時期廣泛流行的經論的影響，而且應該認爲‘二入四行’這種思想構造本身，是以南北朝時期對於‘法’的一般理解爲前提，並將它以一個完全獨特的形式予以展開形成的。”據此提出，將《二入四行論》視爲是記録達摩禪法思想的文獻，應當予以否定。接著在題爲《〈二入四行論〉の作者について—〈曇林序〉を中心に》一文中，伊吹以附在《二入四行論》卷首的“曇林序”爲綫索進行考證後指出：“《二入四行論》不是達摩的作品，應該是慧可本人所著。但是爲了提高其權威性，故而附上一篇序文，强調這是北魏時代由印度僧人傳授給自己的著作。”之後，在另一篇題爲《慧可傳の再檢討》的論文中，伊吹在討論《續高僧傳》等各種文獻中的“慧可傳”的基礎上，將《二入四行論》慧可撰述説又向前推進了一大步，認爲“慧可以自身的艱苦體驗爲契機深化思想，在其四十歲，或在四十六歲前後，撰述了《二入四行論》。他曾經試圖把《二入四行論》作爲由菩提達摩傳授所得的文獻來公諸於世，却被後世誤解爲他遇見達摩，或者是被達摩傳授《二入四行論》時的年齡是四十歲，或是四十六歲”。

另外，中嶋隆藏發表了題爲《慧可と向居士の往復書簡—初期禪宗思想の課題》（《東京大學東洋文化研究所紀要》131，1996 年）論文。在這篇論文中，中嶋針對《二入四行論》收録的慧可與向居士的來往信件，探討了兩人之間的思想以及慧可的思想立場，並認爲慧可立足於“即有相來體認無相；據無相來實踐有相，這樣一種不拘有無，自由自在的空的立場”。接著，“對此，向居士的立場中雖然也包含有對有無相即的向往，可是我們應該認爲他主要還是强調無心，否定一切有爲之處。因此，他的這種誤解才受到了慧可的嚴厲指責”。

之後，中嶋隆藏又發表了一篇題爲《所謂〈二入四行論長卷子〉雜録第一について—初期禪宗思想史の課題》（《東京大學東洋文化研究所紀要》135，1998 年）的論文。在此文中，中嶋視《二入四行論》爲禪宗思想的歷史性發展的一個轉折點，並將焦點鎖定在包含其中的“雜録第一”上展開論證。結果，他認爲在以問答體與陳述體等兩種文體混合構成的“雜録第一”中，除了被明確記載爲“三藏法師言……”這一處的内容可視爲達摩所説之外，其他所有内容均應該是慧可所説。

此外，以《二入四行論》“雜録第一”爲對象的研究成果有古勝亮的《〈二入四行論〉雜録第一の話者》（《中國思想史研究》31，2011 年）。在這篇論文中，古勝首先簡明扼要地回顧了《二入四行論》中被稱爲“雜録第一”這一部分的研究史，再通過一些“雜録第一”“雜録第二”部分中具有代表性的一些詞彙的用例對比後認爲，“雜録第一”中的發言人，應當是慧可；並且這些具有代表性的詞彙所表現出的思想性特徵，就是以《楞伽經》爲思想背景，嚴厲批判將原本自心不具備實體的認識對象，恣意地被逐漸實體化。

而以《二入四行論》“雜録第三”爲對象的研究成果有，篠塚純海發表了論文《〈菩提達摩四行論〉の文獻的研究—雜録第三を中心として》（《禪學研究》82，2003 年）。篠塚以僅在天順本中保留了完整形態的《二入四行論》“雜録第三”内容爲綫索展開探討，先根據天順本摘録出“雜録第三”全文，附上訓讀，並指出《二入四行論》的撰述者們應該與天台法門、三論教學有著密切關聯；如果考慮到《二入四行論》中看不到任何日後禪宗的宗派意識，那麼其成書於六百年前後的可能性就相當高了。

因爲，道宣《續高僧傳》保存有關於菩提達摩以四卷本《楞伽經》傳授二祖慧可的具體記載，作爲達摩語録的《二入四行論》與四卷本《楞伽經》究竟有著怎樣的思想關聯，這個問題歷來是學界的研究熱點。最近日本學界禪宗研究的後起之秀柳幹康在其撰寫的題爲《〈楞伽經〉と〈二入四行論〉—〈楞伽宗〉の思想とそこに占める〈楞伽經〉の位置》（《インド哲學佛教學研究》18，2011 年）的論文中，又一次就這個問題展開新的探討。柳幹康首先將之前的有關這一問題的研究成果，歸納成兩類。第一類是以柳田聖山、入矢義高爲代表，認爲《二入四行論》幾乎没有受到四卷本《楞伽經》思想的影響；第二類以石井公成爲代表，認爲雖然不如《楞伽師資記》那樣明顯和强烈，《二入四行論》仍然在很大程度上受到了四卷本《楞伽經》思想的影響。接著，從《二入四行論》的具體内容出發，旁徵博引，發現《二入四行論》中出現的“自心現境界”的表述，僅存於四卷本《楞伽經》；而另一個重複出現的“自心現量”的表述，也衹能在四卷本《楞伽經》和四十卷本《華嚴經》中找到；並綜合各種情况後指出：雖然隨著日後禪宗的蓬勃發展，對四卷本《楞伽經》和“心”思想的定位發生了變化，可是《二入四行論》無疑是以修行和陷入迷妄的兩個過程作爲其思想基礎的，而通過分析它的思想背景，不難發現，四卷本《楞伽經》無疑發揮了其他任何經論所無法取代的重要作用。

有關《二入四行論》開篇所收菩提達摩的“二入四行説”的最新研究成果，當推大竹晉發表的論文《菩提達摩〈二入四行〉をめぐって》（《駒澤大學禪研究所年報》25，2013 年）。大竹首先指出：“二入四行説”是印度僧菩提達摩所説，並經過其漢人弟子記録潤色而成的印度和中國佛教的混合之作；而幾乎在同一時期成立，並且具有這種相同性格特徵的還有菩提流支譯的天親著《金剛般若波羅蜜經論》的講義——《金剛仙論》。所以在探討“二入四行説”之際，不但應該通過梵文與藏傳的印度佛教文獻的比對，發掘其中印度佛教的各種要素，而且還必須通過比對同時代成立的北朝佛教文獻，來找尋中國佛教的要素。正是基於這樣的思路和方法論，大竹得出了如下結論：“二入”是依據《金剛仙論》；“四行”中的第一報怨行、第二隨緣行均依據曇無讖譯《優婆塞戒經》；而第三無所求行雖然依據《雜阿含經》，但也有可能參照了《成實論》；第四稱法行則依據《金剛般若波羅蜜經》《金剛般若波羅蜜經論》《金剛仙論》《優婆塞戒經》《發菩提心經論》。根據這些結論，大竹進一步推斷：“二入四行説”與其説是菩提達摩的口傳，不如説是北朝漢人（達摩弟子）基於菩提流支一派佛教文獻的一種注釋性創作。

還有一個與《二入四行論》密切相關的問題就是，達摩的“二入四行説”與《金剛三昧經》的先後關係。當初，宇井伯壽將達摩所説的理入和行入視爲是基於《金剛三昧經》入實際品第五的引用。可是水野弘元在其發表的題名同爲《菩提達摩の二入四行説と金剛三昧經》(《印度學佛教學研究》3-2，1955年；《駒澤大學研究紀要》13，1955年）的兩篇論文中，通過證明《金剛三昧經》是成立於初唐的僞經，提出了反而是僞經《金剛三昧經》利用了達摩所説的“二入四行説”。這種新觀點在學術界激起了巨大反響。敦煌遺書斯2794號保存有《金剛三昧經》入實際品第五内容，此外據説還保留有漢文的藏譯本。根據此後小畠宏充發表的題爲《チベットの禪宗と〈歷代法寶記〉》(《花園大學禪文化研究所紀要》6，1974年）的論文，《二入四行論》中作爲“三藏法師言”所引用的“安心法門”的開頭部分，日後受到了《歷代法寶記》的影響，作爲初祖菩提達摩多羅禪師語録被譯成藏文。另外，小畠又在另一篇題爲《古代チベットにおける頓門派（禪宗）の流れ》(《佛教史學研究》18-2，1976年）的論文中，列舉了作爲構成吐蕃的頓門派（禪宗）内容的八種資料，其中第二種就是“達摩《二入四行論長卷子》”；接著又具體列舉了三種，對第三種，小畠指出：“在《長卷子》最後部分出現的淵禪師（第六九段＝根據柳田劃分的段落——筆者注）以下至朗禪師（第九二段＝同前——筆者注）的十九位禪師，以及在第二部分提到的三藏法師語録，都被引用於《大臣實録(blon po bka'i thang yig)》以及《禪定燈明論（b Sam gtan mig sgron)》之中。”另外，沖本克己在其題爲《チベット譯〈二入四行論〉について》(《印度學佛教學研究》24-2，1976年）的論文中，特别對《二入四行論》雜録第二部分摘録有多位禪師語録部分，指出第六九段淵禪師以後的各位禪師語録，都以更加完整的形式被翻譯成藏語，出現在先前小畠論文中所提到的兩種藏語文獻中；並且將《二入四行論》漢文文獻（斯坦因本②，伯希和本⑥⑨）及其藏譯，與之前的兩種藏語文獻進行對照之後，認爲包括這兩種藏語文獻在内的各種有關禪宗藏譯敦煌文獻，不僅反映了藏傳佛教的一個側面，而且完全有可能成爲可以直接彌補漢文文獻之不足的重要資料。

總之，時至今日《二入四行論》雖然還有許多重要問題没有得到徹底解決，但作爲最初期的禪宗語録總集，對進一步推動中國禪宗史研究已經發揮了許多積極的重要作用，充分展示了中國禪學在漢地乃至藏地多姿多彩的發展軌迹。

（二）文本的翻刻・校定

⑯《卍續藏》1 輯 2 編 15 套 5 册（1911，p.404 右—左）

⑯《大正藏》第 48 卷（1928，pp.369c—370c）

⑩ 鈴木貞太郎（大拙）《敦煌出土少室逸書》影印（1935，pp.1—22）

⑩⑮ 鈴木貞太郎（大拙）《校刊少室逸書及解説》（安宅佛教文庫，1936，pp.1—39）—㊉少

②⑩⑮ 鈴木大拙《禪思想史研究》第二（岩波書店，1951，1968，1987，2000，pp.138—162）—㊉鈴→《鈴木大拙全集》第 2 卷（岩波書店，1968，1980，1987　4 册本，2000，pp.141—161）

⑮ 花園大學祖録研究會《禪門撮要》上（1954，pp.49—94）

⑮ 鏡虚惺牛・雪峰鶴夢《新刊懸吐禪門撮要》（1968，pp.137—163）

②③⑦⑧⑩⑮⑯ ㊉少㊉鈴柳田聖山《達摩の語録（二入四行論）》，《禪の語録》1（筑摩書房，1969—2016，pp.23—250）—㊉柳→柳田聖山《達摩二入四行論》（柳田聖山編《禪家語録》Ⅰ，《世界古典文學全集》36A，筑摩書房，1972，pp.5—66）→柳田聖山《達摩の語録》，《ちくま學藝文庫》（筑摩書房，1996，pp.44—336）

⑥ 田中良昭《四行論長卷子雜録の一異本》（《宗學研究》13，1971，pp.36—39）→田中良昭《敦煌禪宗文獻の研究》（大東出版社，1983，pp.175—179）

⑨ 田中良昭《菩提達摩に關する敦煌寫本三種について》（《駒澤大學佛教學部研究紀要》31，1973，p.164）→田中良昭《敦煌禪宗文獻の研究》（大東出版社，1983，pp.181—183）

⑯ 椎名宏雄《天順本〈菩提達摩四行論〉》（《駒澤大學佛教學部研究紀要》54，1996，pp.198—214）—㊉椎→程正譯《天順本〈菩提達摩四行論〉》（《中國禪學》2，北京，中華書局，2003，pp.20—33）（中國語譯）→光明主編《達摩禪學研究》（下册），《中國禪學研究系列叢書》（廣州華林禪寺編，北京，中國大百科全書出版社，2003，pp.466—518）

⑯《〈菩提達摩四行論〉》影印（柳田聖山・椎名宏雄編《禪學典籍叢刊》別卷，臨川書店，2001，pp.1—39）

⑤ 田中良昭《〈二入四行論〉文獻研究史》（《聖嚴博士古稀記念論集：東アジア佛教の諸問題》，山喜房佛書林，2001，pp.48—49）→田中良昭《敦煌禪宗文獻の研究》第二（大東出版社，2009，pp.13—14）

⑫ 椎名宏雄著，程正譯《天順本〈菩提達摩四行論〉》（《中國禪學》2，北京，中華書局，2003，p.37）（中國語譯）

㊔㊙法緣點校《菩提達摩四行論》（楊曾文編著《菩提達摩四行論》，《少林學史料叢書》，鄭州，少林書局，2006，pp.5—41）

⑫《敦煌秘笈影片册》1影印（武田科學振興財團杏雨書屋［非賣品］，2009，pp.192—193）

（三）譯注

②③⑦⑧⑩⑮⑯ ㊛㊙柳田聖山《達摩の語録〈二入四行論〉》，《禪の語録》1（筑摩書房，1969，pp.23—250）→柳田聖山《達摩二入四行論》（柳田聖山編《禪家語録》Ⅰ，《世界古典文學全集》36A，筑摩書房，1972，pp.5—66）→柳田聖山《達摩の語録》，《ちくま學藝文庫》（筑摩書房，1996，pp.44—336）

㊕柳田聖山《ダルマ》，《人類の知的遺産》（講談社，1981，pp.129—312）→柳田聖山《ダルマ》，《講談社學術文庫》1313（講談社，1998，pp.155—374）

⑰ 沖本克己《二入四行論》，《第三期禪語録傍譯全書》1（四季社，2006，pp.9—345）

㊕ Jeffrey L.Broughton：*The Bodhidharma Anthology*，*The Earliest Records of Zen*，University of California Press Berkeley and Los Angeles，California，1999.（英譯）

（四）著書・論文

禿氏祐祥《少室六門集に就て》（《龍谷學報》309，1934，pp.1—18）

鈴木貞太郎（大拙）《解説及びその内容の研究》（《少室逸書解説》，《安宅佛教文庫》，1936，pp.1—46）→鈴木大拙《禪思想史研究》第二（岩波書店，1951，1968，1987，2000，pp.103—138）→《鈴木大拙全集》

第 2 卷（岩波書店，1968，1980，1987　4 册本，2000，pp.108—141）

宇井伯壽《達摩の教説》，《慧可の教説》（宇井伯壽《禪宗史研究》岩波書店，1939，1990，pp.17—34 及 pp.47—59）

水野弘元《菩提達摩の二入四行説と金剛三昧經》（《印度學佛教學研究》3-2，1955，pp.239—244）

水野弘元《菩提達摩の二入四行説と金剛三昧經》（《駒澤大學研究紀要》13，1955，pp.33—57）

中川孝《菩提達摩の研究——四行論長巻子を中心として》（《文化》20-4，1957，pp.60—71）

關口真大《敦煌本達摩大師四行論について》（《宗教文化》12，1957，pp.1—23）

關口真大《〈達摩大師四行論〉と〈安心法門〉》（關口真大《達摩大師の研究》，彰國社，1957→同，春秋社，1969，pp.317—344）

中川孝《四行論長巻子を中心として見たる初期禪思想史の問題點》（《印度學佛教學研究》10-2，1962，pp.164—168）

田中良昭《四行論長巻子と菩提達摩論》（《印度學佛教學研究》14-1，1965，pp.217—220）→田中良昭《敦煌禪宗文獻の研究》（大東出版社，1983，pp.170—175）

柳田聖山《〈菩提達摩二入四行論〉の資料價值》（《印度學佛教學研究》15-1，1966，pp.320—323）→《禪佛教の研究》，《柳田聖山集》第 1 巻（法藏館，1999，pp.71—76）

柳田聖山《北宗禪の一資料》（《印度學佛教學研究》19-2，1971，pp.127—135）→《禪佛教の研究》，《柳田聖山集》第 1 巻（法藏館，1999，pp.287—300）

田中良昭《四行論長巻子雜録の一異本》（《宗學研究》13，1971，pp.35—41）→田中良昭《敦煌禪宗文獻の研究》（大東出版社，1983，pp.175—181）

田中良昭《菩提達摩に關する敦煌寫本三種について》（《駒澤大學佛教學部研究紀要》31，1973，pp.161—179）→田中良昭《敦煌禪宗文獻の研究》（大東出版社，1983，pp.181—183）

小畠宏允《チベットの禪宗と〈歷代法寶記〉》（《花園大學禪文化研

究所紀要》6，1974，pp.139—176）

沖本克己《チベット譯〈二入四行論〉について》（《印度學佛教學研究》24-2，1976，pp.039—046）

小畠宏允《古代チベットにおける頓門派（禪宗）の流れ》（《佛教史學研究》18-2，1976，pp.58—80）

池田温、岡野誠《敦煌・吐魯番發見唐代法制文獻》（《法制史研究》27，1978，pp.189—229）

田中良昭《〈二入四行論長卷子〉（擬）研究覺え書》（《駒澤大學佛教學部研究紀要》38，1980，pp.51—69）

土肥義和《永徽二年東宮諸府職員令の復元——大英圖書館藏同職員令斷片（S11446）の發見に際して——》（《國學院雜志》83-2，1982，pp.1—29）

沖本克己《敦煌出土のチベット文禪宗文獻の内容》（篠原壽雄・田中良昭編《敦煌佛典と禪》，《講座敦煌》8，大東出版社，1980，pp.409—440）

伊藤隆壽《〈二入四行論〉の格義》（伊藤隆壽《中國佛教の批判的研究》，大藏出版社，1992，pp.137—156）

椎名宏雄《天順本〈菩提達摩四行論〉の資料價值》（《宗學研究》38，1996，pp.222—227）→程正譯《天順本〈菩提達摩四行論〉》（《中國禪學》2，北京，中華書局，2003，pp.33—37）（中國語譯）→光明主編《達摩禪學研究》（下册），《中國禪學研究系列叢書》（廣州華林禪寺編，北京，中國大百科全書出版社，2003，pp.518—534）

椎名宏雄《天順本〈菩提達摩四行論〉》（《駒澤大學佛教學部研究紀要》54，1996，pp.189—214）→程正譯《天順本〈菩提達摩四行論〉》（《中國禪學》2，北京，中華書局，2003，pp.12—33）（中國語譯）→光明主編《達摩禪學研究》（下册），《中國禪學研究系列叢書》（廣州華林禪寺編，北京，中國大百科全書出版社，2003，pp.518—534）

中嶋隆藏《慧可と向居士の往復書簡——初期禪宗思想の課題》（《東京大學東洋文化研究所紀要》131，1996，pp.1—25）

楊曾文《菩提達摩禪法〈二入四行論〉》（釋永信、吴立民主編《中國嵩山少林寺建寺1500周年國際學術研討會論文集》，北京，宗教文化出版社，1996，pp.92—105）→楊曾文《唐五代禪宗史》（北京，中國社會科學出版社，1999，pp.54—68）→光明主編《達摩禪學研究》（上册），《中國禪學研究系列叢書》（廣州華林禪寺編，北京，中國大百科全書出版社，2003，pp.352—373）→楊曾文編著《菩提達摩四行論》，《少林學史料叢書》（鄭州，少林書局，2006，pp.83—96）

孫昌武《菩提達摩〈二入四行論〉的文化史意義》（釋永信、吴立民主編《中國嵩山少林寺建寺1500周年國際學術研討會論文集》，北京，宗教文化出版社，1996，pp.106—115）→光明主編《達摩禪學研究》（上册），《中國禪學研究系列叢書》（廣州華林禪寺編，北京，中國大百科全書出版社，2003，pp.374—386）

中嶋隆藏《所謂〈二入四行論長卷子〉雜録第一について——初期禪宗思想史の課題》（《東京大學東洋文化研究所紀要》135，1998，pp.1—29）

石井公成《隨緣の思想》（荒牧典俊編《北朝・隋唐佛教の研究》，法藏館，2000，pp.154—178）

石井公成《〈二入四行論〉の再檢討》（《平井俊榮博士古稀記念論集：三論教學と佛教諸思想》，春秋社，2000，pp.367—386）

田中良昭《〈二入四行論〉文獻研究史》（《聖嚴博士古稀記念論集：東アジア佛教の諸問題》，山喜房佛書林，2001，pp.37—60）→田中良昭《敦煌禪宗文獻の研究第二》（大東出版社，2009，pp.3—23）

椎名宏雄〈唐代禪籍の宋代刊行について〉（鈴木哲雄編《宋代禪宗の社會的影響》，山喜房佛書林，2002，p.531）

篠塚純海《〈菩提達摩四行論〉の文獻的研究—雜録第三を中心として》（《禪學研究》82，2003，pp.129—152）

法緣《菩提達摩〈二入四行論〉的思想》（覺醒主編《覺群學術論文集》4，北京，宗教文化出版社，2004，pp.387—403）

劉澤亮《〈二入四行論〉源出典據及其意義》（覺醒主編《覺群學術論文集》4，北京，宗教文化出版社，2004，pp.443—452）

石井公成《馬祖における〈楞伽經〉〈二入四行論〉の依用》（《駒澤短期大學佛教論集》11，2005，pp.109—125）→石井公成《馬祖與〈楞伽經〉〈二入四行論〉》（楊曾文、蔣明忠主編《馬祖道一與中國禪宗文化》北京，中國社會科學出版社，2006，pp.381—391）（中國語譯）

伊吹敦《〈二入四行論〉の成立について》(《印度學佛教學研究》55-1，2006，pp.127—134)

伊吹敦《〈二入四行論〉の作者について——〈曇林序〉を中心に》(《東洋學論叢》32，2007，pp.0204—0185)

伊吹敦《慧可傳の再検討》(《東洋學論叢》33，2008，pp.1—36)

古勝亮《〈二入四行論〉雜録第一の話者》(《中國思想史研究》31，2011，pp.96—154)

柳幹康《〈楞伽經〉と〈二入四行論〉—〈楞伽宗〉の思想とそこに占める〈楞伽經〉の位置》(《インド哲學佛教學研究》18，2011，pp.71—85)

大竹晉《菩提達摩〈二入四行〉をめぐって》(《駒澤大學禪研究所年報》25，2013，pp.0480—0454)

[附記]

拙論脱稿後，筆者又在英藏敦煌遺書中新發現了《二入四行論》的另一件殘片斯 11939 號。這件殘片與已知的斯 7159 號當屬同一寫卷，但兩者間仍有殘缺，無法完全綴接。詳情請參閱題爲《英藏敦煌文獻から發見された禪籍について—S 6980 以降を中心に—(2)》(《駒澤大學佛教學部研究紀要》76，2018，0150—0154)的拙文。

《佛教文獻研究》第三輯
2019年，71—89頁

敦煌文獻中的十夢壁畫榜題底稿*

王惠民

内容摘要： 敦煌文獻中的壁畫榜題底稿是研究古代佛教壁畫創作的重要資料，目前已經發現二十多種題材五十多份底稿。佛經中有許多關於夢的解析，其中十夢較爲著名，並有獨立的經典《佛説舍衛國王十夢經》《國王不梨先泥十夢經》，但在敦煌現存石窟壁畫中没有遺存。本文對敦煌文獻中的四件十夢壁畫榜題底稿進行了整理與比較研究，發現榜題底稿並不是對應某一部經典，而是壁畫創作者根據《國王不梨先泥十夢經》《俱舍論》等若干佛經改編而成。

關鍵詞： 十夢經；敦煌壁畫；伯3727號；榜題底稿；壁畫繪製

作者單位： 敦煌研究院

在現存敦煌壁畫中，並没有十夢壁畫，但保存有四份十夢壁畫榜題底稿（伯2668號、伯3727號、北敦14546號背、傅斯年圖書館藏［以下簡稱傅圖］188104號背）。2001年，《敦煌占卜文書與唐五代占卜研究》一書提到伯2668號十夢的部分内容。[1]2005年，《敦煌寫本解夢書校録研究》録出伯2668號十夢全文，惜對内容未予關注。[2]單獨研究的論文有兩篇：2007年，梁麗玲發表《敦煌寫本〈十夢經〉初探》一文，對伯2668號、傅圖188104號背兩件文書的十夢内容進行了詳細研究，認爲其

* 本文为2017年度國家社會科學基金一般項目“敦煌壁畫榜題底稿校注與研究”（批准號：17BZJ017）的階段性成果。

〔1〕 黄正建：《敦煌占卜文書與唐五代占卜研究》，學苑出版社，2001年，第70—71頁。該書録文錯誤較多。2014年中國社會科學出版社出版了該書的增訂版，增訂版（第61頁）對録文錯誤仍未予糾正。

〔2〕 鄭炳林：《敦煌寫本解夢書校録研究》，民族出版社，2005年，第157—158頁。

是“一種新的解夢書”，未涉及另外兩件，也未從榜題底稿角度進行分析。[1]2010年，劉波、林世田發表《國家圖書館藏BD14546壁畫榜題寫本研究》一文，録出北敦14546號背全文並進行考釋，注意到十夢内容屬於榜題底稿，指出：“榜題十夢及其解説是選擇《俱舍論頌疏論本》與《增一阿含經》卷五十一中的部分論説重新編排而成的，糅合了不同佛經的内容。”其所起作用是“一方面勸導衆生斷惡揚善，另一方面勸導衆生崇信佛法”[2]。惜劉、林二位學者未注意到梁麗玲的研究。上述學者均未注意到伯3727號十夢壁畫榜題底稿。

伯2668號。内容較多，正面是《閫外春秋》長卷，大約當時未抄完，後人接寫《燃燈文》《新菩薩經》《乙亥年四月八日翟奉達七言詩二首》《十恩德》《十夢》《同光四年造龕記》，背面抄《發願文》《河西都僧統官名雜寫》《受八關齋戒文》。十夢是從第十夢開始抄寫，依次倒抄至第一夢，當與壁面位置有關。同光四年（926）前後的乙亥年當是後梁乾化五年（915）。

伯3727號。内容較爲豐富，有書信四通、佛傳、十大弟子贊（存九位弟子贊，缺羅睺羅贊）、《付法藏因緣傳》和中土的祖師傳、十夢故事等。

北敦14546號背。北敦14546號共三十一紙，長達13米，正面是《妙法蓮華經玄贊》卷二，首缺尾全，尾題“《妙法蓮華經玄贊第二》。開元五年（717）四月廿五日辰時寫了”。《妙法蓮華經玄贊》共十卷，窺基（632—682）撰。其背面爲一組壁畫榜題底稿，存五十五行一千七百餘字，内容分三部分：（1）《十大弟子贊》，有舍利弗、目犍連、迦葉、須菩提、富樓那、摩訶迦旃延、阿那律、優波離共八位弟子贊，缺羅睺羅贊、阿難贊；（2）《付法藏因緣傳》若干人物傳記；（3）十夢。

傅圖188104號背。傅圖188104號有八紙，2.4米，首全尾缺，正面有兩種文書：《維摩手記》一百三十八行，第八紙剩餘部分後來有人抄道場文五行：“此會道（下當缺一“場”字）難可遇，今日佛法亦難聞（旁

---

〔1〕 梁麗玲：《敦煌寫本〈十夢經〉初探》，南京師範大學2006年“轉型期的敦煌學——繼承與發展”國際學術研討會論文，收入劉進寶、高田時雄主編《轉型期的敦煌學》，上海古籍出版社，2007年，第471—494頁。

〔2〕 劉波、林世田：《國家圖書館藏BD14546壁畫榜題寫本研究》，《文獻》2010年第1期。

寫一“逢”字）。猶如嬰孩失慈母，啼聲哽噎痛傷人。勤勸道場祈光衆，誓碎軀命不留身。末法衆生無智惠，昏昏衹解酬（?）無明。竟起貪嗔緣妄想，俱將我慢事縱横。”背面爲《維摩手記補注》三行、《大般若波羅蜜多經前兩經帙品次録》十三行、《十夢》十六行，《十夢》缺第九夢、第十夢。2000年，鄭阿財發表《臺北“中央研究院”傅斯年圖書館藏敦煌卷子題記》，將傅斯年圖書館藏敦煌寫本編爲第五十號（部分非敦煌寫本），本寫本編爲第三十號，將十夢内容判爲“《賢愚經》”。[1]前揭梁麗玲《敦煌寫本〈十夢經〉初探》一文對此寫本進行詳細研究。這件文書在2013年臺北“中央研究院”歷史語言研究所出版的方廣錩主編的大型圖録《“中央研究院”歷史語言研究所傅斯年圖書館藏敦煌遺書》中編爲第三十四號，圖版清晰並附有録文，認爲《十夢》屬於《維摩手記補注》内容。

本文以未見學者研究的伯3727號十夢壁畫榜題底稿寫本爲主進行考察。

一、伯3727號文書學考察

伯3727號原本是《常樂縣令羅員定致曹都頭狀》（十行）、《廣順五年都知兵馬使吕富延、陰義進等狀上太保衙》（十行）、《乙卯年二月廿日沙門道會致吕都知、陰都知狀》（七行）、《國清父母致瓜州吕都知、陰都知狀》（十一行）等沙州官吏及僧人來往狀牒四通，其中第二件有“廣順五年”年號、第三件有“乙卯年”紀年，參考第二件“廣順五年”爲乙卯年，可將第三件的乙卯年比定爲廣順五年（955）。

施萍婷、邰惠莉編《敦煌遺書總目索引新編》記録爲：

> 伯3727號a　付法藏傳及其他禪宗史料
> 伯3727號b　沙州官吏及僧人來往狀牒數通
> 按：在付法藏傳行間插寫或接寫有：
> (1)“内親從都頭知常樂縣令羅員定”給曹都頭的狀

---

〔1〕潘重規等：《慶祝吴其昱先生八秩華誕敦煌學特刊》，文津出版社，2000年，第383頁。

（2）都知兵馬使吕富延、陰義進狀（廣順五年）

（3）第八夢、第九夢

（4）國清父母給瓜州吕都知、陰都知狀

（5）沙門道會給吕都知、陰都知狀

（6）聖者僧伽和尚元念因緣、惠淨禪師贊

（7）靈州龍興寺白草院和尚俗姓史法號曾忍以節度使李尚書立難刺血經義記

（8）隋淨影寺沙門惠遠和尚（敦煌人，姓張）因緣記

（9）劉薩訶和尚因緣記

（10）大唐義淨三藏贊

又按：此件很亂，可能在製作縮微膠卷時紙的接縫都已脱落。法國目録用 a、b 來表示，看來已經做過整理，但似乎不妥，因爲有些内容是插寫在付法藏因緣傳的字裏行間的。[1]

《敦煌遺書總目索引新編》將伯 3727 號分爲 a、b 兩大類，“伯 3727 號 a 付法藏傳及其他禪宗史料；伯 3727 號 b 沙州官吏及僧人來往狀牒數通。按：在付法藏傳行間插寫或接寫……”，即認爲伯 3727 號 a 在前，而後廢紙利用纔寫伯 3727 號 b，但一些榜題底稿是見縫插針地抄寫的，可知狀牒在前、而後再廢紙利用抄寫榜題底稿。狀牒也是草稿，第五頁最後面有倒書兩行：“交子書至處”“都知陰書上付，都知陰書上付”，從“都知陰書上付”寫了兩遍也可看出這些信件是草稿。這四件狀牒因系草稿而未發出，後來壁畫榜題書寫手利用紙張的空白抄寫榜題底稿，内容多數屬於佛弟子、聖僧、中土高僧等佛教人物傳記，有一些帶有“……時”，這是榜題底稿常見用語。狀牒（伯 3727 號 b）的寫作時間爲五代後周廣順五年，是文書的正面，榜題底稿（伯 3727 號 a）是文書的背面，抄寫時間在 955 年之後，但不會太晚。

伯 3727 號與北敦 14546 號背中的《十大弟子贊》次序相同，應視爲同源，但伯 3727 號有九位弟子贊，缺羅睺羅贊，北敦 14546 號背存八位弟子贊，缺羅睺羅贊、阿難贊（敦煌文獻中所有《十大弟子贊》都缺羅睺

[1] 施萍婷、邰惠莉編：《敦煌遺書總目索引新編》，中華書局，2001 年，第 295—296 頁。

羅贊，似乎流傳之初就缺失）。

《敦煌遺書總目索引新編》對伯 3727 號内容叙述存在一些問題，如“十夢”是全的，而《敦煌遺書總目索引新編》僅記録第八夢、第九夢，需要重新整理。先按原頁碼叙述。

第 1 頁（第 2 頁背面），共 28 行：

第 1—19 行：《第四代付法藏人聖者優波毱多傳》。首題：“第四代付法藏人聖者優波毱多。”尾題：“聖者提多迦從尊者付優波毱多時。”

第 19—21 行：《十夢・第四夢》。

第 21—24 行：《十夢・第三夢》。

第 25—28 行：《第七代付法藏人聖者伏陀難提傳》前半部分。首題：“第七代付法藏人聖者伏陀難提。”本頁最後文字是：“伏陀難提答言：‘受教。’於是。”

第 2 頁（第 1 頁正面），爲第 1 頁的另一面，内容上接第 1 頁《第七代付法藏人聖者伏陀難提傳》的後半部分，有《常樂縣令羅員定致曹都頭狀》，大字 10 行，最後一行是“内親從都頭知常樂縣令羅員定狀”。後代在書信前、後、中間共寫 19 行，即第 2 頁纔是正面，第 1 頁是背面（下面文書相同）：

第 1—3 行：《第七代付法藏人聖者伏陀難提傳》後半部分。尾題：“聖者佛陀蜜多從尊者伏陀難提受付囑一代教時。”

第 4—5 行：《十夢・第六夢》。

第 5—8 行：《十夢・第七夢》。

第 8—19 行：《第九代付法藏人聖者脅比丘傳》。尾題：“聖者富那奢從尊者脅比丘受付囑時。”

第 3 頁（第 4 頁背面），共 17 行。首題：“第五代付法藏人聖者提多迦。”

第 1—17 行：《第五代付法藏人聖者提多迦傳》。

第 4 頁（第 3 頁正面），原前接第 2 頁，共 11 行：

第 1—10 行：《都知兵馬使吕富延、陰義進等狀上太保衙》，有“廣順五年”年號。

第 11 行：倒書一行 8 字：“聖者彌遮迦從尊者。”

第 5 頁（第 6 頁背面），共 19 行，另外，最後面有倒書兩行，内容屬於書信（“交子書至處”“都知陰書上付，都知陰書上付”）：

第 1—10 行：《第六代付法藏人聖者彌遮迦傳》。首：“第六代付法藏人聖者彌遮迦。”尾：“聖者伏陀難提從尊者彌遮迦受付囑一代教時。”

第 10—12 行：《十夢・第五夢》。

第 12—19 行：《第八代付法藏人聖者伏陀密多傳》。首：“第八代付法藏人聖者伏陀密多。”

第 6 頁（第 5 頁正面），爲第 5 頁的另一面（正面）。前面 6 行爲榜題底稿，後面倒書 7 行爲狀牒：

第 1—2 行：《十夢・第八夢》。

第 3—5 行：《十夢・第九夢》。

第 6 行：“聖者脅比丘從尊者伏陀密名（多）受付囑時。”

後面倒書 7 行：《乙卯年二月廿日沙門道會致吕都知、陰都知狀》。

第 7 頁（第 8 頁背面），共 24 行：

第 1—8 行：《第十代付法藏人聖者富那奢傳》。首：“第十代付法藏人聖者富那奢。”尾：“聖者馬鳴菩薩從尊者富那奢受一代教時。”

第 8—24 行：《唯識大師無著菩薩本生緣》。首：“唯識大師無著菩薩本生緣。”尾：“無著答言：‘我不忘（妄）語。’”

第 8 頁（第 7 頁正面），共 18 行。《國清父母致瓜州吕都知、陰都知狀》，字體稍大，共 11 行。《狀》前、中、後爲《唯識大師無著菩薩本生緣》7 行。

第 9 頁（第 10 頁背面），共 29 行，均爲《第十一代付法藏人聖者馬鳴菩薩傳》。首：“第十一代付法藏人聖者馬鳴菩薩。”尾：“聖者比羅從尊者馬鳴菩薩受付囑時。”

第 10 頁（第 9 頁正面），共 28 行。其中有 13 行是一封書信——《沙門道會致吕都知、陰都知狀》。後來有人在書信的前、中、後抄寫佛教文獻：

> 第 3 行：孟春猶寒，伏惟：
>
> 第 5 行：軍事吕都知、陰都知等，尊體起居萬福，
>
> 第 7 行：即日宋僧政、索僧政、張縣令、馬步平、水善清等，
>
> 第 9 行：蒙恩不審近日
>
> 第 11 行：體氣何如？伏惟順時，倍加
>
> 第 13 行：保護，遠誠所望也。在此諸官人宅内

第 15 行：日常存問，請莫憂煩。但望

第 17 行：官寮（僚）善運機謀，莫令失事，即爲

第 19 行：好也。今緣合有重信，伏且各自

第 21 行：公務從纏，不及排備，謹奉狀。

第 23 行：起居不宣，謹狀。

第 25 行：正月廿日表義釋門賜紫沙門道會以官吏等狀上

第 27 行：軍事都知等，謹宣。

第 1—2 行、第 4 行：佛傳，共有三個情節。全文："釋迦如來成道夜，淨居天空中報淨飯王：'悉達太子已成正覺。'明旦，宫人報云：'斛飯王，夫人昨夜生一太子。'"，"斛飯王生太子後，遣人往於聖者相太子時"。

第 6 行起爲無著菩薩、第二十代祖師世親菩薩畫像榜題底稿：

無著菩薩路行來次見蛆，猶生慜念心。無著菩薩雖久修道，於大乘教生疑惑，再求善知識來，來路行訖（乞）食之，次見一蛆，食之。猶寂然，吾得以舐（飼）蛆蟲時。

無著見蛆猶興悲，欲割身肉以代，其獨無刀割股，遂至鐵師，典領借刀，自割身肉救蛆蟲，猶却送刀時。

世親菩薩從無著菩薩受制千部論時。

持刀僧前，世親謏謗大乘過由，此舌欲疑，持刀自斷其舌，無著聞已，執持刀手：汝先與舌謗毁大乘，今時此舌廣贊釋迦。

有一弟子遣於夜後誦《無盡意經》時。

有一弟子遣於夜後誦《十地經》時。

世親在於室中，夜後有沙門誦《無盡意經》，祇吾（則悟）其因。

又至夜後，有一沙門誦《十地經》，因果相稱，當時悔過，不覩小室（乘），便入大乘。

無著菩薩厭世非常，常善設教中，欣慕出家時。

第 11 頁，共 13 行：

第 1—9 行：《第十二代付法藏人聖者比羅傳》。首："第十二代付法藏

人聖者比羅。”尾：“聖者龍樹菩薩從聖者比羅受付囑時。”

後面分上下欄。上欄 4 行：“罽賓國王信奉末漫尼彌師訶法，不信羅漢，殺其聖者，遍體乃流白乳，其末漫尼彌沙河等同人夫，更無變現，遍體流血，國人嗟嗟，生悔交集。”下欄 3 行則是第二十代祖師世親菩薩傳：“世親菩薩化緣將畢，便捨命行，門徒子弟起塔供養。”

第 12 頁，共 5 行：“自脱外道法人，就聖者，求歸大乘道時”，“彌勒慈尊及諸眷屬坐寶宫殿，空中而現，告無著言：‘善男子，汝何所願?’無著白言：‘我願與大乘法無所疑惑。’彌勒即爲説法時”。

第 13 頁，共 22 行：

第 1—3 行：《十夢·第二夢》。

第 3—6 行：《十夢·第十夢》。

第 7—10 行：《十大弟子贊·舍利弗贊》。

第 11—14 行：《十大弟子贊·大目犍連贊》。

第 15—18 行：《十大弟子贊·摩訶迦葉贊》。

第 19—22 行：《十大弟子贊·須菩提贊》。

第 14 頁，空白。

第 15 頁，共 25 行：

第 1 行：“南，一佛一塔。”

第 2—3 行：“大迦葉不悟因時，釋迦如來再現大身相，廣爲説法，受付囑留（流）傳一代教法時。”

第 3—5 行：《十夢·第一夢》。

第 6—9 行：《十大弟子贊·富樓那贊》。

第 10—14 行：《十大弟子贊·摩訶迦旃延贊》。

第 14—17 行：《十大弟子贊·阿那律贊》。

第 18—21 行：《十大弟子贊·優波離贊》。

第 22—25 行：《十大弟子贊·阿難陀贊》。

第 16 頁，共 5 行：爲十夢、傳法高僧等壁畫標識。

第 1 行：未畫，問。十（此爲十字符號，相當於現在的着重號，可能表示畫工不熟悉，需要向别人詢問）。第一代，白象前（此爲第一夢内容）。第二代，三釜前（此爲第七夢内容）。第三代，一馬二項（此爲第五夢内容）。智公和尚。

第 2 行：解虎禪師贊，肩髮和尚。十三代，掩耳帽。十四代。十五代，前有一僧一俗，新

第 3 行：樂器。十六代，有池，内有女。十七代，有僧，項上放五色光。十八代，有僧説法。

第 4 行：並有剃度。十九代，有樓，内有一手，放光。又有一僧，花山束身。

第 5 行：廿代，前有剃度出家。

解虎禪師是指僧稠（480—560），道宣《續高僧傳》卷十六“僧稠傳”記載：“後詣懷州西王屋山修習前法，聞兩虎交鬥，咆響震岩，乃以錫杖中解，各散而去。”[1] 志磐《佛祖統紀》卷二十二記載：“禪師僧稠，巨鹿孫氏。從景明寺道房禪師受行止觀攝心，旬日即得入定。復修涅槃聖行四念處法。安居五夏，日唯一食。嘗九日修死想觀。以所詣白跋陀三藏。藏曰：‘葱嶺以東習禪定者汝爲最矣。’復詣王屋山修習前法。遇兩虎鬥，師以錫杖中解，虎即散去。”[2] 伯 3490 號《稠禪師解虎贊》，題釋像幽撰，全文：“禪師道高德邁，將天敵而齊恒；節行貞堅，等青松而莫朽。問其姓名，不知若何。鉢持毒龍，鏡城潛伏。六賊謹護，根門久處。幽山精修，無倦初坐。”像幽即薛像幽，見於斯 2729 號《吐蕃辰年（788）三月五日沙州僧尼部落米淨辯牒》（《算使勘牌子曆》）第 21 行乾元寺僧名中。伯 4640（32）《前任沙州釋門都教授毗尼大德炫闍梨贊並序》文中自稱“幽”，此“幽”即乾元寺薛像幽，炫闍梨即乾元寺張金炫。

本頁没有榜題，似乎是壁畫分布示意，與前一頁互爲關聯，分上下層，上層爲傳法高僧像，下層爲十夢或其他内容。

第 17 頁，共 24 行：

第 1—12 行：《聖者僧伽和尚元念因緣》。

第 1 行：聖者泗州僧伽和尚元念因緣

第 2 行：昔僧伽和尚者，化迹之邦，現身百處，戈甲來（？此字

[1] 《續高僧傳》卷十六，《大正藏》第五十卷，第 2060 號，第 553 頁下 29—554 頁上 2。

[2] 《佛祖統紀》卷二十二，《大正藏》第四十九卷，第 2035 號，第 245 頁上 23—29。

待識）

第 3 行：寢，端然而定，或朝變人相，或夜現佛儀，受苦

第 4 行：衆生，令歸彼岸，有人崇重，當獲良緣，若有

第 5 行：拒惡，不發恚怒，凡人莫測，數做奇真。因玆

第 6 行：誠實，人發勝心，海内清平，殄除災㵎，若有修

第 7 行：建繪聖模真者，無願不遂，更有靈

第 8 行：應，别録傳文。奉勸至心敬禮，渴仰

第 9 行：聖者，求願満足，隨類現種種身，或示

第 10 行：大身，側塞遍満虚空，變小身，由如微塵

第 11 行：不可稱不可量，不論（似乎是“不可論”）不可説。大慈大悲智公和

第 12 行：尚真影。張僧瑶（繇）邈此和尚真影時。

智公和尚即神僧志公（418—514），張僧繇畫志公真影一事在（梁）慧皎《高僧傳》卷十“寶志傳”及寶志墓志中均未提及，後來隨著密教的發展，還衍生出志公現十二面相，張僧繇不能邈的傳説，如宋代志磐《佛祖統紀》卷三十七記載：“（天監）二年（503），帝問志公：國有難否？志指喉及頸（讖候景也）。享國幾何？曰元嘉元嘉（宋文帝元嘉至三十年，重言之者，過元嘉也）。帝臨政苛急，志假帝神力見先君受苦地下，由是䘏刑。嘗詔張僧繇寫志真，志以指劈破面門，出十二面觀音相，或慈或威，僧繇竟不能寫。”[1] 從唐代詩人元稹（779—831）《和樂天尋郭道士不遇》詩中“欲請僧繇遠相畫，苦愁頻變本形容”一句看，唐後期即有此傳説。[2]

第 13—24 行：《寺門首立禪師讚》，首有標題：“《□（寺）門首立禪師讚》。”按：惠淨禪師（首立禪師）似乎未見僧傳。道宣《續高僧傳》卷三有“唐京師紀國寺沙門釋惠淨傳”，但紀國寺惠淨“俗姓房氏，常山真定人也”[3]。姓氏有異。伯 3490 號（1）《寺門首立禪師讚》，前缺尾全。尾記：“先天二年十二月廿五日清信弟子張大爽述。比丘智照執。”斯 1774

---

〔1〕《佛祖統紀》卷三十七，《大正藏》第四十九卷，第 2035 號，第 348 頁中 28—下 5。

〔2〕何劍平：《張僧繇爲寶志作畫事迹之考釋》，載《華林》第三卷，中華書局，2003 年。

〔3〕《續高僧傳》卷三，《大正藏》第五十卷，第 2060 號，第 441 頁下 28。

號正面是《天福柒年壬寅歲十二月十日大乘寺法律智定等交割常住什物點檢曆狀》，首全尾缺，背面是一篇完整的《寺門首立禪師頌》（原標題），共17行，個別文字與伯3727號有區別。伯3727號《寺門首立禪師贊》録文：

第13行：□（寺）門首立禪師贊。昔禪師者，俗姓氾氏，法名惠淨，昔在齠

第14行：年，早修梵行，出家入道，歸正舍邪，眼不見是非，口不言利害，三衣

第15行：之外，四辟（壁）迴然，身恒立於寺門，或分形於郭外，處處現驗，往往標奇，

第16行：詢問侍人，元不離其常所，乃變化自在，靈應無方，不行而住，形留神

第17行：往而已矣。豈謂閻浮伽藍還同香積世界，無言無説，潛感潛通，將非

第18行：四果羅漢，疑是十地菩薩，謹右彰高行焉。凡百君子，當宜敬禮。

第19行：默示緘口，慘然定足，不懼不憂，無爲無欲，忘懷物我，蹈足真俗，迹

第20行：混塵勞，至心味觸，莫分貴賤，詎驚寵辱，戒護鵝珠，行賢虹玉，

第21行：手非妄動，自靡邪囑，形既常端，影何曾曲，衣師破弊，四偕裝

第22行：束，十方求風，萬里躅踽，忝乘含識，戀感勉恤，生若浮泡，命

第23行：其危促，一朝殞滅，百身難續，貪嗔萌芽，連根冥斫，疑網永斷，

第24行：法輪恒續，景慕禪師，匆求司録。

第18頁，共27行：

第1—18行：《靈州龍興寺白草院和尚俗姓史法號曾忍以節度使李公

尚書立難刺血經義記》。此記還見於斯 0276 號、斯 0528 號、伯 2680 號、伯 3570 號、伯 3902 號等。

第 19—27 行：《隋淨影寺沙門惠遠和尚因緣記》。此記還見於伯 2680 號、伯 3570 號等。

第 19 頁，共 15 行：第 1—10 行爲《竺道生傳》、第 11—15 行爲《龍樹菩薩傳》。

第 1 行：龍象，入高僧傳。禪法人尊，隱迹廬山，每自説
第 2 行：法，群石應聲。時有一人常來顧食，後有一日
第 3 行：過齋，其食不至，續馳飯鉢，食乃□□，因問其
第 4 行：故，答云："我是毗沙門第三之子，諸天馳事和尚。"
第 5 行：和尚又問："汝今日何故失時?"太子答言："今是天
第 6 行：朝晚散，所以□遲。"人問之："食當以□□?"又
第 7 行：問："天朝何故晚散?"答曰："緣周武帝破滅佛法，
第 8 行：令癩疾曆而當陽，隋合當天下。"和尚與
第 9 行：隋君受記："汝若登位，必須再隆三寶，佛法
第 10 行：興爲。"至於今日，護法聖者威神之力也。
第 11 行：龍樹菩薩從龍宫將《華嚴經》却還閻浮時。
第 12 行：龍樹菩薩受龍王請，往龍宫時。
第 13 行：龍樹共三人隱身入王宫，三人被傷，龍樹
第 14 行：隨王，不離三步，爲刀不向，王免得此難，
第 15 行：從此厭願出家。

第 20 頁，空白。

第 21 頁，共 25 行：敦煌遺書中的《劉薩訶和尚因緣記》有四件，其餘三件是伯 2680、伯 3570 和杏雨書屋羽 698R。

第 22 頁，共 18 行：

第 1—2 行：接前頁，《劉薩訶和尚因緣記》。

第 3—7 行：《羅什法師傳》。

第 8—18 行：《世親菩薩傳》。始："世親菩薩化緣將畢，便捨命行，門徒子弟起塔供養。"尾："聖者摩奴羅從尊者世親菩薩受付囑時。"

第 23 頁，共 26 行：

第 1—4 行：《大唐義淨三藏贊》。

第 5—26 行：《梁朝第一祖菩提達摩傳》。

第 24 頁，共 15 行：接前頁，《梁朝第一祖菩提達摩傳》。

《敦煌遺書總目索引新編》作者已經感覺這件文書的前後次序存在問題，現再作一細說。如果寫卷文字視作壁畫榜題底稿，則第 1—15 頁主要是十夢，吉迦夜共曇曜於 472 年譯《付法藏因緣傳》中的第一、第四至十二、第二十至二十二傳法祖師榜題底稿（共有十三位祖師，《付法藏因緣傳》有二十四祖師，但寫本第 16 頁還是提到“第二代”等第二、三、十三、十四、十五、十六、十七、十八、十九位祖師代數，僅缺第二十三、二十四祖師）。我們判定伯 3727 號是壁畫榜題底稿，則在壁面上的位置應該是上層爲祖師像並贊，下層爲十夢等故事畫：

第十二代	第十一代	第十代	第九代（缺）	第七代	第六代、第八代	第五代	第四代	第三代（缺）	第二代（缺）	第一代（缺）	四弟子贊	四弟子贊
佛傳	無著故事	第八夢、第九夢	第六夢、第七夢	第五夢		第四夢、第三夢				第二夢、第十夢	第一夢	
第 11 頁	第 9 頁	第 7、8 頁	第 6 頁	第 2 頁	第 5 頁	第 3 頁	第 1 頁				第 13 頁	第 15 頁

而第 16—24 頁是一組西域來華高僧或中原本土高僧像，共十人：僧伽、志公（第 17 頁，此頁是正面），志公、僧稠（第 16 頁，相當於第 17 頁的背面）；史和尚、惠遠（第 18 頁），惠遠、竺道生（第 19 頁，相當於第 18 頁的背面）；劉薩訶（第 20—21 頁）、羅什（第 22 頁）、義淨（第 23 頁）、達摩（第 23—24 頁）。

二、伯 3727 號十夢壁畫榜題底稿

四件寫卷内容基本相同，屬於同一系列，但文字詳略不同，試將伯 3727 號與北敦 14546 號背進行比較。

北敦 14546 號背	伯 3727 號
第一夢：見白象閉在一室，於小窗中出身並腳，拔尾不得。 世尊解曰：釋迦末法時，出家之人能捨父母妻子等大事，出家曰了，不捨名聞利養等小事。	**第一夢：**見白象閉在一室，於小窗中出身並腳，拔尾不得。 世尊解曰：釋迦末法時，出家之人能捨父母妻子等大事，出家已，不能捨名聞利養等小小之事。
第二夢：見栴檀香木，人不肯買，尋常弱木貴價買取者。 末法之時，佛法經於人不肯聽，皆邪見時。	**第二夢：**見栴檀香木，人不肯買，尋常弱木貴價將者。 爲末法之時，佛法經論，人不聽受，外道邪論，衆人欽慕，其由如是也。
第三夢：見衆人在高山上無水之處，渴逼，見一枯井，欲入，恐押煞，人衆皆思願井水溢出，溢出已，人皆怕怖而走者。 爲今時行人初樂聞佛法，及其聞已，不能修行，怕善知識而走避。	**第三夢：**見衆人在高山頭無水之處，渴逼，見一枯井，欲擬入井，恐被押煞，衆人皆思願，願井水溢出，才水出已，人皆怕怖而走者。 爲末法時俗人初樂聞佛法，及其聞已，不能修行，怕善之（知）識而走避時。
第四夢：見三𣥐珍珠博一𣥐面者。 釋迦末法之時，出家人爲求小利，奉上俗人三乘教法時。	**第四夢：**見有人將四𣥐真珠博一升面，無人酬價者。 爲末法之時，出家之人爲求千種利養，自消不得，奉上俗人，更依白衣人前求説三乘教法時。
第五夢：見一疋馬兩頭吃草者。 爲末法時，官吏食官俸禄，更吃百姓也。	**第五夢：**見一疋馬兩頭吃草者。 爲末法時，應是官吏食官家俸禄，更吃百姓。
第六夢：見小樹生本果，大樹不生果者。 爲末代時，女人十歲便有男女，不同劫初女年五百方始行嫁。	**第六夢：**見小樹生果，大樹不結者。 爲末代時，女人十歲便有男女，不同劫初女年五百方始行嫁。
第七夢：見燃三鑊湯，東鑊滿，隔中間鑊溢入西邊，西鑊溢出東鑊中者。 爲今時兄弟分析，追游妻家，薄賤骨肉時也。	**第七夢：**見三鑊同燃一薪，兩頭騰沸，中間無氣者。 爲末代之時，男女媒聘之後，一心追逐夫妻之家，惡厭父母，薄賤骨肉，其由如是也。
第八夢：見衆獸師子象虎等以獼猴爲王者。 爲末代時坊政、里政等下人斷隔鄉俗賢良，君子被他逐之。	**第八夢：**見衆獸師子象虎等以獼猴爲王者。 爲末代時，坊政、里正等下人斷隔賢良君子，責逐賤之。

(續表)

北敦 14546 號背	伯 3727 號
第九夢: 見墮糞獼猴,諸獸見者,散走避者。 爲末法時修行人不持戒,如墮糞獼猴,一切衆心不喜,各馳捨者。	**第九夢:** 見墮糞獼猴,諸獸見者,散走避之。 爲末法時出家人不持經戒,欲是俗人恐怕,詰疑問難,遭世譏嫌,心中慚郝,長回避之。
第十夢: 見一張白氎,二十人爭,小時之間爲二十段者。 釋迦如來滅後,小乘人執著異見,分爲二十部教也。	**第十夢:** 見一張白氎,廿人爭,小時之間自分爲二十段者。 喻釋迦如來滅度之後,小乘人執著己見,分爲廿部之教也。

十夢故事見於西晉失譯者名《佛説舍衛國王十夢經》、東晉曇無蘭譯《國王不梨先泥(尼)十夢經》(西晉失譯者名《舍衛國王夢見十事經》、東晉瞿曇僧伽提婆譯《增一阿含經》卷五十一同,爲同本異譯,疑僞經《佛説佛名經》卷十五中提到該經:"南無《國王不黎先尼十夢經》"[1])。曇無蘭譯本的主要内容是,舍衛國不梨先泥(尼)國王(《佛説舍衛國王十夢經》《舍衛國王夢見十事經》稱波斯匿王,玄奘譯《阿毗達磨俱舍論》卷九稱"訖栗枳王",爲過去世迦葉佛的父王)夜夢十事:"一時,佛在舍衛國祇樹給孤獨園。時國王不梨先泥夜卧,夢見十事。何等十事?一者夢見三瓶並,兩邊瓶滿氣出相交往來,不入中央空瓶中。二者夢見馬口食,尻亦食。三者夢見小樹生花。四者夢見小樹生果。五者夢見一人索繩,人後有羊,羊主食繩。六者夢見狐坐於金床上,於金器中食。七者夢見大牛還從犢子飲乳。八者夢見四牛從四面鳴來相趣欲鬥,當合未合不知牛處。九者夢見大陂水,中央濁四邊清。十者夢見大溪水流正赤。"深感恐懼,先請婆羅門占夢,婆羅門占爲不吉:"王夢者皆各惡,非吉事,當取所重愛夫人、太子及身邊親近侍人奴婢,皆殺以祀天,王可得無他;王有卧具及著身珍寶好物,皆當燒以祀天,如是者王身可得無他。"國王心憂,王夫人勸國王問佛,佛逐一進行解讀,告訴國王:"王夢見者,皆爲後世當來之事,非今世事,王莫恐愁憂也。"

[1]《佛説佛名經》卷十五,《大正藏》第十四卷,第 0441 號,第 244 頁上 4—5。

衆人歡喜。[1]

玄奘譯《阿毗達磨俱舍論》卷九提到："訖栗枳王夢所見十事：謂大象井麨，栴檀妙園林，小象二獼猴，廣堅衣鬥諍。"[2] 法寶注解《俱舍論疏》卷九對十夢有具體介紹，並指出故事發生在過去佛迦葉佛時，做十夢者是迦葉佛父訖栗枳："訖栗枳是梵語，此云作事，是迦葉佛父，夜夢十事，且（普光《俱舍論記》卷九記爲"旦"，是）具白佛。佛言此表當來釋迦遺法弟子之先兆也。"[3] 北宋施護譯《佛説給孤長者女得度因緣經》卷下有類似内容，與《俱舍論疏》卷九相同，故事也發生在過去迦葉佛時，但做夢者是哀愍王。

敦煌文獻中的"十夢"中，衹有"馬首馬後兩頭吃草""三鍋""小樹生果"見於曇無蘭譯本；"白象""旃檀换木""枯井""珍珠换面""坐獼猴""廿人爭一白氎"見於《阿毗達磨俱舍論》。可見敦煌文獻中的兩份十夢故事内容與兩類經典並不完全吻合，可能是壁畫創作者主要根據《國王不梨先泥十夢經》《俱舍論》等若干佛經改編而成。

敦煌寫本十夢中的第九夢"墮糞獼猴"（伯 3727 號"第九夢：見墮糞獼猴，諸獸見者，散走避之。爲末法時出家人不持經戒，欲是俗人恐怕，詰疑問難，遭世譏嫌，心中慚郝，長回避之。"）不見佛經，來源也不明。與《俱舍論疏》介紹的第七夢略似："二獼猴者。王夢見有一獼猴身塗糞穢，蕩突已衆，見皆避去。此表釋迦遺法弟子諸破戒人以諸惡事誣謗好人，見皆遠避。"[4]

伯 2668 號十夢壁畫榜題底稿的抄寫時間大致可考，因爲此底稿夾雜在乙亥年文書中間，前文已判定乙亥年爲後梁乾化五年。伯 3727 號原爲沙州官吏及僧人來往狀牒四通，而後廢紙利用抄寫十夢等壁畫榜題底稿，而第二件狀牒有"廣順五年"年號、第三件有"乙卯年"紀年，參考第二件"廣順五年"爲乙卯年，可將第三件的乙卯年比定爲廣順五年，則這件十夢榜題底稿的抄寫的時間在 955 年之後不久。北敦 14546 號正面《妙法

---

〔1〕《國王不梨先泥（尼）十夢經》，《大正藏》第二卷，第 0148 號，第 873 頁上 7—874 頁上 23。

〔2〕《阿毗達磨俱舍論》卷九，《大正藏》第二十九卷，第 1558 號，第 45 頁下 25—28。

〔3〕《俱舍論疏》卷九，《大正藏》第四十一卷，第 1822 號，第 594 頁上 6—8。

〔4〕同上書，第 594 頁上 27—中 1。

蓮華經玄贊》尾題“《妙法蓮華經玄贊第二》。開元五年四月廿五日辰時寫了。”背面内容抄寫時間在此年之後，但究爲何年，難以確定。

十夢壁畫榜題源流十分模糊，前人和本文均未能作出確切解釋。伯3727號第7頁第8—24行是《唯識大師無著菩薩本生緣》，首題“唯識大師無著菩薩本生緣”，尾題“無著答言：‘我不忘（妄）語。’”，無著不在二十四傳法高僧之列，這裏出現無著、世親、彌勒事迹，是否與唯識宗有關呢？並且十夢壁畫榜題底稿内容更接近玄奘譯《阿毗達磨俱舍論》的記載，也許我們需要考慮敦煌十夢壁畫題材可能來自唯識宗的影響。

附録一　曇無蘭譯《十夢經》相關内容

佛言：第一，夢見三瓶並，兩邊瓶滿氣出相交往來，不入中央空瓶中者。後世人豪貴者，自相追隨不視貧者，王夢見三瓶並，正謂是耳。王莫恐莫恐，於王國於太子於夫人皆無他。

佛言：第二，王夢見馬口食，尻亦食者。後世人作帝王及大臣，廩食縣官俸禄，復採萬民，不知厭足，王夢見馬口食尻亦食，正謂是耳。王莫恐莫恐，於王國於太子於夫人皆無他。

佛言：第三，夢見小樹生花者。後世人年未滿三十而頭生白髮，貪淫多欲年少强老，王夢見小樹生花者，正謂是耳。王莫恐莫恐，於王國於太子於夫人皆無他也。

佛言：第四，王夢見小樹生果者。後世女人年未滿十五，便行嫁抱兒而歸，不知慚愧，王夢見小樹生果，正謂是耳。王莫恐，於王國於太子於夫人皆無他。

佛言：第五，夢見一人索繩，人後有羊，羊主食繩者。後世人夫壻出行賈作，置婦於後，便與他家男子交通，食其財物，王夢見一人索繩者，正謂是耳。王莫恐，於王國於太子於夫人皆無他。

佛言：第六，王夢見狐坐金床上，於金器中食者。後世人下賤更尊貴有財産，衆人敬畏之，公侯子孫更貧賤，處於下坐飲食在後，王夢見狐坐金床上於金器中食，正謂是耳。王莫恐，於王國於太子於夫人皆無他。

佛言：第七，王夢見大牛還從犢子乳者。後世人無有禮義，母反爲女作媒，誘恤他家男子與女交通，賣女求財物以自供給，不知慚愧，王夢見大牛還從犢子乳者，正謂是耳。王莫恐，於王國於太子於夫人皆無他。

佛言：第八，夢見四牛從四面鳴來相趨欲鬥，當合未合不知牛處者。後世帝王長吏及人民，皆無至誠之心，更欺詐愚癡瞋恚不敬天地，用是故雨澤不時，長吏人民請禱求雨，天當四面起雲雷電有聲，長吏人民咸言當雨，須臾之間雲散雨去爲不墮。所以者何？帝王長吏人民，無有忠正慈仁故。王夢見四牛鳴來相趨，當合未合不知牛處者，正謂此耳。王莫恐，於王國於太子於夫人皆無他。

佛言：第九，王夢見大陂水，中央濁四邊清者。後世中國當擾亂治行不平，人民不孝父母不敬長老，邊國面當平清，人民和睦孝順二親，王夢見大陂水中央濁四邊清者，正謂是耳。王莫恐，於王國於太子於夫人皆無他。

佛言：第十，王夢見大溪水流正赤者。後世諸國當忿爭，興軍聚衆更相攻伐，當作車兵步兵騎兵共鬥，相殺傷不可稱數，死者於路血流正赤，王夢見大溪水流正赤，正謂是耳。王莫恐，於王國於太子於夫人皆無他。

佛言：王夢見者，皆爲後世當來之事，非今世事，王莫恐愁憂也。

附録二　法寶《俱舍論疏》卷九相關内容

王夢見一大象被閉，更無門户，唯有小窗。其象方便，其身得出，唯尾礙窗，不得出也。

此表釋迦遺法弟子能捨父、母、妻、子，出家修道，而於其中猶懷名利，不能捨離，如尾礙窗。

井者。王夢見一渴人求覓水飲，便有一井，具八功德，隨逐渴人，而不取飲。

此表釋迦遺法弟子諸道俗等不肯學法，有知法者爲名利故，隨後爲説而不學也。

麨者。王夢見以一升真珠博一升麨。

此表釋迦遺法弟子爲求利故以佛正法爲他人説，希彼財物。

栴檀者。王夢見將栴檀香用博凡木。

此表釋迦遺法弟子以内正法博外書等。

妙園林者。王夢見有妙園林，花果茂盛，狂賊毀壞，無有遺餘。

此表釋迦遺法弟子磨滅如來正法園苑。

小象者。王夢見有諸小象驅其大象令出群中。

此表釋迦遺法弟子諸惡朋黨破戒苾芻驅擯持戒有德苾芻，令出衆外。

二獼猴者。王夢見有一獼猴身塗糞穢，蕩突已衆，見皆避去。

此表釋迦遺法弟子諸破戒人以諸惡事誣謗好人，見皆遠避。

王又夢見有一獼猴實無有德，衆共扶捧，海水灌頂，立爲其王。

此表釋迦遺法弟子破戒苾芻實無所知，爲名利故，諸惡朋黨共相扶捧，立爲衆首。

廣堅衣者。王夢見有廣堅衣，有十八人各執少分四面爭攬，衣不破者。

此表釋迦遺法弟子既分成十八，顯所學法，各有門人，部執不同，互興鬥諍。

《佛教文獻研究》第三輯
2019年，91—109頁

敦煌佛經抄寫本和授菩薩戒儀

［法國］郭麗英

内容摘要： 敦煌漢譯佛教經典的抄寫本可説是現存漢傳佛經中最早的經本。但一般研究漢傳佛教經典學者經常忽略了敦煌早期的佛經抄本，而衹使用刊印的版本。事實上部分敦煌佛經抄本的内容和字句與大藏經刊本經常有些出入。有的出入僅是一字一句之差，但有的則是幾大段文字的不同。如此差異影響了我們對經文本身内容的了解，甚至經典本身成立過程和經文的疑僞認可。本文特别舉出兩部在漢傳佛教經典承傳史上特别重要的早期陀羅尼經典爲例。一爲7世紀末在唐長安譯出的《佛頂尊勝陀羅尼經》。此經文與大藏經本的異同，可以自8世紀初尊勝陀羅尼經幢上所刻經文印證，甚至可以由近三十年來發現的7世紀初梵文寫本來佐證大藏經刊本的謬誤。二爲5世紀初北凉高昌郡沙門所譯的《大方等陀羅尼經》。6世紀初的此經寫本與刻本藏經印本經文不衹有重要關鍵字句的差别，而且其中敦煌本上的一大段自恣羯磨章句獨一無二，爲所有大藏經刊本所無。敦煌本所提供的資料信息促使我們考慮此經文翻譯的真僞。加上山西晉城出土記有560年石碑上的雕刻形象和文字内容也印證了其中一些文字與大藏經本和敦煌本有所出入。石碑的發現也可表示《大方等陀羅尼經》的流行不衹在敦煌，並且幾乎於同時代在晉城道俗社邑法會上實行。本論文最後簡略談論敦煌文獻有紀年寫本中最早的寫卷斯797號比丘戒律抄本背面有關比丘於敦煌城南作安居受比丘具足戒内容和於519年梁武帝所敕寫現存最早的“受菩薩戒法”文本。這二本，一爲比丘戒，另一爲菩薩戒。後者爲目前所知唯一有關戒律實行文本，加上前舉《大方等陀羅尼經》抄本所給的信息，大略窺知5—6世紀時敦煌地區以及整個中土佛教僧俗教團的戒律活動。

關鍵詞： 敦煌佛經；《佛頂尊勝陀羅尼經》；《大方等陀羅尼經》；菩薩戒儀

作者單位： 法國遠東學院

在敦煌遺書未公開問世前，漢傳佛教經典的研究已有相當大的規範。西方佛學研究者專注從漢譯佛典追尋探討印度梵文甚至巴利文經本原貌，或由漢典經題重新翻譯重構梵文經題。當然梵漢之間文字的復原祇能基於表面甚至虛構化的原貌，不像梵藏之間文字重構的情況。可是在20世紀上半葉前所有的漢譯藏經幾乎都可斷定爲譯自最早或最原始的佛教經典，也就是説要了解早期印度佛教經典應從漢譯佛典中追尋。祇是近二三十年來在中亞地區，特别在今阿富汗和巴基斯坦，即上古的健陀羅（Gandhāra）地域，有不少用佉盧字母（Kharoṣṭhī）寫的健陀羅語（Gandhāri）等用印度古文字抄寫的佛教經本相繼發現。此等佛經應比稍後定形的梵本（Sanskrit）寫本早了至少一個世紀。如此新發現的一些印度古文字貝葉律典和大小經本使整個佛教經典發展史繼敦煌佛經抄寫本之後成了一革命性的新章。

20世紀初敦煌遺書的發現讓整個亞洲歷史宗教文化知識邁進了一大新領域，對全世界漢學佛學和其他宗教史專家們是一可喜可賀的大事。中外學者百年來的研究豐富成果可見於中國、日本和歐美各地的學刊和專刊上。敦煌佛經抄本可説是漢傳藏經最早的寫本，其中部分佛經抄本的内容和字句與大藏經印本常有些出入。可是到目前爲止，除了專注於敦煌學研究專家，一般歐美學者研究漢傳佛經均祇以佛藏刊印本爲主，並且也不常重視不同刊本上的同異字注釋。這對學術上佛教經典版本研究有相當的損失，同時也掩蓋甚至抹滅了其中部分佛經的傳承演進史。目前於上海師範大學哲學學院敦煌學研究所舉辦的“敦煌遺書與佛教研究國際學術研討會”之際，我祇舉近年來所接觸到的兩部在漢傳佛教經典承傳史上特别重要的早期陀羅尼經典爲例，來引證敦煌佛經寫本不可或缺的重要價值：一爲7世紀下半葉在唐京長安所翻譯的《佛頂尊勝陀羅尼經》，另一爲5世紀左右在北涼國所譯撰的《大方等陀羅尼經》。接著通過敦煌文獻中紀年最早的敦煌戒本的背面文字和另一爲記有梁武帝天監年間（502—519）抄寫的漢傳佛教《授菩薩戒儀》的作法，來引證敦煌佛教文獻對研究早期佛教僧團律儀執行的重要性。

一、《佛頂尊勝陀羅尼經》的《大正藏》本與敦煌寫本

《佛頂尊勝陀羅尼經》在傳入唐朝京城後三十年間共出了五部漢譯

本，一爲杜行顗和度婆等於 679 年譯出（T.968），二爲印度婆羅門僧地婆訶羅（Divākara）於 682 年譯出（T.969），三傳爲印度僧人佛陀波利（Buddhapālita）和一唐僧順貞於 683 年前後共譯出（T.967），四爲同第二譯本翻經師地婆訶羅於 685 年再譯（T.970），五爲唐西行僧義淨於 710 年譯出（T.971）。第一譯因使用避廟諱國諱字故請梵僧國師地婆訶羅作第二譯。第四譯爲因地婆訶羅有心計劃返回印度，故請他重譯。很有可能的是這之間有新的梵本現世，它比舊本稍長，前後加入新的經文。最後義淨譯本又比其他四本再長了一些。義淨可能以自己從印度帶回的梵本譯出，但其中一部分譯文也很可能是他自己加入，如描述“佛光”一段完全與他所譯《根本説一切有部毗奈耶》（T.1442）同出一轍，一句不差。[1]這五本之間唯有第三譯本廣泛流傳於世。此譯本經序叙述梵本如何由印度僧人佛陀波利來參拜五臺山時得文殊師利菩薩所指示返回印度携來中土的神異故事。此譯本經序也同時與此譯本經文本身流傳抄寫並刻於各地方佛寺廟院、塚墓，甚至十字路口所立的經幢上。[2]敦煌遺書中至少有 113 號抄寫第三譯本的經序和經文，其中祇剩少數全卷，其他或缺前缺後，或長或短，可惜没有留下任何題記。但有伯 2411 號一卷出現了武則天時所造的天、地、日、月等字，特别是於 689—697 年之間所使用的𠥱（月）字。敦煌《佛頂尊勝陀羅尼經》抄本中的有些用字或字句與《大正藏》刊印本上稍有差異。譬如經文中佛陀念誦出陀羅尼之後，言“此咒名淨除一切惡道佛頂尊勝陀羅尼，能除一切罪業等障”等爲“百千諸佛同共宣説隨喜受持，大如來智印印之……”[3]。《大正藏》本采用高麗藏本把最後一句寫爲“大日如來智印印之……”，於注釋上説明“日”字爲宋、明本和黄檗版所無。[4]大如來和大日如來完全是兩回事。大如來翻成梵文爲 mahā-tathāgata，而大日如來爲 Vairocana，亦漢譯爲

〔1〕 參見 CBETA（2016），T19，no.0971，p.362b1—10。内容亦見於 CBETA（2016），T23，no.1442，p.879b7—15。

〔2〕 見拙文 Liying Kuo，“Dhāraṇī Pillars in China：function and symbol”（《中國經幢的功用和象徵》），in Dorothy Wong and Gustav Heldt（ed.），*China and Beyond in the Early Medieval Period：Cultural Crossings and Inter-Regional Connections*，New Delhi：Manohar Publishers/New York：Cambria Press Inc.，2014，pp.351—385。

〔3〕 參見 CBETA（2016），T19，no.0967，p.351a1—5。

〔4〕 參見 CBETA（2016），T19，no.0967，p.351 注 2。

毗盧遮那佛，爲唐密教中重要的如來佛主尊。幸而近三十年來發現了《佛頂尊勝陀羅尼經》梵文貝葉本。美國加州大學洛杉磯分校資深佛學權威教授 Gregory Schopen 先生依此梵本字形寫法，認爲它是 7 世紀初的寫本。此句梵本寫爲“tā mahā-tathāgata-jñāna-mudrayā mudṛtā”（第四葉背面第一行）[1]，正是漢譯“大如來智印印之”一句。敦煌寫本（如伯 4537 號和吐蕃時期寫本伯 3923 號）和我所見經幢上所刻者均依原始經寫“大如來”（例如陝西隴縣唐開元十六年［728］刻《佛説六門陀羅尼經》和《佛頂尊勝陀羅尼經》經幢）。高麗版“大日如來”可説是“校版人”畫蛇添足之舉。或許是校刊時密教大日如來已特别流行於世，是故校勘人以爲是“大如來”爲“大日如來”之誤。《大正藏》所收《佛頂尊勝陀羅尼經》五種漢譯本均有“大如來”一句。其中衹有佛陀波利本（T.967）和義淨本（T.971）改成“大日如來”。這也可解釋説經典校勘人衹注意到早已流行的佛陀波利本和義淨的最新翻譯本。衹此一例即可讓我們了解注意到研究經典版本的謹慎態度，敦煌寫本不衹可改正往後刊印本，並可幫助研究了解佛經譯經的演變史。以下討論另一在漢傳佛教念誦陀羅尼禮懺儀史上重要經典的敦煌寫本。

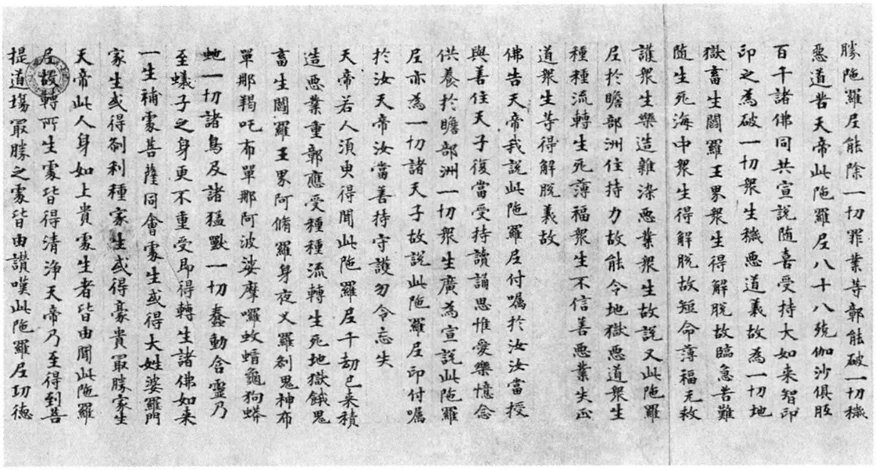
勝陁羅尼能除一切罪業等鄣能破一切穢
惡道苦天帝此陁羅尼八十八殑伽沙俱胝
百千諸佛同共宣説隨喜受持大如来智印
印之為破一切衆生穢惡道義故為一切地
獄畜生閻羅王界衆生得解脱故臨急苦難
隨生死海中衆生得解脱故短命薄福无救
護衆生樂造雜染惡業衆生故説又此陁羅
尼於贍部洲住持力故能令地獄惡道衆生
種種流轉生死薄福衆生不信善惡業失正
道衆生等得解脱義故
佛告天帝我説此陁羅尼付囑於汝汝當授
與善住天子復當受持讀誦思惟愛樂憶念
供養於贍部洲一切衆生廣為宣説此陁羅
尼亦為一切諸天子故説此陁羅尼印付囑
於汝天帝汝當善持守護勿令忘失
天帝若人須臾得聞此陁羅尼千劫已来積
造惡業重鄣應受種種流轉生死地獄餓鬼
畜生閻羅王界阿脩羅身夜叉羅刹鬼神布
單那羯吒布單那阿波娑摩囉蚊蝱龜狗蟒
虵一切諸鳥及諸猛獸一切蠢動含靈乃
至蟻子之身更不重受即得轉生諸佛如来
一生補處菩薩同會處生或得大姓婆羅門
家生或得刹利種家生或得豪貴最勝家生
天帝此人身如上貴處生者皆由聞此陁羅
尼故轉所生處皆得清淨天帝乃至得到菩
提道場最勝之處皆由讃嘆此陁羅尼功德

伯 4537 號《佛頂尊勝陀羅尼經》抄寫有“大如來智印”

（右起第 3 行下端）

〔1〕 在此感謝 Schopen 先生慷慨地讓我使用他轉寫成拉丁文字的梵文本和他的英譯本，並感謝日本 Miro Museum 研究主任稻垣肇先生贈送梵本貝葉高精度照片。

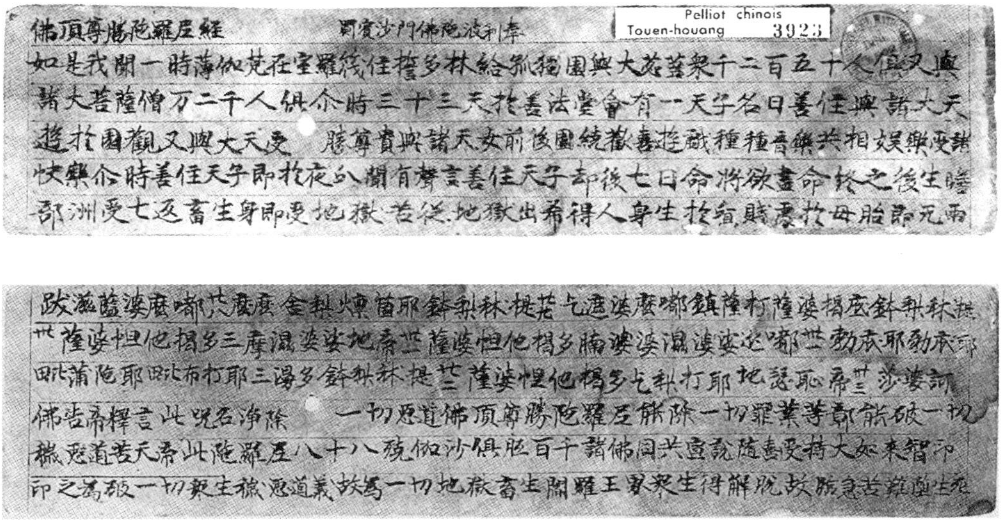

伯 3923 號《佛頂尊勝陀羅尼經》抄寫有“大如來智印”（第二幅圖下起第 5 行末尾）

陝西隴縣唐開元十六年刻《佛頂尊勝陀羅尼經》經幢
左起第 8 行下端：“大如來智印印之”

二、敦煌《大方等陀羅尼經》抄寫本

《大正藏》本《大方等陀羅尼經》與敦煌寫本的異同我已於 2013 年在北京舉辦的“中國敦煌吐魯番學會成立三十周年國際學術研討會”上發表了我初步的研究結果。[1]現在我先簡單介紹幾個要點，再討論其中一個特別的細節。按梁僧祐《出三藏記集》，《大方等陀羅尼經》共有四卷，爲“晉安帝時（397—418）高昌郡沙門釋法衆所譯出”。方廣錩先生考察散藏各地敦煌文書，告訴我陀羅尼經抄本有五十件左右。但其中多數祇剩幾行字或是相當殘破的斷簡，我祇撿其中重要的殘卷和可前後接續的共爲十九件。其中十七件内容屬於第一卷和第二卷。三件寫本有經題和紀年題識：（1）斯 6727 號抄經文第一卷，首殘尾全，有尾題：《大方等陀羅尼經卷第一》和北魏延昌三年（514）題識注明此第一卷抄本的寫經生爲“敦煌鎮經生張阿勝”“典經師令狐崇哲”，亦提到“校經道人”但未署名及“用紙廿一張”等；（2）斯 1524 號同抄經文第一卷，亦缺前，也有尾題：《大方等陀羅尼經卷第一》並注明爲“北魏正光二年（521）寫”；（3）俄藏 05999 號抄經文第二卷，前缺，有尾題：《大方等陀羅尼經卷第二》及一“清信女”於北魏熙平元年（516）爲其“亡夫敬寫流通讀誦供養”題識。此卷應上綴接俄藏 00792 號寫本。另四件有尾題無紀年：斯 4248 號有第一卷尾題；北敦 08620 號有第二卷尾題並記“用紙十四張”；斯 1437 號有第二卷尾題並記“比丘僧受供養/用紙十七張/一校已”；斯 5383 號祇剩第二卷末二十六行字，但有第二卷尾題無題識。第三卷經文寫本祇剩一小片（斯 12813 號）。第四卷經文有兩寫本，分藏於西北師範大學（第 17 號）和甘肅省博物館（第 90 號）。事實上這兩寫卷應屬於同一抄本。[2]

從有經尾題和題識可斷定這些抄本大都是敦煌鎮官方正式的寫經本，特別是斯 6727 號爲一敦煌鎮經生所寫，而其典經師令狐崇哲可説是在敦煌寫經活動中的知名人物。他的名字可見於其他 511—514 年間十五件寫

〔1〕郭麗英：《六世紀上半葉敦煌寫本〈大方等陀羅尼經〉新探》，《敦煌吐魯番研究》第十五卷，上海古籍出版社，2015 年，第 257—278 頁。

〔2〕每一寫卷與《大正藏》本相應處見上引《六世紀上半葉敦煌寫本〈大方等陀羅尼經〉新探》，《敦煌吐魯番研究》第十五卷，第 259—260 頁。

經紀年題識上，如斯 1421 號北魏永平四年（511）寫的《誠實論》（即《成實論》）卷十四，斯 1547 號北魏延昌元年（512）寫的同《誠實論》卷十四，伯 2197 號同北魏延昌三年（514）寫同論卷八，斯 2067 號北魏延昌二年（513）寫《華嚴經》卷十六，斯 341 號北魏延昌二年寫《大樓炭經》卷七，等等。[1]然而這幾本在敦煌地方所抄寫的《大方等陀羅尼經》經文及分卷結構與《大正藏》本有相當的差異。大體上有四點：第一，經文分卷部位不同一處；第二，斯 1524 號和斯 6727 號二寫本第一卷末有一自恣羯磨文，此爲《大正藏》本所無；第三，十二神王名有所差異；第四，二十四重戒與二十四尊者不同稱法。

第一，經文分卷部位的不同：斯 1524 號、斯 6727 號和斯 4248 號卷尾均寫《大方等陀羅尼經卷第一》，事實上所抄寫經文相當於《大正藏》本經文第一卷和第二卷最初部分。其他第二卷寫本有尾題的幾件表示第二

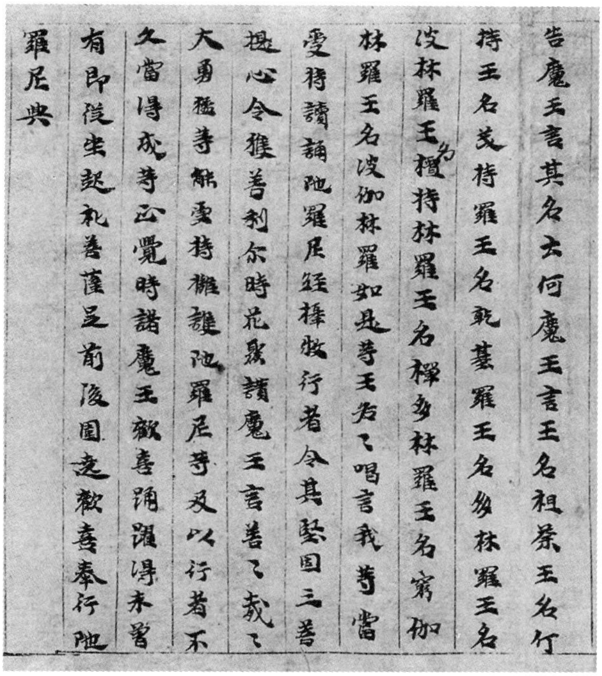
告魔王言其名云何魔王言王名袒荼王名竹
持王名茇持羅王名乾基羅王名多林羅王名
沙林羅王名檀持林羅王名樑多林羅王名窮伽
林羅王名波伽林羅如是等王各〻唱言我等當
受持讀誦陀羅尼經擁護行者令其堅固三善
提心令獲善利尔時花聚讚魔王言善〻哉〻
大勇猛等能受持擁護陀羅尼等及以行者不
久當得成等正覺時諸魔王歡喜踊躍得未曾
有即從坐起礼菩薩足前後圍遶歡喜奉行陀
羅尼典

斯 1524 號寫本（521 年寫）右起第 1—4 行：十魔王（神王）名

〔1〕 Lionel Giles：“Dated Chinese manuscripts in the Stein Collection”, *Bulletin of the School of Oriental Studies* 7(1935)：811—817；孔令梅，杜斗城：《十六國北朝時期敦煌令狐氏與佛教關係探究》,《敦煌研究》2010 年第 5 期，第 99—104 頁。

和第三卷分卷處與《大正藏》本相同。至於第三和第四卷，因寫本的缺欠，無法得知。第二，敦煌寫本第一卷末有自恣羯磨文，以下詳談。第三，十二神王名字的差異：又言十二魔王，即是經文第三卷所述説的十二夢王，可惜敦煌本第三卷衹剩一小斷片，我們無法得知第三卷這段經文是否與《大正藏》本相應。但十二夢王即是經文第一卷中的十二魔王，後爲佛世尊以摩訶袒持陀羅尼章句降伏，因而發誓護持所有念誦摩訶袒持陀羅尼行者。十二魔王即成護持佛法善神稱十二大王，亦稱十二神王。斯 1524 號正光二年（521）第一卷有這段經文，但衹寫十王名字。而《大正藏》本第一卷神王名有十二個。

《大方等陀羅尼經》卷三上所描述的夢中所見形象境界在山西晉城青蓮寺出土的北齊乾明元年（560）比丘曇始等五十人造龍華像石碑上一一可見。[1]石碑背及左右兩側綫刻有幾個供養人像和十一個經中所描述的作夢形象圖和名稱，等於十二夢王名中的十一夢王，其中少了第七夢王名。事實上敦煌本、石碑本和《大正藏》本上所寫夢王名數和名字本身均稍有異同。

山西晉城青蓮寺　北齊乾明元年石碑
右側面：第一、二、三、四夢王及供養人像名

〔1〕 劉建軍：《〈大方等陀羅尼經〉的“十二夢王”石刻圖像》，《文物》2007 年第 10 期，第 87—93 頁；倉本尚德：《北朝時代における方等懺と好相行——〈大方等陀羅尼經〉十二夢王石刻圖像新發見とその意義》，《佛教文化論集》2008 年第 12 期，第 50—80 頁。作者感謝於 2013 年在北京參加“中國敦煌吐魯番學會成立三十周年國際學術研討會”時王惠民和張總兩位先生給予晉城石刻發現的重要消息和劉建軍先生的論文。在此亦感謝雲崗洞窟研究所劉建軍先生寄送石刻照相圖片和拓片。

山西晉城青蓮寺　北齊乾明元年石碑
背面：第五、六、三、八、九夢王（缺第七）

山西晉城青蓮寺　北齊乾明元年石碑
左側面：第十、十一、十二夢王及供養人像名

以下作表，並加上隋智顗（538—597）《方等三昧行法》（T46，no. 1940，p.944b19—c15）和唐湛然（711—782）《止觀輔行傳弘決》（T46，no.1912，p.189b7—20）二行法儀則上所寫的名字作參考。

序号	斯 1524 號（512）	北齊乾明元年石刻（560）	大正藏本（T21，no.1339）	智顗《方等三昧行法》（T46，no.1940）	湛然《止觀輔行傳弘决》（T46，no.1912）
1	袓荼	袓荼	袓荼羅	袓荼羅	袓荼羅
2	斤持	斤提	斤持羅 斤提羅（元、明版）	觔持羅	斤提羅
3	茂持羅	茂持羅	茂持羅	茂持羅	茂持羅
4	乾基羅	乾基羅	乾基羅	乾基羅	乾基羅
5	多林羅	多林羅	多林羅	多林羅	多林羅
6	波林羅	波林羅	波林羅	波林羅	波林羅
7	檀特林羅	（缺）	檀林羅	檀林羅	檀林羅
8	禪多林羅	禪多林羅	禪多林羅	禪多林羅	禪林羅（少一“多”字）
9	窮伽林羅	窮伽林羅	窮伽林羅	窮伽林羅	窮林羅（少一“伽”字）
10	波迦林羅	迦林羅	迦林羅	迦林羅	迦林羅
11	（缺）	伽林羅	窮伽林羅	窮伽林羅	伽林羅
12	（缺）	波林羅	波林羅	波林羅	婆林羅

最早經文本身可能衹寫十神王名，最前二王名字在敦煌本和石碑上都没有“羅”字，後再加上的是最後二王名。造寫經人不衹不撰寫新的名字，並且衹抄寫前面第六和第九的神名。其他幾個名字各本上也有一二字的差異。事實上往後在隋智顗的《方等三昧行法》和唐湛然的《止觀輔行傳弘决》所引用的十二夢王名亦有所差異。這也可表示第一、第二、第十一、第十二等四夢王名一直没固定下來。

第四，二十四重戒與二十四尊者不同稱法：經文所描述的菩薩摩訶薩二十四重戒在敦煌本上從第一到第二十三均稱寫爲“尊者”，即第一尊者、第二尊者、第三尊者、第四尊者、第五尊者，等等，而不寫第一重戒、第二重戒、第三重戒、第四重戒、第五重戒，等等。敦煌本的二十四重戒即爲“二十四尊者”。如此每一菩薩摩訶薩二十四重戒幾乎都人格神格化了，有如十二個夢境形相爲夢王、神王、大王。將近百年之後，天台智顗在其《方等三昧行法》和《摩訶止觀》均教其弟子行者們先“請十二夢王，求乞見其形相”“歸依十二夢王乞瑞夢”，並且“若欲修習，神明爲證，先求夢王，若得見一，是許懺悔”〔1〕，等等。按《大方等陀羅尼經》文的描寫智顗所稱的十二夢王形相應與山西晉城青蓮寺出土的公元560年石碑上所刻畫的圖像相似。而非一尊一尊的菩薩形象。但有欲受二十四菩薩戒行者，《大方等陀羅尼經》言應教請一比丘解此戒相，又得請衆僧多少隨意，再應請“二十四形象”，且“若多無妨”（T21，no.1339，p.646b3—15；敦煌寫本同）。因此智顗在其《方等三昧行法》中也教安放“二十四尊像”於其道場。〔2〕“尊像”形狀如何却不得知。此“二十四形象”或“二十四尊像”是否代表二十四菩薩尊戒，還是二十四尊不知名的菩薩像？

敦煌這幾件有紀年的寫經，特别是斯6727號爲敦煌鎮令狐崇哲參與的當鎮官方寫經，按道理上，於402—412年間高昌法衆在北凉沮渠蒙遜都城張掖地方譯出的《大方等陀羅尼經》文本應該早已完全定型。可是從敦煌寫本與後期大藏經本之間的幾點重要的差異上來看，在514年、521年時《大方等陀羅尼經》文本似乎還是處於一過渡演變時期，甚至於560年刻畫石碑時，十二夢王名字也還不完整。更在6世紀智顗和8世紀湛然的行法上各所抄寫的夢王名字還是有出入。在如此情況下，此本早期漢譯《大方等陀羅尼經》很難肯定是在同一時間内從一印度梵本譯出成漢文經典。或許法衆譯經時的梵文經本内容還不完全。衹是此本《大方等陀羅尼經》不像上舉的《佛頂尊勝陀羅尼經》有五個譯本，此經衹有一個“譯本”，而且翻譯人法衆除此經外没其他的任何資料可尋找出他的來龍去脉。他到底是漢人，中亞人，還是來自印度的僧人，似乎完全不爲人所知。《大方等陀羅尼經》是否在北凉都城“譯撰”的，這是一值得考慮的事。敦煌寫本所抄的經文是否爲經典本身文字撰寫過渡時期的經文？近年

〔1〕《方等三昧行法》，CBETA（2016），T46，no.1940，p.944b16—20；《摩訶止觀》，CBETA（2016），T46，no.1911，p.13a29—b10。

〔2〕《方等三昧行法》，CBETA（2016），T46，no.1940，p.945a10—11。

來，《大方等陀羅尼經》成爲多位專門研究漢傳佛教學者的探討課題，其中兩位西方學者著手介紹《大方等陀羅尼經》並英譯其中部分經文，而且研討涉及梵文原本經題，也下功夫把經中佛菩薩名、佛弟子名和神王名等努力地“翻回”梵文名字。[1]可是各家所復原的梵名均各有其説，各有不同。事實上，由於敦煌寫本和山西晉城石刻所給的消息，我認爲經中大部分名字很可能是由梵字譯音加上漢文字句前後拼出，不見得都是翻自已有的梵文原名。這兩位西方學者如果參考了敦煌《大方等陀羅尼經》幾件寫本，他們對此《大方等陀羅尼經》的研究方法可能會大有不同。

三、斯 1524、6727 號《大方等陀羅尼經》卷末寫的自恣羯磨文

敦煌寫本中斯 1524 號、斯 6727 號和斯 4248 號三件都寫有“大方等陀羅尼經卷第一”尾題，可是祇有斯 1524 號、斯 6727 號兩件有紀年，並且在經卷第一尾題前抄有於此唯一獨有的自恣羯磨文句。兩本自恣羯磨文除了偈句抄寫排列有些不同外，全文大同小異。[2]

這一自恣念誦文句提供了敦煌 6 世紀上半葉比丘爲在家人作羯磨教授師的重要信息。所作自恣羯磨由 11 月 7 日起一比丘爲優婆塞、優婆夷作羯磨教授師，隨著於當月 8 日至 15 日作自恣行儀。當時教授師比丘同時請十方諸佛、尊經般若和應真僧證知，即請佛、法、僧三寶作證。雖然“尊經般若”稱法比較特殊，但應是取自《大方等陀羅尼經》第四卷護戒分經文：“復次善男子，若有沙彌、沙彌尼、優婆塞、優婆夷，毁諸禁者，亦應請一比丘了知内外律者，向形象前[3]、尊經般若前，自陳其過向此

〔1〕 Paul Swanson, “Dandala, Dhāraṇī, and Denarii. A T'ien-t'ai Perspective on The Great Vaipulya Dhāraṇī Sūtra”, *The Journal of Buddhist Literature*, vol.2 (2000): 197-233; Koichi Shinohara, “Removal of Sins in Esoteric Buddhist Rituals: A Study of the Dafangdeng Dhāraṇī Scripture”, Phyllis Granoff and Koichi Shinohara (ed.), *Sins and Sinners: Perspectives from Asian Religions*, Leiden/Boston: Brill, 2012, pp.243-272.

〔2〕 參見上引拙文《六世紀上半葉敦煌寫本〈大方等陀羅尼經〉新探》，第 266—267 頁。

〔3〕 大藏本加一“若”字，CBETA (2016), T21, no.1339, p.657b2。

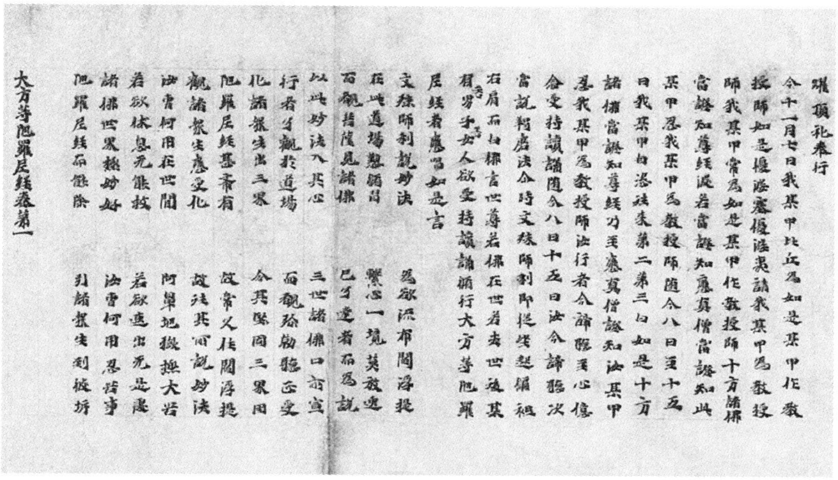

斯 6727 號（514 年）《大方等陀羅尼經卷第一》自恣羯磨文句

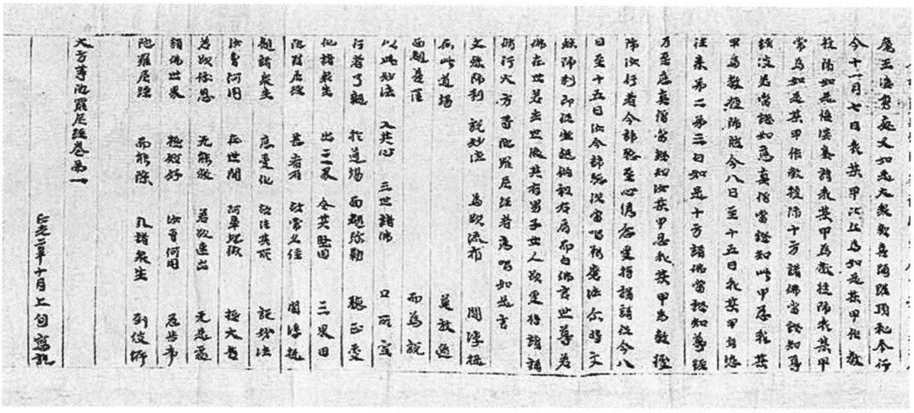

斯 1524 號（521 年）《大方等陀羅尼經卷第一》自恣羯磨文句

比丘。此比丘應教淨律之法。”（敦煌寫卷西北師大 017：41—44 行；T21. No.1339，p.657a29—b3）當月 8 日至 15 日自恣爲僧衆安居時執行律典的慣例。印度僧人一般作夏安居如旅居印土的唐僧義淨所描述。[1]敦煌地方因氣候水土不同，夏天不炎熱，當地僧人則以冬季冰冷之時安居，在此於 11 月舉行。但或有其他僧團采取往後一個月行安居者，如以下所討論的斯 797 號寫本背面寫十二月安居受歲事。

〔1〕《南海寄歸内法傳》卷二，CBETA（2016），T54，no.2125，pp.217a24—218a1。

四、斯 797 號西涼建初元年安居受僧戒文

斯 797 號爲敦煌文獻有紀年寫本中最早的寫卷。此卷子爲一件十誦比丘戒抄寫本。據日本矢吹慶輝和塚本善隆二位先賢的研究，此件抄本相當於《十誦律》最早的譯本，與目前所存由鳩摩羅什及弗若多羅始於 404 年著手所譯之後删改潤色再續翻本（T23. no.1435）多有出入。[1]此斯 797 號卷背抄有一“受歲文”[2] 和一敦煌比丘德祐於 406 年受戒安居的重要記録。這件敦煌律典抄本應比背面德祐於 406 年初所記受戒事早一些。那麼斯 797 號抄寫本可説是現存唯一最早的《十誦律》文本，很可能是還未受鳩摩羅什删改潤色的原本。背面所抄“受歲文”，是一典型的比丘僧團作年終受歲自恣懺悔“見罪、聞罪、疑罪”的例子。比丘德祐的受戒安居記録於下：

> 建初元年歲在乙巳（十二月五日戌時）[3] 比丘德祐於敦煌城南受具戒，和上僧法性[4]、戒師寶慧、教師惠穎[5]，時同戒場者道輔、惠御等十二人到夏安居。寫到戒諷之趣，成具拙字而已。手拙用愧，見者但念其義，莫咲其字也。故記之。

西涼建初元年十二月五日，即 406 年 1 月 16 日[6]，比丘德祐於敦煌城南從和上僧法性、戒師寶慧、教師惠穎等三位法師受比丘具足戒，同時在戒場者有道輔、惠御等共十二人同時參與布薩安居。他們也應爲

---

〔1〕 矢吹慶輝：《鳴沙餘韻解説篇》，東京，1933 年，第 332—351 頁；塚本善隆：《十誦比丘戒本》，《書道全集》第三册，第 189—190 頁。藤枝晃：《敦煌寫経の字すがた》，《墨美：敦煌寫経特集》97 號，1960 年，第 2—4 頁及第 10 頁。

〔2〕 Lionel Giles 錯讀爲“受戒文”，“Dated Chinese manuscripts in the Stein Collection”, *Bulletin of the School of Oriental Studies* 7（1935）：pp.810—811。

〔3〕 此七個字加寫在原句旁邊。

〔4〕 “法”字加寫於旁，或應念：和上法性。

〔5〕 或有念“惠觀”。參見敦煌研究院編《敦煌遺書總目索引新編》，中華書局，2000 年，第 27 頁。

〔6〕 《敦煌遺書總目索引新編》（2000 年，第 27 頁）寫建初元年爲 405 年，但此年十二月五日已爲 406 年 1 月 16 日。Lionel Giles，上引，第 810 頁。

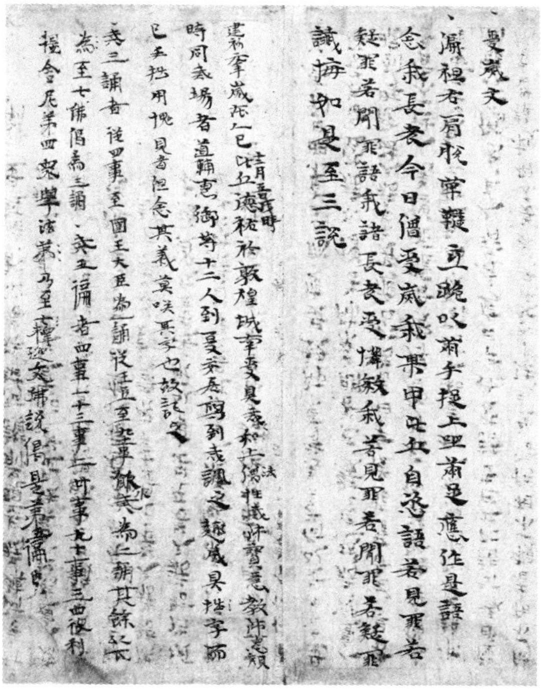

斯 797 號背面：受歲文和敦煌比丘德祐受戒安居

德祐受比丘具足戒的見證人。比丘德祐寫的是“夏安居”，但他的受戒日特别於文字旁加上“十二月五日戌時”，那麽他們的安居時日於當年十二月舉行，實是冬季。比丘德祐寫“夏安居”可能依經律文字而寫。“夏安居”是戒律行法上一名詞的慣例，與實際依地方季節氣候執行安居的月日没有嚴謹的規定。有趣的是德祐道歉他寫字不佳，希望往後讀者祇念其義而莫笑其字。在此比丘受僧戒的見證人不同於上舉《大方等陀羅尼經》敦煌 512 年和 521 年寫本自恣羯磨法請十方諸佛、尊經般若和應真僧作證。兩號敦煌《大方等陀羅尼經》寫本摻入的自恣羯磨文上雖没有言明在家優婆塞、優婆夷等請比丘當羯磨教授師，並隨者比丘僧作自恣羯磨時，其教授師是否也授與優婆塞、優婆夷等人念誦戒律條目，自恣羯磨文上没寫明。但我們可以肯定的是給優婆塞、優婆夷等在家信徒的戒條，一定不是僧戒，而是在家人的五戒、八齋戒。然而在請佛法僧作證，並提及文殊師利説妙法和面睹彌勒二菩薩的情況下和《大方等陀羅尼經》文内容，教授師所傳授的應是菩薩戒，即《大方等陀羅尼經》文上所寫的菩薩二十四戒。

五、 伯 2196 號“出家人受菩薩戒法”

敦煌戒律羯磨寫本數量非常豐富，大部分與藏經中所集的印本别出風格。多數的羯磨戒本和一些授戒牒反映了敦煌地區僧人和在家者的宗教活動。[1]接著上舉德祐 406 年初安居自恣寫經，最後簡略談談 519 年梁武帝敕寫的現存最早的“受菩薩戒法”文本。

敦煌伯 2196 號爲一完整的文書，全寫卷長 1165 厘米，共寫有六百九十一行字，每行平均十七字。無首題，第一行寫“序一”。最後尾題及題記：“出家人受菩薩戒法卷第一”“大梁天監十八年歲次己亥夏五日勑寫”“用紙廿三枚/戴萌桐　書/睾佡之讀/瓦官寺釋慧明奉持”。

此梁天監十八年敕寫本早已爲日本敦煌學者們所關注。神田喜一郎斷定它爲南朝佛經抄寫的代表作品，隨者藤枝晃和牧田諦亮等人認爲是六朝書法寫經代表的珍貴物品。[2]藤枝晃先生於 1966 年前後從法國巴黎取

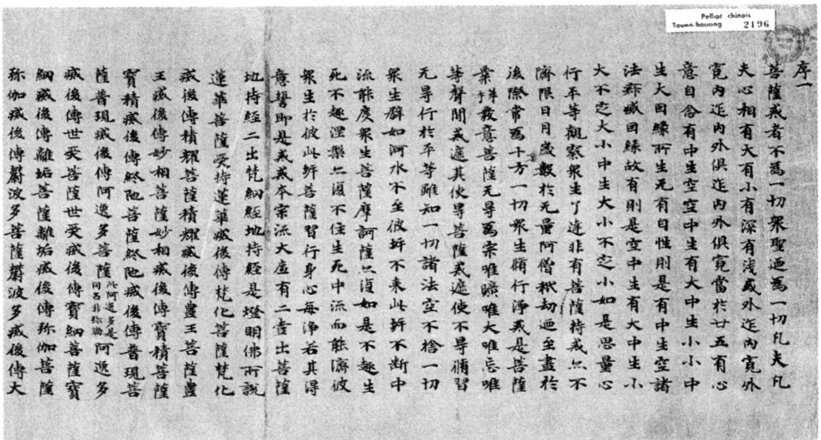

伯 2196 號“出家人受菩薩戒法序一”

〔1〕 近幾十年來有幾位學者對敦煌戒律研究取得不少成果，特别如日本學者土橋秀高前後論文集成的兩部大作《戒律の研究》，京都：同朋舍，1980 及 1982 年。湛如：《敦煌佛教律儀制度研究》，中華書局，2003 年。

〔2〕 神田喜一郎：《典籍剳記》，京都：高桐書院，1947 年；藤枝晃：《北朝寫経の字すがた》，《墨美：北朝寫経特集》119 号，1962 年，第 2—5 頁；牧田諦亮：《書道全集》中國 5 南北朝 I，第 93 頁，東京：平凡社，1957 年。

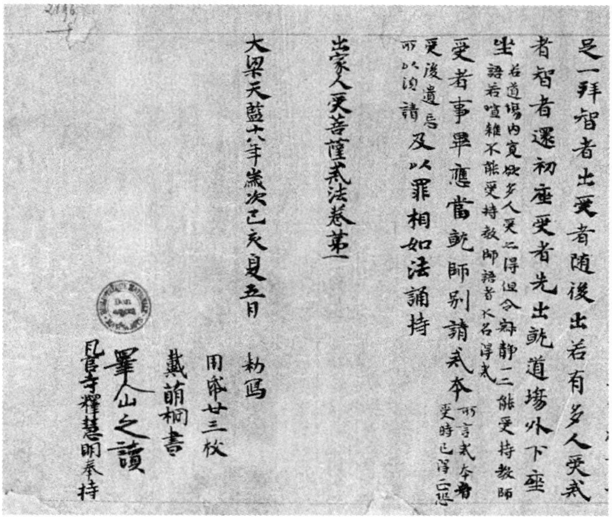

伯 2196 號尾題“出家人受菩薩戒法卷第一”及 519 年題記

得整部寫本照片贈送于土橋秀高。這位漢傳佛教戒律學專家纔能着手研究討論此寫本的全部内容並刊印全文，强調此伯 2196 號寫本在菩薩戒傳受儀法史上的珍貴價值。〔1〕另一日本學者諏訪義純接著研考寫本題記和寫本序文。〔2〕諏訪義純先生引《續高僧傳》中慧約僧傳上寫天監十一年梁武帝“博采經教，撰立戒品，條草畢舉，儀式具陳，製造圓壇……至[天監] 十八年己亥四月八日，天子發弘誓心，受菩薩戒”（T50，no.2060，p.469b11—12，21—22）和法雲僧傳寫“帝抄諸方等經撰受菩薩戒法，構等覺道場，請草堂寺慧約法師以爲智者，躬受大戒，以自莊嚴”（T50，no.2060，p.464c3—5），因此認定伯 2196 號“出家人受菩薩戒法”文本仍是梁武帝親身所撰寫。而且撰寫年代應於天監十一年到十八年（512—519）之間。他肯定由智顗所述説並由其弟子灌頂所記録的《菩薩戒義疏》上提到的第六種菩薩戒授法——“制旨本”——所指的應該就是這部武帝親身所撰寫的“出家人受菩薩戒法”，即伯 2196 號寫本。

伯 2196 號“出家人受菩薩戒法卷第一”寫本於序文之後以下分八節

〔1〕 土橋秀高：《戒律の研究》，京都：同朋舍，1980 年，第 832—886 頁。

〔2〕 諏訪義純：《中國南北朝佛教史の研究》，京都：法藏館，1997 年，第 85—102 頁及 103—117 頁。湛如在其“敦煌菩薩戒儀與菩薩戒牒之研究”中亦涉及此寫卷，《敦煌研究》，1997 年，第 74—85 頁。

敘述如何受菩薩戒儀：（1）方便；（2）請戒；（3）羯磨；（4）受攝大威儀法；（5）供養三寶戒；（6）攝善法戒；（7）攝衆生戒；（8）略説罪相。很可惜的是，到目前爲止，祇有這第一卷。如果這本“出家人受菩薩戒法”真爲梁武帝本人所撰寫，而且也由他下詔抄寫，爲何祇存敦煌一本，爲何從未納入大藏經内而失傳？並且祇有第一卷，那麽此書到底一共有幾卷？序文中言撰有“在家出家受菩薩戒法”（寫本第 73 行）〔1〕。那麽第一卷爲“出家人受菩薩戒法”，第二卷是否爲“在家人受菩薩戒法”？近年來，落合俊典先生調查日本寺院和個人所收藏的佛教經典抄寫本相當有成果。他發現由一私人藏的一部奈良時代的寫經題名爲“在家人布薩法卷第七”，此日本寫經於序以下分“略意”“前方便”“正行事”“後方便”四節。他認爲日本寫經“正行事”一節應等於伯 2196 號寫本上的第二到第七節文字：請戒、羯磨、受攝大威儀法、供養三寶戒、攝善法戒、攝衆生戒。落合先生所下的結論是“在家人布薩法卷第七”和“出家人受菩薩戒法卷第一”很可能是抄自同一部戒律儀文書。落合先生又於經録上提出有一“出要律儀二十卷”的記録，於其文字内容及《續高僧傳》法超傳内容斷定，他認爲失傳的“出要律儀二十卷”很可能是梁武帝所撰述。那麽，敦煌的伯 2196 號“出家人受菩薩戒法卷第一”和日本奈良時代寫的“在家人布薩法卷第七”很可能是“出要律儀二十卷”中的第一卷和第七卷。〔2〕

到目前爲止，我們祇能假設伯 2196 號“出家人受菩薩戒法卷第一”爲梁武帝在 512—519 年間所撰寫，而失傳的《出要律儀》爲二十卷中的第一卷，日本現存私人藏的“在家人布薩法”爲第七卷。所希望的是能找到其他十八卷。無論如何，敦煌寫本伯 2196 號爲中國和日本受菩薩戒儀法最原始最早的原本，以後作菩薩戒傳授儀禮則多數由此抄寫演進。另一值得注意的是，“出家人受菩薩戒法”序文寫：“戒本宗流，大底有二，一

---

〔1〕 土橋秀高：《戒律の研究》，第 847 頁。

〔2〕 落合俊典：《敦煌本（P.2196）と〈在家人布薩法〉（重文・神谷本）の比較から見えるもの》，《東アジア仏教寫本研究》，東京：國際佛教學大學院大學，日本古研究所《國際シンポジワム報告書 2014》，第 89—97 頁；赤尾榮慶：《重要文化財〈在家人布薩法卷第七〉一書誌學的觀点から—》，《東アジア仏教寫本研究》，第 85—88 頁；Sylvie Hureau，“The recitation of prepecpts for lay followers according to the *Zhaijiaren busa fa*（在家人布萨法）”，《東アジア仏教寫本研究》，第 99—117 頁。在此亦特別感謝落合先生於此次討論會期間送予分享“在家人布薩法卷第七”圖片。

出菩薩地持經，二出梵網經。”以其寫經年代而言，其所引的《地持經》當然不是玄奘所譯本。序文上寫《地持經》爲大菩薩伊波勒所傳。此處内小字加注：“經目云曇無讖至西涼州爲河西王大臣沮渠蒙遜譯出。疑讖即是伊波勒。”再下也提到求那跋摩於祇洹寺譯出《菩薩善戒經》，“地持、善戒大意相似”（寫本第 53—57 行）。不知從哪一經文起把西涼曇無讖與伊波勒合成一人，往後智顗述和灌頂記的《菩薩戒義疏》也按著照抄，如此相傳把曇無讖稱爲一有神通的大菩薩。序文寫《地持經》爲往昔燈明佛所說，後始自蓮華菩薩至阿歡慧菩薩共三十菩薩傳承受持（寫本第 20—39 行）。《梵網經》爲過去七佛所說，其承傳由阿逸多菩薩開始至恭雅菩薩共十九位菩薩受持（寫本第 39—53 行）。這些菩薩名字從何而來？是否是撰寫此“受菩薩戒法”的作者本人所抄造的？值得討論的問題還相當多，也相當複雜，擬另文探討。

最後多說一句：希望研究佛經典者能多參閱敦煌早期抄經。另外在此虔誠地感謝 CBETA 編輯者加上了《大正藏》内不同版本的注釋。當然最理想的還是希望編輯 CBETA 的諸位學者也能盡量地並添上敦煌寫本的異同文字，這樣可大量促進敦煌佛教文獻研究。如能把所有的敦煌遺書早日數字化，那麼整個佛學和敦煌學的研究即可邁入更豐富深遠的學術成果領域。

《佛教文獻研究》第三輯
2019 年，111—136 頁

《五杉練若新學備用》與敦煌佛教齋願文獻之比較研究

王三慶

内容摘要： 中國古籍《五杉練若新學備用》歷來以爲亡佚，僅見宋人編纂的佛典偶有徵引，不料却遠播韓國，並在李朝"天順六年壬午歲（1406）朝鮮國刊經都監奉教重修"下覆刻，更轉徙典藏於日本，成爲舉世貴重的海内外孤本。由於下卷與敦煌齋願文獻頗多共時性的呼應，更與筆者歷來研究課題十分密合，因此本篇特擬"《五杉練若新學備用》與敦煌佛教齋願文獻之比較研究"爲探討課題，説明遠從西北敦煌洞窟存藏的佛教文獻，以迄於東南一地五代南唐時期釋應之爲教育佛門子弟編纂的典籍，居然出現共時性的遥感相應，也説明了當時佛教在空間上的一些異同與流變，更從《五杉練若新學備用》印證了敦煌文獻對於佛學研究上的重要性。

關鍵詞：《五杉練若新學備用》；敦煌；佛教；齋願文

作者單位： 臺灣成功大學

一、前　言

敦煌文獻自發現即引起學者多方注意，其中涉及佛教内容者又居百分之八九十，而有關齋醮法會祈願的寫卷經整理後占了不小比重，學者從不同的視角進行探索研究，有卓越表現者不勝枚舉。尤其第一部彙集成書，影響深遠，而爲大家所公認者莫過於黄征、吴偉校注之《敦煌願文集》[1]，以及汪娟之《敦煌禮懺文研究》《唐宋古逸佛教懺儀研究》[2]二

〔1〕 黄征、吴偉校注：《敦煌願文集》，岳麓書社，1995 年。
〔2〕 汪娟：《敦煌禮懺文研究》，法鼓文化出版社，1998 年；《唐宋古逸佛教懺儀研究》，文津出版社，2008 年。

書，黄、吴一書向爲學界多所援引利用，然其不足與缺陷多受學者批評；至於後者僅及禮懺儀文方面，待補苴者仍然可見。故筆者隨後亦曾整理千餘號寫卷，彙集較長且有標題之系統寫卷加以整理，如《齋琬文》一卷、《諸文要集》一卷、《雜齋文》一本、《諸雜齋文》、光道大師所撰之《諸雜齋文》下卷等，並進行研究後，刊布成果，名爲《敦煌佛教齋願文本研究》，然後又從中選取齋會禮儀文字與中國民俗關係密切者加以探討，以見佛教對中國傳統禮俗加以融入及進行變易的漸進過程，名之爲《從敦煌齋願文獻看佛教與中國民俗的融合》；更從共時性的日本典藏古寫經典來看其與敦煌部分寫卷之間的相互呼應，名之爲《敦煌吐魯番文獻與日本典藏》。[1]然而以上三書對於整理之寫卷資料未盡利用者仍然不少，所需要探討的課題也非祇一端，仍有待補闕論述。尤其是在東亞各國既同處漢字文化圈内，又有共同的佛教信仰這一背景下，應有極多可以相互觀摩及補足之處。再者，中國名列世界四大古國，幅員之廣、人口之衆，其所呈現者必然多元，絶非一處小小的區域文獻可以盡窺端倪。也因如此，除了日本之外，韓國、越南兩國保留的傳統文獻仍需不時留意，處處關心。在敦煌文獻之外，有關共時性及歷時性的地理空間裏保存的傳統文獻，仍然不能輕易放過。

也因如此，筆者研究類書、家教、書儀及齋文之餘，居然有幸閲讀到五代南唐釋應之爲僧尼教育而撰述的一部書——《五杉練若新學備用》。這部古籍中國歷來已經視爲亡佚，僅有少數文字被宋人編纂的佛典援引，没想到其除了流傳中國東南一地外，更遠播韓國，並在李朝時代的“天順六年壬午歲朝鮮國刊經都監奉教重修”，如今轉徙而典藏於日本，成爲舉世貴重的孤本文獻，則其有待探討研究之處不少，且與敦煌齋願文獻亦有頗多共時性的面貌相互呼應，更與筆者歷來的研究十分密合。因此，特别申請兩年專書寫作的科研計劃，獲得經費補助，今在即將完稿出版之際，承蒙邀請參加“敦煌遺書與佛教研究國際學術研討會”中發表論文，特以“《五杉練若新學備用》與敦煌佛教齋願文獻之比較研究”爲題，報導筆者之部分研究，也請學者專家指教是幸。

---

〔1〕 王三慶：《敦煌佛教齋願文本研究》，新文豐出版公司，2009 年；《從敦煌齋願文獻看佛教與中國民俗的融合》，新文豐出版公司，2009 年；《敦煌吐魯番文獻與日本典藏》，新文豐出版公司，2014 年。

二、《五杉練若新學備用》的流傳及研究回顧

《五杉練若新學備用》（以下簡稱《五杉集》）乃南唐釋應之撰，胡適讀北宋道誠集《釋氏要覽》摘記第五則“服制”條中第四點曾經提説：“《五枚集》：我初不識此書名，又不認得‘枚’字。後在頁 49，見二條：其一云，“應之大師五柩集，其二云，‘應之五枚集’，我始知此書名是《五柩集》，作者爲‘應之大師’。當更考之。”並考慮將來當作專文研究。〔1〕祇是緣於了無閲讀機會，且將《五杉集》誤認作“《五柩集》”，不免留下些許的遺憾。然而執教韓國中央佛教專門學校（東國大學校前身）之日本學者江田俊雄却因緣際會，得到此書，而在探討《李朝刊經都監と其の刊行佛典》中約略提及〔2〕，而且該書屬於私人藏書，始終無人有過機緣閲讀。直到歿後，其子嗣江田和雄氏於 1996 年才將該書寄贈日本東京駒澤大學圖書館，於是先有朴鎔辰撰《應之の〈五杉練若新學備用〉編纂とその佛教史的意義》〔3〕，其後山本孝子則以中卷書儀爲研究重心，撰寫了《應之〈五杉練若新學備用〉卷中所收書儀文獻初探——以其與敦煌寫本書儀比較爲中心》〔4〕、《應之〈五杉練若新學備用〉卷中における“十二月節令往還書樣”“四季揔叙”の位置付け——その製作年代と利用對象者を中心として》〔5〕、《唐五代時期書信的物質形狀與禮儀》〔6〕、《凶儀における“短封”の使用——唐五代期における書簡文の變遷》〔7〕等數篇文章。筆者也針對上、下二卷的法數及齋會部分，發表了《十念文研究》及《病釋應之與〈五杉練若新學備用〉的相關研究》兩

〔1〕胡適：《胡適全集》，安徽教育出版社，2003 年，第 579 頁。見 1946 年 4 月 30 日日記部分。

〔2〕《朝鮮佛教史研究》，同書田行會，1977 年，第 313—314 頁。

〔3〕朴鎔辰：《應之の〈五杉練若新學備用〉編纂とその佛教史的意義》，《印度學佛教學研究》第五十七卷第二號，2009 年，第 51—57 頁。後來又以韓文重刊，内容無異。

〔4〕該文出自《敦煌學輯刊》2012 年第 4 期，第 50—59 頁。

〔5〕該文出自《桃會論集——小南一郎先生古稀紀念論集》第六集，桃の會發行，2013 年，第 161—176 頁。

〔6〕該文出自《敦煌學》2015 年第 31 期，南華大學敦煌學研究中心，第 1—10 頁。

〔7〕《敦煌寫本研究年報》第十號第一分册，京都大學人文科學研究所中國中世寫本研究班，2016 年，第 109—124 頁。

篇文章。〔1〕另外，還有宣讀過而將刊行的三篇文章，如 *On study of the origin and structure of Zhai Yuan Wen style in Dun-Huang manuscripts*〔2〕（《敦煌文獻齋願文體的源流與結構》）、《釋應之〈五杉練若新學備用〉上卷與敦煌文獻等“法數”編輯之比較研究》〔3〕、《釋應之〈五杉集〉中兩種特殊的齋會風俗與流變》〔4〕等。祇是對於下卷與敦煌文獻之間的比較仍有待開拓，尤其一在西北存藏之寫卷，一在東南爲教育僧尼弟子而創作的典籍，遥隔兩地不同的區域下，居然呈現共時性的風尚，則應該可以藉此了解佛教此時發展的異同大概，以及佛教教團内僧尼的齋會活動與育成訓練的相關問題。

三、《五杉練若新學備用》下卷的内容分析

由於《五杉集》一書分上、中、下三卷，上卷爲法數，有如類書，另有《家海》一篇；中卷則爲書儀，近於現代所謂的尺牘；下卷彙集齋文，是在齋會儀式時向神佛表白祈願的文字。這三者於敦煌文獻中皆有相呼應的寫卷或性質相近的作品，限於篇幅文字，我們祇能選擇下卷的齋文部分且已經編纂成書的内容進行比勘，才可以約略看出當時的編書狀況。也因如此，這裏擬以《敦煌佛教齋願文本研究》整理的幾種文本内容爲主，若有需要，再輔以其他零篇散卷進行討論。根據“五杉練若新學備用卷下病釋應之述”云：

> 予製述之意，但爲門内諸子，今亦叙其大意。且檀越請福，各有願心；沙門應機，須合厥旨。如函有蓋，豈可參差？既規顶矩衣，必

〔1〕二文分别見《敦煌研究》2014 年第 3 期（總 145 期），第 133—144 頁；《成大中文學報》2015 年第 48 期，第 69—92 頁。

〔2〕本篇論文曾在美國普林斯頓大學東亞系主辦之敦煌會議上宣讀過（First Circular, September 15, 2014. Conference at Princeton University, September 6—8, 2014. Theme: *Prospects for the Study of Dunhuang Manuscripts: The Next 20 Years*. Co-sponsored by Princeton University, Buddhist Studies Workshop. International Liaison Committee for Dunhuang Studies），今已刊於《成大中文學報》2016 年第 54 期，第 27—58 頁。

〔3〕《釋應之〈五杉練若新學備用〉上卷與敦煌文獻等“法數”編輯之比較研究》，南華大學敦煌學研究中心編：《敦煌學》第三十三輯，樂學書局，2017 年，第 17—32 頁。

〔4〕《釋應之〈五杉集〉中兩組特殊的齋會風俗與流變》，《成大中文學報》2017 年第 58 期。

赴其命。

古諸作者，製述尤多，抄寫歲深，或多脱略。又有言詞太古，意緒不同，今各列之，甚可備用。受五戒及放生，依生依古，製亦潤色之。十念四般、施亡人食、凶吉懸幡、挂脱僧衣、戴卸鉗子、考妣、夫妻、兄弟、男女、孩子、遠忌、平安、還願、開堂、懷姙、僧尼爲本師及僧捨墮，並通用莊嚴，文疏俱備。

此但規法諸子，勿流傳於博學，君子苟或一見，亦可資撫掌而已。

下卷文字開宗明義强調其編輯旨趣在爲門内弟子略叙大概，作爲教育子弟的用書，而非以傳世目的而作。縱使每個信衆舉辦或參加齋會的願心各不相同，然而僧尼在齋會臨場時的應機權變仍要符合法會的宗旨，如函文之裝於蓋内，大小總需合適，不能有所參差。尤其既已剃度出家，穿上法衣之後，對於僧尼應盡的本分就要勠力遵行赴命。祇是自古以來，諸多製作經過漫長時間的傳抄，難免有所脱略；有時語言詞彙太過古老，情緒意境也有不同，如今根據需要，一一分别羅列，以備應用，如受五戒和放生的文字，或依生者時代，或遵古來文體，都要再加潤色。自四種十念以下到僧尼的捨墮，各式各類文疏所通用的莊嚴，或齋文或疏文等内容，全都俱備。最後還是忘不了反復强調：這些文字不過限用於規範弟子，不敢外傳於大方之家，如果偶然流到外頭被看見了，大家祇好撫掌笑談罷了。

也因這段文字談到在他之前已經存有齋文這類的專書，不得不稍作一些文獻回顧。根據《傳教大師將來台州録》卷一，日本國求法僧最澄(766—823)於9世紀初留學中國後，回國勘定合疏記等第102部第240卷之中即有“日本國求法《齋文》一卷”〔1〕；又《傳教大師將來越州録》卷一中也有：“湖州皎然和上《齋文》一卷……傅大士還詩十二首一卷、華嚴法界觀一卷、《齋文式》一卷。”〔2〕稍後的承和十四年(847)，圓仁(794—864)在《入唐新求聖教目録》中提及開成三年(838)八月，初到揚州大都府時，巡歷諸寺，尋訪抄寫經典的書目中也有“《集新舊齋文》

〔1〕《傳教大師將來台州録》，《大正藏》第五十五卷，第2159號，第1056頁下17。

〔2〕《傳教大師將來越州録》，《大正藏》第五十五卷，第2160號，第1059頁上30。

五卷（上都雲花寺咏字太）……《嘆道俗德文》三卷”[1]。凡此卷數不同的齋文本子絶非法會中使用的單篇文字，而是包括各種場合可以應急運用的篇章。至於敦煌文獻伯 2547 號背抄寫“天寶六載籍”的《齋琬文》一卷所附的“序”中即云：

> 但爲代移正象，人變浇淳，或藉名數以尋真，或斂聲光而悟道。所以爲設善權之術，傍施誘進之端，示其汲引之方，授以隨宜之説。故乃遠代高德，先以刊制齋儀；庶陳獎道之規，蒖啓津梁之軌，雖是詞驚擲地，辯架譚天，然載世事之未周，語俗緣而尚缺，致使來學者未受，童蒙外無繩准之規，内乏隨機之巧。擢令唱道，多卷舌於宏遂；推任宣揚，競緘脣於消架，豈直近招譏謗，抑亦遠墜玄□（風），猶況聖迹之威光，缺生靈之企望者。

很顯然這類專書的編輯時間可以提到 8 世紀中葉之前，已有精美完整的《齋琬文》一卷流通問世，所謂：“遠代高德，先以刊制齋儀。”絶非虚言。根據《曆代法寶記》的記載，這位刊制齋儀者應是東晉的道安法師，而造齋文者則是出生於之後不久的唐代四川保唐寺中的僧人嗣安法師。[2]他們都在釋應之作品前已經存有，所以纔説道：古來製作經過漫長的流傳與重複的抄寫後，每多脱略；或者所用語言詞彙又太過古老，情境時有不合，不能完全適用於大家的需求。也因如此，我們必須找來與本卷中所提到的類似文章進行比較，纔能看出一些不同的編輯理念，如以《齋琬文》一卷、《諸文要集》一卷、《雜齋文》一本、《諸雜齋文》、光道大師所撰之《諸雜齋文》下卷等五書而言，有系統分類者當以《齋琬文》一卷及《雜齋文》一本最具規模，而光道大師所撰《諸雜齋文》雖僅殘存下卷，却是當日參與王公貴族舉辦法會所實踐的文字，因此比較能夠看出是否如《五

[1]《入唐新求聖教目録》，《大正藏》第五十五卷，第 2167 號，第 1086 頁下 27。

[2]《曆代法寶記》卷一，第 2075 號，《大正藏》第五十一卷，第 182 頁下 14—15。按此書卷末附有“大曆（766—779）保唐寺和上傳頓悟大乘禪門門人寫真贊文（並序）”，有山人孫寰述，則約略可以考知寫作時代。又宋太平興國年間贊寧撰《大宋僧史略》卷中（《大正藏》第五十四卷，第 241 頁上）亦曾經提到：“晉道安法師傷戒律之未全，痛威儀之多缺，故彌縫其闕，埭堰其流，立三例以命章，使一時而生信。一、行香定座上講，二、六時禮懺，三、布薩等法。過踰此法者，則别立遮防。”不及齋文之製作。

杉集》指稱的情況。根據《五杉集》下卷釋應之序後凡有兩行八個標題的總目録：

《受五戒文》《放生文》《十念文》《施食》《懸幡》
《孩子挂脱僧衣》《戴脱鉗子》《道場齋疏並齋文》

以下則依次説明：

（一）《受五戒文》

這個題目與内文所題仍有些許的差異，在内文目中多了“爲病人”三字，説明這非一般僧尼受三皈五戒文，而是在醫學不甚發達的時代，患者已經卧病在床，藥餌寡應的情況下，皈戒神佛的因應方式。因此文字中有“今依佛制，爲在疾清信弟子受佛禁戒，先當爲懺，洗身中罪業”，使“十不善業、一切過惡，今日披誠，發露懺悔，相續念斷，更不復作”。次爲在疾弟子翻邪，合掌志心，隨口而説：

弟子某甲從今已往，稱佛爲師，更不歸依邪魔外道。弟子某甲歸依佛，兩足尊；歸依法，離慾尊；歸依僧，衆中尊。弟子某甲歸依佛竟，歸依法竟，歸依僧竟。

在三皈依結束後，便進行五戒，所謂“盡形壽爲五戒，近事律儀，如來是至真等正覺，是我世尊”。並爲弟子説五戒相，進行能持與否的唱導問答。嚴格來説，這個五戒儀式與僧尼所舉行的主體部分相似，却没有僧尼儀式的細緻繁複與嚴肅氛圍，而是害病求平安的一個信仰儀式。

（二）《放生文》

在《齋琬文》一卷中“十　祐諸德”一類，即有《放生》的篇目，另外也有“畫像、燃燈、放生”〔1〕，敦煌文獻之零篇散卷中如伯 2044 號背、伯 3562 號背等也有“放生”的齋文。足見從佛教戒律的“不煞生”戒律推廣到“放生”活動，舉行儀式，從南北朝以迄於今日，從未斷絶，而其主要意涵無非爲著宗教信仰的實踐和推廣。

〔1〕 參見拙著《敦煌佛教齋願文本研究》，第 102 頁。

（三）《十念文》

在内文目中分出了“爲病人”“爲亡人”“山所”“除靈”等四種不同用途的類别，而且都要唱念本師釋迦牟尼佛，次住處世界，梵唱三皈依等，可見與經典的“十念”已有區别。至少使用的範圍擴大了，病中的庶民百姓衹要誦稱“十念”，身體便可痊癒；縱使大限到了，也能稱念佛名而往生西方淨土；命終時刻，十稱佛號，更能得到觀音、勢至的接引到西方佛國；當死者入壙時刻，於墳墓處所稱念十一不等的佛號，不但可以用薦亡魂，也可以得到特殊的勳德而往生佛國淨土；過往的亡靈冤魂也因植基於此一勝緣，得告解脱，生者更能獲得身體安康，其用之大，真是不可言宣。也因如此，《五杉集》四般“十念文”的用法已與經文上的“十念”不同，開拓了不少用途，更與死前希望往生淨土的原來意義稍有區别，尤其重視死後的世界雖然相同。但是“十念”是生者自念而往生淨土的原來意義，如今一改爲親朋好友或由僧人替代，幫忙死者助念。這點改變有如原來自力的《佛説閻羅王受記令四衆逆修生七齋功德往生淨土經》散文部分的改動，同時附上道明的寫真圖及藏川的韻文贊述後，一變爲他力救濟的《佛説閻羅王授記經》或《十王經》，兩者之間的演繹規律相同，並且都是在中國孝道思維主宰之下不忍死者深受地獄之苦所作的轉變。再者，十念内容都稱“西方極樂世界大慈大悲阿彌陀佛”，每一稱念則發一唯願，十稱則十唯願，四篇全同，但在臨壙入土時刻，勢必難以全用，可視臨場狀況給予適當的調整。

“十念”這一齋會在晚唐時已經有如“七七齋”法會一般，融入中國庶民百姓的日常生活中，成爲三教遵行的民俗。根據儒家喪制，在大小祥喪期屆满的除靈時刻，也需念誦佛名，用助魂靈的真性不移，並能往生有處。道教也有“黄籙十念儀”，而伯 2622 號的《新集吉凶書儀》卷下“凶禮”中談到靈柩入壙時節也説：

> 柩車到墓，亦設幕屋，鋪氈席，席上安柩，北首。孝子居柩東，北首而哭，臨設祭，祭文在後卷中。三獻訖，孝子再拜號踴，撫棺號殞，内外俱哭，則令僧道四部衆“十念”，訖，昇柩入壙。掌事昇棺入壙，安置訖，即閉儀門。壙掩訖，於壇上設饌，祭后土。

這段話顯然説明儒家的喪葬儀節在死者臨將入壙時刻，也有請僧道或部衆等幫助“十念”儀式，然後纔昇柩入壙，成爲當日三教共同實踐的儀式，也是中國迄今依然存在的喪葬民俗。[1]

（四）《施食》

指涉的是《施亡人食》，蓋人一旦捨識之後，便與生人異趣，因此須假我佛如來之大悲陀羅尼法力爲之助食，才能令生人施給的食物成爲天蘇陀饌美食，法會的施食儀式方能圓滿。故在法會施食時必須誦持咒語，幫助亡魂饗用勝妙甘露味法的儀式。有關這類活動在敦煌諸多寫卷中就有不少的記録和不同的系統存在，如敦煌文獻北圖藏本 7677（夜 98）號一卷及俄藏 Дх00015＋Дх01597＋Дх02464 等三號，皆與斯 2685 號、斯 6897 號背兩卷同屬一個系統，而斯 03427 號背《啓請文一本》則又是另外一個系統，兩種系統都有《施亡人食》這一節目。[2]

（五）《懸幡》

在内文目中多出“爲平安”“爲亡者”兩種説明，一生一死，各有不同的用途。敦煌文獻伯 2915 號《諸雜齋文》一卷即有《幡》之篇目小題，而《齋琬文》一書也有《造幡》一篇，説明既造必懸，並有其特殊用途。

（六）《孩子挂脱僧衣》

雖然這是一個題目，内文則分兩篇齋文，代表發願與期滿謝願舉行的兩種儀式，後來發展成爲“記名弟子”或“跳牆和尚”這一類的民俗。

（七）《戴脱鉗子》

這一風俗與爲《孩子挂脱僧衣》情况没有兩樣，從小孩戴鐵鉗到脱去，發展成爲小孩身上穿戴腳鐐或耳環的風俗，並非徒爲裝飾而已。比如《紅樓夢》描寫寶玉生來口含的護身物，以及王道士等送他“事事如意”“歲歲平安”的吉祥物（第二十九回），或頗富寓意的“因麒麟伏白首雙星”（第三十一回），再有僧人給予寶釵配戴嵌有“不離不棄、芳齡永繼”的金瓔風俗（第八回），並非無根而生，都有其寫作的生活背景。所以這兩組齋會風俗、四篇文字，都是基於保護兒童，用以禳災避禍，能夠平安

〔1〕 參見拙稿《十念文研究》，《敦煌研究》2014 年第 3 期，第 137—141 頁。

〔2〕 參見王三慶《敦煌吐魯番文獻与日本典藏》第三節“敦煌文獻北圖藏本 7677（夜 98）《咒食施一切面然餓鬼飲食水法》研究”、第四節“敦煌應用文書啓請文研究”，第 396—433 頁。

養育、順利成長爲主要目的。尤其醫學猶未昌明的時代，藉著宗教精神與念力所産生的信仰儀式，如今雖已變形演化成各式各樣的民俗，難以看出其本來面目，然而論其風俗來源及意義，皆以本書爲史上初見文獻。〔1〕

四、敦煌齋願文獻與《五杉練若新學備用》下卷《道場齋疏並齋文》的比較

（一）疏體齋文的編次與敦煌文獻齋願文本的對應

最不可思議的是（八）《道場齋疏並齋文》這個總目標題，在内文目中完全不見了，代之而起的是一疏一齋的組合形式。若依内文目，並持與敦煌齋願文加以比較，可分述如下：

1.《爲先考累七道場設齋疏・齋文》

2.《爲先妣齋疏・齋文》

3.《爲亡夫齋疏・齋文》

4.《爲亡妻齋疏・齋文》

5.《爲亡兄弟齋疏・齋文》

6.《爲亡男女已婚媾及已從人者齋疏・齋文》

7.《爲亡孩子齋文・齋文》

8.《遠忌齋疏・齋文》

9.《平安道場齋疏・齋文》

10.《亡妣用・齋文》

11.《還願疏子・齋文》

12.《病僧齋疏・齋文》

13.《爲懷姙疏・齋文》

14.《僧爲本師齋疏・齋文》

15.《尼爲先師姑疏可同前・齋文》

16.《僧尼捨墮念誦文・疏子隨意作》等各種篇目的結構。

以上十六個篇目，如根據筆者所整理之《雜齋文》一本（斯 1441 號背-2、伯 3819 號＋伯 3825 號卷參校）所分的七大類中，其中三部類的篇

---

〔1〕《釋應之〈五杉集〉中兩組特殊的齋會風俗與流變》，《成大中文學報》2017 年第 58 期。

章最爲近似，如：

《禳灾文第三》：(01)《安傘文》、(02)《二月八日文》

《患文第四》：(01)《患文》、(02)《難月文》

《亡文第五》：(01)《亡僧文》、(02)《尼德》、(03)《亡父母文》、(04)《亡妣德》、(05)《亡男》、(06)《亡女》、(07)《臨壙》、(08)《僧尼三周》、(09)《亡考妣三周》、(10)《孩子嘆》、(11)《女孩子》、(12)《賢者》、(13)《優婆夷》等篇目，都有極多的對應。另外，在《齋琬文》十大類中有關《悼亡靈第七》這一類，也幾乎涵蓋了大半。因此我們列表於下，用做參考：

篇次	卷號											類次
	P.2547	P.2940	Φ842V	P.2867RV	P.2991V	P.3772RV	P.3541	P.3535V	P.2178V	P.2104V	新 311V	
嘆亡文	—	—	—	—	1	16	—	—	—	—	—	悼亡靈第七
願文	—	—	—	—	—	—	10	—	—	—	—	同上
入宅	—	—	—	—	—	—	11	—	—	—	—	賽祈贊第九
造幡	—	—	—	—	—	—	12	—	—	—	—	述功德第八
抄經	—	—	—	—	—	—	13	—	—	—	—	同上
造像	—	—	—	—	—	—	14	—	—	—	—	同上
僧患	—	—	—	—	—	—	15	—	—	—	—	悼亡靈第七
法師	—	—	—	—	—	—	16	—	—	—	—	同上
律師	—	—	—	—	—	—	17	—	—	—	—	同上
禪師	—	—	—	—	—	—	18	—	—	—	—	同上
尼師	—	—	—	—	—	—	19	—	—	—	—	同上
帝崩	—	—	—	—	—	17	—	—	—	—	—	同上
太后	37	—	—	—	—	18	—	—	—	—	—	同上
皇后	38	—	—	—	—	19	—	—	—	—	—	同上
皇太子	39	—	—	—	—	20	—	—	—	—	—	同上
妃	40	—	—	—	—	21	—	—	—	—	—	同上
王	41	—	—	—	—	22	—	—	—	—	—	同上
文官：都督	42	—	—	—	—	23	—	—	—	—	—	同上

（續表）

篇 次	卷 號											類 次
	P.2547	P.2940	Φ342V	P.2867RV	P.2991V	P.3772RV	P.3541	P.3535V	P.2178V	P.2104V	新 311V	
刺史	43	—	—	—	—	24	—	—	—	—	—	同上
長史司馬	44	—	—	—	—	25	—	—	—	—	—	同上
判司等	45	—	—	—	—	26	—	—	—	—	—	同上
縣令	46	—	—	—	—	27	—	—	—	—	—	同上
縣丞尉主簿	47	—	—	—	—	28	—	—	—	—	—	同上
武官：將軍	—	—	—	—	—	29	—	—	—	—	—	同上
凡庶考妣兄弟子女等	—	—	—	—	—	30	—	—	—	—	—	同上
考	*	—	—	—	2	31	—	—	—	—	—	同上
兒女幼稚父母俱亡	*	—	—	—	5	32	—	—	—	—	—	同上
妣夫人	—	—	—	—	6	33	—	—	—	—	—	同上
畫像、燃燈、放生	48	—	—	—	7	34	—	—	—	—	—	同上
在道燒香	49	—	—	—	4	—	—	—	—	—	—	同上
臨壙追祠	50	—	—	—	8	—	—	—	—	—	—	同上
爲萝妣起塔	—	—	—	—	9	—	—	—	—	—	—	同上
兄亡	51	—	—	—	10	—	—	—	—	—	—	同上
弟亡	52	—	—	—	11	—	—	—	—	—	—	同上
兄弟通用	53	—	—	—	12	—	—	—	—	—	—	同上
弟	54	—	—	—	13	—	—	—	—	—	—	同上
官庶等妻亡	55	—	—	—	14	—	—	—	—	—	—	同上
老長	—	—	—	—	15	—	—	—	—	—	—	同上
少長	—	—	—	—	16	—	—	—	—	—	—	同上
兒女及孩子並新婦等亡	—	—	—	—	17	—	—	—	—	—	—	同上
兒	*	—	—	—	18	—	—	—	—	—	—	同上
孫子	*	—	—	—	19	—	—	—	—	—	—	同上
無□	56	—	—	—	—	—	—	—	—	—	—	祐諸德第十
放生	57	—	—	—	—	—	—	—	—	—	—	（略）

以上祇是筆者整理之成書範文篇目，另外還有單篇的齋願文可以舉出更多的例子來，我們就不再摘録了，倒是京右街副僧録内殿三教首座光道大師賜紫仁貴編撰的《諸雜齋文》，雖然僅殘存卷下的部分，共三十八個篇目，若論内容，盡是爲王公大臣實際舉行的齋會文字，具有真實表演的歷史意義，如：

1.《〈安化柳僕射疾愈賽願文〉並喜男覲省文　一》

2.《僧尼大德先備香花擬將法門寺供養值兵戈阻隔迴造筵　二》

3.《□□（西山）和尚忌日文　三》

4.《慶州高僧安和尚忌日　四》

5.《道標村賀雨〈賀息兵免禍兼慶影燈文〉　六》

6.《故尚父忌日文　七》

7.《李侍中爲亡男十五郎司空追七　九》

8.《〈慶經並捨墮〉文　十》

9.《易常侍慶功德及鳳翔未解圍遥乞平善　十四》

10.《西隱三藏爲先師中祥　十五》

11.《〈昭武相公遠忌文　十〉　六》

12.《〈希貞〉和尚捨墮　廿一》

13.《西隱三藏慶功德酬願　廿八》

14.《雲陽和尚捨墮文第　廿九》

15.《淨觀大師慶願文　卅五》

以上共有十五篇與本書疏齋篇目互相呼應，上卷篇目若還存在，更可證明兩者齋會互通的現象。由於不想占用太多的篇幅，否則一一比較列舉各書相同篇題的疏齋文字，便可發現處處使用相同的事類用語與典故，説明完全深受中國語言文化傳統的制約與影響，也見證了中國傳統類書編纂的功用在此發揮了實質的作用。

從這些篇目的比較中，可以看出，遠在大西北的敦煌洞窟所存藏的虛擬齋願應用文範本，如《雜齋文》一本、《齋琬文》一卷等，並非完全憑空臆想的寫作，而是有其背景根據與社會需求所編纂的作品，這點從東南一地釋應之爲僧衆所設想而編纂的教育用書《五杉集》可以找到證明。雖然兩地遥相隔絶，聲氣却是互通，並且也存在京右街副僧録内殿三教首座光道大師賜紫仁貴所編撰的《諸雜齋文》文本，它們都是實際參與名人大德法會所撰寫宣讀的文章，如果上卷没有佚失，應該可以找到更多的證據。

（二）疏體齋文的分合問題

考之齋文體制源自上古的禱神祝詞，劉勰《文心雕龍·祝盟》已有説明。[1]歷來這類作品除了少數文人名篇，或涉及國家公衆政事，而被録寫傳世外，其餘都已隨著法會的結束而灰飛煙滅。幸好敦煌寫本存在著大量的齋願文獻，恰好彌補了這一方面的空白，讓我們了解宗教力量的偉大，以及大乘佛教共同擁有的價值。可是分析其内容，每隨人、事、時、地、物而有所變易更迭，其類别與文字也不盡完全相同。然而既已成爲家喻户曉又經常舉辦的活動，爲了供應來自四面八方信徒的不時之需，並獲得恰如其分的實物和襯酬，供給面則不得不想方設法，制訂出一套滿足大家的供需模式，在需求者面前既能表現出具有職業化的熟練手法，取得大衆的信任；同時，又能排除同業間的惡性競爭而共存。也因如此，勿論教學或實作操演上，無不希望以簡馭繁，化繁爲簡，於是諸多齋願文本的編纂分類，以及如斯 2832 號“夫嘆齋分爲段”的“嘆德”“齋意”“道場”“莊嚴”的四段分法，即是這個背景之下的歸納。郝春文又加入“號頭”“號尾”的篇題成爲六個部分。太史文（Stephen F. Teiser）則根據《雜齋文》一本（斯 1441 號背＋斯 5637 號整理）之“患文”分爲“嘆德”“齋意”“患者”“道場”“莊嚴”“願文”“號尾”等七部分，並解析其句式。這些細緻化的分析調整如果從衆多敦煌齋願文獻和傳統的載籍來看，以及衡量日本“真如藏本《玉澤不渴鈔》”“序體願文十番目録”的文例，是可以讀出隨著齋會的類别與規模、齋主的地位、齋襯的多寡，自動調整齋會時間的長短而出現不同的繁簡内容。[2]

衹是根據《五杉集》這部範文體式的排次是先疏後齋文的組合，論其體制有如中卷答、復書的二紙或二幅書函結構，或者再加上短封的形式。有關“疏子”一詞，《釋氏要覽》提到三處，其中一處釋意云：

---

〔1〕 劉勰著、周振甫注：《文心雕龍注釋（附今譯）》，里仁書局，1984 年，第 180 頁。

〔2〕 參見王三慶《敦煌文獻齋願文體的源流與結構》，《成大中文學報》2016 年第 54 期。

疏子：即祝佛之文也，蓋疎（疏）通施主今辰之意也。夫祝辭不敢以小爲大，故修辭者必須確實，則不可夸誕詭妄。自貽伊戚。〔1〕

另一處在卷三說："疏子：白佛辭也，蓋疏通齋意爾。"〔2〕可見疏子是禮佛向佛祝頌說明時下齋意的文字，如果再加上一段莊嚴，就是一篇簡單的疏齋文。《文心雕龍·書記第二十五》對於"疏"文的説明是："疏者，布也。布置物類，撮題近意，故小券短書，號爲疏也。"〔3〕所以原意是疏布陳列物品，題目則取意爲小紙短文，如果套用於齋文，則是展示布置施捨的物品，取題接近齋意的小券短書。六朝以來這類文章雖然不少，然而用於齋會上的疏文，或以"疏子"稱名者並不多見。隋文帝開皇十三年（593）春二月所立的疏文或《國清百録》卷三開皇十七年（597）《發願疏文第六十四》内的篇章都是長篇幅的大論，没有陳列物品，而是接近於《文心雕龍·奏啓第二十三》説的："自漢以來，奏事或稱'上疏'，儒雅繼踵，殊采可觀。"〔4〕縱使貴爲天子的隋文帝，在篤信三世諸佛面前，仍然虚稱臣下以啓奏。因此，還不是真正"疏子"的樣式。另外敦煌文獻另有三篇短疏，恰與釋應之《五杉集》共處同一時段，如伯2697號卷題："清泰二年（935）九月十四日哀子比丘僧紹宗爲亡母齋疏。"斯5855號殘存五行，題作"雍熙三年（986）歲丙戌六月日哀弟子節度都頭陰存禮疏"爲慈父設七七齋供所寫的簡短疏文及伯4622號的三篇疏子，都不是長篇幅。可見十世紀後，從原來齋文中簡化，分出部分内容，作爲向神佛表白讀誦鋪排物件的短疏，如日本"諷誦體願文"的結構。再者，《憨山老人夢游集》卷四十所載篇名，"疏文"一類凡有：造文殊像疏、小福園齋糧疏、旃檀佛疏、南花祖塔疏、曹溪祖庭疏、祖師景堂疏、花嚴接待疏、苦藤嶺茶庵疏、重修普濟寺疏、重建祇園寺疏、湖心亭佛塔疏、重修龍華寺疏、血書華嚴經願

〔1〕道誠集《釋氏要覽》卷一，CBETA（2016），T54，no.2127，p.276b9—14。

〔2〕道誠集《釋氏要覽》卷三，CBETA（2016），T54，no.2127，p.309c22。按此書卷一説明著作體例云："因是讎文以類相從，兼益諸家傳記、書疏節文，分爲二十七篇，析爲三卷，題曰《釋氏要覽》焉。"CBETA（2016），T54，no.2127，p.257c26—28。

〔3〕劉勰著、周振甫注：《文心雕龍注釋（附今譯）》，第486頁。

〔4〕同上書，第439頁。

文、放生文等篇名。傳至後來，如冰雪、如德彙輯所編制的《雅俗通用釋門疏式》（1878），或越南等地佛道二教法會猶存的疏文，顯然齋文逐漸爲疏文所取代殆盡。[1]

（三）疏齋文體的編次與五服制度

本卷齋疏文目缺乏杜友晉或張敖“書儀”之詳細分類如内族、外族、四海朋友、婦人或僧尼等的完整排列，因爲編纂序言已經説過，是以教育子弟實踐法會爲主要目標，是站在僧人的立場爲服務世人的角度來進行編纂的，因此上起於父母，旁及世俗兄弟，下及亡孩子，都包括在内。這不禁讓我們想到中卷的《僧五服圖》的服制，是以僧人一己爲中心，而涉及僧俗兩方的不同，如三年者二十五月、周年者十三月、大功者九月、小功者五月、緦麻者三月、同法門者隨喪。

		授學師隨喪	受業弟子隨喪		
	僧伯叔大功	羯磨師周年	俗兄弟大功	義伯叔小功	
祖父母周年	父母三年	得戒和尚三年	已受業師周年	親上弟子周年	親上法孫大功
	俗伯叔大功	教授師周年	僧兄弟大功	義兄弟歲喪	
		證戒師大功	僧俗姪小功	俗姊妹大功	

以上這幅五服圖樣顯然是爲僧尼之五服而設，非關齋會中俗人之五服世系而編纂，如果我們借用伯 3637 號、伯 3849 號、伯 5035 號、伯 5020 號、伯 3688 號 A、斯 5630 號背、伯 4036 號、伯 2619 號背、貞松堂本等卷號整理而成的“京兆杜友晉《新定書儀鏡》”中的幾個圖表一看，便完全了然：

050800《内族〔服〕圖》：凡三年服，十二月小祥，廿五月大祥，廿七月禫，廿八月〔服〕平裳。凡周年服十三月除，大功九月除，小功五月除，緦麻三月除。[2]

---

〔1〕 王三慶：《敦煌文獻齋願文體的源流與結構》，《成大中文學報》2016 年第 54 期。

〔2〕 050800-01 甲卷“廿五”作“廿十五”，據乙卷删“十”，又脱“服”，據乙卷及下文“外族服圖”補。“緦”甲卷作“細”，據乙卷改。

				高祖緦麻三月				
			曾祖姊緦麻三月	曾祖小功五月	曾祖兄緦麻三月			
		祖堂姊緦麻三月	祖姊小功五月	祖周	祖兄小功五月	祖堂兄緦麻三月		
	從姑緦麻三月	堂姑小功五月	姑《周，出大功》〔1〕	父母三年	伯叔《周，母大功》〔2〕	堂伯叔小功五月	從伯叔緦麻三月	
三從姊妹緦麻三月	再從姊妹小功五月〔3〕	堂姊妹大功九月	姊妹周，出大功	身	兄弟周，妻小功，新入大功	堂兄弟大功九月〔4〕	從兄弟小功五月	三從兄弟緦麻三月
	從姪女緦麻三月	堂姑女小功五月	兄女小功五月	子周	姪周	堂姪小功五月	從姪緦麻三月	
		堂兄孫女緦麻三月	兄孫女小功五月	孫大功九月〔5〕	兄孫小功五月	堂兄孫緦麻三月		
			兄曾孫女緦麻三月	曾孫小功五月	兄曾孫緦麻三月			
				玄孫緦麻三月				

〔1〕 050900-03 甲戌卷作“姑《周，出大功》”，乙卷作“姑《周，出五月》”，於出適部分有差異；據《新唐書》卷二十《禮樂志十・五服之制》載：“爲姑姊妹適人者”“大功”“成人九月正服”“爲人後者爲其姑姊妹適人者”“小功”“成人正服”，據斯 1725 號《唐前期書儀》070102 條：“姑姊妹出適人無喪主者爲服齋衰期；出嫁應九月”“姑姊妹及適人者爲服大功九月報”“出嫁姑姊妹大功九月報”“繼人後者爲本生姑姊妹適人者小功五月”是爲已出適之姑本應服大功九月，然若己身繼人後者則爲本生已出適之姑服小功五月，故甲、乙、戊卷均不誤，僅狀況有別也，今從甲卷。

〔2〕 050900-01 甲卷作“伯叔《小功五月》”，乙、戊卷作“伯叔《周，母大功》”；據《新唐書》卷二十《禮樂志十・五服之制》“爲伯叔父”係“齋衰不杖周”、斯 1725 號《唐前期書儀》070102 條“姪爲伯叔父母齋衰期”，今從乙、戊卷。

〔3〕 050900-02“再從姊妹”，甲卷作“再從姑妹”，據乙、戊卷改。

〔4〕 050900-04“大功九月”，甲卷作“大功五月”，據乙、戊卷、《新唐書》卷二十《禮樂志十・五服之制》及斯 1725《唐前期書儀》070103 條改。

〔5〕 050900-05 甲卷作“小功五月”，乙、戊卷作“大功九月”，《新唐書》卷二十《禮樂志十・五服之制》“爲嫡孫”係“齋衰不杖周”，“爲庶孫”乃“大功九月”；斯 1725 號《唐前期書儀》070102 條有“祖母爲嫡孫服大功，庶孫服則小功”，今從乙、戊卷。

050801《律五服》喪葬令稱三年廿七月，匿徒二年。[1]稱周十三月服，匿徒一年。稱大功九月服，匿杖九十，稱小功五月服，匿杖七十。稱緦麻三月服，匿笞五十。

050901 外族服圖：

	外祖大功九月	
姨小功五月，在室大功九月	妻父母緦麻三月，新入小功五月[2]	舅大功九月[3]
姨子緦麻三月	身妻周	舅子緦麻三月[4]
姑子緦麻三月	外孫緦麻三月	外甥小功五月
	女婿緦麻三月，新入小功五月	

050902〔婦爲〕夫族服圖[5]：

	夫祖大功九月	
夫姑小功五月	夫父母三年	夫伯叔大功九月
夫姊妹小功五月	夫三年	夫兄弟大功九月
夫伯叔母緦麻三月	夫姪小功五月	妯娌小功五月
	夫姪婦緦麻三月	

從杜友晉編纂的這些五服圖表來看，《僧五服圖》基本上是仿效《開元禮》或杜佑《通典》等禮書及唐律令等規範的五服制度來進行編寫，以一己爲中心，旁及血親及法嗣師承的第二層次，但是齋疏文體的篇目則如實呈現民間齋會的規模，幾乎僅及一二等親，有如“婦爲夫族服圖”的範疇關係。

（四）莊嚴文字的功能性

在諸疏齋文之後，莊嚴之前，則有一段説明：

〔1〕 050801-01“徒”乙卷作“流”，甲卷作“徒”，仁井田升《唐令拾遺·喪葬令》未見此，依《唐律疏議》卷二五《詐僞·父母死言餘喪》：“諸父母死應解官，詐言餘喪不解者，徒兩年半。”從甲卷作“徒”。

〔2〕 050901-03“小功五月”，甲卷作“大功五月”，據乙、戊卷改。

〔3〕 050901-01 甲卷作“夫伯叔《九月》”，據乙、戊卷改。

〔4〕 050901-02 乙、戊卷於此多一欄，作“母《小功五月，新入緦麻三月》”，今仍從甲卷。

〔5〕 050902-01 甲卷脱“婦爲”二字，據乙、戊卷補。按以上“京兆杜友晉《新定書儀鏡》”中之圖表文字，乃在筆者主持授意下，由黄亮文博士多年整理而成。

已上疏子齋文，亦非淵奧，蓋欲爾曹使用相稱。大凡小小齋筵，或轉經等但如法，謹楷作一疏子讀了，更拾起疏子中意語再莊嚴，所貴逕省也。今更録通用莊嚴如後。

所謂“莊嚴”即是運用美好的文詞贊嘆其德行，因此這段説明正是告訴弟子們，這裏設想撰述的疏齋文篇具有示範性質，從小小的齋筵以迄較大型的轉經，都可如法炮製，衹要楷寫一道疏子讀了便可。更從疏子當中選出中意的語句莊嚴一番，其他文字也就可以省略了。换句話説，疏齋文字可以重複一些重要的句子或意思，加在莊嚴文句之後，即成齋文。也因可以重複出現，發展到後來疏文運用逐漸加重，彙集齋文内容，使齋文逐漸省略而消失。

再者，有關莊嚴的體制問題，本書中也有一些定制，如從各式標題，凡有“男通用”“女通用”“病通用”“僧通用”“亡通用”“亡僧”“男孩子”“女孩子”“亡孩子”等，所指的都是一般泛泛稱呼。以“女通用”爲例，所用的文句：

青山鑠翠，克隨眉柳之芳；紅杏燒春，更等臉花之麗。
髻鬟雲滿，眉柳春長，年齡永比於貞松，福惠深同於滄海。
桃花二月，常比續於貞姿；松茂三冬，永齋同於節操。
心同貞柏，助福禄於歲寒；眉疊遠山，等壽齡而峭峻。
蓮芳花臉，玉瑩貞心，福如寒竹之不凋，壽若青山而轉翠。

但是對於比較特定的人物或各色階級，則必須具有明確的用語，所以又特别説明：

已上所有齋詞及莊嚴皆爲通用，其如僧俗，員位各别；若以偏同，誠無分别，今逐色人，各述德四句莊嚴。

而且分列了“文官”“武官”“内臣”“刺史”“郎幕”“州官”“縣令”“將軍”“秀才”“百姓”“商賈”“莊居大户”“僧官”“長老”“科名大德”“文章大德”“律師”“禪僧”“寺院主事”“禪院主事”“長行僧”“道士”

“女冠”等各層級的人物德行，給予莊嚴一番，其結構是用“竊以”四句，並加上“伏願”四句，成爲莊嚴的通用形式。

根據敦煌文獻齋願文本考察有關“莊嚴”一詞的運用情況，稍加搜尋，即有九百處以上。其所莊嚴的對象往往都是齋會中的主角多，最常見者如上界的梵釋四王、天龍八部，下界的皇帝、節度使或府主、天公主以及施主或齋主等，下及牛馬禽獸；有的還是活生生的官員人物，或一般平民百姓；有的則是齋會中的亡靈去識，其類别之多，難以詳述，而且分别見存於各篇目中，隨著齋會對象的不同而贊嘆其德，官位愈高，莊嚴文字越加華麗，莊嚴的對象也自然增多。例如《諸雜齋文》是以斯 5639 號＋斯 5640 號爲底本，斯 4711 號爲校本，斯 0530 號、斯 2583 號、斯 5957 號、伯 3172 號、伯 3491 號、伯 3276 號、伯 2857 號、伯 3497 號、伯 4172 號等卷僅是個别文字參校整理而成，而其第四十一篇“女莊嚴”即録有如下四則莊嚴文字：

伏願碧山覺壽，紅樹增春；必期鏤玉之誠，獲展星河之慶。

伏願蓮花點於性海，明月照於心臺；常居翠柳之年，永鎮芙蓉之悵（帳）。

伏願青絲不變，紅粉增春；德齊嵒下之松，壽等月中之桂。

伏願緑眉狀月，長分八字之鮮；玉貌如春，獨占［三］春之色。

這些用語及典故都與傳統語言文化暗相契合，而與《五杉集》的遺詞用字也有幾分近似，比較的内容越多，越能看出傳統文化對印度佛教的融合與制約。此後還有第四十二篇“郎君子”、第四十三篇“女莊嚴”、第四十四篇“武莊嚴”、第四十六篇“亡莊嚴”、第四十七篇“女莊嚴”、第四十八篇“文德嘆”、第四十九篇“武德嘆”、第五十篇“莊嚴尚書”等，盡是莊嚴標題，每題之下有一至二則各式各類的莊嚴文字。再如斯 0343 號爲底本整理的第十三篇“莊嚴僧”，據伯 2058 號整理的第六篇“莊嚴孩子”，都是針對不同對象而設的莊嚴文字。然而在齋文的實際運作中衹有一例。二則莊嚴的文字也不少，甚至如根據伯 2058 號背、伯 3574 號、伯 3058 號整理的第九篇“二月八日逾城（文）”（伯 3566 號、伯 2631 號參校）：

夫能人善權，務濟群品；凡諸妙事，豈勝言哉！

今則伴（初）春如（二）月，律中夾鍾（鐘），暗魂（陰魄）上於一弦，蓂芳（莢）生於八葉。後身逾城之日，前佛拔俗之晨（辰）。左豁星空，爲（右）闕月殿。金容赫弈（奕），猶聚日之影寶山；白豪（毫）光暉，爲滿月之臨滄海。烏芻前引，睚眥而張拳；狻猊後行，奮迅而矯尾。雲舒五彩，雨四花於［四］衢；樂奏八音，謌九功於八胤。

是日也，立（玄）鳥至，鴻鴈翔，翠色入於柳枝，紅蕊含於柰菀。揔斯多善，先用奉資，梵釋四王、龍天八部。惟願威光盛熾，神力無疆，擁護生靈，乂安邦國。

又持勝福，次用莊嚴我當今天城（成）聖主貴位。伏願聖壽延昌，淳風永播，金輪與法輪齊持（轉），佛日將舜日交暉。妖氛肅清，保寧宗社。

又持勝福，次用莊嚴我河西節度使貴位。伏願佐天利物，助聖安人，福將山岳與（以）齊高，受（壽）等海泉如（而）深婉（淵）。

又持勝福，次用莊嚴。伏惟使臣僕射，福同山岳，萬里無危；奉招（詔）安邦，再歸帝釋（室）。

又持勝福，次用莊嚴[1]則我河西都僧統内僧統和尚等貴位。伏願長垂帝擇（澤），爲灌頂之國師；永鎮台階，贊明王之利化。

又持勝福，次用莊嚴都衙已下諸官吏等。伏願金柯蓋（益）茂，玉葉時芳；盤石增勳，維城作鎮。然後天下定，海内清，無聞征戰之明（名），有賴維雄之化。

這篇文字中凡有六種不同的莊嚴對象，甚至如伯 3804 號：（一）“開經文”（參斯 4537 號、伯 2915 號、伯 2807 號、伯 3770 號背、伯 3209 號背等卷）莊嚴文字多達九例，則更爲複雜，今録如下，供作參考：

以此開讚大乘淨名句義難思解脱微妙真經，福廣長空，籌量叵筭，盡將迴施梵釋四王、龍天八部。伏願威光熾盛，神用無方，十地

〔1〕 此段“又持勝福，次用莊嚴”，蓋爲衍文，今據文意删。

果圓，五衰相滅。親承囑授，無倦宣通。酬昔願因，恩加護念。四時順序，八表恒清。法輪常轉於三千，惠澤遐施於百億。即願經聲歷歷，上徹天宫；鐘響零零，下臨地獄。刀山落刃，劍樹摧鋒。爐炭收煙，冰河息浪。針咽餓鬼，永絶虚羸。鱗甲畜生，莫相食噉。惡星變恠，掃出天門；異獸靈禽，潛居地穴；歌謡乾闥，弦管長明（鳴）。鬥諍脩羅，旌旗永折。散支大將，護國護人；歡喜龍王，調風調雨。懷胎難月，母子平安；征客遠行，鄉關早達；獄囚縶閉，枷樸離身；病卧連綿，起居輕利；亡過眷屬，頂拜彌陀；合座長人，恒聞正法。盲者見道，啞者能言，跛復能行，聾者得聽。諸有不完具者，承此法力因緣，願得諸相具足。然後天成地平，河清海晏；五穀豐稔，千箱善盈。官布恩波（被），人知禮節。窮无窮之世界，盡无盡之蒼生。並沐真風，成正覺路。大聲稱念，摩訶般若波羅蜜，一切普誦。

又持殊勝功德，最上福因，奉用莊嚴我當今大唐咸通皇帝。伏願聖壽與天地比堅，慈明共日月齊照。九有被康哉之澤，八方延人壽之鄉。玉燭之美，日著遐方；擊壤之歌，遍聞天下。

又持勝善功德，奉用莊嚴我東宫皇太子。伏願金柯永茂，小海波澄；玉質恒清，嘉聲益潤。龍軒鳳駕，出入九重；寶馬金纓，兩邦尊貴。

又將殊勝功德，次用莊嚴我河西節度使司空開國公。伏願天禄彌厚，福命崇高。常爲大唐之忠臣，永作人輪之舟檝。然後擁旌持節，以淨八方，萬里歸投，攝伏者無二。

又將功德，即用莊嚴我敦煌勑授金紫魚袋刺使明公。伏願佐天利物，助聖安人。福將山岳以齊高，壽與海泉而深遠。

又持勝福，次用莊嚴我入奏鴻臚大卿。伏願形同大地，曆（歷）千載以恒安；福比山河，跨萬靈（齡）而獨出。然後朱門授職，僉對臺階。爲皇帝之固心，迎節而皈者矣！

又持勝福，次用莊嚴我河西都僧統和尚。伏願敷揚政術，鎮遏玄門。色力堅於丘山，惠命逾於賢劫。

又持勝福，次用莊嚴我都僧録和尚。伏願長承帝澤，爲灌頂之國師；永鎮臺階，潛（讚）明王之治化。

又持勝福，次用莊嚴我都僧政和尚。伏願福山永固，道樹恒清；

命天地而恒安，德松筠而莫變。

又持勝福，次用莊嚴我都僧政和尚。伏願長垂闡化，永扇慈風；從教網於迷途，引法橋於苦海。前會後會，不捨深慈；此生他生，恒爲教主。

又持勝福，次用莊嚴禪主和尚。伏願惠山岌立，德水波澄；六度修而覺花榮，鷲池照而心境朗。

又持勝福，次用莊嚴法律闍梨。伏願駕三車而誘物，嚴六度以莊懷。使法［門］无調變之音，釋衆保康成之樂。

又將功德，次用莊嚴又法律闍梨。伏願象山孤秀，定水澄清；禪林茂而覺花敷，戒珠薫而惠珠浪。長輝像香，永曜慈燈。作苦海之舟船，破群迷之癡暗。

又持勝福，次用莊嚴又法律闍梨。惟願覺花頂馥，定水長漪。然智炬於昏衢，照群生之闇室。

又持勝福，次用莊嚴尚書貴子二小郎君。惟願允文允武，惟孝惟忠。公卿將相，不假求而自昇，保壽無窮，常歡色養。

又持勝福，次用莊嚴則我夫人貴位。伏願弘（仙）顔轉茂，桃李馳芳。播柔服於流沙，光母儀於節室。又願名才勝福，隨四序以增高；禄袟班榮，畢千齡而益遠。

可見莊嚴對象的多寡是與齋主的階級、齋會規模的大小以及齋儭的多寡等息息相關。

五、結　論

南唐釋應之撰述的《五杉集》，其三卷内容與敦煌文獻有關的類書、家教、書儀及齋文是如此的呼應，也因如此，筆者從上卷、中卷以迄下卷不斷地進行整理研究，並有兩年的專書寫作計劃，如今即將告一段落。除已經刊登或發表的論文予以重點勾勒出與敦煌文獻關係外，更集中於下卷的分析，並與敦煌文獻兩相比較。首先，就疏體齋文的編次與敦煌文獻齋願文本之間的對應問題，可以看出佛教齋會文本之間，無論西北，還是東南，所編纂的内容都具有世俗化的共同特色。其次，討論疏體齋文之間的分與合，恰好説明敦煌文獻如《齋琬文》一卷、《諸文要集》一卷、《雜齋文》一本、《諸雜齋文》等齋儀本子，或者光道大師在實際法會中撰述的《諸雜齋文》下卷等，幾乎以齋文作爲主體，疏文的出現仍居少數。反觀《五杉集》一書，疏齋二體共列，組合在一個完整的齋會中，先有疏文，後有齋文，有如日本的表白文體。甚至隨著齋文的簡化，或莊嚴文字的隨意拾取，終於導致後期齋文的日漸減少，疏文的寫作隨後增多，這點從《憨山老人夢游集》卷四十所載的諸多“疏文”篇名，即可看出前後的轉變，如德彙輯編制的《雅俗通用釋門疏式》，或越南等地佛道二教齋醮法會中猶存的疏文來看，則齋文已經完全匯入疏文篇中了。

至於疏齋文的編次與五服制度圖樣，因其涉及齋會中服務對象的問題，所以特别拿卷中的《僧五服圖》與杜友晉的《内族〔服〕圖》《律五服》《外族服圖》《〔婦爲〕夫族服圖》等進行比較，説明《僧五服圖》基本上是仿效《開元禮》或杜佑《通典》等禮書及唐律令等規範的五服制度而編寫，從一己爲中心，旁及血親及法嗣師門的第二層次，但是在齋疏文體中所舉例的篇目則如實呈現民間齋會的樣式，幾乎僅及一二等親而止，有如《婦爲夫族服圖》的關係。

最後談到莊嚴文字的功能性問題，專門編輯簡短的莊嚴用語並非始於《五杉集》一書，敦煌仍有諸多文獻從事各種不同階級的莊嚴文字，而且實際應用於文章的莊嚴對象往往都是齋會中的主角居多，最常見者如上界的梵釋四王、天龍八部，下界的皇帝、節度使或府主、天公主以及施主或齋主等，下及牛馬禽獸等；有的還是活生生的官員人物，或一般平民百姓；有的則是齋會中的亡靈去識。其類别之多，難以詳述，而且分别見存於各篇目中，隨著齋會對象而贊嘆其德，官位愈高，莊嚴文字越加華麗，莊嚴的對象也自然增多。將這些莊嚴文字套用，可以是一人，也可多到六人或九人，我們列舉的文章恰好足以説明莊嚴在文章中的套用功能。

也因通過這幾點的比較，可以看出：無論從西北敦煌洞窟存藏的佛教文獻，還是東南一地五代南唐時期釋應之編纂而用於佛門教育子弟的典籍，很多儀式習俗原都已經消失不見了，没想到先後發現的文物中，居然出現共時性的遥感相應，這也説明佛教在空間上的異同與流變，更從《五杉集》印證了敦煌文獻在佛學研究上的重要性。

［附記］

本文宣讀之後，承蒙上海師範大學敦煌學研究所曹淩博士致贈其大作《中古佛教齋會疏文的演變》（2016 年 7 月，武漢大學中國三至九世紀研究所編：《魏晉南北朝隋唐史資料》第 33 期，第 152—176 頁）一文。此文乃綜覽歷來論著之後，對齋疏問題重做更精微細緻之辨，不乏新創論點，值得肯定。其中對拙著亦有不少針砭，在此除給予致謝外，原擬於本文中加入適當的回應。衹是該文涉及問題非一，更非原來篇章所能吸收容納，何况汪娟教授也有回應之意，故衹好另行撰寫專文再作回應，特此説明。

參考文獻：

［1］劉勰著、周振甫注：《文心雕龍注釋（附今譯）》，臺北：里仁書局，1984 年 5 月。

［2］釋應之撰述：《五杉練若新學備用》，駒澤大學藏天順六年壬午歲朝鮮國刊經都監奉教重修本。

［3］釋道誠：《釋氏要覽》，《大正藏》第五十四卷，CBETA（2016），T54，no.2127，p.276b9—14。

［4］王三慶：《敦煌佛教齋願文本研究》，臺北：新文豐出版公司，2009 年 2 月。

［5］王三慶：《從敦煌齋願文獻看佛教與中國民俗的融合》，臺北：新文豐出版公司，2009 年 8 月。

［6］王三慶：《敦煌吐魯番文獻與日本典藏》，臺北：新文豐出版公司，2014 年 9 月。

［7］江田俊雄：《朝鮮佛教史研究》，同書田行會，1977 年。

［8］汪娟：《敦煌禮懺文研究》，臺北：法鼓文化出版社，1998 年。

［9］汪娟：《唐宋古逸佛教懺儀研究》，臺北：文津出版社，2008 年 2 月。

［10］胡適：《胡適全集》，安徽教育出版社，2003 年。

［11］黄征、吴偉校注：《敦煌願文集》，岳麓書社，1995 年。

［12］《成大中文學報》（成功大學中國文學系）2015 年第 48 期。

［13］《成大中文學報》（成功大學中國文學系）2016 年第 54 期。

［14］《印度學佛教學研究》第五十七卷第二號，2009 年。

[15]《桃會論集——小南一郎先生古稀紀念論集》第六集，桃の會發行，2013年10月。

[16]《敦煌研究》2014年第3期（敦煌研究院成立七十周年紀念專號）。

[17]《敦煌寫本研究年報》第十號第一分册，京都大學人文科學研究所中國中世寫本研究班，2016年3月。

[18]《敦煌學》2015年第31期。

[19]《敦煌學輯刊》2012年第4期。

《佛教文獻研究》第三輯
2019年，137—154頁

早期佛教儀式文本彙編
——敦煌遺書斯4494號咒文研究

［丹麥］索倫森（Henrik H.Sørensen）

内容摘要： 本文就早期佛教儀式文本——敦煌遺書斯4494號寫卷進行討論，該寫卷以咒文爲其主要内容。通過考察此文書的編纂方式，可以了解其並非依照某種既定次序編排，其中正文以隨機方式呈現。辨明其中出現的每一段咒文，以期更全面細緻地體認運用這些咒文的儀式實踐，希望能理解其儀式背景及相關特殊用途。梳理和研究這一特殊儀式文本之編纂，其意義不僅在於引人入勝的内容本身，也有助於了解與之相關的遥遠年代。

關鍵詞： 儀式文本；敦煌遺書；咒文

作者單位： 丹麥哥本哈根佛教研究會

本文就早期佛教儀式文本——敦煌遺書斯4494號寫卷進行討論，該寫卷以咒文[1]爲其主要内容。原卷有殘損，缺失卷首，也没有題記。很顯然，這份寫卷是迄今發現的同類文本中最古老的文本之一。儘管它看起來像是個人編纂之作（由於個人原因和用途而編寫），却囊括了大量可以説是佛教主流思想的材料。

正如當前所見，通過考察此文書的編纂方式，可以了解其並非依照某種既定次序編排，其中正文以隨機方式呈現。當然，《妙法蓮華經》則爲例外，其咒文在此文書中的出現次序同《妙法蓮華經》中的次序。

---

〔1〕 方廣錩已對此寫卷做過初步探討，並將此作爲其論文《試論佛教發展中的“文化匯流”——從〈劉師禮文〉談起》中的部分内容。方先生提供了一份關於此文書内容的暫定列表，但未就其中單個文本做討論。參見《試論佛教發展中的“文化匯流”——從〈劉師禮文〉談起》，樓宇烈編、林佩瑩譯，Leiden：Brill，2013，pp.288—304（esp. pp.289—290）。

當前背景下，梳理和研究這一特殊儀式文本之編纂，其意義不僅在於引人入勝的内容本身，並且也有助於了解與之相關的遥遠年代。十七篇與儀式相關的文本中有多達十二篇涉及咒文。這些内容證實了在6世紀中葉，咒文在佛教儀式實踐中的重要性。從某種意義上來説，可將斯4494號當作一個參照依據，一份全新、幾乎未受改動的原始材料，以探究當時中國佛教咒文的重要意義。至於這一文本的代表性究竟達到何種程度，則有賴於學者們進一步發現與之類型和年代相近的材料並加以比較。當然，這將會是一項極爲艱深的工作。即便如此，筆者相信該文本爲我們提供了一種考察唐代以前中國佛教儀式實踐中咒文選用情況的獨特視角。

本文將對斯4494號中保存的咒文進行集中討論，嘗試盡可能精準地辨明其中出現的每一段咒文，以期更全面細緻地體認運用這些咒文的儀式實踐，之後則會更爲詳細地分條論述咒文，希望能理解其儀式背景及相關特殊用途。

一、斯4494號文本的主要内容

斯4494號寫卷由不同的儀式文本構成，其中部分實則與持咒本身或傳統理解下的密宗佛教不甚相關，而這是6世紀中葉[1]佛教實踐的主流。據記載該文本成書於西魏大統十一年（545）五月二十九日。此外，還留有“平南寺[2]道養[3]許”的字樣。其内容如下：

方廣經典懺悔文[4]

請觀音咒

除疫毒陀羅尼咒

〔1〕這類咒文同其實踐大體並非這一時期之前的主流佛教儀式之做法，而衹是偶爾爲之。當然這種假設有被推翻的可能，筆者姑且持如下觀點：中國佛教對經咒的更廣泛運用開端於六世紀中葉，之後主要由專業人員（僧侶）在較封閉的小團體内運用。

〔2〕未證實。

〔3〕未證實。

〔4〕此懺悔文仰請七佛，即登（燈）王佛、寶王佛、寶勝（生）佛、多寶佛、阿彌陀佛、毗婆尸佛、釋迦牟尼佛及十方三世常住諸佛、經方等正典陀羅尼諸大菩薩，文殊師利、虚空觀菩薩、藥王菩薩等。念誦上述名號後，跪拜並祈求加持以求證得阿耨多羅三藐三菩提心。上述七大佛的組合顯然非正統，却也並非用以代表過去正統的七佛，儘管後者中的兩位的確在前者中出現。通過進一步研究可發現，這一完整序列出自《大方廣十輪經》第四品，並由其釋義而來，該經譯者未明。參見CBETA（2016），T13，no.0410，pp.690b—696b，該經不含咒文。

除睡眠陀羅尼
觀世音菩薩陀羅尼
咒眼陀羅尼
咒水洗眼陀羅尼
法華咒
藥王菩薩咒〔1〕
勇施菩薩咒〔2〕
毗沙門天王咒〔3〕
持國天王咒〔4〕
十羅刹女咒〔5〕
普賢菩薩咒〔6〕
[不淨的類型]
八不淨〔7〕
十不淨
二十六不淨〔8〕
十四音〔9〕
劉師禮文〔10〕

---

〔1〕參見CBETA（2016），T9，no.0262，p.58b。

〔2〕參見CBETA（2016），T9，no.0262，p.58c。

〔3〕參見CBETA（2016），T9，no.0262，p.59a。

〔4〕同上。

〔5〕同上。

〔6〕參見CBETA（2016），T9. no.0262，p.61b。後來版本參見CBETA（2016），T18. no. 0901，p.840a。

〔7〕八不淨羅列了一序列合乎體統、僧侶不得從事的八件事，可在律藏中找到與其相關的正式戒律。參見《佛光大辭典》卷一，佛光出版社，1988年，第276—277頁。

〔8〕此條目似乎不屬正統戒律範疇，但仍與律藏所述相符。

〔9〕此種被認作是之於漢譯抄本的十四種梵音念法，下文將詳述之。據稱發源於域外僧侶竺法護（385—433），他出生於克孜爾（現新疆西部）這一佛教重鎮。更多信息請參見FDC，Vol.7，p.6234a—c。

〔10〕據傳爲著名僧人劉薩訶所著。敦煌遺書中發現已有數個不同版本。劉師禮文爲信衆提供了於特定時日受持齋戒的儀式行爲指南，文末附帶一篇介紹其起源和修習所受益處的短文。方先生之前已著有論文《試論佛教發展中的“文化匯流”——從〈劉師禮文〉談起》。另有關於懺悔及冥想的研究，詳見Eric M.Greene，“Meditation，Repentance，and Visionary Experience in Early Medieval Chinese Buddhism”，PhD. Dissertation，University of California，Berkeley，2012，pp.259—299。

受八關齋文[1]

施食咒願文

除却以上所列，另有七份文書包含與咒文相關的材料或由其構成。這一發現使我們得以理解持咒法及其運用情境的觀念世界在當時不僅僅涉入中國的佛教儀式，而且實則相當程度上主導了後者的話語（當然這也取决於我們的寫卷在多大程度上可以被斷代爲南北朝晚期）。此外，由以上所列可發現如下兩點：首先，當人們著眼於持咒法時，觀音信仰體系可以作爲主要的傳承模式之一加以討論。同時，《妙法蓮華經》中的《陀羅尼品》也是當時持咒法的主要來源，另有其他大致同一時期的原始材料可證明之，下文將詳述。其次，將咒文剥離上下文以盡可能正確究其字義的傾向也開始出現。如此一來，咒文就如同被賦予新生而産生迥然不同的經文及相應語境。

二、斯 4494 號咒文評析

以下對於斯 4494 號保存的咒文文本進行討論，以期了解它們如何被運用以及發源於何處。這不僅讓人們有機會了解這些咒文的構思進路，也有助於理解它們是緣何被認爲是行之有效的，以及其具體的運用方法。

請觀音咒。其顯然源自體現觀音信仰[2]的主要咒文之一《請觀音經》[3]。

除疫毒陀羅尼咒。此咒真僞存疑，可能並非是真正以梵音標注的梵文咒文，而極有可能出自中國人之手。此咒包含兩種不同且各自獨立部分，都以稱念三寶爲其特徵。在其他佛教經典中未發現有相似内容。

除睡眠陀羅尼。大乘佛教典籍《大方等大集經》中提及此陀羅尼，並

---

〔1〕 此文始於對儀式過程的介紹，其中包括皈依三寶、懺悔、祈請十方佛及清淨身、口、意三業等。關於敦煌文獻中唐代受八關齋的詳盡研究，請參見湛如著《敦煌佛教律儀制度研究》，第 119—132 頁。此研究采用若干寫卷中出現的數據，並將之以現代化、經校訂的修訂形式呈現，爲之後研究打下堅實基礎。參見伯 2668 號、伯 2849 號、斯 4438 號。

〔2〕 參見 CBETA（2016），T20，no.1043。竺難提（Nandi）於 419 年所譯。參見 CBETA（2016），T55，no.2154. p.509。

〔3〕 參見 CBETA（2016），T20，no.1043. p.35a（略有修訂）。

將之與虚空藏菩薩相關聯。然而如下所列，該咒文本身並未在經文中出現。[1]其附文如下：

此神咒大禁葷辛酒肉躭[2]色一切惡事惡鄣不得誦之一日六時誦一誦三遍。

這種種禁止頗有趣味，不僅是其内容，也在於其所在的語境。换言之，它隱晦地宣稱佛法修行者衹要是未在持此咒期間，亦即儀式期間，就可不受以上戒律約束，這點與我們所了解的其他儀式實踐的情況是相吻合的。這些實踐都受到嚴格的規訓，而此類規訓衹在進行集中實踐，例如暫别塵世，過隱居生活之時適用。這意味著這類儀式最初並非是由受戒僧侣而是在俗專家主持的，因爲若戒律由受戒僧侣授予，則這些戒律的有效性就不證自明、順理成章並不言而喻了。

這類抵禦“睡意”這一禪修障礙的咒文在中古中國佛教素材中非常普遍，它們出現於各種語境中，其中也爲敦煌的僧伽團體所運用。[3]

觀世音菩薩陀羅尼。此咒十分有趣，但也存在一些紕漏。首先，其標注梵文發音的方式非同尋常，並且有幾處文字看起來存在錯誤或者不完整。若試圖辨認並閲讀，則會産生如下效果：

南無佛陀耶，南無達摩耶，南無僧伽耶，南無阿利耶，波盧拐知，尸婆囉耶，菩提薩埵耶，摩訶薩埵耶，摩訶薩耶[4]佉羅婆帝[5]，伽婆帝，伬訶婆帝，伽婆帝薩呵。[6]

---

〔1〕 參見CBETA（2016），T13，no.0397，p.264b。有趣的是，在《陀羅尼雜集》中可以發現一段相似的咒文，其中有一些文字有所變化。其附文主要提及該咒加持結在身上的保護繩的功用。參見CBETA（2016），T21. no.1336，p.587c。此咒極可能源於《七佛八菩薩所説大陀羅尼神咒經》，即CBETA（2016），T21，no.1332。

〔2〕 “躭”爲“耽”之替代字。

〔3〕 參見坐禪除睡咒，《大日本續藏經》66，1298，pp.720a—758a及伯3777號、斯3558號、斯2669號。

〔4〕 此處未明，可能存在抄寫錯誤，但無大差。

〔5〕 “無所不能者”。

〔6〕 相近咒文參見斯4494號。

持咒者正式祈請三寶之後，繼而稱念觀世音菩薩及其一系列名號，而這實際上是在其他佛教咒語中也存在的常規形式。不過，幾乎可以確定斯4494號中的該咒是有誤的，其中祇有部分文字可供理解並正確地音譯了梵語。將此咒文與《陀羅尼雜集》[1]中的另一篇《佛説旋塔陀羅尼》[2]比較，可以進一步證明以上觀點。第二段咒文其實也與本抄本中的相應内容相同（僅存在微小變化），但不巧的是它並非以儀式程式爲其特徵（詳見附録1）。儘管這個版本的咒文明顯是年代更早的校定本，却非完全正確。例如在祈請“三寶”時，僧寶，即“南無僧伽”這部分缺失，而這比起我們當前所依據的文本却更接近梵文原始文本。應指出的是，這兩個版本的咒文出現的時間間隔相當短，也許不足二十五年。

斯4494號開頭寥寥數語簡要闡明了面對觀世音菩薩（像）時唱念其咒一千兩百遍之靈驗效果。儘管這樣一個數字略顯怪異，但此儀式程式其餘部分則中規中矩。

咒眼陀羅尼[3]。這段咒文的音譯高度還原了原文本中的梵音，除了一位用漢文稱念爲“惡麋”的佛。筆者懷疑此應爲“阿彌陀佛”西方極樂世界之佛的古體，即惡麋等同於阿彌。若此種解釋正確，則此咒大致念作：

> 南無惡麋陀，陀伽地，南無拂破呵，莎呵。[4]

實際上，祈求阿彌陀佛之加持是否確實能夠賦予或增强一個人的眼力還有待商榷。按照邏輯，在淨土信仰與增强眼力之間似乎並無關聯，然而邏輯在持咒層面基本不被采納，那麼我們就必須承認對於這一領域的佛教

---

〔1〕參見CBETA（2016），T21，no.1336。此集編纂於梁（502—552）早期，據一些學者的觀點，其内容可能於此之後被重新校訂過。基於這份材料尚有許多問題有待考察，將來的研究會給這一日本大正時期流傳下來的重要咒文典籍以相應學術地位。有用的研究參見落合俊典（Ochiai Toshinori），“‘Tarani zōshū’ tokoro no kyōten nitsuite（關於《陀羅尼雜集》中的一些經文）”，*Kokusai bukkyōdaigakuendaikyōkenkyūkiyō* 6（2003），pp.59—86。

〔2〕參見CBETA（2016），T21，no.1336，p.618c。

〔3〕此類咒文之於消災除病類情境比較常見，更多案例參見《出三藏記集》，CBETA（2016），T55，no.2145，p.31c。

〔4〕南無惡麋陀陀伽地南無拂破呵莎呵。在《咒眼陀羅尼》之外，筆者未能在别處找到這段咒文或與其相近的咒文。

持咒而言，各種可能性都會存在。

咒水洗眼陀羅尼。此咒在加持於水並以之洗眼時運用，但不巧無額外與之相關的資訊或討論。

法華咒[1]。《妙法蓮華經》鳩摩羅什譯本無疑是中國佛教史上最重要且起到引領潮流作用的經典之一。本寫卷中，彙編自《妙法蓮華經》的咒文構成了祈願文的大部分，因此《妙法蓮華經》在中國佛教中的重要地位也就更加凸顯出來。除却最後的“普賢菩薩咒”，所有咒文都抄自《妙法蓮華經》第二十六品，此品致力於勸持陀羅尼。内容如下：

藥王菩薩咒[2]。作爲《妙法蓮華經》中主要人物之一，藥王是一位菩薩，在許多經文中都是中心人物。

勇施菩薩咒[3]。

毗沙門天王咒[4]。

持國天王咒[5]。四大天王[6]中除多聞天王外的另一天王“持國天王”的咒文。這段咒文主要由諸如旃陀梨、摩登耆等十羅刹女的羅列構成，這一點具有十分重要的意義。十羅刹女爲何會與持國天王相聯繫原因未明，但相信每一位天王身邊都有靈魂與惡魔相伴左右。所以在這部經典中，持國天王之名號則容易與這些羅刹女聯繫起來。

十羅刹女咒[7]。此咒十分單一，正如上文所列或在别處所見，祇是由她們的名號組成，即十羅刹女。這類包含羅刹的咒文反映了佛教面對可知覺的邪惡力量時，表現出一種很大程度上的矛盾態度。對此類現象可作雙重理解，即持咒一方面是爲了降魔，另一方面則意欲度化之。因而持咒演變爲一種控制層面的修煉，借由鑒别善惡，進而度惡爲善。當然此咒還

---

〔1〕 6—7世紀，中國佛教修行者中盛行將經典中出現的咒文編列清單，這一現象在敦煌遺書中也有發現，例如斯5434號，這一小册文本以《金光明最勝王經》中經校勘的咒文爲内容，包括那些據稱是四大天王口授的咒語。

〔2〕 參見CBETA（2016），T9，no.0262，p.58b。

〔3〕 參見CBETA（2016），T9，no.0262，p.58c。

〔4〕 參見CBETA（2016），T9，no.0262，p.59a。

〔5〕 同上。

〔6〕 某種程度上，《妙法蓮華經》僅包含四大天王中的兩位天王的咒文，這是不合邏輯的，但事實正是這樣，爲什麼會如此我們不得而知。但是，這一品最初可能更長，因此可能還包含另兩位未提及的天王和其他護持者的咒文。以上僅僅是推測。

〔7〕 參見CBETA（2016），T9，no.0262，p.59a。

是更强調魔女等女性惡靈的危險。

普賢菩薩咒〔1〕。此咒出現於《妙法蓮華經》最後第二十八品。與上述咒文相同，該咒被用作召喚超自然力以求對持咒者的加持。除了這一功能，該品未就教義或儀式方面對咒文做出解釋〔2〕，此咒突然盛極一時又似乎没有出處。或許在大乘佛教發展、《妙法蓮華經》寫成的這一時期，一部嚴格意義上的經典必須含有至少一段或一系列咒文，甚至像這個例子一樣整個一品。事實上許多情況下咒文幾乎與叙事或教義闡釋不甚相關。若要理解此類篇章，可以將其看作是某種超自然神聖力量的載體，一種對經文之神聖性的神秘提煉。

無論如何，在像《妙法蓮華經》之類的佛經中，咒文的呈現與經文的主要教理大意或描述不甚相關，而這種呈現一定達到了某種功能上的目的。或許它們僅僅是作爲華美的附文而被構想出來，而《妙法蓮華經》中的所有咒文都屬於保護加持的性質，以防止不祥之事降臨供養或演説該經典者。

在斯 4494 號的案例當中，匿名編纂者將《妙法蓮華經》中的所有咒文都彙編於其中，因此這部體現中國唐前時期佛教持咒傳統之形成與發展的著作其地位得到很大提升。

施食咒和施食祈願文相關材料（施食予餓鬼的咒文或誓言）。有意思的是，該文本一部分是《維摩詰經》第八品〔3〕的摘録，另一部分則是對前者的釋義。此外，該文書的這部分不含咒文，但仍可以通過識别咒文出現過的語境來推斷，咒文最有可能在後期盛行的餓鬼施食儀式中被采用。此文本實則意指一種稱爲“甘露法”的修行實踐，在這一被稱作“餤口”的儀式中，人們將佳餚與甘露施予餓鬼。該文本是最早爲人知的此類儀式文本之一，並證實了佛教徒對已故親人及先祖的超度儀式確實存

〔1〕 參見 CBETA（2016），T9，no.0262，p.61b。之後版本參見 CBETA（2016），T18，no.0901，p.840a。

〔2〕 筆者已在别處討論過關於咒文補篇與咒文章節的問題。在許多重要的大乘佛教經典中可以發現，這兩者通常是在一篇特定經文寫成後纔被創作出來的。這點恰恰標志著，咒文作爲重要法力施展工具，其地位連同笈多王朝前半期在佛教儀式實踐中的法術相關信仰也不斷得到鞏固。參見 Henrik H.Sørensen，“Spells and Magical Practices as Reflected in the Early Chinese Buddhist Sources（c. 300—600 CE）and their Implications for the Rise and Development of Esoteric Buddhism”，in *Esoteric Buddhism：Tibetan and Chinese Forms*，ed. Meir Shahar and Yael Bentor（forthcoming 2016）（Kindly Correct To：Leiden：Brill，2017，pp.41—71）。

〔3〕 參見 CBETA（2016），T14，no.0475，p.449b。

在。[1]此外，鑒於發現收録此文的手稿早於唐代半個世紀，可以證明該儀式其實在此更早之前就已爲信衆所施行。依照傳統，梁武帝（502—549）應作爲施食儀式的官方主持者，這一點耐人尋味。餓鬼施食儀式最終演變爲中國佛教密宗中不斷出現的儀式之一，敦煌遺書中存在大量證據。[2]

三、斯 4494 號中咒文的謄寫與音韻問題

當涉及斯 4494 號寫卷中咒文的音譯問題時，就會有人指出，這些咒文的翻譯並非遵循早於南北朝出現的任何咒文翻譯範式。這一點尚不能解釋，但可以承認的是，這些翻譯的體系也許比起那些人們基於發行流通的佛教文本想象出來的要豐富得多。[3]

對於諸如謄寫與音韻之問題的討論，需要我們留意斯 4494 號寫卷中的一份名爲《十四音》的文本[4]，雖然以此命名的文本並非咒文，而是抄録下來的一份梵文四十六字字母表（實爲四十五字，一字佚），即 *Varṇamālā*（梵文字母表，本意 garland of letters，字母花環[5]），這一字母表的存在有迹象表明，佛教徒運用它的方式與陀羅尼相同。[6]《十四音》涉及十四個主要音韻範疇，*Varṇamālā* 依據該範疇分門別類。在本寫卷中發現的版本可以肯定是基於曇無讖於 292 年翻譯《大般涅槃經》[7] 的體系所譯，該經在漢文典籍中最早且最全面地采用了 *Varṇamālā*。這一點之所以很明確，是因爲發現兩者幾近相同，衹存在一兩處單字的變化。鑒於斯 4494

〔1〕深入研究請參見 Stephen F.Teiser，*The Ghost Festival in Medieval China*，Princeton，New Jersey：Princeton University Press，1988。

〔2〕關於施食傳統之發展與其主要寫卷的陳述，參見 Charles D. Orzech，"Esoteric Buddhism and the *Shishi* in China"，in *The Esoteric Buddhist Tradition*，ed. Henrik H.Sørensen，*SBS Monographs* II，Copenhagen：SBS Publications，1993，pp.51—72。

〔3〕基於漢文佛教資料，南北朝經咒翻譯思潮至少産生了七種主要的翻譯體系。其中一些的形式一定程度上相似，另一些則個人色彩更爲濃郁、獨特。主體還是出自那些被認爲是諸如求那跋陀羅、鳩摩羅什、帛尸梨密多羅所譯版本，其中提及的是一些更爲著名的人物。

〔4〕感謝王邦維先生提及此事，使得本人能夠更加深入細緻研究該問題。

〔5〕即華嚴字母之意，但爲與後來的華嚴字母區别，暫且不作翻譯。

〔6〕參見 Bill M.Mak，"Magical Alphabet in the Indian and Chinese Minds：From the Garland of Letters to Master Pu'an's Siddham Mantra"，in *Brahman and Dao：Comparative Studies of Indian and Chinese Philosophy and Religion*，eds. Ithamar Theodor and Zhihua Yao，Maryland：Lexington Books，2014，p.226，n27。

〔7〕參見 CBETA（2016），T12，no.0374，pp.413a—414a。

號的歷史較早，其中包含的 *Varṇamālā* 極有可能是有記載的漢文當中最早出現的，這點令人振奮。

在《大般涅槃經》的 *Varṇamālā* 中有一點值得特别注意——梵音字母表中的每一個字母都被賦予了救世方面的意義。這無疑是强調並增加了宗教性，進而使其作爲儀式文本更具有吸引力。由於斯 4494 號不含任何釋義或評論，我們無法確定該文本中的《十四音》是否亦將其作爲收録之目的。不過基於此乃儀式文本，筆者試圖謹慎地表達如下觀點：上述提及的方式也是可以用考察本寫卷中出現《十四音》的進路，而可能據《大般涅槃經》的闡釋，通過唱誦字母表，修行者下意識地祈求字母中那救世普度力量的加持，因爲在某種程度上，字母表唱誦聽起來接近於陀羅尼或咒語的唱誦，由此這些字母變爲法力的凝練，想必信仰字母具有某種精神性與後來崛起的在密教中以文字呈現神明的“悉曇種子字”，兩者之間有某種歷史關聯性。《十四音》内容如下：

A 噁 ā 阿 i 億 ī 伊 u 郁 ū 優 ṛ 哩 ṝ 野 o 烏 au 炮 aṃ 庵 aḥ 阿 ka 伽 kha 佉 ga 伽 gha 哐 ṅa 俄 ca 遮 cha 車 ja 闍 jha 鍚[1] ña 若[2] ṭa 吒 ṭha 咃[3] ḍa 茶 ḍha 袒/祖 ṇa 拏 ta 多 tha 他 da 陀 dha 殫[4] na 那 ba 波 pa 頗 pha 婆 bha 洮 ma 摩 ya 蛇 ra 囉 la 羅 va 咊[5] śa 奢 ṣa 沙 sa 娑 ha 呵

此文本將梵音字母表分解成十四部分，組成十四音部（見附録 2），如此一來，漢文文本便可與字母表中的音韻結構保持一致。

四、南北朝晚期佛教儀式文本中的咒文語境

當前研究已經證明，南北朝後半期有一群特殊的修行者，他們主要是僧侣，這些人被信徒認爲是借由念咒將法力付諸實踐的人。術士中當然包括

〔1〕 此處爲膳。參見 CBETA（2016），T12，no.0374，p.413c。
〔2〕 此處爲喏。參見 CBETA（2016），T12，no.0374，p.413c。
〔3〕 此處爲侘。參見 CBETA（2016），T12，no.0374，p.413c。
〔4〕 此處爲彈。參見 CBETA（2016），T12，no.0374，p.413c。
〔5〕 此處爲和。參見 CBETA（2016），T12，no.0374，p.414a。

許多印度及西域的僧侣，例如著名的佛圖澄〔1〕（4 世紀上半葉）、帛尸梨蜜多羅〔2〕（4 世紀）、鳩摩羅什〔3〕（344—413）、曇無讖〔4〕（5 世紀早期）等人。〔5〕此外，自該時期興起的大量經書（不論真僞），包括重要的《大方等大集經》〔6〕《大般涅槃經》〔7〕《金光明經》〔8〕《陀羅尼集經》〔9〕中部分文本以及《七佛八菩薩所説大陀羅尼神咒經》〔10〕等，都囊括了“咒師”的類别。著名的《灌頂拔除過罪生死得度經》〔11〕（以下簡稱《灌頂經》）中有明確表示其咒文潛在的修持者大多爲僧侣。〔12〕甚至重要的佛教經典如《陀羅尼雜集》〔13〕和《法苑珠林》〔14〕者亦采用“咒師”一詞來指稱在各種意義上的這一類形的佛法修習者（施行“咒術”〔15〕之人）。此外，術語“持咒者”於 7 世紀被普遍采用。〔16〕

柯嘉豪（John Kieschnick）曾對中古前期的僧侣傳記做過廣泛透徹的研究。他認爲直到 6 世紀早期，中國的持咒者還主要是外國僧侣。筆者對這一較晚的時間節點持保留態度，因爲另有源自文字材料之外，關於僧侣傳記及其他故事的證據可供作進一步討論。首先，《出三藏記集》這部柯嘉豪本人援引過的經録，其中大量的咒文相關文本似乎爲人們提供了一個

〔1〕關於此僧的簡要討論請參見 Kenneth Ch'en, *Buddhism in China: A Historical Survey*, Princeton: Princeton University Press, 1964, pp.79—80。

〔2〕參見 CBETA（2016），T55，no.2154. p.503a。

〔3〕關於鳩摩羅什的咒師身份，請參見 CBETA（2016），T55，no.2154，p.102b。

〔4〕參見 CBETA（2016），T55. no.2149，pp.255c—320a。亦可參見 Ch'en, *Buddhism in China*, pp.88—89。

〔5〕關於對中國佛教史上這一發展的概述，請參見吕建福《中國密教史》（修訂擴增版），中國社會科學出版社，2011 年，pp.143—188。

〔6〕參見 CBETA（2016），T13，no.0397，p.248a。

〔7〕參見 CBETA（2016），T12，no.0375，p.834a。

〔8〕參見 CBETA（2016），T16，no.0665，p.435b。

〔9〕參見 CBETA（2016），T18，no.0901。

〔10〕參見 CBETA（2016），T21，no.1332，p.553a、p.558 等。

〔11〕參見 CBETA（2016），T21，no.1331。

〔12〕參見 CBETA（2016），T21，no.1331. p.501a、p.501b、p.516c 等。

〔13〕參見 CBETA（2016），T21，no.1336，p.603a. 這也許是漢文佛教文書中最早出現該詞的典籍。

〔14〕參見 CBETA（2016），T53，no.2122，p.477a 等。

〔15〕作爲儀式專家的一類，咒師不僅存在於佛教中，也存在於道教中。在其醫學典籍《千金翼方》中就提及一類治癒法術，稱之爲“禁邪病”的持咒法門。由於這部典籍成書於初唐，其中許多材料看似源於隋或更早時期。

〔16〕參見 CBETA（2016），T39，no.1802，p.1011a。

考察梵音標注咒文的不同視角，而此類注音咒文是一個外國咒師幾乎不依賴的。換言之，這些咒文是出自本土咒師的手筆。其次，各種經文和次要材料連同部分出現於 4 世紀中葉的漢文經咒合集中，其呈現的咒文翻譯與柯嘉豪所言大相徑庭。柯嘉豪甚至也提到，直至 3 世紀末期，中國人纔接觸到以經咒爲核心的佛教文本〔1〕，這一説法比較穩妥。

若這種説法正確，那麽爲何還有足夠理由相信中國佛教彼時未吸收經咒要素及其修持和運用方式呢？是否存在這樣的可能，即柯嘉豪的觀點是由於其對材料的解讀稍顯偏頗。鑒於此，筆者認爲用以確定直到 6 世紀早期中國的持咒者主要爲域外僧侣〔2〕這一觀點的理由並不充分。彼時中國人已接觸咒文及相關材料逾兩個世紀了，有充足的時間去適應如何運用。另外，也不應忽視持咒及持咒相關法門在南北朝早期至中期已是道教修行的一部分，若要説這對當時通行的佛教修行没有影響，也不太可能。柯嘉豪又就《梁高僧傳》〔3〕評論道：其中提及的咒文是“普遍通用的”，且“未顯示出有人刻意將其抄録下來的迹象”〔4〕。筆者對此不能苟同。誠然，傳記故事無需同咒文在類型學上的劃分相吻合，若《梁高僧傳》確實將其抄録下來則更顯怪異。總體而言，這種嘗試實屬佛教文學的一種與衆不同的形式。柯嘉豪還宣稱區分了咒文與陀羅尼，稱後者是“一種特殊類型的咒文”〔5〕。但這種區分顯得多餘，因爲咒文和陀羅尼之於中國佛教語境而言是兩種必不可少的形式，僅有的不同則是前者是漢文而後者是梵文。因此漢譯將二者體現於一個題目當中（即“陀羅尼神咒”）稍顯有趣。簡而言之，這是一個雙重效果的例子。

至南北朝中期，儘管僧侣們也許還未完全理解那些由梵文字詞及名號構成的咒文的美感，但中國僧人（包括比丘尼）已經參與了與持咒相關的實踐。著名佛教解經學家者道生（360—434）所著《妙法蓮華經疏》〔6〕

---

〔1〕參見 John Kieschnick, *The Eminent Monk: Buddhist Ideals in Medieval Chinese Hagiography*, SEAB 10, Honolulu: University of Hawaii Press, 1997, pp. 82-96 (cf. esp. pp.86-87)。

〔2〕參見 Kieschnick, *The Eminent Monk*, p.83。

〔3〕參見 CBETA (2016), T50, 2059。

〔4〕參見 Kieschnick, *The Eminent Monk*, p.86。

〔5〕*Ibid.*, p.88.

〔6〕ZZ 577.27.

中就提及咒文爲中國佛教修行者所采用的有力證據。雖然其僅僅關注於《妙法蓮華經》中的一系列咒文，作者的注釋爲我們提供了額外的信息，使我們得以知曉400年左右的中國修行者是如何理解並采用這些咒文的。[1]

回頭看斯4494號，其目次清楚地顯示此乃一部佛教僧（尼）私人的儀式文本，也許屬於道養。因其名出現於文末，其中概述的格式與儀式相關的輔助實踐看似進一步肯定了上述推測。但很明顯道養不僅僅是持咒的行家（可根據其選擇抄録的咒文的品質來推測），也一定程度上掌握了梵音字母相關知識。總體而言，編纂此文本的目的是爲了使其可在中國佛教語境中得以運用，這一點是可以確定的。

最後還應提及，收録於漢文大藏經、時期稍晚的《種種雜咒經》[2]中也存在類似案例。此經據傳爲成都（益州）龍淵寺闍那崛多於北周（557—581）時期所譯，儘管其内容與斯4494號並非完全相同，但在類型上足夠相似，需要引起學界關注。頗有意思的是，在《妙法蓮華經》中也發現相同的咒文被收録其中。[3]儘管《種種雜咒經》據説是一部譯作（這當然有爭論），但無論從哪一方面看，它也是基於類似斯4494號的種種資料的個人彙編之作，雖然它衹涉及咒文。

五、結　論

通過考察斯4494號中的咒文材料，我們是否已經處於一個能夠理解更加正統的密宗佛教及其實踐的階段？若答案是肯定的，那麼這一過程又是怎樣的呢？儘管與持咒相關的實踐與信仰被囊括在本寫卷的儀式文本當中，但實際上文本並不含可直接與成熟的密宗相聯繫的材料，或可以將其解讀成對後來産生的密宗信仰及傳統的預言。筆者因此認爲此寫卷讓人們

---

〔1〕 上述文本已由金永浩翻譯並注釋，並以此作爲其就道生完整注疏所作研究的内容（約三十年前發表）。參見 Kim Young-ho，*Tao-sheng's Commentary on the Lotus Sutra: A Study and Translation*，SUNY Series in Buddhist Studies，State University of New York Press，Albany 1990，pp.331-334。

〔2〕 參見 CBETA（2016），T21，no.1337。

〔3〕 參見 CBETA（2016），T21，no.1337，pp.637c—638a。

得以描述中國佛教史上的一個特定時期，該時期的儀式還未完全具備密宗“色彩”，但已初具此發展傾向。

可以確定，斯 4494 號保存的咒文及其相關實踐相當程度上體現了廣義大乘佛教的傳統，所以也因此可被看作是常規非密宗的標準經文範式，而密宗的理念及信仰色彩則不那麽濃厚。這並不意味著部分咒文不是基於以儀式爲主導的體系文獻中，比如《請觀音經》和餓鬼施食儀式的例子，而除此之外，本寫卷中咒文的教義遵循了中國主流大乘佛教思想，其中衹有部分内容就定義明確的密宗佛教内容有所表述。不論這一現象是否暗示了南北朝末期中國佛教中存在的普遍情況（將來研究或有揭示），它的確證明了彼時持咒行爲是佛教徒修行的重要部分，尤其是與儀式相關的持咒。

關於斯 4494 號最關鍵同時也最吸引人的一點或許是，當將其流通的咒文與正統漢文大藏經中相應咒文相比較時，兩者存在較大的差異。當然，由於是以寫本形式呈現，此種差異就敦煌遺書而言確實比較普遍。然而那些在儀式文本中可見的差異與抄録的個體特徵所反映的問題無疑超出了字詞變化及抄寫錯誤本身的意義範疇〔1〕，它們暗示了經典與其中咒文在流通過程中，其版本之形形色色、多種多樣遠超我們先前所想象。把一部特定寫卷或經文的流通歸於一位印度僧侣及其直傳弟子的做法，就筆者看來是站不住脚的，它很可能反映了特定地區的情况而不是一種普遍傾向。此外，咒文同其他文本一樣，於 4 世紀之後以與日俱增的數量從域外傳至中土，它們的流通和傳播依靠的不僅是向各行各業的佛教徒傳授並提供這些抄本，在此過程中亦經歷了大量變化與修訂。當然，就咒文而言，其本身具有富於變化和流變的傾向，原因在於其表達重在對語音的處理，而非文學上的加工。如此一來，此類咒文就可表明中古時期文本流通現象大量存在，而這種多元化特徵最終在流傳的佛教典籍當中被發現趨於同一。

本研究中，筆者選擇將咒文文本從寫本的其他儀式文本當中剥離的做法也許會招致他人非議，有人也許認爲就南北朝末期的廣義中國佛教儀式

---

〔1〕 關於咒文的謄録問題，參見 Pyŏn Sunmi，“Pŏm ŭiHansiesŏtaraniŭm yŏk ŭi t'ŭksusŏng（A Study on the Transliteration of Dha-rani-s from Sanskrit into Chinese）”，*Indoch'ŏrak*（Indological Studies）22（2007），pp.197—227。

而言，筆者在咒文運用及其功能解讀方面給出了錯誤的結論。對於此類假設的批評，筆者的回應是事實並非如此。大體上，組成斯 4494 號的所有文本及抄録内容都是相異且互相分離的，其中大部分互不相關，本質上代表截然不同的語境。因此，最初就不應將它們聯繫在一起。而這些文本皆存在於敦煌遺書中的這一事實並不能導出它們是被作爲整體被一並采用的結論，其中大部分，包括主要爲咒文所構成者，實則是於具體情境中，被用於特定甚至不相關的目的。因此，正如上文所言，著眼於咒文本身並不會必然損害作爲整體的文本在功能方面的完整性。

最後，以斯 4494 號爲依據，可以獲得直至 6 世紀中葉中國佛教修行中咒文相關實踐已發展成熟的相關證據。但遺憾的是，依據本寫卷尚不能得出彼時咒文與持戒行爲借由儀式的施行而緊密聯繫的結論，類似情況也存在於咒文與其他普遍存在的，如"懺悔"之類實踐當中。然而，正如本寫卷中咒文的組合所呈現的，持咒構成了南北朝末期儀式的大體内容，這點是一目瞭然、無須多言的。

縮略詞

FDC 《佛光大辭典》，八卷本

伯 伯希和收集品（法國國家圖書館）

斯 斯坦因所獲漢文寫卷（大英圖書館）

T. 《大正藏》，第五十五卷（十第八十五卷）

附録 1

觀世音菩薩陀羅尼，斯 4494 號

佛説旋塔陀羅尼，T21. no.1336，p.618c.

南無佛陀耶南無達摩耶南無僧伽耶　那慕佛陀蛇那慕檀摩蛇……

南無阿利耶波盧拐咖尸波囉耶那慕阿利蛇波路枳底奢婆羅蛇

菩提薩埵耶摩訶薩埵耶摩訶薩耶佉　菩提薩埵蛇摩訶薩埵蛇……呿

羅婆帝伽婆帝仉訶婆帝伽婆帝莎呵羅婆帝仇呵婆帝伽婆帝伽婆帝莎呵

附録 2

［1］噁阿［2］億伊［3］郁優［4］哩野烏炮［5］庵阿［6］伽佉伽

呾俄［7］遮車闍鍚若［8］吒咃荼袓拏［9］多他陀殫那［10］波頗婆潸摩［11］虵囉［12］羅啝［13］奢沙［14］娑呵

參考文獻：

一、 叢書

1.《大日本續藏經》（新九十卷版）。

2.《佛光大辭典》，八卷本，佛光大藏經編修委員會，高雄：佛光出版社，1988。

3.《大正藏》，五十五卷本，（十卷八十五）。

二、 原始材料

1.《出三藏記集》，T55. no.2145。

2.《地藏經》，T13. no.0410。

3.《陀羅尼集經》，T18. no.0901。

4.《灌頂經》，T21. no.1331。

5.《法苑珠林》，T53. no.2122。

6.《梁高僧傳》，T50. no.2059。

7.《大般涅槃經》，T12. no.0374。

8.《大方等大集經》，T13 no.0397。

9.《七佛八菩薩所説大陀羅尼神咒經》，T21. no.1332；斯 4494 號。

10.《請觀音經》，T20. no.1043。

11.《妙法蓮華經》，T9. no.0262。

12.《金光明最勝王經》，T16. no.0665。

13.《維摩詰所説經》，T14. no.0475。

14.《陀羅尼雜集》，T21. no.1336。

15.《種種雜咒經》，T21. no.1337。

三、 論著

［1］Chen Shufen. "Vowel Length in Middle Chinese Based on Buddhist Sanskrit Trans-literations," *Language and Linguistics* 4/1（2003）:

29—45.

［2］Ch'en，Kenneth. *Buddhism in China：A Historical Survey*，Princeton：Princeton University Press，1964.

［3］党燕妮：《毗沙門天王信仰在敦煌的流傳》，載《敦煌研究》3(2005)：99—104.

［4］方廣錩：《〈劉師禮文〉及其後代變種》Ⅰ

——http://blog.sina.com.cn/s/blog_53c23f3901000aj7.html

《〈劉師禮文〉及其後代變種》Ⅱ

——http://www.douban.com/group/topic/21773871/

《試論佛教發展中的“文化匯流”——從〈劉師禮文〉談起》，樓宇烈編、林佩瑩譯。

Leiden：Brill，2013，pp.288—304（esp. pp.289—290）.

［5］Greene，Eric M. “Meditation，Repentance，and Visionary Experience in Early Medieval Chinese Buddhism，” PhD. Dissertation，University of California，Berkeley，2012.

［6］Kieschnick，John. *The Eminent Monk：Buddhist Ideals in Medieval Chinese Hagiography*. SEAB 10. Honolulu：Hawaii，1997.

［7］吕建福：《中國密教史》（修訂擴增版），中國社會科學出版社，2011。

［8］Mak，Bill M. “Magical Alphabet in the Indian and Chinese Minds：From the Garland of Letters to Master Pu'an's Siddham Mantra，” in *Brahman and Dao：Comparative Studies of Indian and Chinese Philosophy and Religion*. eds. Ithamar Theodor and Zhihua Yao，Maryland：Lexington Books，2014：209—230.

［9］Ochiai Toshinori 落合俊典. “‘Tarani zōshō’ tokoro no kyōten nitsuite 陀羅尼雜集所收の經典について.” *Kokusai bukkyōdaigakuen daigakyōkenkyūkiyō* 國際佛教學大學院大學研究紀要 6（2003）：59—86.

［10］Orzech，Charles D. “Esoteric Buddhism and the *Shishi* in China，” in *The Esoteric Buddhist Tradition*. ed. Henrik H. Sørensen，*SBS Monographs* II. Copenhagen：SBS Publications，1993：51—72.

［11］Pyŏn Sunmi 변순미. “Pŏm ŭiHansiesŏtaraniŭm yŏk ŭi t'ŭksusŏng

[SPACE] 범어漢譯에서다라니음역의특수성." *Indoch'ŏrak* 인도철학 22(2007)：197—227.

［12］Satomichi，Norio 里道德雄. "Tonko bunken nimirareru hakkansai kankei monjonitsuite 敦煌文獻にみられる八關齋關係文書について（…）." *Toyo daigaku Daigakuen kiyo* 東洋大學大學院紀要（*Bulletin of the Academy Toyo University Graduate School*）19（1982）：77—96.

［13］Sørensen，Henrik H. "Spells and Magical Practices as Reflected in the Early Chinese Buddhist Sources（c.300—600 CE）and their Implications for the Rise and Development of Esoteric Buddhism，" in *Esoteric Buddhism：Tibetan and Chinese Forms*，ed. Meir Shahar and Yael Bentor（forthcoming 2016）. [ADD AND CHANGE TO：Leiden：Brill，2017：41—71.]

—— "The Spell of the Great，Golden Peacock Queen：The Origin，practices and Lore of an Early Esoteric Buddhist Tradition in China，" *Pacific World：Journal of the Institute for Buddhist Studies*（Special Issue：Honoring James H.Sanford）3：8（2006）：[SPACE] 89—123.

［14］Teiser，Stephen F. *The Ghost Festival in Medieval China*，Princeton，New Jersey：Princeton University Press，1988.

［15］湛如：《敦煌佛教律儀制度研究》，中華書局，2003。

《佛教文獻研究》第三輯
2019 年，155—170 頁

敦煌不孤
——以《金剛經纂》爲例

侯　沖

内容摘要： 敦煌遺書中保存了此前未見於歷代大藏經的珍貴資料，其中往往衹發現一種，不少人遂以“孤證不立”爲由忽略其價值。事實上，這些資料儘管在敦煌遺書中保存不多，但在藏外仍然流傳較廣。本文以《金剛經纂》爲例對此作了論證。文章在介紹《金剛經纂》系列傳本的基礎上指出，《金剛經要略》一類内容才是《金剛經纂》的核心内容，《金剛經纂》與《金剛經要略》一樣是唐代《金剛經》信仰興盛，人們在踐行《金剛經》信仰過程中爲了簡化程序的新創造。《金剛經纂》中劉姓女子入冥故事並非史實，不宜作爲討論《金剛經纂》成書的證據。

關鍵詞：《金剛經》；《金剛經纂》；《金剛經要略》；汝州劉氏女

作者單位： 上海師範大學哲學與法政學院

對於宋代及其以前中國佛教研究來説，敦煌遺書由於保存了相當多此前未見於歷代大藏經的資料而受到廣泛重視。當然，也有不少人因爲敦煌遺書中的資料此前未見於歷代大藏經，還有的資料雖然見於敦煌遺書，但往往衹發現一種，遂以“孤證不立”爲由忽略其價值。不過，敦煌遺書由於保存了未見於歷代大藏經的資料，而這些資料都在藏經洞封閉之前已經存在，故就中國古代佛教的實際形態來講，其價值顯然不遜於歷代大藏經，甚至更能反映中國古代佛教的真實情況。對於全面認識和理解中國佛教來説，敦煌遺書具有不可替代的價值。本文將以此前未見展開討論的《金剛經纂》，來證明這一論點。

文章首先回顧敦煌遺書《金剛經纂》相關學術史，揭示目前仍然遺留的問題；其次介紹所見數種《金剛經纂》，指明《金剛經纂》有廣泛傳本這一現實；再次對近來高萬須提出的《金剛經纂》爲汝州劉氏女子入冥還陽後所撰的"新發現"進行討論，揭示其不能成立的原因。本文指出，《金剛經要略》一類内容纔是《金剛經纂》的核心内容，《金剛經纂》與《金剛經要略》一樣是唐代《金剛經》信仰興盛，人們在踐行《金剛經》信仰過程中爲了簡化程序的新創造。劉姓女子入冥故事並非史實，而是在這一背景下纔出現在《金剛經纂》中。

一、 敦煌遺書《金剛經纂》相關學術史

"金剛經纂"一名在敦煌遺書斯 2565 號背、伯 3024 號背均出現，爲同卷文獻被撕裂分藏。除有關目録著録外〔1〕，矢吹慶輝最早對録有地藏十齋日的斯 2565 號背作過介紹。〔2〕方廣錩先生 1995 年對此敦煌遺書抄本作了整理，收入《藏外佛教文獻》第一輯。〔3〕後來，方先生又在雲南刊印的《二曜金剛合璧》中發現了與敦煌本内容有明顯差别的《金剛經纂》，並對此刊本作了整理。〔4〕

此外，有數名學者都曾關注過《金剛經纂》，並用作重要學術問題討論的證據，如李正宇最早指出，内容包括《金剛經纂》的伯 3024 號背與斯 2565 號背是一卷被撕裂爲兩件的敦煌卷子。其中的"天曆元年"是元文宗的年號，爲 1328 年，而且此卷被撕裂後分藏英國和法國，其真實性不容置疑，依此來看，敦煌藏經洞封閉的時間當不早於元代。〔5〕方廣錩先生將伯 3024 號背與斯 2565 號背綴接整理後，指出該文獻對中國佛教信仰層面研究有重要意義的同時，由於該文獻涉及敦煌藏經洞封閉時間問題，故對其中的"天曆元年"是否真實的歷史

〔1〕《敦煌遺書總目索引》，商務印書館，1962 年，第 160、278 頁；黄永武主編：《敦煌遺書最新目録》，新文豐出版公司，1986 年，第 91、699 頁。

〔2〕 矢吹慶輝：《鳴沙遺韻解説篇》，岩波書店，1933 年，第 89 頁。

〔3〕 方廣錩整理：《佛説金剛經纂》，《藏外佛教文獻》第一輯，宗教文化出版社，1995 年，第 354—358 頁。

〔4〕 通源整理：《二曜金剛合璧》，《藏外佛教文獻》第八輯，宗教文化出版社，2003 年，第 359—371 頁。

〔5〕 方廣錩：《方廣錩敦煌遺書散論》，上海古籍出版社，2010 年，第 33 頁。

年號提出懷疑。[1]當然，他的這個疑問在他 2009 年考察該件原件後得到肯定，此《金剛經纂》可確定爲敦煌藏經洞遺書。但仍然留下如何解釋“天曆元年”這一問題。[2]

對於“天曆元年”的解釋，宗舜法師在考辨浙藏敦煌遺書浙敦 177 號（浙博 152 號）“佛教文稿殘片”時數次提及。最先，他推斷“天曆元年或是唐代宗大曆元年的誤寫，即 766 年”[3]。並引用祩宏《正訛集》證明“《金剛經纂》一直到明末尚有流傳”[4]，認爲“現在民間或寺院中尚未見到有這樣的《金剛經纂》傳世，其失傳的時間，應在清代”[5]。荒見泰史在論及《金剛經纂》時，也討論了“天曆元年”的問題，指出“‘天曆’的‘天’字有可能是‘大’字的誤寫，當時由於毛筆的質量和起筆時候的寫法的關係，敦煌文獻的‘大’字往往頭寫得過大，也有寫成‘天’字那樣的情況”[6]。但這兩種解釋仍然屬於推斷，未提出參證。

2016 年，汝州高萬須發表博文，對於《金剛經纂》出現的時間和地點提出了新的看法。首先是根據網絡上數種《金剛經纂》指出“幾種文本皆爲‘大曆七年’，當是唐李豫大曆七年無疑”。其次是提出《金剛經纂》是一千年前由汝州劉姓女子撰寫的觀點。[7]再次是對《金剛經纂》作了新的介紹，稱“《金剛經纂》，又名《金剛纂》《金剛經》，是佛教的重要經典，由中國人自撰的佛經。據敦煌文獻《佛說金剛經纂》（一卷）（現存法國國家圖書館和英國國家圖書館各一半）和清代《直隸汝州全志》記載，《金剛經纂》由唐代大歷年間（766—779）汝州女子劉秀英（劉仙姑）撰寫”[8]。

---

〔1〕 方廣錩：《佛說金剛經纂・題解》，《藏外佛教文獻》第一輯，第 354—355 頁。

〔2〕 方廣錩：《方廣錩敦煌遺書散論》，第 50 頁，注 38。

〔3〕 宗舜：《〈浙藏敦煌文獻〉佛教文獻考辨》，《敦煌吐魯番研究》第六卷，北京大學出版社，2002 年，第 350 頁；《六家散藏敦煌遺書之佛教文獻考辨》，《戒幢文集》第一卷，上海古籍出版社，2009 年，第 172 頁。

〔4〕 宗舜：《〈浙藏敦煌文獻〉佛教文獻考辨》，《敦煌吐魯番研究》第六卷，第 350 頁；《六家散藏敦煌遺書之佛教文獻考辨》，《戒幢文集》第一卷，第 173 頁。

〔5〕 《六家散藏敦煌遺書之佛教文獻考辨》，《戒幢文集》第一卷，第 174 頁。

〔6〕 荒見泰史：《敦煌本十齋日資料與齋會、儀禮》，《敦煌吐魯番研究》第十四卷，上海古籍出版社，2014 年，第 399 頁。

〔7〕 高萬須：《新發現：1000 年前〈金剛經纂〉由汝州劉姓女子撰寫》（http://blog.sina.com.cn/s/blog_a28f45170102ww0a.html，2016 年 10 月 24 日星期一摘引）。

〔8〕 高萬須：《〈金剛經纂〉簡介》，http://blog.sina.com.cn/s/blog_a28f45170102wwfp.html，2016 年 10 月 24 日星期一摘引。

綜合目前所見來看，前賢在關注敦煌遺書中的《金剛經纂》時，方廣錩先生做了最基礎的文獻整理工作，並在敦煌遺書之外發現了内容不同的《金剛經纂》。如何解釋“天曆元年”，是大家都面對的問題。雖然宗舜和荒見泰史推斷“天曆元年”爲“大曆元年”之誤，但並未找到參證。高萬須綜合所見《金剛經纂》新資料，肯定並認同了“天曆”爲“大曆”之誤，但他不依從年代最早的敦煌本《金剛經纂》的“元年”而認同其他書的“七年”，又未解釋原因。至於他依清代《直隸汝州全志》提出“《金剛經纂》由唐代大曆年間汝州女子劉秀英（劉仙姑）撰寫”之説，則未得其實。關於這一點下文將詳細討論。

二、經眼《金剛經纂》

宗舜最初以爲“現在民間或寺院中尚未見到有這樣的《金剛經纂》傳世，其失傳的時間，應在清代”[1]。事實上，《金剛經纂》並未失傳，在敦煌遺書和《二曜金剛合璧》之外，還有多種《金剛經纂》傳本至今仍然存世。下面介紹其中數種。

（一）筆者藏本

1.《二曜金剛合璧》

清宣統元年（1909）刻本。綫裝。與方廣錩先生（通源）整理並發表的《二曜金剛合璧》爲同一刊本。但品相稍好。原本藏延光居士處，筆者有復印本。相關情況見《二曜金剛合璧·題解》。[2]

2.《佛説金剛經纂》

刊本。一册。折裝。封皮署“佛説金剛經”。首行和末行均作“南無金剛海會佛菩薩三稱”。首題“佛説金剛經纂”。無尾題。内容包括經纂、發願文、誦經功德（包括六波羅密）、補闕真言、至心皈命禮、回向文。

3.《金剛波羅密經纂全集》

刊本。一册。綫裝。封皮署“金剛般若波羅□□□□□”。扉頁正面撕殘，背面爲佛畫一幀，右下角撕殘。首題“佛説金剛般若波羅密經纂”，

---

〔1〕宗舜：《〈浙藏敦煌文獻〉佛教文獻考辨》，《敦煌吐魯番研究》第六卷，第350頁；《六家散藏敦煌遺書之佛教文獻考辨》，《戒幢文集》第一卷，第174頁。

〔2〕方廣錩主編：《藏外佛教文獻》第八輯，第359—360頁。

尾題“佛説金剛般若波羅密經纂終”。尾題後有志心皈命禮、補闕真言、收經贊。最後爲刊經牌記“善名悟通/敬撰，羅如剛刊刻/信女董明真”“民國十九年黄鍾月下浣吉日”“板存西/達己如剛/屋内不取/板資”。

全書内容包括開經偈、淨眼界釋梵、淨耳根釋梵、淨鼻息釋梵、淨舌根釋梵、淨意孽釋梵、祝香贊、奉請八菩薩四金剛、發願文、佛説般若波羅密經纂、誦經功德、志心皈命禮、補闕真言、收經贊。

4.《佛説大乘金剛經纂全集》

抄本。一册。現代綫裝。封皮署“佛説大乘金剛經纂全集”“姜清源記”。首行“大乘摩訶般若波羅密金剛經纂全集”，首題“金剛般若波羅密經纂”，無尾題。末行作“誦經薦亡魂，往生極樂界”，後有抄經題記“天運癸酉年十一月抄敬送”“姜姑太留念”“抄秀蘭敬”。内容包括開壇偈、皈依釋迦佛、金剛心真言、淨口業真言、安土地真言、虚空藏菩薩普供養真言、奉請八金剛、奉請四菩薩、發願文、云何梵、開經偈、佛説金剛經全卷、金剛般若波羅密經纂、誦經功德、回向、補闕真言、普回向真言、發願。抄經題記中的“癸酉”，結合抄本紙質，可以推斷是 1993 年。

5.《大乘正宗金剛般惹波羅密經》

抄本。二紙一卷。首題“大乘正宗金剛般惹波羅密經”，尾題“金剛經卷終”。首題後即爲金剛經前儀，内容包括淨口業真言、普供養真言、安土地真言、奉請八金剛、四菩薩、發願文、開經偈、金剛經纂、誦經功德。

6.《金剛經纂》（擬）

抄本。一紙。無首尾題。首行作“如是我聞。信受奉行，都計五千一百七十”，末行作“菩提心。盡此一報身，同生極樂國”。

（二）公開刊行本

1.《金剛經纂》

見於民國癸亥刊本《善門日用》，已收入王見川等編《明清民間宗教經卷文獻續編》第八册。[1]首題“金剛經纂”，無尾題，末行作“願以此功德，普及於一切。我等與衆生，皆共成佛道”。後有刊經牌記：“光緒庚

〔1〕 王見川等編：《明清民間宗教經卷文獻續編》第八册，新文豐出版公司，2006 年，第 419—420 頁。

寅十六年二月初八日雲遊散人由豐邑黄金山敬書。”結合《善門日用》一書中其他相關信息來看，這裏的“豐邑”指江西豐城，此刊本的内容曾流行於江西地區。

2.《金剛般若波羅密經纂》

韓國出版佛教資料。所見有三：（1）《勸供諸般文》本。所收僅《金剛般若波羅密經纂》。此本首尾題均署“金剛般若波羅密經纂”[1]。（2）《要集》本。首尾題均署“金剛般若波羅密經纂”[2]。（3）《金剛般若波羅密經纂》。附收在現代印本《金剛般若波羅密經》之後。首題“金剛般若波羅密經纂”，尾題“摩訶般若波羅密”。不論是首尾題還是内容，這三種資料大同小異。

（三）圖書館藏本

甘肅麥積山石窟藝術研究所資料室保存了大量明清時期佛教文獻。其中有《佛説諸品仙經》一册。經折裝。封皮題簽作“佛説諸品仙經”，抄録四種小經。袁德領最先注意到其中雍正八年（1730）抄寫的《佛説金剛般若波羅密經纂》，他在1989年給李正宇的信中稱：“《金剛經纂》（麥0050號，寫本）敦煌亦僅見一本，此爲第二次發現。”[3] 李曉紅也指出：“《佛説金剛般若波羅密經纂》較珍貴，它與敦煌本有差别。”[4]

（四）現代民間儀式專家抄本

張賢明近年來在貴州做佛教儀式文獻的調查，對所調查儀式專家保存或使用的儀式文本進行拍攝，已拍攝兩萬餘張數碼照片。其中有兩種現代抄本《金剛經》，從内容來看是《金剛經纂》。

1.《金剛波惹羅密經》

首題“金剛波惹羅密經”，無尾題。首行“佛説金剛經，聖賢俱來聽”，正文中“每日虔誠念一遍”，末行作“每日志心念十卷，集福消災免難”，可知此册是用於法會儀式的文本之一。

---

〔1〕《勸供諸般文》，朴世敏編：《韓國佛教儀禮資料叢書》第一輯，三聖庵，1993年，第657—658頁。

〔2〕《要集》，朴世敏編：《韓國佛教儀禮資料叢書》第四輯，第522頁。

〔3〕《麥積山文書目録索引序》，http://dhyuandeli.blog.163.com/blog/static/12373172220149143204509/，2016年7月24日摘取。

〔4〕李曉紅：《麥積山文書概述及幾件重要文書介紹》，《敦煌研究》2003年第6期，第81頁。

2.《大乘正宗金剛般若波羅密經》

首題“大乘正宗金剛般若波羅密經”，無尾題，末行作“信受奉行，作禮而退”。内容與民國癸亥刊本《善門日用》相近。前面是《金剛經纂》，結尾部分則是《金剛經》的内容。

以上所列十數種《金剛經纂》，僅衹是筆者經眼者。就其分布來看，有中國西北的甘肅，西南的雲南、貴州，華中的江西，還有中國遼東之東的韓國。從時間來説，甚至遲至1993年，尚有人抄寫贈送。這些資料的存世，既爲敦煌遺書中獨一無二的《金剛經纂》增加了佐證，又爲我們研究《金剛經纂》提供了廣泛的證據，具有重要的意義。

三、《金剛經纂》是汝州女子劉秀英（劉仙姑）所撰嗎

2016年，汝州高萬須先後撰寫數篇博文，引經據典，論證其“新發現：一千年前《金剛經纂》由汝州劉姓女子撰寫”[1]。他的論據有二，一是《金剛經纂》稱《金剛經纂》是北山（脾山）劉姓女子入冥還陽後尋得，二是清代《直隸汝州全志》中有關“仙姑堂”的記載。但《金剛經纂》真的是唐代大曆年間汝州女子劉秀英（劉仙姑）撰寫的嗎？答案是否定的。

針對高萬須的立論依據，下面首先討論《直隸汝州全志》中“仙姑堂”的記載，其次從《金剛經纂》核心内容不包括劉姓女子入冥的環節，來加以討論和説明。

（一）《直隸汝州全志》有關仙姑堂的記述真實嗎

清代道光《直隸汝州全志》卷九“古迹”有文説：

> 仙姑堂，在西關凝金閣西。相傳仙姑乃唐脾山令劉琴棠之女也，因旱禱雨而歿。昔人建祠於脾山，號“青山祖師”。明嘉靖時郡人復建行宫於斯。國朝屢經重修，添建三佛、伽藍各殿並周圍垣牆。州守熊、姚、趙、□四公各捐俸以助之。王君禮《青山祖師碑記》：汝治

〔1〕參見汝州高萬須的博客，http://blog.sina.com.cn/s/articlelist_2727298327_0_1.html，2016年10月25日星期二摘取。

西北二十里有膞山，層巒聳翠，環荆帶汝，乃嵩嶽之遺派，汝脈之發源也。上有古廟三楹，後建浮屠七級，内供古佛名曰青山祖師，俗稱劉氏仙姑。考之故老，相傳是唐劉禹錫之女。當時值歲旱，爲父焚身禱雨，普濟萬姓，誠能格天，所以祀之。有元都觀遺詩云“元都觀裏桃千樹，盡是劉郎去後栽”之句。奈世遠年湮，創始莫考。何代譜牒無紀，封號不知何年。塔内止有石記曰：建國大曆七年膞山縣令劉公女，年十九歲身亡，經七晝夜還魂，記《金剛纂》傳於世。今佛家所誦《金剛纂》是也。封爲祖師，主司小兒痘疹。一切男女瘡疥，禱之無不應。節届清明，四境結社，肩摩轂擊者數千人，香火之盛，更無論矣。迄今歷數代，英靈猶著特。歲久，廟宇傾圮，有淨因寺住僧攄誠，募貲鳩工庀材而重新之，復禱金像一尊，旁塑侍神，鐘磬爐鼎，焕然改觀。又建關聖帝殿三楹於左，聖公聖母殿三楹於右，大門一座。始建於至正元年二月，落成於二年三月。雖云人功，實邀神佑也。時住僧法宏乞餘一言爲記，因書數行以志歲月云。〔1〕

上引文字是清代道光《直隸汝州全志》中有關仙姑堂的專門記述。這些文字在高萬須的論證中大部分都出現了。不同的是，它們在他的論證中是零星而不是整體出現。在全面閱讀上引文字後，至少有幾點是可以肯定的：

首先，對仙姑有兩種解釋，一爲“唐膞山令劉琴棠之女”，一爲“唐劉禹錫之女”，而且都是“相傳”。

其次，仙姑是“因旱禱雨而歿”或“爲父焚身禱雨，普濟萬姓”。她是死於禱雨。

再次，仙姑“名曰青山祖師，俗稱劉氏仙姑”，但“奈世遠年湮，創始莫考。何代譜牒無紀，封號不知何年”。

最後，仙姑被封爲祖師且與《金剛經纂》有關的原因，是“塔内止有石記曰：建國大曆七年膞山縣令劉公女，年十九歲身亡，經七晝夜還魂，記《金剛纂》傳於世。今佛家所誦《金剛纂》是也。封爲祖師，主司小兒痘疹。一切男女瘡疥，禱之無不應”。

〔1〕《直隸汝州全志》卷九，第26—27頁。

除了最後一條是認定仙姑爲撰寫《金剛經纂》的理由外，其他都因爲“相傳”“莫考”“無紀”“不知”等原因，不能作爲仙姑與《金剛經纂》有關的證據。但是，在“相傳”“莫考”“無紀”“不知”的情况下，憑塔内僅有的石記，就認爲《金剛經纂》是仙姑十九歲身亡還魂後所記，又是否能成立呢？更何况，仙姑爲脾山縣令劉公女也衹是“相傳”，又如何就等於真相呢？

再就上引材料來説，既然將“相傳仙姑乃唐脾山令劉琴棠之女”作爲史料來使用，無疑就不能忽略仙姑同樣“相傳是唐劉禹錫之女”這則材料。在論證《金剛經纂》是仙姑十九歲身亡還魂後所記這一論點的過程中，高萬須對仙姑爲“唐劉禹錫之女”之説不置一詞，是否從開始就已經有所偏好？

當然，由於出生於772年的劉禹錫在大曆元年（766）或大曆七年（772），不可能是仙姑的父親，所以他回避了討論劉禹錫。但是，由於“唐脾山令劉琴棠”也屬於“相傳”之列，找不到史料證明，故高萬須在論證過程中，往往會使用出處不明的傳説對他的觀點作補充説明。這從一個方面説明，他所謂一千年前《金剛經纂》由汝州劉姓女子撰寫的新發現，並無確實可信的資料支持。

（二）北山縣劉姓女子入冥故事不是《金剛經纂》的核心

對於《金剛經纂》包括哪些内容，或者説，《金剛經纂》的文本結構是什麽，前賢已經作過一些探討。

如方廣錩先生在整理敦煌遺書中的《金剛經纂》時，按照内容將伯3024號背“佛説金剛經纂”至斯2565號背“金剛經纂一卷”分爲三個部分。即（一）啓請八大金剛與持誦功德文；（二）天曆元年，北山縣劉姓女子入冥故事；（三）玄奘法師十齋日、玄奘法師十二月禮佛日以及持誦功德文。〔1〕在他看來，本文獻不是《金剛經纂》，而應是《金剛經》本身。〔2〕也就是説，方先生並没有認爲伯3024號背“佛説金剛經纂”至斯2565號背“金剛經纂一卷”的文字，就是《金剛經纂》。

不過，不少人都認爲，《金剛經纂》的主要内容包括這三個部分。〔3〕

〔1〕 方廣錩：《佛説金剛經纂・題解》，《藏外佛教文獻》第一輯，第354頁。

〔2〕 同上書，第355頁。

〔3〕 寧夏文物考古研究所編著：《山嘴溝西夏石窟》（上），文物出版社，2007年，第294頁；荒見泰史：《敦煌本十齋日資料與齋會、儀禮》，《敦煌吐魯番研究》第十四卷，第398頁。

如果《金剛經纂》衹有敦煌遺書中的這個本子，這樣的看法不無道理。但看到上述諸本《金剛經纂》後，就會發現這樣的看法與事實不符。

首先，玄奘法師十齋日、玄奘法師十二月禮佛日僅見於敦煌本《金剛經纂》和西夏文本《金剛經集》。其他《金剛經纂》均無這部分内容。説明這兩部分内容並不是《金剛經纂》必有的内容。

其次，數種《金剛經纂》並無劉姓女子入冥故事，如民國十九年（1930）羅如剛刊刻本即是如此。僅存一紙的《金剛經纂》也是如此。

其三，《金剛經纂》内容的多少，與它出現的背景有關。敦煌本《金剛經纂》抄在廢兑稿寫經背面，從其行款來看，顯然衹是抄存稿，而非被用於法會儀式的文本，所以並無儀式文本開頭部分的文字如潔淨真言等。玄奘法師十齋日、玄奘法師十二月禮佛日是備挑選日子而不是儀式文本，它們出現在敦煌本《金剛經纂》卷末，也能證明該寫本並非實用文本。韓國本《金剛經纂》雖有劉姓女子入冥内容，但由於它不是專門的儀式文本，而是被穿插在其他儀式文本中應用，所以不僅前面無潔淨真言等内容，後面也無持誦功德文。正是由於出現背景對《金剛經纂》有一定的影響或制約，所以我們能看到《金剛經纂》以特别的形式出現在宋代經幢上（圖一），却没有具體的經文。

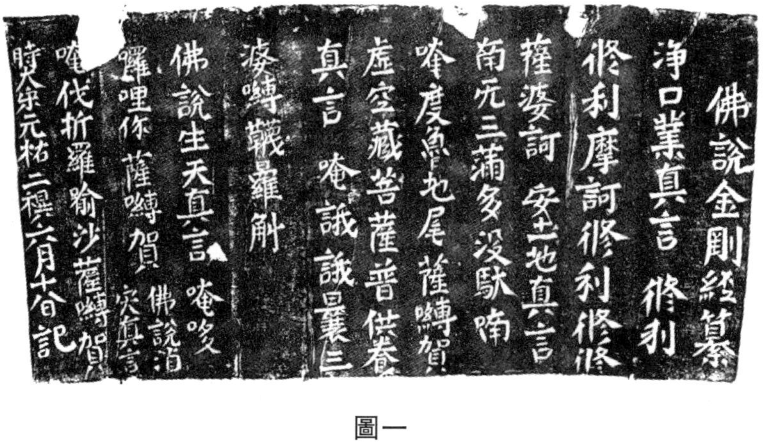

圖一

其四，《金剛經要略》一類内容是《金剛經纂》的核心内容和基礎。在敦煌遺書中，《金剛經纂》目前僅發現一號，但《金剛經要略》則可以找到數號，如浙敦 177 號（浙博 152 號）、斯 4037 號背等。我們注意到，與《金剛經要略》相近的文字，通常都在《金剛經纂》中出現。這説明《金剛經要略》纔是《金剛經纂》的核心内容，《金剛經纂》的不同文本，都是在這個基礎上變化的。

其五，《金剛經纂》與《金剛經要略》一樣是《金剛經》信仰的産物。不論是《金剛經要略》還是《金剛經纂》，其核心内容都是《金剛經》，是《金剛經》的纂集。尤其是數種《金剛經纂》的開頭和結尾，都與有首尾儀序的《金剛經》抄本相同，完全就是《金剛經》誦念的精簡版，是在《金剛經》信仰興盛的背景下形成的。

其六，劉姓女子入冥故事衹是爲了提供實踐《金剛經纂》或《金剛經要略》的理由。不論是《金剛經要略》還是《金剛經纂》，都不是《金剛經》，更不等同於《金剛經》。出於讓《金剛經要略》或《金剛經纂》有一個被崇奉、信仰、實踐的理由，《金剛經纂》中纔出現了劉姓女子入冥的故事，而不是真的有劉姓女子入冥還陽後寫《金剛經纂》的事實。至於説劉姓女子大曆元年、大曆七年，還是天曆七年入冥，在這裏都不重要。

綜上可以看出，不論是根據清代《直隸汝州全志》還是比勘諸種《金剛經纂》，我們都無法認同汝州高萬須所説一千年前《金剛經纂》由汝州劉姓女子撰寫的看法。

四、結　論

方廣錩先生注意到："《劉師禮文》從東晉産生以後，始終在民間流傳，直到現代，並在流傳中變换形態，衍生出多種異本。"〔1〕本文所討論的《金剛經纂》，自其在唐代産生以後，也表現出這一特點。所以雖然《金剛經纂》在敦煌遺書中衹發現一號，但它在中國大地上始終存在、流傳，長期存在於雲南，並遠播韓國。在流傳過程中，《金剛經纂》還不斷變换形態，衍生出多種異本。本文標題所説的"敦煌不孤"，正是爲了凸顯敦煌遺書等藏外佛教文獻所具有的這一特點。

雖然劉姓女子入冥故事在不少《金剛經纂》版本中都出現，雖然清代

〔1〕方廣錩：《談〈劉師禮文〉的後代變種》，《華東師範大學學報》（哲學社會科學版），2016年第1期。

道光《直隸汝州全志》稱“今佛家所誦《金剛纂》”是脾山縣令劉公女還魂所記並傳於世，但這一説法不僅出現時間較晚，而且内容没有超出《金剛經纂》所説，均爲附會神異，故不能當作信史。

《金剛經纂》的核心内容，是《金剛經要略》一類的文字。它的出現，是唐代《金剛經》信仰興盛，人們在踐行《金剛經》信仰過程中爲了簡化程序的新創造。人們不僅創造它的内容，也創造有關它如何出現的故事。這是劉姓女子入冥故事出現在《金剛經纂》中的背景。

附録：

限於篇幅，本文僅附録《金剛經纂》韓國本、麥積山本和大理本的整理文三種。

1. 韓國本

底校本的情况：

底本：現代印本。

甲本：《勸供諸般文》本。

乙本：《要集》本。

［録文］

金剛般若波羅蜜〔1〕經纂

如是我聞。

善男子、善女人，受持讀誦此《經纂》一卷，如轉《金剛經》三十萬遍〔2〕。又得神明加被〔3〕，衆聖提携。

國建大曆七年，毗山縣令劉氏女子，年一十九歲身亡。至七日，得見閻羅大王。問曰：“一生已來，作何因緣？”女子答曰：“一生已來，偏持得《金剛經》。”又問曰：“何不念《金剛經纂》？”女子答曰：“緣世上無本。”王曰：“放汝還活，分明記取經文。”

從“如是我聞”至“信受奉行”，都計五千一百四十九字，六十九

〔1〕“蜜”，乙本作“密”。

〔2〕“遍”，甲、乙本作“篇”。

〔3〕“被”，甲、乙本作“備”。

“佛”，五十一“世尊”，八十五“如來”，三十七“菩薩”，一百三十八“須菩提”，二十六“善男子、善女人”，三十八“何以故”，三十六“衆生”，三十一“於意云何”，三十“如是”，二十九“阿耨多羅三藐三菩提”，二十一“布施”，十八“福德”，一十三“恒河沙”，十二“微塵”，七個“三千大千世界”，七個“三十二相”，八“功德”，八“莊嚴”，五“波羅蜜〔1〕”，四“須陀洹”，四“斯陀含”，四“阿那〔2〕含”，四“阿羅漢”。此是四果仙人。“如我昔爲歌利王割截身體，如我往昔，節節支解時”。“若有我相、人相、衆生相、壽者相。”一一“無我見、人見、衆生見、壽者見”，三“比丘尼”，數内七四句偈。

摩訶般若波羅密〔3〕

［録文完］

2. 麥積山本

底本：麥積山石窟藝術研究所資料室藏清雍正八年抄本。

校本：無。

［録文］

佛説金剛般若波羅密經纂

如是我聞。

善男子、善女人，受持讀誦此《經纂》一卷，如轉《金剛經》三十萬遍。有德神名加護，衆聖扶持。

建國天曆七年，昆山縣令劉氏一女，年十九歲，得病命终。死至陰司，引見閻羅天子。王乃問曰：“你在生之日，作何功德利益?”女子答言：“在生之日至七歲時，受持《金剛般若波羅密經》，每日不缺，直至於今。”天子再問曰：“何不念《金剛經纂》?”女子答曰：“緣世上無本。”

王曰：“善哉！善哉！今放汝廻還，壽命百歲。諦聽吾言，分明記取。

〔1〕“蜜”，乙本作“密”。

〔2〕“那”，甲本作“羅”。

〔3〕“摩訶般若波羅密”，甲本作“金剛般若波羅蜜經纂”，乙本作“金剛般若波羅密經纂”。

歸還[1]陽間，於豪洲鍾離寺石碑上仔細抄録，精勤持念，得無量福報，無量功德，壽命延長。勸人書寫、讀誦、流布遐邇。”

此是囑言，遂令女子再却還魂，使往豪洲鍾離寺尋覓此碑，果見一石碑。上曰：

金剛般若波羅密經纂

“如是我聞”至“信受奉行”，都記共五千一百七十五字，七十九“佛”，五十三“世尊”，八十八“如來”，二十三“金剛”，四十“菩薩”，一百三十八“須菩提”，一十三“善男子、善女人”，三十八“何以故”，四十六“衆生”，六個“所以者何”，三十“於意云何”，四十“如是”，二十九“阿耨多羅三藐三菩提”，二十一“布施”，一十八“福德”，十一日“微塵”，七個“恒河沙”，七個“三千大千世界”，八個“三十二相”，九“功德”，九“莊嚴”，二“是樂阿蘭那行”，二“釋迦牟尼佛”，“摩訶薩”，一十“波羅密”，四“須陀洹”，四“斯陀含”，四“阿那含”，八“阿羅漢”。此四個仙人。“昔爲歌利王割截身體，我於爾時無我相、無人相、無衆生相、無壽者相。”一一“無我見、無人見、無衆生見、無壽者見”，三“比丘尼”，數内七四句偈等。

稽首三界尊，皈命十方佛。

我今發弘願，持此金剛經。

上報四重恩，下濟三途苦。

若有見聞者，悉發菩提心。

盡此一報身，同生極樂國。

十方三世一切佛，一切菩薩摩訶薩。

摩訶般若波羅密。

十六會説，八部真全。金剛般若總包含，字偈義幽玄。法力無邊，諷誦利人天。

南無祇園海會佛菩薩三稱

願以此功德，普及與一切。

我等遇（與）衆生，皆供（共）成佛道。[2]

---

〔1〕“還”，底本無，據文意補。

〔2〕“道”字後有“雍正八年八月吉時抄寫弟子性體敬書”的題記。

［録文完］

3. 大理本

經折刊本。整理本底校本情況：

底本：大理刊本《佛説金剛經纂》。

校本：無。

［録文］

南無金剛海會佛菩薩

佛説金剛經纂

如是我聞。

善男子、善女人受持讀誦此經一卷，準折《金剛經》三十卷。又得神明加護，衆聖提携。

國建大曆七年，昆山縣令劉氏女子，壽年一十九歲，得病身亡。至五日，引見閻羅天子。問曰："汝一生以來，作何功德利益?"女子答曰："自從七歲以來，常受持《金剛般若波羅蜜經》，至今不缺。"天子問曰："何不念《金剛纂》?"女子答曰："原世上無本。"

天子言曰："善哉！善哉！給放汝還魂百歲。諦聽吾言，分明記取。歸於陽間，於濠州鍾離寺石碑上仔細抄録，殷勤持念，得無量福報，無邊功德，壽命延長。若勸人書寫、讀誦、流布遐邇。"

此是天子囑言，遂令女子再去還魂，使往（濠）州鐘離寺尋覓，果見一碑上分明。從"如是我聞"至"信受奉行"，都記起有五千八百二十四字，七十九"佛"，五十三"世尊"，八十八"如來"，二十三"金剛"，四十尊"菩薩"，一百三十六"須菩提"，一十三"善男子、善女人"，三十八"何以故"，四十六"衆生"，六個"所以者何"，三十"於意云何"，四十"如是"，二十九"阿耨多羅三藐三菩提"，二十一"布施"，一十八"福德"，一十一"微塵"，七個"得恒河沙"，七個"三千大千世界"，八個"三十二相"，九"功德"，九"莊嚴"，二"阿難陀行"，二"釋迦牟尼"，二"菩薩摩訶薩"，十三"波羅蜜"，四"成就"，三個"於此經中"，七"燃燈佛"，四"須陀洹"，四"斯陀含"，四"阿那含"，八"阿羅漢"。此是四果仙人。"昔爲歌利王，割截身體，我於爾時往昔，節節支解。"

“時若有我相、人相、衆生相、壽者相。”二“無我見、人見、衆生見、壽者見”，三“比丘尼”，數十個四句偈等。

發願文

稽首三界尊，皈命十方佛。

我今發宏願，持此金剛經。

上報四重恩，下濟三途苦。

若有見聞者，悉發菩提心。

盡此一報身，同生極樂國。

此《經纂》，按大藏《寶積經》出。有人看誦此纂一卷，準折《金剛經》三十卷。摩訶般若波羅密、行深般若波羅密、消災般若波羅密、禪定般若波羅密、智慧般若波羅密、清靜般若波羅密。每日淨心念十卷，積福壽算，功德無邊。

補闕真言

唵呼嚧呼嚧。社夷穆契娑訶。

一回向，真如實際，心心契合。

二回向，無上佛果，念念圓滿。

三回向，法界一切衆生，同生淨土。

［録文完］

《佛教文獻研究》第三輯
2019年，171—189頁

俄藏敦煌寫本ф.102《維摩義記》研究

鄭阿財

内容摘要：《俄藏敦煌漢文寫卷叙録》著録："ф.102（M.1286）《維摩經疏》第一、第二。"第56行下題有"維摩經疏第一"，然詳審原卷第1—56行内容頗與慧遠《維摩義記》卷第一（末）相同。而第57—317行之内容係疏釋羅什本《維摩詰經》"佛道品第八"至"囑累品第十四"，按核内容，與斯2732號佚名《維摩經義記》卷第四各品内容幾乎全同，衹是ф.102小有簡略，與前56行體例風格不一，當是分别會抄二種有關《維摩詰經》的義疏。前56行屬《維摩經疏第一》，57—317行當爲《維摩義記》的摘抄。

ф.102第57—317行與伯2273號（卷一）、斯2732號（卷四）、日本大谷二樂莊舊藏（卷四）爲同一系《維摩義記》。斯2732號是大統五年（539）抄；日本大谷二樂莊舊藏吐峪溝出土殘片，建昌二年（556）抄；伯2273號大統十四年（548）南北朝時高僧釋法鸞所抄。

敦煌佛教寫本典籍傳抄並無定式，此與傳世典籍經過編輯整理成定本，然後流傳，顯然不同。ф.102寫卷前部係抄録慧遠《維摩義記》卷第一，並有所增補，内容是經抄録者精選摘録；後部所疏釋各品内容皆與斯2732號《維摩義記》相同，然較爲簡明流暢，顯然是在對《維摩經》疏釋時，就前賢《維摩義記》精心摘抄，以供研習、講授之用，並非一字不漏的全盤照録，這是敦煌佛教日常用經抄本特色的表現，也是《維摩詰經》義疏學的寶貴資料。

關鍵詞：敦煌寫本；《維摩義記》；慧遠；南北朝；佛經義疏

作者單位：四川大學中國俗文化研究所

一、前　言

俄國奥登堡（S.F.Oldenburg，1863—1934）1914—1915 年先後兩次到新疆、甘肅進行考古，其收集到的文物極爲豐富，其中搜羅的敦煌文獻收藏在今聖彼得堡俄羅斯科學院東方學研究所，而與英國、法國、中國並稱世界敦煌文獻的四大收藏，其重要性不言而喻。

俄藏寫卷的整理與研究工作，以孟列夫（Lev Nikolayevich Menshchikov，1926—2005）從 1957 年領導敦煌小組積極展開最爲主要。1963 年、1967 年先後出版了《蘇聯科學院亞洲民族研究所藏敦煌漢文寫本注記目録》第一、二册。[1]此目録分類編排，每一寫本均有詳細著録。此書的出版，使世人得以對俄藏敦煌文獻的具體情況有所了解。此後，孟列夫更在佛教經卷、講唱文學、佛曲歌贊、王梵志詩等敦煌學研究領域不斷取得重要發現和重大研究成果。[2]

孟列夫在整理、研究俄藏敦煌文獻的過程中發現了《維摩碎金》《維摩經講經文》《十吉祥》等三個有關《維摩詰經》變文的珍貴寫卷，這是過去已經公布有關《維摩詰經》相關文獻所未見的，於是領導研究小組對這些寫本文獻進行了整理研究。1963 年在聖彼得堡出版了《維摩詰經變文與十吉祥變文》譯注一書[3]，完整地將這三件寫卷正式公諸於世，提供敦煌變文研究極其珍貴的材料，先後引發學者的研究與討論，其中本師潘重規先生更據此寫本重新校録，將其刊布於《敦煌變文集新書》一書中。

近期值孟列夫先生誕辰九十周年，由於本師潘重規先生與孟列夫的情誼，加上内子朱鳳玉撰寫博士論文《王梵志詩研究》等因緣，自 1994 年孟列夫來臺交流以來，我即與其多所交往、請益。藉此次參加“敦煌遺書

〔1〕 1999 年上海古籍出版社出版了該目録的中文譯本，名爲《俄藏敦煌漢文寫卷叙録》。

〔2〕 1963 年在聖彼得堡出版《維摩詰經變文與十吉祥變文》，1963 年出版《敦煌漢文寫本——佛教俗文學研究》，1972 年出版《報恩經變文〈雙恩記〉研究》，1984 年出版《法華經變文叙録》。

〔3〕 Бяньвэнь о Вэймоцзе. Бяньвэнь “Десять благих знамений”: Неизвестные рукописи бяньвэнь из Дуньхуанского фонда Института народов Азии/Издание текста，предисловие，перевод и комментарии Л. Н. Меньшикова. Ответственный редактор Б. Л. Рифтин. М.: ИВЛ，1963.（Памятники литературы народов Востока. Тексты. Малая серия. VIII.）. 195+55 с.

與佛教研究國際學術研討會”之機會，選擇俄藏敦煌寫本ф.102《維摩義記》爲研究對象，草撰此文，一者緬懷孟列夫先生，再者彰顯其在敦煌遺書與佛教研究之貢獻。

二、敦煌佛經寫本的特性與俄藏ф.102寫卷

（一）敦煌佛經寫本的特性

敦煌莫高窟是佛教聖地，藏經洞發現的寫卷自然以佛教典籍的數量最爲大宗，就今已公布的寫卷統計，漢文文獻約有六萬號，其中佛教文獻約占總數的百分之九十左右。除了數量龐大，分散世界各國圖書館及公私收藏外，其體類衆多、形態複雜、性質不一，也是整理與研究的困難點。這些與傳統傳世刊印的佛教典籍在整理與研究上多有不同，既是敦煌古代寫本文獻學的特色，更是敦煌佛教寫本文獻研究的特殊面向。

衆所周知，“寫本”與“刻本”有明顯區别。敦煌佛教寫本典籍的特色尤其表現在傳抄無定式，與傳世典籍經過編輯整理成定本，然後流傳的方式，自然有所不同。因此，我們不能全然以刻本時代佛教典籍的觀念來衡量這些寫本文獻。

敦煌文獻是在偶然的情況下封藏，更在偶然的機緣下發現。其封藏的文獻並非爲流傳而流傳，所以説這批文獻可貴之處就在於未經任何人爲的造作，可以説保存了當時文獻使用與流布的原生態，正因其真實地反映當時的使用情況，所以學界每每稱之爲中國中古時代社會生活文化的活化石。

我們從寫卷使用者的視角出發，可以發現數量龐大的敦煌佛教經典，可大别爲一切經、施經（供養經）、日常用經三大類。

“一切經”是入藏的，也就是所謂的大藏經，主要是由官方進行抄造，屬於正式的標準寫經。此類抄本抄寫精細，書法工整，行款有秩；紙質良好，有界有欄，大多染蘗、裝潢，同時抄校再三。[1]其中譯經寫本卷末往

〔1〕 如敦煌市博物館藏055號《妙法蓮華經》寫卷，是唐高宗咸亨三年（672）經生王思謙抄寫的《妙法蓮華經》卷第六，題記中詳細記録了“用紙二十張”“裝潢手解善集”“初校”“再校”“三校”“詳閲”，等等，其慎重可知，是官方一切經的標準寫本。

往有題記記録“譯場列位”，臚列譯者、綴文、正字、證梵義、贊梵文、證義、筆受、勘定之身份與姓名等。

至於一般宫廷寫經，卷末題記署明：書寫時間，書手姓名、職銜，用紙張數，裝潢手姓名，初校、再校、三校者身份姓名，詳閲者身份姓名，監造判官，寫經使等。〔1〕

可見官方配備訓練有素的經生、書手、楷書手、群書手等，每卷抄寫完成後均署有抄寫者姓名，並由寺僧進行初校、再校、三校，還有寺主、上座、大德等高僧“詳閲”，再由官方派出監造的判官、寫經使過目定稿後再行裝潢。具有校勘精準、紙墨優良、字迹美觀、裝潢精美等特點。可見官方寫經無論從文物或文字上論，品質均佳，因此自發現以來多深受書法鑒賞者與文物收藏者的青睞。

“供養經”爲一般信衆發願捐施供養的經典。雖然供養人多，但由於發願目的大抵相同，所以供養的佛經種類集中，複本也多。尤其呈現出一般世俗信仰流行使用之經典，其經卷多爲民間職業抄手、經生所抄，品相不高，文字與文物價值不高，却爲民間信仰研究者所關注。例如適合將功德回向給亡者親人的《阿彌陀佛經》，祈願患者病痛早日痊癒抄造的《藥師經》，祈求消災解厄的《觀世音經》，祈求增長智慧、增壽延生的《金剛經》，等等。供養經，大多數在卷末，留有當時社會各階層、不同身份的供養人發願、回向的題記。這些題記載明了供養者抄造佛經的時間、地點、動機、數量，甚至供養者的身份、抄經目的以及心中的願望。透過這些記載，讓千載之後的我們得以一窺古代佛教信衆抄造佛經的内心世界。

“日常用經”基本屬於僧人、居士、信徒個人修習、諷誦、研讀、講授之用。基於紙張寶貴，一般形制不一，字體隨性，會抄雜録、信手加注，删改塗抹，時有所見，其抄寫並無定式，大抵以方便實用爲要。其顯現當時實際使用之樣貌，這對研究敦煌當地的佛學發展與佛教實況，極爲珍貴，雖具學術價值，但也最難處理。

漢文寫本中佛教典籍大約占總數的百分之九十，其中又有半數以上是常見的經典，尤其是一切經，後世多有刻本流傳，敦煌寫本爲現存較爲古

〔1〕 參見藤枝晃著《敦煌出土の長安宫廷寫經》，《塚本博士頌壽記念佛教史學論集》，平樂寺書店，1961 年，第 648—667 頁。毛秋瑾：《敦煌寫經書法研究》第二章“官方與佛教寫經”，北京大學出版社，2014 年。

老的寫本，具有文字校勘的價值。若從佛教文獻學術價值來考察，當以保存下來的禪宗文獻、中世經疏最受矚目，而這些也多半屬於日常用經。俄藏 ф.102 寫卷便是敦煌日常用經性質的《維摩詰經》經疏寫卷。

（二）俄藏 ф.102 寫卷

ф.102 寫卷，全件字小而密，當屬日常用經。孟列夫《俄藏敦煌漢文寫卷叙録》（以下簡稱《叙録》）著録云：“ф.102（M.1286）《維摩經疏》第一、第二。手卷，首缺，434 cm×27 cm。12 紙。317 行，每行 32—34 字。”從“隨其心淨因前起後則一（切功德淨）”，到“故作斯言耳佛又付囑阿難使流傳授持諸説經名也一切大衆文佛所説得法心悦歡喜奉行維摩下卷末”[1]。

原卷影本收入《俄藏敦煌文獻》第三册[2]，著録作《維摩經疏》。今據以詳閲，知全件行款一致，字迹相同，當爲一人所抄。第 56 行下原題有“《維摩經疏》第一”，此即孟列夫《叙録》及《俄藏敦煌文獻》著録之所本。第 1—56 行《維摩經疏》第一殘卷内容大抵與今傳世的慧遠《維摩義記》卷第一（末）相同。細加按核，可知其内容、文字蓋抄録慧遠《維摩義記》卷第一部分，而多所删削，抄寫年代當在隋後。詳審此件爲楷體書寫，用筆頗

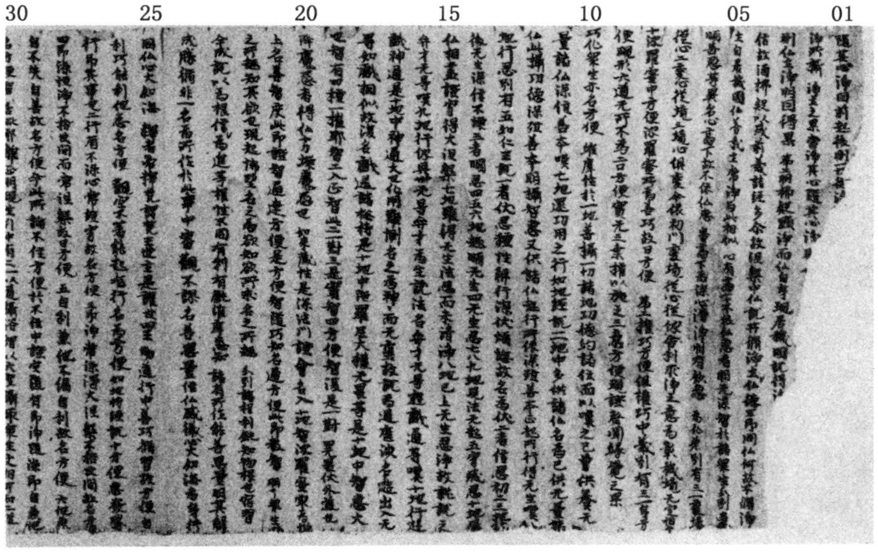

俄 Φ102 維摩經疏 (10－1)

〔1〕孟列夫主編：《俄藏敦煌漢文寫卷叙録》，上海古籍出版社，1999 年，第 500—501 頁。

〔2〕俄羅斯科學院東方研究所編：《俄藏敦煌文獻》，上海古籍出版社，1993 年，第 155—164 頁。

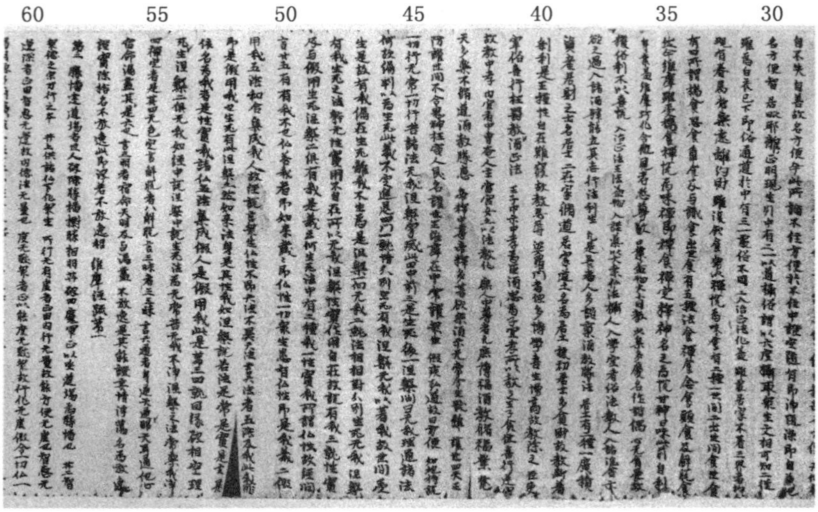

俄Φ102　維摩經疏　(10-2)

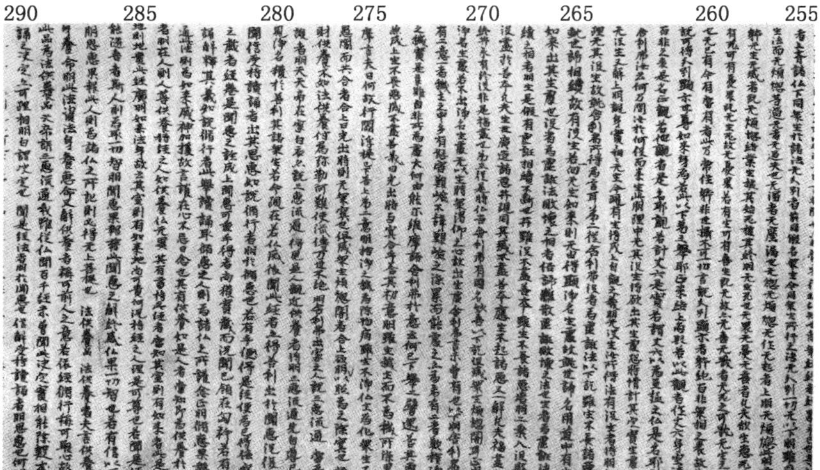

俄Φ102　維摩經疏　(10-9)

似葦筆。依字迹、行款、紙張，當爲中唐吐蕃時期之抄本。

第 57—317 行，計二百六十一行，當是卷第二部分，内容與前五十六行卷第一慧遠《維摩義記》抄録者有别。仔細比對内容、文字，發現實際上與敦煌本斯 2732 號佚名之《維摩經義記》卷第四基本相同，而多所精簡，ф.102 寫卷顯然爲唐代敦煌地區僧人日常研讀講習鳩摩羅什譯本《維摩詰經》所作的注釋義疏。其經疏雖係摘抄前賢既有的《維摩經》注疏成編，然亦可見抄者剪裁之用心。ф.102 寫卷全文貫穿，内容精當，義理流暢，且流露出不專取一家，約取成編、述而不作的注疏特色。

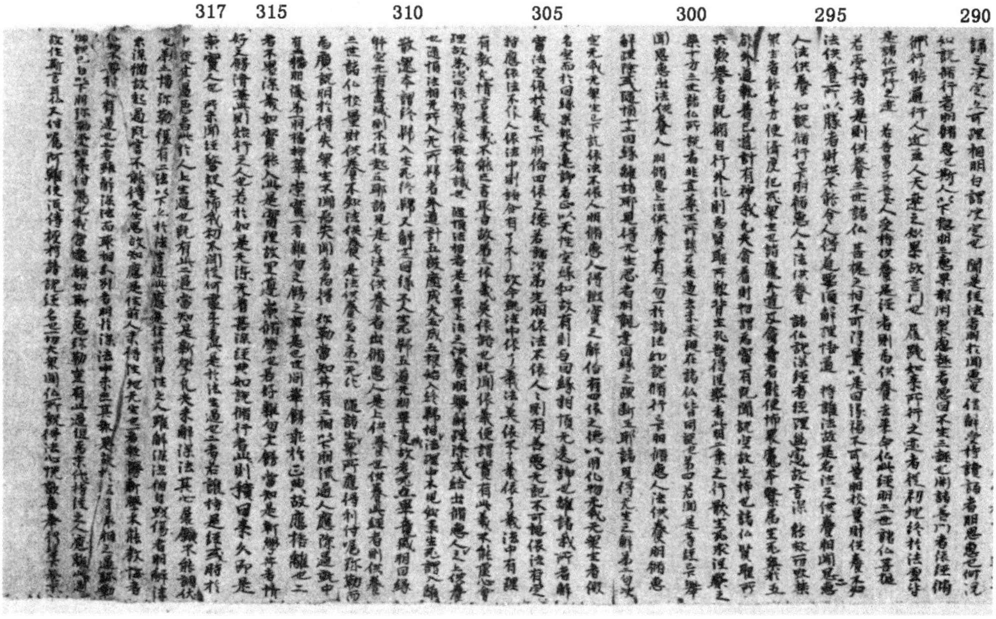

俄 Φ102 維摩經疏 (10－10)

三、 ф.102 寫卷與慧遠《維摩義記》

ф.102 寫卷第 1—56 行，疏釋内容係鳩摩什譯本《維摩詰經》“弟子品”經文，經疏内容文字與今傳世的慧遠《維摩義記》卷第一（末）大抵相同。隋代高僧慧遠（523—592），世稱淨影寺慧遠，敦煌人，爲地論宗重要代表人物。晚年居洛陽興善寺講《攝大乘論》，受隋文帝禮遇。後移居淨影寺，從學者七百餘人。撰有《大乘義章》《十地經論義記》《維摩義記》《無量壽經義疏》等。慧遠所撰《維摩義記》，中國歷代藏經均未收入，近代收於《大正藏》及《卍字續藏》，作八卷；敦煌、吐魯番寫本存有慧遠《維摩義記》殘卷多件，計有卷一：北敦 6378 號背（鹹 078、7266 號）、斯 9991 號 A、斯 2688 號；卷一至卷二：北敦 2796 號（吕 96、1320 號）、斯 721 號背、斯 721V3 號、杏雨書屋羽 2；卷三：斯 4101 號、伯 2218 號；卷四：Ch 5601r＝B4（TIIT）吐峪溝遺址出土。〔1〕慧遠《維摩

〔1〕 參見拙稿《敦煌寫本〈維摩義記〉整理與研究（上）》，第二屆《維摩詰經》與東亞文化國際學術研討會論文，宜蘭佛光大學佛學研究中心、佛光大學佛教學院主辦，2015 年 10 月 3—4 日。

義記》原爲四卷，各卷不分本末。今傳八卷本蓋於四卷本中復將各卷分作本末二卷。是四卷本與八卷本内容實無不同。以下僅將 ф.102 寫卷持與《大正藏》第 38 卷經疏部 no.1776 慧遠《維摩義記》仔細比對，分別條列 ф.102 與慧遠《維摩義記》全同及 ф.102 精簡的情形如下：

（一）ф.102 與慧遠《維摩義記》全同者

ф.102 寫本第 1—56 行尾題"《維摩經疏》第一"，内容實據慧遠《維摩義記》卷第一删精簡整理成編。其中第 1—4 行、第 7—9 行、第 11—19 行、第 26—31 行、第 33—34 行、第 40—41 行、第 44—53 行等與慧遠《維摩義記》卷第一内容文字全同。爲省篇幅，兹但舉數例，以見一斑，如：

第 1—4 行：

> 隨其心淨因前起後則一切〔功〕德淨（下缺）/淨所攝淨土之果，當竟淨其心。隨其心淨，則（下缺）/則佛土淨。明因得果。第二明拂疑顯淨。而佛自身現居穢國，説得淨（下缺）/信故須須拂疑以成前義。諸經多尒。故涅槃中佛説菩薩修淨佛土。德王即問。佛[1]何故不修淨土。[2]

第 11—19 行：

> 無量諸佛，深殖善本，歎七地已還功用之行，如地經説一一地中多供養諸佛名爲已供。無量諸佛此攝功德。深殖善本，明攝智慧。又供諸佛起行所依，深殖善本，正起所行，得無生歎。忍别有五，如仁王説，一者伏忍：種性解行，深伏煩惱故名爲伏。二者信忍：初二三地於後無生，深信不壞。三者順忍：四五六地，趣順無生。四無生忍：七八九地，見法無起。五寂滅忍：十地及佛相盡證寂得大涅槃。七地雖得無生法忍而未清淨，八地已上無生忍淨故就説之辯才無礙，歎九地行彼具四無礙。辯才爲生説法，名辯才無礙。遊戲通等歎十地行。遊戲神通是十地中神通大也。化用難惻（測），名之爲神；神

---

〔1〕"佛"，慧遠《維摩義記》作"如來"。
〔2〕慧遠：《維摩義記》卷第一（末），CBETA（2016），T38，no.1776，p.437c17—29。

而無壅，故説爲通。於此神通歷涉名遊，出入無礙，如戲相似，顧復名戲。逮諸總持，是十地中大陀羅尼也。獲无畏等是十地中智慧大也。智有四種：一摧耶（邪）智，二入正智，此二一對。三是實智，四方便智，復是一對。[1]

第44—53行：

一切行無常一切行苦諸法無我涅槃寂滅是其四也。前三生死，後一涅槃。問曰無我理通諸法。何故偏判以爲生死。此義不定進退四門。一就情分别。生死有我，涅槃無我。以著我故世間受生。是故有我偏在生死離我不生。爲是涅槃一向無我。二就法相相對分别。生死無我涅槃有我。生死之法體無性實用不自在故説無我。涅槃性實故説有我。三就性實及與假用。生死涅槃二俱有我。是義云何。生死法中有二種我。一性實我所謂佛性。故經問言二十五有有我不也。佛答我者即如來藏。藏即佛性。一切衆生。悉有佛性。即是我義。二假用我五陰和合集成我人。故經云言衆生佛性不即六法不離六法。言六法者五陰及我。此我即是假用我也。生死有此涅槃亦然。如來法身是其性我。如涅槃説。若法是常是真是實是主是依名爲我者是性實我。説諸佛五陰集成假人。是假用我此是第三。四就因緣破相空理生死涅槃二俱無我。如經中説。今就第二。是故無我判屬生死。故涅槃説生死法爲無常苦無我不淨。涅槃之法常樂我淨。[2]

（二）ф.102寫本據慧遠《維摩義記》加以精簡者

ф.102《維摩經疏》前五十六行完全根據慧遠《維摩義記》卷第一部分的内容文字依序抄録。或全抄，或摘抄。淨影寺慧遠屬地論宗相州南道派，解經釋義多用該派宗義。其將《維摩經》歸爲“菩薩藏中頓教法輪”，疏釋《維摩義記》則分“就處分别”“就會分别”“就義分别”“就文分别”等四科對全文進行疏釋。每釋一義，多先徵引，後方解之，釋義詳盡細

〔1〕慧遠：《維摩義記》卷第一（末），CBETA（2016），T38，no.1776，p.440b7—21。
〔2〕慧遠：《維摩義記》卷第一（末），CBETA（2016），T38，no.1776，p.442a27—b18。

委，或涉煩瑣。ф.102 抄者因此多有所删削，力求精簡。

如第 5—7 行，内容爲隋慧遠《維摩義記》卷第一（末）：

> 自居穢國。佛即答之我土常淨。與此相似。文中有三，一舍利弗疑念起發。二佛知念下對之顯淨。三常佛現此嚴淨時下明化利益。（中略）心有高下，不依佛慧[1]見穢所以。心有高下明無等悲。於諸衆生分別違順善惡等異名心高下。不依佛慧明無深智。於諸法中分別染淨空有等別彰佛深慧故曰不依。（中略）生平等明有等慈。翻前高下。深心清淨明有妙慧。[2]翻前舍利不依佛慧。則能見此佛土淨者正明見淨。翻前舍利故見不淨。上來第二螺髻顯淨。（中略）問曰前説由心高下不依佛慧故見不淨。佛今何不改變其心令使見淨乃須按地。釋言爲化差別有三。一變境從心。二變心從境。三境心俱變。今初門變境從心從，彼舍利求淨之意。爲彰穢境無定相矣。[3]

上文内容慧遠《維摩義記》卷第一文字長達一千六百字，ф.102 寫卷第 5—7 行則精簡爲一百零一字。楷體下標綫者爲 ф.102 寫卷第 5—7 行文字内容。

又如 ф.102 第 8—12 行内容爲慧遠《維摩義記》卷第一（末）：

> 如十波羅蜜中方便波羅所爲善巧故曰方便。四集成方便。如地論説。（中略）今此所論義當第二權巧方便。但權巧中義別有三。一身方便。現形六道無所不爲。二口方便。實無三乘權以施之。三意方便。現證聲聞緣覺之果及起煩惱業苦等事。今此正明身業方便亦兼口意。又復此中巧化衆生。亦即是其施造方便。明此方便名方便品。下隨文釋。（中略）序中約人兩門分別。一通維摩及佛分別。一一地中多供養佛名爲已供。無量諸佛此攝功德。深殖善本明攝智慧。又供諸佛起行所依。深殖善本正起所行。得無生忍歎八地行。[4]

---

〔1〕 ф.102 將“明無深智”置於此下。

〔2〕 ф.102 此句作“翻高下爲深心，清淨明有妙慧”。

〔3〕 CBETA（2016），T38，no.1776，pp.438a01—439a18 的删減。

〔4〕 CBETA（2016），T38，no.1776，pp.439c7—440b7 的删減。

上文内容爲慧遠《維摩義記》卷第一内容，文長約九百三十字，ф.102 第 8—12 行則精簡爲一百二十五字。楷體下標綫者爲 ф.102 寫卷第 8—12 行文字内容。又 ф.102 寫卷值得注意的是在“名方便”與“地中多供養佛名爲已供”間有“維摩住於一地，普攝一切諸地功德，約諸位而以嘆之，已曾供養无量諸佛，深值善本，嘆七地遝功用之行知地，經説二”，此段文字爲今本慧遠《維摩義記》所無。

又如 ф.102 寫卷第 23—26 行内容爲慧遠《維摩義記》卷第一（末）：

> 宿習今成説以爲根。謂信進等。根性不同，有利有鈍，維摩悉知。前歎自分下歎勝進。上攝佛德名爲勝進。於中四句。（中略）大人所乘名爲大乘。於此深信决定不疑故名决定。諸有所作能善思量是第三句明其解成。勝修非一，名諸所作。於此中審觀不謬，名善思量。住佛威儀，心大如海是第四句明其行成。住佛威儀，身行同佛。心大如海，心行同佛。前歎德盈。下歎名美爲人敬歎。（中略）釋梵世主爲天敬也。釋謂帝釋，梵謂梵王。世主是其護世四王。常爲此等之所尊敬。六趣同敬且舉此等。上歎實德，下歎權德。（中略）故彼地經第八地中名彼證行以爲善慧方便矣。二助方便。於彼隨有助道行中，善巧修習故名方便。故地持中宣説十二巧方便行。於此門中巧修自利巧能利他悉名方便。三不住行中善巧修起。於中有六。一觀空不著能起有行名爲方便。〔1〕

上文爲慧遠《維摩義記》卷第一内容，文約四百六十字，ф.102 第 23—26 行則精簡爲一百一十九字。楷體下標綫者爲 ф.102 寫卷第 23—26 行文字内容。

又如 ф.102 第 54—55 行内容爲慧遠《維摩義記》卷第一（末）：

> 就禪度中禪是四禪，定者是其四無色定，言解脱者謂八解脱，言三昧者謂三三昧。就波若中多聞教智。（中略）此復一對。上來行因。六通三明是其行果。言六通者，身通、天眼通、天耳通、他心通、宿

〔1〕 CBETA（2016），T38，no.1776，pp.440c—441a 的删減。

命、漏盡是其六也。言三明者，宿命、天眼及漏盡。亦如别章。從三十七道品生從止觀生是其道也。（中略）下明證行。從真實生是所證理。如來藏性是其真實。此佛正因故佛從生。從不放逸是其能證。妄情浮蕩名爲放逸。〔1〕

上文内容爲慧遠《維摩義記》卷第一内容，文約二百四十字，ф.102第54—55行則精簡爲七十一字。楷體下標綫者爲ф.102寫卷第54—55行文字内容。

三、ф.102寫卷與斯2732號《維摩經義記》卷第四

ф.102寫卷第57—317行，内容係疏釋羅什本《維摩詰經》"佛道品第八"至"囑累品第十四"内容，其文字内容與斯2732號佚名《維摩經義記》卷第四幾乎全同，衹是ф.102較爲精簡，明顯與前56行體例風格不一，當是分别會抄二種有關《維摩詰經》的義疏。

斯2732號《維摩經義記》卷第四殘卷，爲卷子本，長1 341.6厘米，正背書。正面爲本件。卷背爲《大乘百法名門論開宗義决》。本件首殘尾全，存九百零七行，行23—25字。起"中聞是故在後而明也。又解。正在此中明亦"，迄"心悦歡喜奉行"。尾題"維摩經義記卷第四"，中題"入不二法門品""香積佛品""菩薩行品""見阿閦佛品""法供養品""囑累品"。卷末有題記："龍華二儒共校定也，更比字一校也。大統五年四月十二日比丘惠龍寫訖流通"，"保定二年歲次壬午，於爾綿公齋上榆樹下，大聽僧雅講《維摩經》一遍私記"。

此卷所疏釋内容殘存羅什本"佛道品第八"至"囑累品第十四"結束，爲中國歷代大藏經所未收。今《大正藏》收入第八十卷"古逸部"，編號2769號，第355—364頁。其第一則題記與正文字體同。大統爲西魏文帝元寶炬的年號，大統五年即539年。第二則與正文字體不同。保定爲北周武帝宇文邕的年號，保定二年即561年。當爲後來使用者所補。此卷爲唐前早期的《維摩經義記》，其抄寫年代距北周建德二年（573）北周武

〔1〕 CBETA（2016），T38，no.1776，p.0444b—c的删減。

帝滅法僅十二年，劫後遺經，彌足珍貴。

以下將 ф.102 與斯 2732 號《維摩經義記》卷第四比較，分别二者全同及 ф.102 精簡的情形。

（一）ф.102 寫卷内容文字全同於斯 2732 號《維摩經義記》者

ф.102 有關《維摩詰經》義疏的寫本内容，前五十六行係據慧遠《維摩義記》卷第一，或照録或删減；第二部分第 57—317 行，所據的底本與斯 2732 號《維摩經義記》相同，編纂方法，也是或照録或删減。其中與斯 2732 號《維摩經義記》卷第四全同者有：第 58—61 行、第 63—133 行、第 136—139 行、第 142—149 行、第 154—157 行、第 158—163 行、第 181—189 行、第 193—221 行、第 222—228 行、第 229—271 行、第 273—286 行、第 291—305 行、第 308—316 行等。其中如：

ф.102 第 63—133 行，起"以事相爲二，弟二明據理無二，弟三明會不二之理。法自在菩薩曰以生滅爲二者，生名起成，滅者緣離曰滅"，迄"真諦之體，言語道斷心行處滅時，情莫知所寄。事須明有因食以入道引級物情也"。長達二千五百多字的經疏與斯 2732 號《維摩經義記》"入不二法門品""香積佛品"文字全同。[1]

ф.102 第 193—221 行，起"身口意善得佛威儀者，明身業清淨得佛象王視觀行住坐卧舉動威儀正應道身所修業口"，迄"衆生病也，諸正出以下總結觀勸修之"。長達一千一百多字的經疏與斯 2732 號《維摩經義記》"菩薩行品"文字全同。[2]

ф.102 第 229—271 行，起"齊觀故云等也。不一相者垂迹萬差"，迄"愚闇而共合者，合上日光出時則無衆冥也。但滅衆生煩惱闇者，合上欲以明照爲之除冥也"。長達一千六百多字的經疏與斯 2732 號《維摩經義記》"見阿閦佛品""法供養品"文字全同。[3]

ф.102 第 273—286 行，起"護者明天天地在家白衣亦説三惠流通，得見是人親近供養者，將明三惠流通先自導已得"，迄"能通行人近至人天遠之妙果故言門也"。五百多字的經疏與斯 2732 號《維摩經義記》"法供

〔1〕參見 CBETA（2016），T85，no.2769，pp.342c25—344c3。
〔2〕參見 CBETA（2016），T85，no.2769，pp.349c23—350a4。
〔3〕參見 CBETA（2016），T85，no.2769，pp.351a26—0352b9。

養品”文字全同。〔1〕

ф.102 第 291—305 行，起“衆生者能善方便濟度犯戒衆生也，諸魔外道及貪著者能使怖畏。魔本繫屬生死樂於五”，迄“散還本謂終，歸入生死歸終，又解，十二因緣不入生死歸五道，無明畢竟滅故老死亦畢竟滅，明因緣相體空”。五百六十多字的經疏與斯 2732 號《維摩經義記》“法供養品”文字全同。〔2〕

（二）ф.102 寫卷内容文字據斯 2732 號《維摩經義記》精簡者

ф.102 寫卷内容文字據斯 2732 號《維摩經義記》精簡者，有第 57—58 行、第 61—62 行、第 134—135 行、第 139—141 行、第 149—158 行、第 163—164 行、第 180 行、第 189—193 行、第 221—222 行、第 228 行、第 272 行、第 286—290 行、第 305—307 行、第 317 行等。有略作摘録，如第 57—58 行約三百五十字精簡爲五十一字，第 61—62 行將二百七十二字精簡爲四十八字，第 286—287 行二百八十字，摘録其要者而删減精簡成七十字左右；更有從長篇疏釋大爲裁剪，如第 134—135 行從長達一千五百多字精簡爲六十九字，第 149—158 行約一千四百字，精簡爲三百二十字，第 189—193 行約一千三百字精簡爲兩百字。删繁存要，且能文從字順，條理清晰。

以下列舉有關 ф.102 寫卷内容與斯 2732 號《維摩經義記》相同，而文字係經過删減而精簡者，兹列舉數例，以窺一斑。

如第 57—58 行内容精簡自斯 2732 號《維摩經義記》卷第四：“降伏四種魔。勝幡建道場者。世人破陣勝幡樹勝相。明菩薩嘆四魔軍，正以坐道場爲勝幡也。從雖知無起滅已下第三大段廣於父義。所以父母偏廣者。惟尊唯重生育之本不過父母也。菩薩二智，衆德之宗，萬行之本，故偏廣之。就中開爲四子段。第一雖知無起滅以下三偈總明外化物示現不同上供〔3〕諸佛下化衆生也。第二從諸有衆生類以下訖以善方便力皆能給足之二十四偈。雖明外化非一也。第三如是道無量兩偈總舉結上。如是道無量者。内德無量也。”〔4〕按：上文斯 2732 號《維摩經義記》内容約三百五

〔1〕參見 CBETA（2016），T85，no.2769，pp.352b27—353a4。

〔2〕參見 CBETA（2016），T85，no.2769，pp.353c20—354a24。

〔3〕ф.102 寫卷“上供”二字前有“菩薩”二字。

〔4〕參見 CBETA（2016），T85，no.2769，p.342b17—28。

十七字，ф.102 寫卷第 57—58 行精簡爲五十一字。字體下標綫者爲 ф.102 寫卷的文字内容。

又如第 61—62 行内容精簡自斯 2732 號《維摩經義記》卷第四《入不二法門》："入不二法門品此品所以來者。上明佛道品。即是明中方便。今明自非照真諦之境窮達無生之理。無由能涉明施化。故次佛道品復明不二法門品。此品是第四大段廣上母義。空理一相，故言不二。能軌曰法。通智爲門。善契此理，所以稱入。從始以來，唯二人相對，餘皆默然。今欲各顯其德故問衆人也。又一解。至理幽玄隱而難測。自非衆聖詳辨無由可究。且時人寄悟不同。應見衆菩薩説然後獲悟。就此品中開爲三段。從初以下訖隨所樂説之。明淨名命衆菩薩説。第二從法自在以下訖淨名默然。正明不二法門義。第三從就説是語時五千菩薩以下訖品。明説法利益時人悟道。就第二段中復開爲三段。第一諸菩薩以言遣法。第二文殊以言遣諸人之言。第三淨名以不言遣文殊之言。就諸菩薩名中各有三句。"〔1〕上文斯 2732 號《維摩經義記》内容約二百七十二字，ф.102 寫卷第 61—62 行精簡爲四十八字。字體下標綫者爲 ф.102 寫卷的文字内容。

又如第 134—135 行内容精簡自斯 2732 號《維摩經義記》卷第四《香積佛品》："就此品中開爲九大段。第一從初説當於何食。（前略）上以文殊威神力故皆默然者。設飯之來事在主人故默然也。今言勿輕未學者。未學猶尚難輕。而況此坐皆是久習高行之人。非是不能。但設飯之來事在主人。理不關客。所以默然也。第二子段。（中略）第三子段。時化菩薩即於會前已下訖佛爲欲化樂小法者不盡現其清淨土耳。明化傳淨名之意，上方取飯也。令彼樂小法者得弘大道者。（中略）又汝於彼莫懷輕賤而作礙想已下勑心。若心生礙。受道則難。是故有此言耶。第四子段。（中略）第五子段。時維摩詰語舍利弗等可食已下訖亦如諸樹之香。明香飯此土有利益也。無以限意食之。"〔2〕上文斯 2732 號《維摩經義記》内容約一千五百字，ф.102 寫卷第 134—135 行精簡爲六十九字。字體有下標綫者爲 ф.102 寫卷的文字内容。

又如第 149—158 行内容精簡自斯 2732 號《維摩經義記》卷第四"香

〔1〕參見 CBETA（2016），T85，no.2769，p.342c8—24。
〔2〕參見 CBETA（2016），T85，no.2769，pp.344c4—345c8。

積佛品”“菩薩行品”：“故爲清淨土之行級行其情。菩薩復應修淨土之行也。（中略）就此八法四段明義。第一段敬上接下相對。饒益衆生而不望報訖謙下無礙。明第一接下句。於諸菩薩視之如佛。第二敬上句。第二段人法相對。前未聞經聞之不疑。第三於法中無乖違。不與聲聞而相違背。第四相小乘人中不相違背。第三段得失相對，不嫉彼供。第五見他得供養。於是失不起嫉心，不高己利。第六於我是得不以爲高。而於其中調伏其心。結成上得失正懷義。第四段自他相對。常省己過。第七自有過内自省。第八句見他過不訟也。恒以一心求諸功德，成上自他義。文殊師利解大段第九。（中略）如來爲説有盡無盡解脱法門。即是菩薩行體，故菩薩品所以來。就此品中有八段明義。（中略）此飯如是滅除一切諸煩惱毒然後乃消也。廣明香飯利益差别。第四從阿難白佛未曾有也以下訖是名入一切諸佛法門。明佛事不同證上香飯有其實益第五從菩薩入此行者若見淨好佛土不以爲喜，已下訖盡力變化所不能作。明言對阿難幹切上方菩薩。第六從爾時衆香世界菩薩來者合掌白佛以下訖唯然世尊願少賜法還於彼土當念如來。明上方菩薩既被譏切悔過自責請法還土。第七從佛告諸菩薩已下訖是名有盡無盡解脱法門。明佛爲説有盡無盡解脱法門即菩薩行體。第八從爾時彼諸菩薩聞説是法已下訖品。（中略）又解。法爾七日未入正位者是聲聞性地人。得入正位者無還。又可初地。一生補處者十地菩薩。然香飯雖是下地得道之緣。初地以上豈蘇此藉入道。爲欲成香飯有始終之益故云乃至十地。小乘亦應云初果，二三乃至四果。但文略耳。（中略）猶如法如來所明下方菩薩不樂處衆多有所衆説寂順無爲以作佛事。清淨佛土炳無情處來無言説，寂怕無爲，以自然進道。如是阿難諸佛威儀進止諸所施爲者。（中略）若見不淨亦以爲喜憂。不礙不没者。上見淨妙既不生喜。故睹穢不憂。上淨既無貪。今穢則不生瞋礙。既不以淨。”〔1〕上文斯2732號《維摩經義記》内容約一千四百字，ф.102寫卷第149—158行精簡爲三百二十字。字體有下標綫者爲ф.102寫卷的文字内容。

又如第189—193行内容精簡自斯2732號《維摩經義記》卷第四“菩薩行品”：“法爲善師想師本資益我義前人來有所成化功歸已有。（中略）見造惡毀梵之人起方宜救接之想。諸波羅蜜爲父母想者。欲明菩薩諸度能

〔1〕參見CBETA（2016），T85，no.2769，pp.346c9—348a11。

生成法身如父母也。又解。子有所須資之於父母。明菩薩所須求之於六度也。（中略）發行善根無有齊限者。上亂明自行外化。今總結也。一切善法皆能行之第二段。（中略）上既明自行外化必得佛果故。次舉佛果三事樹出其行。（中略）成上第二事。明因淨則果妙。正以能除諸惡淨於三等。處生死化物無畏故得淨土法身也。聞佛無量德志而不惓者。此是第三事。（中略）以智惠劍破煩惱賊者。此即因累。煩惱能劫人善財。其猶如賊。空觀智惠能摧煩惱故云如劍。出陰界入者。除陰死二魔。即是果累。（中略）故次明之。常求無念實相智惠者。守境爲念。空理無物當心故名無念。空理絶於假詭爲實。（中略）自非有中智備。無以降天魔。内心常行少欲知足之法而示同世間多欲之道。又解。聲聞行少欲知足捨世間入涅槃。菩薩行少欲知足不捨世間入涅槃。不壞威儀而能隨從者。不壞正法威儀而能同俗。有感現種種威儀起神通惠引道衆生者。（中略）内修四等之行故能示生四禪。四禪謂四梵天。涅槃。菩薩行少欲知足不捨世間入涅槃。（中略）勸請説法隨喜贊善得佛音聲者。明口業清淨故得佛梵音微妙也。身口意善得佛威儀者。明身業清淨得佛象王視觀行住坐卧舉動威儀正應道身所修業口。"[1] 上文斯 2732 號《維摩經義記》内容約一千三百字，ф.102 寫卷第 189—193 行精簡爲兩百字。字體有下標綫者爲 ф.102 寫卷的文字内容。

又如第 286—287 行内容精簡自斯 2732 號《維摩經義記》卷第四："行能通行人近至人天遠至之妙果故言門也。常爲諸佛之所護念者。持經之人恒爲衆聖加護故言護念。降伏外道摧滅魔怨者。能降外道改邪從正。滅摧天魔棄惡從善。修持菩提安處道場者。明修於國中萬行感於道場之果。履踐如來所行之迹。從初地終於法雲皆是諸佛所行之迹。其一聽法者以下明天帝擁護弟子使外惡不干内生善法。佛言善哉以下。第二大段述成天帝之言。即明經重人重。封印淨名之所説。就中開爲四段也第一大段從佛言以下訖若善男子善女人受持供養是經者則爲供養去來今佛者。此經明三世諸佛菩提。"[2] 上文斯 2732 號《維摩經義記》卷第四義疏有二百八十字，ф.102 删減精簡爲七十字左右。字體有下標綫者爲 ф.102 寫卷的文

〔1〕 參見 CBETA（2016），T85，no.2769，p.349a16—c25。
〔2〕 參見 CBETA（2016），T85，no.2769，p.353a3—16。

字内容。

ф.102 根據斯 2732 號《維摩經義記》抄録，明顯有大量的删減，或存義記經疏原文的三分之一，甚至有僅存六分之一的，雖然精簡至極，但注釋内容仍然義理貫穿，文字也顯得流暢易懂，儼然爲一人之著述。

四、結　語

《維摩詰經》是大乘佛教的重要經典。在漢傳佛教中廣爲流傳，譯本衆多，傳世三譯本中以鳩摩羅什譯本最爲風行，傳寫、翻刻不斷。在魏晉南北朝隋唐的傳播過程中，更通過講解與注疏，各家各派對《維摩詰經》進行了詮釋與闡揚，推動著維摩信仰的發展。在敦煌藏經洞發現的大量佛教文獻中，《維摩詰經》聚於敦煌寫本五部大經之一，大量有關《維摩詰經》的文獻，包括不同譯本的經文、各家的注、疏、義記、講經文，以及歌贊，除具文獻價值外，也是考察維摩信仰文化的實證。其中各系統《維摩義記》寫本的遺存，是考察維摩經義疏及佛教義疏學的珍貴材料。ф.102 寫卷，便是其中之一。

從以上對照可以看出，ф.102 第 1—56 行内容則是疏釋羅什本《維摩詰經》“弟子品”，顯然是摘録淨影寺慧遠《維摩義記》卷一的部分文字。至於第 57—317 行的内容則是疏釋羅什本《維摩詰經》“佛道品第八”至“囑累品第十四”，與前五十六行題有“維摩經疏第一”的體例風格不一，是 ф.102 寫本乃分别彙抄兩種有關《維摩詰經》的注疏以成編者。其抄録的寫本中標有“入不二法門品第九”“香積佛品第十”“法供養品”等標題。按核内容，雖未見今所傳世各《維摩詰經》注疏，然却與敦煌寫本斯 2732 號佚名《維摩經義記・卷第四》“佛道品第八”至“囑累品第十四”内容幾乎全同，衹是 ф.102 小有簡略。

“義疏”是佛教經論注釋書的通稱。或作注，或作解，或作義記，或作義疏。蓋佛經義理幽深，若不疏決開通則不易啓悟，故須依文義解之，分别旨趣，決擇勝劣，使無塵滯。而注解疏文，每有摘録抄録諸經、衆論以爲解説，故亦有稱抄者。經論疏釋篇幅廣大，卷帙繁多，研讀尋繹至爲不易，其後發展，乃有删繁節要的要抄、略抄、摘抄。敦煌寫卷伯 2385

號《毗尼心疏釋》中有云："抄者，略也。因令撮略正文，包括諸意也。略取要義，不盡於文。抄字著手，即拾掇之義，取其要者……"此種情形尤以佛教大部經、律、論、疏爲等，如《涅槃經節抄》《正法念處經摘抄》《三部律抄》《四分律删繁補闕行事鈔》《比丘含注戒本小鈔》《四部律並論要抄》《大毗婆沙論雜抄》《大乘百法明門論抄》《因明入正理論略抄》《小乘部義鈔》《大乘四法經釋抄》《大乘百法明門論開宗義記疏抄》《金剛旨贊疏抄》等。

高僧大德爲個人研學，或爲僧衆講説，每每參考前賢重要的經疏，或隨順本疏略加解釋，或删去繁雜，存其精要，通過充分的理解，摘録抄略使經疏妙義了然易解。以不著述的方法達到著述的目的，發揮述而不作的精神。敦煌佛教寫本典籍傳抄並無定式，此與傳世典籍經過編輯整理成定本，然後流傳，顯然不同。φ.102 寫卷分别抄録慧遠《維摩義記》卷第一，及斯 2732 號佚名《維摩經義記》卷四的内容文字，或全抄，或摘録，間有些增補。

從上舉對照諸例，可以窺見 φ.102 所抄不論是開頭抄録慧遠《維摩義記》卷第一部分，或第二部分疏釋"佛道品第八"至"囑累品第十四"各品抄録斯 2732 號佚名《維摩經義記》卷第四部分。整體顯得篇幅精簡，相較於斯 2732 號佚名《維摩經義記》的疏釋來得簡明流暢。可見此卷顯爲當時高僧大德對《維摩經》疏釋精心摘抄，以供做自我研習或講授之用，而非全盤照録，從中體現了卷子的使用者對《維摩經》精義有一定深度的理解，極便於研閲。顯然這是敦煌佛教日常用經抄本特色的表現，也是《維摩詰經》義疏學的寶貴資料。

《佛教文獻研究》第三輯
2019 年，191—223 頁

南北朝佛名類抄經研究
——以其與禮懺的關係爲中心

曹　凌

内容摘要： 南北朝時期是中國佛名類典籍發展的重要時期，其中尤其是中國人所抄撰的佛名類抄經對於佛教史研究具有重要的意義。本文綜合運用了傳世文獻與石刻材料，對此一時期佛名類抄經的發展情況進行了較爲全面的梳理，並嘗試探討其背後的原因。本文認爲此一階段佛名類抄經發展大體有兩種主要傾向，分别以增廣佛名和對佛名加以組合爲特徵。這兩種傾向又有時代特徵，佛名增廣的趨勢在齊梁時代大致到達頂峰，而此後佛名抄撰的主要方向是對佛名加以合理的組合。佛名組合的主要目的是爲禮懺等儀式活動提供完具三世十方佛的佛名，各種此類組合中又以根據《觀藥王藥上二菩薩經》組織的系統最爲發達。此一系統成熟的形態出現於南梁，並已具有與禮懺文相結合的形態。嗣後此種形式可能産生了全國的影響，這爲隋唐以降《七階佛名經》等文獻的出現奠定了基礎。南北朝佛名抄的發展歷程與儀式的需要有密切關係，同時又與倚重他力的修行方式逐漸成爲主流相表裏。

關鍵詞： 佛名；禮懺；佛名經

作者單位： 上海師範大學哲學與法政學院

本文所謂的佛名類抄經（佛名抄）是指由中國人將一部或多部經典中的佛名（有時包括相關内容）抄出，加以名題獨立成卷而形成的文獻。[1]

---

〔1〕 學界一般將以佛名爲主要内容的經典通稱爲佛名經。由於這類文獻中包括了翻譯的佛名典籍與中國人所編撰的佛名典籍，而這兩類文獻對於研究者有完全不同的意義，故筆者認爲若以翻譯與否將佛名類典籍分爲（翻譯的）佛名經和（中國人抄撰的）佛名抄兩類可能會更有利於研究的進一步展開。這種分類在傳統的佛教經録中也可找到根據。下文表格將會顯示，歷代經録中多將中國人抄撰的佛名類典籍與翻譯的佛名經分别作爲抄經和譯經分别著録。

在抄出佛名等内容的同時，編撰者往往還會根據實際需要對佛名結構及相關内容進行一定的改動。[1]

正如前賢學者曾注意到的，佛名抄撰作的興盛與禮懺等儀式活動的發展有著密切的關係。南北朝時期是中國禮懺發展的一個重要時期，與之相應，佛名抄撰作也達到高峰。因此這一時期佛名抄在内容和形式上都發生了很多的變化。這些變化對於研究當時的佛教儀式（尤其禮懺儀式）有重要的參考價值。又由於佛名抄和禮懺儀式流行於社會的各個層面，對於它的研究也能爲我們理解佛教信仰層面的發展情況打開一扇不可多得的窗口。

可惜的是，佛名抄的形式簡單，主要是羅列佛名，且其中很多並未入藏，故亡佚者較多。限於這樣的資料限制，對南北朝時期佛名抄發展的總體情況也還缺少全面性的探討。本文想先通過經録中的記録對佛名抄的發展作一概覽，進而分析南北朝時期由《稱揚諸佛功德經》衍生出的諸佛名抄，探討這一系統佛名抄發展的基本情況，最後將石窟、刻經、造像碑中的佛名題刻作爲綫索，對照《稱揚諸佛功德經》影響下的經典的發展，考察南北朝時期佛名抄發展的宏觀狀況。希望以此勾勒南北朝佛名抄發展的基本坐標，便於進一步研究的深入和開展。

一、先行研究概述

在佛名經的研究領域中比較受到關注的是十二卷《佛名經》的各種改編本。文獻方面，《七寺古逸經典研究叢書》第三卷刊布了七寺本十六卷《佛名經》的文本[2]，釋源博則在最近出版了二十卷本《佛名經》的整理和研究。[3]研究方面，井ノ口泰淳在 20 世紀 50 年代末到 60 年代初便已對敦煌所存的此系《佛名經》的基本情況作過梳理[4]，此後方廣錩先生

〔1〕 如在諸佛名前加“南無”，省略長篇的佛德説明，更改佛名的順序及組織結構等。

〔2〕 牧田諦亮監修、落合俊典編：《七寺古逸經典研究叢書》第三卷，大東出版社，1995 年。

〔3〕 釋源博（張磊）：《敦煌遺書二十卷本〈佛説佛名經〉校録研究》，宗教文化出版社，2015 年。其中二十卷《佛名經》的整理之前已曾在《藏外佛教文獻》中刊布。

〔4〕 井ノ口泰淳：《スタイン本による敦煌出土僞妄佛名經の一考察》，《印度學佛教學研究》第七卷第二號，日本印度學佛教學學會，1959 年，第 606—609 頁；《敦煌本〈佛名經〉の諸系統》，《東方學報》1964 年第 35 期，第 397—437 頁。

又進一步對敦煌本僞《佛名經》各本的情况作過研究，並討論了佛名類經典産生的思想背景。[1]汪娟則研究了十六卷本《佛名經》中析出的《大佛略懺》。[2]在前述《七寺古逸經典研究叢書》第三卷中還附入了數篇研究論文。[3]這些研究多結合日本的佛名會儀式進行討論，因此對佛名類典籍與中日佛教儀式之間的關係也有頗多精彩的意見。尤其郭麗英先生的研究還涉及六朝時期佛名懺的實踐情況，對於本文也有很大的啓發。

在本文所關注的南北朝時期佛名類典籍方面，則以汪娟[4]、鹽入良道[5]、倉本尚德[6]和山口正晃[7]等幾位先生的研究較具代表性和系統性。這四位學者中汪娟、鹽入良道和山口正晃都嘗試對佛名經典形態進行梳理。鹽入良道主要以所列之佛爲根據整理諸佛名經典。然而正如下文會展示的，諸佛名抄互相抄録、根據需要隨機組合的現象很常見，佛名組合因此也有種種不同，較難簡單歸類。故鹽入先生的整理方法對於翻譯經典比較適用，但是並不利於佛名抄的整理和研究。汪娟提出佛名經典分爲兩類，即稱揚功德類和稱禮佛名類。前者如《稱揚諸佛功德經》，後者則如《十方千五百佛名經》。同時她也指出了稱禮佛名類經典往往並非翻譯或翻譯情況不甚明了，即是認爲這類佛名經典多爲中國人所抄撰，且與儀式實

〔1〕 方廣錩：《關於敦煌遺書〈佛説佛名經〉》，《敦煌學佛教學論叢》（下），中國佛教文化出版有限公司，1998 年，第 125—154 頁。

〔2〕 汪娟：《敦煌本〈大佛略懺〉在佛教懺悔文中的地位》，《敦煌文學論集》，四川人民出版社，第 388—402 頁。

〔3〕 此書研究篇中所收録論文包括了真柄和人爲十六卷本《佛名經》所作的解題、竹居明男《日本における佛名會の盛行》、三輪照海《三千佛名經に基づく佛名會の次第》以及郭麗英《中國ならびに日本における佛名の讀誦》（法文本和京户慈光所翻譯的日文本）。

〔4〕 汪娟：《佛名經典與佛教禮懺的關係》，《法鼓佛學學報》第 1 期，第 35—70 頁及《敦煌禮懺文研究》。

〔5〕 鹽入良道：《中國佛教における佛名經の性格とその源流》，《東洋文化研究所紀要》第 42 期，第 320—331 頁；《中國佛教における禮懺と佛名經典》，《結城教授頌壽記念佛教思想史論集》，大藏出版，1964 年，第 569—590 頁；《中國佛教における懺法の成立》，大正大學天台學研究室，2007 年，第 225—361 頁。

〔6〕 倉本尚德：《南北朝時代における〈大通方廣經〉の成立と受容——同經石刻佛名の新發見》，《中國哲學研究》第 23 期，第 1—37 頁；《北朝時代の多佛名石刻——懺悔・稱名信仰と關連して》，《東洋文化研究所紀要》第 154 期，第 55—108 頁。

〔7〕 山口正晃：《〈現在十方千五百佛名並雜佛同號〉小考——“佛名經類”の發展過程と關連して》，《敦煌寫本研究年報》第 2 期，第 91—110 頁；《敦煌本〈賢劫千佛名經〉について》，《敦煌寫本研究年報》第 3 期，第 79—102 頁；《〈十方千五百佛名經〉全文復元の試み》，《敦煌寫本研究年報》第 5 期，第 177—212 頁。

踐有關。汪娟的分類體現了他對佛名經用途的重視，這一點尤爲可取，對本文也有重要的啓發。然而汪娟把經文的形式作爲分類的主要標準，似乎不如以翻譯爲標準更能切合中國佛教研究之需要。山口正晃以一系列的個案研究解釋了佛名類典籍發展中的一些重要問題。其中，《〈現在十方千五百佛名並雜佛同號〉小考——“佛名經類”の發展過程と關連して》一文中提出了“初期佛名經群”的概念，即指南北朝時期盛行的僅列佛、菩薩名的佛名經典（大致可對應汪娟的“稱禮佛名”一類）。《〈十方千五百佛名經〉全文復元の試み》中則提出敦煌本《十方千五百佛名經》也是同一期的作品。與“初期佛名經群”相對的是隋唐以降以僞《大佛名經》爲代表含有懺文等其他内容的佛名經典。從山口正晃的分期思路和研究對象都可以看到，其分類主要針對的是中國人所撰的佛名類文獻，也即本文所謂的佛名抄類文獻。在佛名抄的範圍内，這種分類兼顧形態學上的劃分與歷史上的分期，表現了佛名抄發展的歷史過程，是具有相當創見的認識。尤其是他注意到了佛名抄發展的一個重要變化，即其與禮懺文合流的趨勢。但是對於所謂“初期佛名經群”的發展過程及其原因，山口正晃先生尚没有做充分的分析，對於其發生、演化過程的討論也頗有可商榷之處。〔1〕

在資料上最爲突出的是倉本尚德。其研究的特點是將文本與金石文獻結合起來加以討論。佛名類典籍文本本身往往衹是佛名列表，難以知道其傳行的情況。當我們結合金石文獻考察時能較易了解其在實踐層面的意義，並能確認其流行的地域範圍。此外，這樣的研究也能幫助我們進一步了解這些金石文獻所藴含的信仰意義。

在佛名抄與禮懺關係的方面。汪娟、鹽入良道、倉本尚德都强調了佛名經與禮懺的關係。汪娟提出稱禮佛名類經典更體現儀式的需要，“以宣

〔1〕 如山口正晃的研究似乎過於强調特定經典（《大佛名經》）的作用，由此也就將佛名經的發展歸因於《大佛名經》的出現和演變。而如下文所示，筆者認爲懺文和佛名經合流的傾向在南梁已經出現。從南北朝晚期到隋代，可見多種文獻及石刻材料都將佛名和懺文合於一處，顯示此時兩種文體的結合已經固定化。而直至隋代，相關遺存中絶少有涉及《大佛名經》者。衹是在入唐後，《大佛名經》諸改編本應運而生，逐漸成爲佛名抄類文獻中最引人注目的一群。但《大佛名經》的這一變動，不宜認爲是佛名經形態發展之原因，而應認爲是其在南北朝的發展之結果。故本文研究的時間範圍雖然近於其所謂“初期佛名經群”的時代範圍，但我們却並不采用其分期和相關術語。

唱、禮拜的用途爲主”。而佛名經則爲禮懺提供了功德思想的思想基礎，又爲禮懺提供了佛名組合及内容以供儀式使用。這是非常好的總結。倉本尚德則從石刻角度提出佛名石刻多與和懺悔有關的經典關係深刻，且個别石刻中有冠以“懺悔主”“大齋主”的人名。由此提出佛名石刻與禮懺儀式有密切的關係，可以從中看到佛名經典、禮懺儀式和社邑組織的互相關係。山口正晃則認爲佛名經撰作主要目的是用於稱名和書寫，似乎並没有充分關注禮懺與佛名抄撰作的關係，不得不説這是其研究中的一個缺憾。

二、經録中所見佛名抄群

西晉竺法護所譯《賢劫經》的千佛名號品是較早的列有長篇佛名的文獻。東晉僧竺曇無蘭即將《賢劫經》中的佛名抄録出來，加以分别和校勘，形成了具有佛名抄性質的《千佛名號》(《賢劫千佛名經》)一卷。〔1〕據筆者所見這是最早被記録的佛名抄。但從曇無蘭自撰的《千佛名號》序文來看，抄撰此經的主要原因似乎是《賢劫經》佛名部分情況混亂亟需整理，與儀式需要並無密切的關聯。因此它和後來佛名抄的關係並不突出。事實上，從經録記録也可以看出東晉時期佛名抄撰作並不盛行。《出三藏記集》中道安所記録的經典裏大約僅《賢劫五百佛名經》〔2〕是佛名抄。加上曇無蘭《千佛名號》，可確認東晉時期的佛名抄亦不過兩種而已。因此佛名抄的大量撰作應當是從南北朝開始的。

《出三藏記集·新集失譯雜經録》記録了一批佛名抄。〔3〕在《法經録》

---

〔1〕《出三藏記集》卷二，《大正藏》第五十五卷，第2145號，第10頁。據僧祐記録，此經蓋出於東晉孝武帝時期，即公元362年至396年之間。曇無蘭所撰《千佛名號序》記録了此經的撰作原因，見載於《出三藏記集》卷一一，《大正藏》第五十五卷，第2145號，第82頁。《出三藏記集》卷四《失譯雜經録》中《賢劫千佛名經》條云“(此經)唯有佛名，與曇無蘭所出《四諦經》(此處有誤，當指《千佛名號》——引者)千佛名異”(《大正藏》第五十五卷，第2145號，第22頁)，則曇無蘭《千佛名號》中除佛名外可能還有其他内容。

〔2〕《出三藏記集》卷三《新集安公凉土異經録》所載，《大正藏》底本作《賢劫五百佛》，《大正藏》第五十五卷，第2145號，第19頁。《法經録》將此經判爲抄經，見《大正藏》第五十五卷，第2146號，第125頁。

〔3〕《出三藏記集》中的《新集失譯雜經録》不僅收録失譯經典，也收入“割品截揭，撮略取義，强製名號，仍成卷軸”的抄經。其中僧祐比定爲抄經者加以説明，以爲區别。參見《出三藏記集·新集失譯雜經録》小序，《大正藏》第五十五卷，第2145號，第21頁。

中，此類經典（除出自《華嚴經》的兩種外）則集中著録於别生經録中，顯然編録者認爲這批經典是别生經中的一個較爲特殊的門類。〔1〕後代經録大致都繼承了《法經録》的分類方法，將大部分佛名抄作爲抄經中的一類集中進行著録，並略有增補。以下我們將衆經録中明確説明爲佛名抄的經典匯成表格，以便參考：

經　　名	經録著録	備　　注
《賢劫千佛名經》一卷（《千佛名號》）	《出三藏記集》卷二	曇無蘭撰
《有稱十方佛名得多福經》一卷	《出三藏記集》卷四	原注："抄"
《稱揚諸佛功德經》一卷	同上	原注："抄三卷《稱揚佛功德經》。"
《過去五十三佛名（經）》一卷	同上	原注："出《藥王藥上觀》，亦出《如來藏經》。"
《三十五佛名經》一卷	同上	原注："出《决定毗尼經》。"
《德内豐嚴王佛名經》一卷	同上	原注："抄"
《諸佛名》十卷	《出三藏記集》卷一二	收入蕭子良《法集録》
《諸菩薩名》二卷	同上	收入蕭子良《法集録》
《佛名經》一卷	《法經録》卷二	當是抄録《華嚴經》中佛名
《菩薩名經》一卷	同上	當是抄録《華嚴經》中菩薩名
《佛名經》十卷	同上	或即蕭子良所編《諸佛名》
《佛名經》一部三卷	同上	—
《諸經佛名》二卷	同上	—
《十方佛名經》一部二卷	同上	此經名又見《出三藏記集》卷四，然《出三藏記集》記録爲一卷，是否同本不明。

〔1〕爲避繁冗，本文諸經録名稱均使用通用的簡稱，如法經等撰《衆經目録》簡稱爲《法經録》，智昇《開元釋教録》簡稱爲《開元録》等，特此説明。

（續表）

經　　名	經録著録	備　　注
《三世三千佛名》一卷	同上	詳下
《三千佛名經》一卷	同上	一卷本《三千佛名經》兩見於《出三藏記集》卷四，但僧祐未標注爲抄經。《法經録》別生録亦著録兩種一卷本三千佛名的經典，與《出三藏記集》中所記録的二經關係不詳。
《十方佛名功德經》一卷	同上	—
《現在十方佛名》一卷	同上	—
《千五百佛名》一卷	同上	初見於《出三藏記集》卷四，僧祐並未得到經本。
《千佛名》一卷	同上	—
《現在千佛名》一卷	同上	—
《過去千佛名》一卷	同上	—
《當來星宿劫千佛名》一卷	同上	—
《南方佛名經》一卷	同上	初見於《出三藏記集》卷四
《賢劫五百佛名》一卷	同上	經名類似的經典初見於《出三藏記集》卷三《新集安公凉土異經録》。《出三藏記集》卷四《新集續撰失譯雜經録》亦記録相似經名，僧祐未見經本。這三條記録所指很可能是同一部經典。
《五百七十佛名》一卷	同上	—
《百七十佛名》一卷	同上	此經與《出三藏記集》卷四所載《稱揚百七十佛名經》當爲同經，僧祐誤判爲翻譯經典。相關情況參見下文。
《同號佛名》一卷	同上	—
《菩薩名》二卷	同上	詳下

（續表）

經　　名	經録著録	備　　注
《諸經菩薩名》二卷	同上	《出三藏記集》卷四著録有《諸經菩薩名》二卷，未注明是抄經。據同録卷十二《齊太宰竟陵文宣王法集録序》，《法集録》中有蕭子良所編《諸菩薩名》二卷，或即此經。
《六菩薩名亦當誦持經》一卷	同上	現存藏内。《大正藏》本題作《六菩薩亦當誦持經》。
《同號佛名經》一卷	《開元録》卷一六	《開元録》注云“三紙，新編上”。《法經録》著録有《同號佛名》一卷，兩者或爲同經。
《廣七階佛名》一卷	《開元録》卷一八	又名《觀藥王藥上菩薩經佛名》，詳下。
《略七階佛名》一卷	同上	《七階佛名經》現存有敦煌遺書抄本等。此系經典爲三階教所用的禮懺文，但抄録諸經佛名，故也有佛名抄的性質。其題名亦多自稱爲佛名經。這兩部典籍雖然被收入《開元録·僞妄録》，但智昇按語云：“其廣略《七階》但依經集出，雖無異義，即是信行集録之數，明制除廢，不敢輒存，故載斯録。”〔1〕可見智昇認爲此經性質爲抄經，對它們的態度亦與其他三階教文獻有所不同，故我們將其收入表格。

上表中列出的僅是歷代經録中明確著録爲抄經的佛名抄，其中最廣者

〔1〕《開元録》卷一八，《大正藏》第五十五卷，第2154號，第679頁。

篇幅達十卷。同時期撰述的佛名抄數量無疑比上表所列的要多。有些經典被錯認爲是翻譯經典收入譯經録中（如《佛説不思議功德諸佛所護念經》[1]），有些經典未曾被經録所著録（如敦煌所存的《現在十方千五百佛名並雜佛同號》），有些由於有僞撰的内容而被收入疑僞經録（如《大通方廣經》）。但由此足見南北朝佛名抄撰作的繁盛。

三、《稱揚諸佛功德經》影響下的佛名抄撰作

首先介紹一下《稱揚諸佛功德經》。

這部經典的翻譯情況比較混亂。此經最早見録於《出三藏記集》卷二，云爲鳩摩羅什於弘始年間（399—416）所譯，共三卷，又名《集華》（當即《集諸佛華》的略稱）。[2]隋代兩部《衆經目録》沿襲此一記載。[3]然《歷代三寶紀》云此經三譯，分别爲羅什譯本、求那跋陀羅譯本（又名《現在佛名經》三卷）和吉迦夜譯本。[4]《内典録》時僅有一種經本，道宣將其比定爲羅什所譯。[5]《大周録》提出此經曾經六譯，有竺法護譯本且與《成具光明定意經》及《成具光明三昧經》爲同本别譯。[6]這顯然是錯的。《成具光明定意經》現存藏内，略作翻檢就可以知道其與《稱揚諸佛功德經》無關。竺法護譯經之説，《大周録》自云是出自《房録》的記載。但《房録》中也找不到對應的記録。故《大周録》之説並無參考價值。《開元録》繼承《房録》認爲此經曾經三譯，一存二闕，所存者被比定爲吉迦夜譯本。但智昇同時指出經文中有“晉言”的提法，與翻譯時代不合，“未詳所以”[7]。《大正藏》本中《稱揚諸佛功德

〔1〕此經又名《不思議功德經》。《出三藏記集》將其收入《新集續撰失譯雜經録》，並未注明其爲抄經。後代經録亦均將其作爲翻譯經典著録。《開元釋教録》雖然指出其“云出衆經”，但仍將其作爲翻譯經典著録，並收入入藏録。此經現存藏内，根據比對，此經中的佛名基本出自其他漢譯經典，實爲一種較早期的佛名抄。詳下文。

〔2〕《出三藏記集》卷二，《大正藏》第五十五卷，第2145號，第11頁。

〔3〕《法經録》卷一，《大正藏》第五十五卷，第2146號，第115頁；《仁壽録》卷一，《大正藏》第五十五卷，第2147號，第151頁。

〔4〕《歷代三寶紀》卷九，《大正藏》第四十九卷，第2034號，第85頁。

〔5〕《大唐内典録》卷九，《大正藏》第五十五卷，第2149號，第314頁。

〔6〕《大周録》卷五，《大正藏》第五十五卷，第2153號，第398頁。

〔7〕《開元録》卷一四，《大正藏》第五十五卷，第2154號，第631頁。

經》依據《開元録》題吉迦夜譯。又，此經藏本後有一個翻譯説明，云此經是麟嘉六年（394）因林法師所請由曇摩跋檀在龜兹翻爲龜兹語。此後林法師又請慧海翻譯爲“晉言”。這一説明中的“晉言”與經文中的小注合轍。但是僧祐以降諸經録作者都没有采用麟嘉六年翻譯之説，似乎都没有看到過這個説明。故此段文字是否可信尚存疑問。無論如何，我們大致可判斷《大正藏》所收的《稱揚諸佛功德經》翻譯時代大致爲 4 世紀末或 5 世紀前半葉。

根據筆者的檢索，尚未見到典籍中出現《稱揚諸佛功德經》異譯本的引文，而歷代編録者亦多衹見過一個本子。看來無論此經曾經翻譯過幾次，衹有藏經本産生了較大的影響。故下文我們提到《稱揚諸佛功德經》也都是指藏經中的這個本子。

《稱揚諸佛功德經》是一部較早翻譯的佛名經典，它主要有如下的特色。

首先，這是一部現在佛名經。即全經所述佛名均爲現在佛。〔1〕

其次，此經並不僅是佛名列表，而是對諸佛刹土、世界、功德等進行了詳細的説明。按照汪娟先生的分類，此經屬於典型的稱揚功德類經典。個别佛名下甚至有更爲詳細的説明。如東方阿閦佛是早期大乘佛教中非常重要的一個他方佛，故説明最爲詳盡，與其他諸佛有顯然的不同。〔2〕有些佛名則或説明佛在因地時的發願等内容，有强調如來願力的傾向。〔3〕

最後，也是最爲特殊的一點，此經是一部五方佛名經。此經佛名分别爲東方爲首的四方佛與上方佛。這是令人非常費解的組合。佛典中五方佛除四方以外應該是中央佛，諸佛以平面的形式展開。在佛教典籍中這種平面的五方佛似乎出現較晚。如果以立體形式展開，則表現爲六方佛或十方佛等形式，即須有上下兩方之佛名相配合，如六方佛是較早出現的佛名組，包括四方和上下。《稱揚諸佛功德經》中有上方佛，似乎當屬立體形式，理所當然地應該有下方佛相配。但此經三分具足又似無殘缺。在筆者

〔1〕 此處所謂現在佛，是指已經成道並且尚具命根的諸佛，與賢劫千佛等現在劫之佛不同，須注意區别。

〔2〕《稱揚諸佛功德經》卷上，《大正藏》第十四卷，第 0434 號，第 87—88 頁。

〔3〕 如三曼陀揵提香熏如來，參見《稱揚諸佛功德經》卷中，《大正藏》第十四卷，第 0434 號，第 94 頁。

所見的佛名經典中，這種五方佛名的格局可謂絶無僅有。雖然這一獨特的格局出現原因不明，但通過觀察相關文獻如何處理這一獨特的格局，可幫助我們理解佛名抄發展的目的，因此這種五方的形式對於我們的研究反而有重要的幫助。

本經非常强調佛名的滅罪得福的功能，並在多數佛名後具體説明了聞各佛名所能滅的罪數，如第一佛寶海如來，即提示“執持諷誦，歡喜信樂”者能得功德利益。但是所謂的聞持並不僅僅是指聽聞和讀誦而已，也有儀式的内容。在本經卷一末尾處（即東方佛的結束處）云“其有得聞斯諸佛名，盡心信樂，以膝著地，長跪叉手，普爲東方諸佛作禮，持諸佛名，三作是言‘我今普禮東方一切諸佛世尊’，其人得福不可限量”。南方佛名結束時也有類似的提示語。在各佛名中如南方法最如來、北方豐嚴如來下也提示聽聞、讀誦佛名並作禮能得到利益之説。由此可見禮佛儀式是本經所宣揚的儀式之一。這種爲滅罪而禮佛的儀式思想本與禮懺儀式相通，是禮懺儀式出現的理論基礎。

在這部較爲特殊的佛名經典的影響下，南北朝時期就已經出現了數部相關的佛名抄（及禮懺文），我們先一一對其加以簡單地説明。

1.《稱揚諸佛功德經》（抄）

此經最早爲《出三藏記集》卷四《新集失譯雜經録》所載，僧祐曾見此經。此經現在已經亡佚，但從經名和篇幅來看，當是《稱揚諸佛功德經》的抄經。考慮到《稱揚諸佛功德經》的性質，這部抄經很可能是一個佛名類抄經。

2.《佛説不思議功德諸佛所護念經》

此經又名《不思議功德經》《功德經》，初見於《出三藏記集》卷四《新集續撰失譯雜經録》。〔1〕僧祐未見此經，而是根據其他經録著録。《法經録》《仁壽録》等沿襲了僧祐的著録，但似乎已經得到了經本。〔2〕《歷代三寶紀》云此經是“古、舊二録失譯諸經”，並將此經收入入藏録。〔3〕

〔1〕《出三藏記集》卷四，《大正藏》第五十五卷，第 2145 號，第 32 頁。

〔2〕《法經録》卷一，《大正藏》第五十五卷，第 2146 號，第 120 頁；《仁壽録》卷一，《大正藏》第五十五卷，第 2147 號，第 152 頁。

〔3〕《歷代三寶紀》卷五，《大正藏》第四十九卷，第 2034 號，第 60 頁；《歷代三寶紀》卷一三，《大正藏》第四十九卷，第 2034 號，第 112 頁。

《内典録》《開元録》大致承《房録》記録此經。道宣和智昇都已見到此經，並將此經收入入藏録。其中，智昇特别指出了此經乃出衆經而成，並有四卷本。但不知道爲何，仍將此經作爲翻譯經典收録。〔1〕

本經今存於藏内，藏本據《開元録》題爲曹魏失譯經典。但如果對本經中的佛名進行檢索，可以發現它是一部較爲早期的佛名抄。爲了避免太過煩瑣，我們且舉此經前十佛名以爲説明：

《佛説不思議功德諸佛所護念經》佛名	出　　處	對應佛名
東方去是百千萬億江河沙諸佛土解君世界寶光月殿妙尊音王如來	竺法護譯《寶網經》，《大正藏》第十四卷 79 頁下。	過東方長遠無際……至解君世界。彼有佛名寶光月殿，號妙尊音王如來……
東方去是百八萬億江河沙諸佛土淨光莊嚴世界淨華宿王智如來	鳩摩羅什譯《妙法蓮華經》卷七，《大正藏》第九卷 55 頁上。	東方……過是數已，有世界名淨光莊嚴，其國有佛，號淨華宿王智如來……
東方去是百億江河沙諸佛土超立願世界普照常明德海王如來	竺法護譯《文殊師利佛土嚴淨經》卷下，《大正藏》第十一卷 899 頁下至 900 頁上。	東方去是百億江河沙界，名曰超立願，其佛號名普照常明德海王如來……
東方喜信淨世界光英如來	竺法護譯《文殊師利現寶藏經》卷上，《大正藏》第十四卷 456 頁上。	吾與文殊師利共出東游諸佛國，度無央數百千佛土，有世界名喜信淨，其佛號光英如來……
東方解脱華世界師子響作如來	竺法護譯《方等泥洹經》卷上，《大正藏》第十二卷 914 頁中。	應時東方去此百億萬佛國有佛號師子響〔2〕作如來，今現在説法，其世界名解脱華。
東方普光世界天王如來	竺法護譯《諸佛要集經》卷上，《大正藏》第十七卷 756 頁下。	輒覩東方去是八萬四千億諸佛世界，國名普光，佛號天王如來、至真、等正覺，現在説法。

〔1〕《開元録》卷一二，《大正藏》第五十五卷，第 2154 號，第 602 頁。
〔2〕“響”，原文作“嚮”，據《大正藏》校記改。

（續表）

《佛説不思議功德諸佛所護念經》佛名	出　處	對應佛名
東方多樂世界虛空等如來	或出自曇無讖譯《大般涅槃經》卷一，《大正藏》第十二卷 370 頁中	爾時東方去此無量無數阿僧祇恒河沙數微塵等世界，彼有佛土名意樂美音，佛號虛空等如來……
東方寶積世界寶揚威神超王如來	竺法護譯《佛昇忉利天爲母説法經》卷中，《大正藏》第十七卷 794 頁中。	東方去斯九十二億百千佛土而有世界名曰積寶……佛號寶埸威神超王如來……
東方常名聞世界離聞首如來	竺法護譯《文殊支利普超三昧經》卷中，《大正藏》第十五卷 416 頁中。	至於東方常名聞界其佛號離聞首如來、至真、等正覺。今現在説法。
東方寶嚴世界喻日光王如來	不詳	不詳[1]

由上表可見，本經前十佛名中除第十佛名尚未能考明出處，其他九個佛名均引自其他翻譯經典。且九個佛名分别引自九種不同的經典，而佛名與世界名却可對應。故此經並非翻譯經典而是一種抄經。其所抄經典多爲南北朝初期以前的經典，故本經或也撰於 5—6 世紀。

從經典形態上看，本經介於單純佛名列表與稱揚類經典之間。各佛名前無南無、歸依等詞，且説明各佛所處世界，但佛名後並不説明佛德。總體來説，其形態更接近列表形態的佛名經。經文中雖然没有提到儀式的内容，但是這種形態似乎暗示本經與儀式有關。

本經所列佛名爲較爲簡單的十方三世佛名組合。先列舉四方佛，後列舉四隅佛、下方佛、上方佛，最後列舉一部分過去佛和未來佛名。相比之下數量非常少。全經所抄經典非常複雜，其中很多經典，如《維摩經》《華嚴經》（晉譯本）都非佛名經，撰作者非常小心地區别各佛的歸屬並將其抄出，故尋按本經可以發現其所抄佛名的屬性基本和經典中的歸類是相同的。本經中十方現在佛最主要的佛名來源是《稱揚諸佛功德經》和《華

〔1〕 日光王佛之名可見於《華嚴經》等處，然寶嚴世界之日光王佛則待考。

手經》，出自這兩種經典的佛名約占全經佛名的一半以上。

3.《稱揚百七十佛名經》

筆者已另文對此經進行了復原和研究。此處略作介紹。[1]

此經最早見於《出三藏記集》卷四。日本書道博物館藏北魏延興二年（472）造像碑已經提到百七十佛，則此經或撰於5世紀中葉以前。[2]南陳時此經曾收入大乘寺藏經中，故《開元録》引《陳録》（南朝陳《大乘寺藏經録》）著録此經另一名稱《寶海如來等十方百七十佛名經》，並引《陳録》説明此經爲《稱揚諸佛功德經》的抄經。智昇時此經已亡佚，故未對兩經作歸並。從現有材料看，它與《稱揚百七十佛名經》當爲同經，或互爲異本。此經及其中的百七十佛名在南北朝時期曾經一度流行，但隋唐以後此經和百七十佛似乎均不再流行，故此經當在南北朝末期至隋代亡佚。

此經雖然已經亡佚，但是根據我們的考察可知此經是現在十方佛名經，共分兩組十方佛。第一組佛名以《稱揚諸佛功德經》爲基礎，又從《寶網經》等諸經中抄出佛名以補足《稱揚諸佛功德經》中所不足的五方。最後十佛則爲從《觀藥王藥上二菩薩經》中抄出的十方佛名，是爲第二組。第一組十方佛中從其他諸經抄出的佛名基本都見於《佛説不思議功德諸佛所護念經》，但《稱揚百七十佛名經》中這五方佛名較《佛説不思議功德諸佛所護念經》要少很多，《佛説不思議功德諸佛所護念經》則未參考過《觀藥王藥上二菩薩經》，似乎比《稱揚百七十佛名經》要早出。兩經之間的關係尚待進一步研究，但很可能並没有直接的因承關係而是通過一系列中間文本形成關聯。

4.《十方千五百佛名經》

此經的寫本在敦煌遺書中存有不少，是此系統佛名抄中較爲重要的一部文獻。由於此經本身曾經複雜的演變，故筆者已專文另作討論。在此據彼文略作介紹。[3]

---

〔1〕 曹凌：《百七十佛小考》，《哲學與宗教》第七輯，上海人民出版社，2014年，第192—202頁。

〔2〕 倉本尚德：《北朝時代の多佛名石刻——懺悔・稱名信仰と關連して》，第92頁。

〔3〕 曹凌：《敦煌本〈十方千五百佛名經〉雜考》，《敦煌研究》2014年第4期，第71—78頁。

《十方千五百佛名經》，又有《千五百佛名經》等異名，曾被《出三藏記集》等經録所記録（見上文表格）。又，在水泉石窟中曾提到"千五百龍華像"，説明此經可能抄撰於5世紀末期。

根據筆者的研究，原始形態的《十方千五百佛名經》當載有十方各百五十佛的佛名抄，其佛名雜抄自諸經。而敦煌遺書中俄6699號很可能是這種原始本的殘片。在此基礎上，此經有過兩個重要的增補。首先是以《百七十佛名經》和《觀藥王藥上二菩薩經》《十住毗婆沙論·易行品》《寶網經》等爲主要根據，於各方結尾處增補了一系列的佛名。這部分增補增加了佛名的數量但未改動其十方佛名的結構。其次是在東方佛的首部增加了象徵三世佛的六個佛名，包括拘樓孫佛等古佛、釋迦牟尼與彌勒佛。這一改動雖衹加入不多的幾個佛名，却將此經佛名的性質從現在十方佛變爲了三世十方佛，隨之產生了敦煌本中常見的《賢劫十方千五百佛名經》題名形式。敦煌絶大部分的《十方千五百佛名經》寫卷都是經過這兩重增補之後所產生的增補本。根據敦煌遺書題記可以確認這種經過增補的經本至遲6世紀中葉已經在敦煌流傳。

敦煌本《十方千五百佛名經》各方佛名前均有説明，提示功德。各節内容中都提到了禮佛滅罪，如東方云"若有先世犯重罪者，應墮惡道，禮此佛（按：指東方諸佛）故小遇頭痛衆罪消滅……是以行者應勤敬禮諸佛世尊，除棄誹謗，必得如上功德之利"。由此可知此經撰作的目的是用於稱名敬禮的禮佛儀式，其目的是滅罪興福。各佛名不説明佛所處世界等内容，形態簡略，當與儀式實踐的需要有關。

5.《現在十方千五百佛名並雜佛同號》

此經僅存有一件敦煌本斯2180號，《大正藏》據此進行録文。[1]近來山口正晃發現了關於此經的新材料敦煌遺書敦研68號，殘存部分被考證爲將《現在十方千五百佛名並雜佛同號》的佛名拔萃抄出而成的文獻。通過對此殘片背面文書的研判及對佛名經類發展的研究，山口氏推斷此經爲其所稱"初期佛名經群"的最晚期作品，可能撰於北朝末期或隋初。[2]筆

〔1〕《現在十方千五百佛名並雜佛同號》，《大正藏》第八十五卷，第2905號，第1446—1449頁。

〔2〕山口正晃：《〈現在十方千五百佛名並雜佛同號〉小考——"佛名經類"の發展過程と關連して》，第107—108頁。

者亦同意這一判斷。此經未見於經録，可能並沒有産生過全國性的影響。

斯 2180 號首殘尾全，尾題“現在十方千五百佛名並雜佛同號一卷”。現存部分共十紙，所録佛名分爲兩個部分。第一部分抄録諸經的佛名，分組羅列。各組佛名上有解題説明出處，説明佛名分别爲《觀藥王藥上二菩薩經》五十三佛、《決定毗尼經》三十五佛、《阿彌陀贊一切諸佛所持之法經》六方三十八佛、《稱揚諸佛功德經》五方百三十九佛。在《稱揚諸佛功德經》五方佛結束後又有五方佛，最後爲二佛，未説明出處。此經不止從諸經中抄録佛名，也抄録部分相關文字，如《決定毗尼經》三十五佛後的禮懺文也被抄入經中。第二部分爲同號佛名即同名的諸佛，其内容很可能抄録自經録中所記《同號佛名》之類的抄經。

此經的完整形態究竟如何是個很大的問題。從題名來看，此經的主要部分當爲現在十方千五百佛名。然而現存部分不僅完全不見十方排列的格局，而且佛名也不都是現在佛名，如五十三佛是非常有名的過去佛名組。如果將經題分爲三個部分，分别是現在十方千五百佛名、雜佛和同號（佛），則可將殘卷第一部分佛名認爲是雜佛部分。若然，則在現存十紙的殘卷之前當還有千五百以上的佛名。原卷大致將超過三十紙。雖然不是不可能，但是實在是個非常長的卷子。所以此經原型究竟如何恐怕還要等新資料的出現才能完全解決。

根據筆者研究，此經殘存部其實包含百七十佛名，而解題者却未能將其出處説明。此經中百七十佛名被分爲兩截，前段五方佛標明出自《稱揚諸佛功德經》，後段五方諸佛雖然順勢羅列並標明方向，儼然是前文五方佛的後續，却没有説明出處。南北朝時期這百七十佛不僅有獨立的經典，而且頗爲時重，但是《現在十方千五百佛名並雜佛同號》各段佛名説明的作者似乎並不清楚文中佛名的來歷，或許佛名抄録者是根據其他佛名抄轉録並自行加以注解，所以有此誤判。無論如何，這部經中有百七十佛，因此也是間接受到《稱揚諸佛功德經》影響的一部佛名抄。現存部分將百七十佛作爲一組相對獨立的佛名組與五十三佛、三十五佛、六方佛等佛名組並列，組成了全新的佛名結構。這種結構的出現當與《觀藥王藥上二菩薩經》中的佛名組合有關係。可惜由於經文殘缺，具體應該如何對應尚無法完全搞清。此外尚可一提的是，此經中同號佛名之前還出現了兩個很長的佛名，比對《七階佛名經》可以發現這兩個佛名當即《七階佛名經》中兩個長佛名的異譯。兩經同様都將這兩個佛名作爲一系列佛名的最後。〔1〕這對於進一步理解《七階佛名經》有一定的意義。雖然並無明確的證據，但是《現在十方千五百佛名並雜佛同號》與《七階佛名經》的相似性、寫卷中懺文内容的出現等都喻示著《現在十方千五百佛名並雜佛同號》可能與禮懺儀式有密切關係，很可能是一個用於儀式實踐的文本。

6.《六菩薩名亦當誦持經》

《出三藏記集》卷四有《六菩薩名經》一種，僧祐曾見過此經並將其判爲失譯經。〔2〕《房録》將《六菩薩名經》作爲失譯經著録，其入藏録則收録《六菩薩名亦當誦持經》。似乎費長房認爲這兩部經是同經。〔3〕《法經録》卷二著録有《六菩薩名亦當誦持經》一卷，未見經本，但收入衆經別生類，即以其爲抄經。〔4〕《開元録》卷一著録《六菩薩名經》，並注云：

---

〔1〕《七階佛名經》二佛位於諸階佛名之最後。出自開皇年間所譯《十二佛名神咒校量功德除障滅罪經》，它們分别爲：

虚空 1　功德 2　清淨微塵 3　等目 4　端正功德 5　相光明 6　花波頭磨 7　瑠璃光 8　寶體 9　香最上香供養訖種種莊嚴 10　頂髻無量 11　無邊日月光明 12　願力莊嚴 13　變化莊嚴 14　法界出生無障礙王 15　如來

豪（毫）相日月光明花 1　炎（按，或無炎字）寶蓮華 2　堅如金剛身 3　毗盧遮那無障礙眼 4　圓滿十方放光照一切佛刹 5　相王 6　如來

（以上據汪娟《敦煌禮懺文研究》第 168—169 頁抄出，並參考了《集諸經禮懺儀》（《大正藏》第四十七卷，第 1982 號，第 457 頁，佛名分段爲筆者所加）。

我們可將《現在十方千五百佛名並雜佛同號》中的佛名也同様分段如下：

虚空 1　妙 2　無塵垢 3　平等眼 4　善樂德 5　相光 6　雜蓮華 7　流離光 8　寶像身 9　香上世光一切莊嚴 10　頂髻無量 11　日月光滿 12　願成就 13　善化莊嚴 14　法界超出無量衆王 15　佛

幻音熾然雜華光 1　寶紅蓮華 2　金炎體 3　明顯柔濡無礙眼 4　十方放光遍滿一切 5　相王 6　佛

又根據其他文字可知兩處第二佛名均屬於現在名爲無比的菩薩，而所列佛名則爲其在將來成佛後的名號。可見兩者幾乎嚴格對應。頗爲可惜的是現在無法了解《現在十方千五百佛名並雜佛同號》中二佛名究竟出自何典，或是一個未爲歷代經録著録的《十二佛名神咒經》異譯本。現存《現在十方千五百佛名並雜佛同號》第一部分爲諸段佛名，後段爲同號佛名（諸佛同號某），而這兩佛名正出現在前段的最後。故此二佛名在兩處的位置也相類。從時代來看，當是《七階佛名經》接受了《現在十方千五百佛名並雜佛同號》或與其類似的佛名抄之影響引入二佛，並且用新譯本中的佛名加以取代。

〔2〕《出三藏記集》卷四，《大正藏》第五十五卷，第 2145 號，第 23 頁。

〔3〕《歷代三寶紀》卷四，《大正藏》第四十九卷，第 2034 號，第 54 頁；另觀《曆代三寶紀》第十三卷，《大正藏》第四十九卷，第 2034 號，第 113 頁。

〔4〕《法經録》，《大正藏》第五十五卷，第 2146 號，第 125 頁。

"房《入藏録》云《六菩薩名亦當誦持》。"[1] 智昇也見過此經。同録卷十三譯有本録收録此經，並標注爲後漢失譯經。[2]由於《開元録》收録此經，故此經現存藏内，題爲《六菩薩亦當誦持經》。全經先列六菩薩名，後爲一首偈頌，最後云又有四菩薩名當誦念，分别爲棄陰蓋菩薩、寂根菩薩、慧威菩薩和不離菩薩。

此經從性質上説是一個菩薩名爲内容的抄經，可歸入佛名抄類。其中六菩薩名出自《佛説稱揚諸佛功德經》卷下一切寶緻色持佛的解説文字中。《佛説稱揚諸佛功德經》中的原文曰：

> 有菩薩摩訶薩其有捉持此名號者，其名曰師子戲菩薩、師子奮迅菩薩、師子幡菩薩、師子作菩薩、堅勇精進菩薩、擊金剛慧菩薩。其有得聞一切寶緻色持如來名號及諸菩薩大士名者，皆悉當得如來十力、十八不共特異之法，常能轉於不退法輪，却六百劫生死之罪。[3]

《六菩薩亦當誦持經》最後四菩薩名可見於藏本《六字神咒王經》[4]中，但是此經翻譯情况不甚清楚，且其中羅列菩薩名較多，四菩薩在其中並不特殊。所以它可能不是《六菩薩名亦當誦持經》中四菩薩名的直接出處。又，《慈悲道場懺法》禮佛部分所禮菩薩完全包括了這十菩薩，兩者當有關係。

此經雖然是菩薩名經，且主要提示了持誦、稱名的儀式，但是偈頌的部分却提示了此經與禮佛儀式有關。本經偈頌部分未直接涉及十菩薩或六菩薩信仰，反而都是嘆佛功德的文字，所讚嘆的是十方佛，如云"巍巍十方佛，堂堂聖中王，妙相三十二，衆好八十章"[5]。每段頌文最後均提示禮佛，如第一段結尾云"願身自歸命，稽首諸法王"[6]。贊佛（嘆佛）本是用於禮佛儀式的一部分，且本經頌文中均有歸命稽首之詞，可見此經其實與禮佛儀式也是有關的。此經的抄出可能意味著存在以禮佛儀式爲藍本，結合菩薩信仰而産生的禮菩薩儀式。由於在儀式傳統中並無禮拜菩薩

〔1〕《開元録》卷一，《大正藏》第五十五卷，第2154號，第483頁。
〔2〕《開元録》卷一三，《大正藏》第五十五卷，第2154號，第623頁。
〔3〕《佛説稱揚諸佛功德經》卷下，《大正藏》第十四卷，第0434號，第104頁。
〔4〕《六字神咒王經》，《大正藏》第二十卷，第1045b號，第43頁。
〔5〕《六菩薩亦當誦持經》，《大正藏》第十四卷，第0491號，第752頁。
〔6〕同上。

的贊嘆文等文辭，故經文采用了贊十方佛的贊嘆文。

7.《慈悲道場懺法》(《梁皇懺》)

此書爲梁代所撰的一部禮懺文性質文獻，但其中一一羅列了懺儀中所禮之佛，其數至千餘之多，故也可看作是兼有佛名抄性質的文獻。[1]山口正晃先生在分析佛名經發展時提出，隋唐以降佛名經的特點是加入懺文。我們認爲此現象的實質是佛名抄與禮懺文的合流。具有代表性的新佛名抄如《七階佛名經》和僞《大佛名經》[2]，其中都兼有大量佛名和禮懺儀文，形態間於佛名典籍和禮懺文之間。而《慈悲道場懺法》作爲一部列有大量佛名的禮懺文類文獻，實與之有類似的性質，在時代上又較早，故有必要將其納入討論範圍。

《慈悲道場懺法》中列有千餘佛名，查考其來源可發現是抄自諸經，又據《觀藥王藥上二菩薩經》中所提示的禮佛結構進行組織。其中對應於《觀藥王藥上二菩薩經》十方佛的部分采用了《稱揚百七十佛名經》中的現在十方百七十佛，故《慈悲道場懺法》的佛名也可以看作是《稱揚諸佛功德經》佛名的再演變。

《慈悲道場懺法》所禮的對象是彌勒佛、七佛、十方十佛、三十五佛、五十三佛、十方百七十佛、三劫三千佛的組合。[3]其中，彌勒佛爲未來佛，七佛和五十三佛爲過去佛，十方十佛、百七十佛、三十五佛爲現在佛。三劫三千佛則包括了過去、現在、未來三世佛。故本經具有非常完整的十方三世佛的結構。實際在禮懺文中列出的佛名基本對應於以上所列，唯獨没有星宿劫和莊嚴劫的兩千佛。[4]這可能是根據儀式需要而作的節

〔1〕 關於《慈悲道場懺法》的製作時間，曾有過一定的爭議。但最近的研究更傾向於重新認定其爲梁代所撰懺儀。相關討論，參見徐立强《〈梁皇懺〉初探》，載臺北《中華佛學研究》1998年第2期，第177—206頁；聖凱《〈梁皇懺〉及其作者辨析》，《中國佛教懺法研究》，宗教文化出版社，2004年，第29—78頁。又如後文所見，《慈悲道場懺法》中的佛名組合與梁簡文帝《唱導文》非常近似，故筆者也同意其爲梁代所撰的文獻，並且與南梁皇家有密切關係。

〔2〕 關於僞《佛名經》，參見真柄和人的《〈佛説佛名經〉(十六卷本)解題》，牧田諦亮監修、落合俊典編《七寺古逸經典研究叢書》第三卷之《中國撰述經典》(其之三)，第1013—1100頁；郭麗英《中國ならびに日本における佛名の讀誦》，《七寺古逸經典研究叢書》第三卷《中國撰述經典》(其之三)，第1218—1261頁。

〔3〕《慈悲道場懺法》卷四，《大正藏》第四十五卷，第1909號，第940頁。

〔4〕《慈悲道場懺法》中所列佛名的分段，請參見鹽入良道《中國佛教における懺法の成立》，第504—513頁。鹽入先生所列參考文獻並不都是《慈悲道場懺法》佛名的準確出處，但是結合上文所引《慈悲道場懺法》卷四內容及我們上文的討論不難了解其出處。故本文就不羅列這些佛名了。

略。除了這些佛名外，《慈悲道場懺法》還禮拜十二菩薩，其中包括《六菩薩名亦當誦持》中的十菩薩名。〔1〕

以上是筆者收集到的《佛説稱揚諸佛功德經》影響下的諸佛名抄材料。可以看到，諸佛名抄之間的關係非常複雜。有些佛名抄直接從經典中抄録佛名並加以組織，但是更多的佛名抄往往參考舊有的佛名抄並依據自己的撰作意圖組織佛名。例如，《十方千五百佛名經》《現在十方千五百佛名並雜佛同號》及《慈悲道場懺法》佛名均使用了《稱揚百七十佛名經》中的百七十佛。這大致是佛名抄撰作的基本模式。

諸經的重要共通點是都在《佛説稱揚諸佛功德經》基礎上加了五方佛名。其中最基礎的類型是《稱揚百七十佛名經》。其他幾種佛名抄則多受到《稱揚百七十佛名經》的影響，采用其中具足十方的百七十佛佛名。可見“十方”具足對佛名抄的撰作是相當重要的。與之相應的，早期禮懺的對象主要是現在十方佛〔2〕，這再次顯示了佛名抄的撰作與儀式需要的關係。

歷時性地觀察這些文獻的成立過程，可以發現《佛説稱揚諸佛功德經》影響下的佛名經的發展路徑大致爲：先補足十方佛名並加以增廣，這一階段的典型代表是《稱揚百七十佛名經》和原始本的《十方千五百佛名經》。其次是加上三世佛形成較爲簡單的三世十方佛名組合，敦煌本《十方千五百佛名經》和《佛説不思議功德諸佛所護念經》可以看作是這一階段的産物。再進一步，《現在十方千五百佛名並雜佛同號》和《慈悲道場懺法》都嘗試將百七十佛融入更加複雜的三世十方佛名組合中。其中《現在十方千五百佛名並雜佛同號》全卷情况不明，但管中窺豹亦可看到其大致的形態。《慈悲道場懺法》組合佛名的方式則更爲明確。與《十方千五百佛名經》相比，《慈悲道場懺法》的佛名組織無疑豐富、圓熟很多。

可以作爲參考的資料還有東魏天平二年（535）嵩陽寺碑。此碑正面主尊爲彌勒佛，又有七佛圖像。倉本尚德進一步對此碑背面題刻做了録文和研究，指出其中題刻了五十三佛、三十五佛、《佛説稱揚諸佛功德經》六方六佛（下方佛可能是從《普賢證明經》中補入）。倉本氏由此提出此

〔1〕 文中實際出現的菩薩名較十二之數爲多，原因不詳，但可能與十菩薩的組合有關。

〔2〕 參見曹凌《東晉至南北朝初的佛教懺法》，《人文宗教研究》第四輯，宗教文化出版社，2014 年，第 152—184 頁。

碑的佛名爲三世六方佛，表現諸佛在時間和空間上的普遍存在。[1]與之前提到過的諸佛名抄不同，此碑在五方佛的基礎上加入下方佛以構成六方。但十方佛和六方佛本質上並無不同，其佛名均爲現在他方佛，並且也都用立體的形式表徵了諸佛在空間上的普遍性。同時，與《慈悲道場懺法》相同，此碑又組合了過去、未來佛，及與禮懺滅罪關係緊密的五十三佛、三十五佛，構成了一組佛名組合。這與我們上文分析的相關佛名抄發展路徑是基本吻合的。

由於《佛説稱揚諸佛功德經》主要提倡持誦佛名，故諸佛名抄中亦多贊揚聞持、稱名的信仰，但是關於禮佛的内容也頗常見。此外各佛名抄中佛德説明等内容都較《佛説稱揚諸佛功德經》簡略很多。早期禮懺以十方佛爲主要的禮拜對象，且禮拜時所用佛名以簡略爲宜並不需要複雜的佛德説明。故諸佛名抄中的這兩個特點都與禮佛儀式及禮懺儀式的儀式需求相應。

總之，可以看到這一系列佛名抄的發展似乎與禮懺儀式的需要有密切關係。我們還可以列舉一些更加細節的證據佐證這一論點。譬如敦煌本《十方千五百佛名經》中新抄入的佛名内容都强調了佛名的滅罪功能。又如此經的諸寫本中不少都在諸佛名前冠以“南無”，等等。此外，倉本尚德先生在分析上述嵩陽寺碑時也指出了此碑當是與禮懺儀式有關的遺迹，是爲禮懺儀式服務的，可作爲參考。

四、 南北朝佛名抄發展的總體情況

上文我們通過對《佛説稱揚諸佛功德經》影響下的諸佛名抄的研究大致説明了到南北朝末期爲止這一系統佛名抄的發展情況。本節我們希望能結合其他的材料嘗試探討南北朝佛名抄的發展過程的整體情況。

南北朝時期佛名抄盛行，發展出了很多不同形式的典籍。但是由於不入藏經，故現存的佛名抄文獻祇是滄海一粟，這無疑爲研究工作帶來了很大的困難。所以本節中我們希望引入石窟、造像碑中的佛名題刻作爲研究

[1] 倉本尚德：《北朝時代の多佛名石刻——懺悔・稱名信仰と關連して》，第71—76頁。

參考。[1]

多佛造像的題材一般取材於某部有佛名内容的佛教經典或佛名抄。當其取材於某部佛經時，則其性質也類似於一部特殊的佛名抄。故以石刻文獻中的多佛造像（主要是題有佛名可資探討或可較爲明確知道其主題的造像）和多佛名題刻結合佛名抄撰作的記録可以幫助我們了解佛名抄在南北朝時期的發展。我們想在本節把佛名題刻與發展綫索較爲明確的《佛説稱揚諸佛功德經》影響下的諸佛名抄放在一起作爲綫索，以此結合其他文獻討論佛名抄的源流問題。

現知最早的千佛造像題記見於炳靈寺 169 窟。[2]炳靈寺 169 窟内容較爲豐富，其中包括了一組籠統題爲千佛的圖像，一組有明確佛名題記的十方佛像和一些被認爲表現三世佛的佛像。其中十方佛造像處於西方三聖像爲主題的龕上，題名説明造像表現的是《華嚴經》中的明智佛等十方佛。同期表現三世佛題材的造像也已經出現。賀世哲羅列了可能是早期三世佛造像的一些遺迹，即包括炳靈寺 169 窟的七例。[3]《華嚴經》的十方佛無

〔1〕 多佛造像是中國佛教造像中的重要題材，在石窟中占據重要的地位。一般多佛造像可被稱爲千佛造像，如賀世哲先生就定義千佛造像爲“高 0.15 米—0.20 米、造型雷同、結跏趺坐、排列有序的小坐佛群像”。其内容其實不一定是經典中所謂的千佛。賀世哲歸納出的千佛造像題材就包括四方佛、十六王子佛、百七十佛等。同時，他在説明這些造像被稱爲千佛的原因時説：“作爲早期千佛圖像的統一學術定名，爲了使用簡便，我想還是約定俗成，統一名之曰‘千佛’，言佛數之多也。”見賀世哲著《敦煌圖像研究：十六國北朝卷》（甘肅教育出版社，2006 年，第 114—132 頁）。現在學術界大致也都采用這樣的説法。也有學者稱這類造像爲多佛造像，似乎更加合理些。没有題記的所謂千佛造像究竟是什麼題材，其實很難確定。筆者對於圖像學没有太多的研究，因此我們主要的研究對象是有題記的造像，或可通過其他方法明確其造像題材的造像。請注意：本文中所使用“千佛造像”，如果未經特别説明，則是指以千佛（賢劫千佛或三劫三千佛）爲題材的造像。關於中國多佛圖像的源流，學界尚有外來説和本土説的不同認識。其中，李崇峰先生的研究我認爲非常值得注意。李崇峰先生提出，千佛圖像見於克孜爾石窟第四期，時代相當於 6 世紀晚期。而在中國千佛圖像題記最早見於 5 世紀早期的炳靈寺石窟 169 窟，有些遺迹可能更早些但是尚無法明確定年。故很可能是由中國興起傳播到龜兹的。而在西印度發現的同類圖像時代也都在 6 世紀以後，且可能有中國工匠參與。故千佛圖像可能是由中國發明並傳入西域和印度的。見李崇峰著《中印佛教石窟寺比較研究——以塔廟窟爲中心》（北京大學出版社，2003 年，第 266—267 頁）。我們無意在此討論千佛圖像究竟是從哪裏興起的，但是還是請讀者注意這一題材是由中國人創造出來的可能性。

〔2〕 炳靈寺 169 窟的題記年代爲建弘元年即 420 年。此時晉譯《華嚴經》尚未完成，故這個年代本窟出自《華嚴經》（晉譯本）的十佛名號有衝突。賀世哲認爲建弘元年題記與後文干支紀年不符，提出此窟建於建弘五年（424）《華嚴經》翻譯完成之後。見賀世哲著《敦煌圖像研究：十六國北朝卷》，第 162 頁。

〔3〕 賀世哲：《敦煌圖像研究：十六國北朝卷》，第 143—144 頁。

論在造像中還是在佛名抄中都不占據重要的地位，然而在《出三藏記集》中記録了兩種從《華嚴經》中抄出的佛名抄。説明《華嚴經》中的佛名可能在一段時間内受到重視。同期，北凉石塔流行的題材是七佛加彌勒的組合。這個組合顯然也是具有三世佛性質的造像，强調了佛法的永恒性，但並不表現佛在空間上的普遍性。與之相應的，此時與三世佛及十方佛相關的儀式似乎也並不相同，如在《觀佛三昧海經》中觀七佛與觀十方佛的行法是不同的。其中觀十方佛品受到禮懺儀式的影響，尤其强調了禮佛供養的内容。〔1〕這與早期禮懺主要以十方佛爲對象是相應的。所以我們認爲炳靈寺石窟 169 窟多佛造像題材中十方佛與千佛、三世佛等是不同的系統，其表現的意義也有所不同。這種情况可能不局限於此處，其重要原因之一可能是由於不同佛名組合對應的儀式類型是不同的。

從 5 世紀下半葉開始，造像中的佛名題刻似乎變得非常複雜。舊有的三世佛、十方佛、千佛、七佛等題材仍然流行，同時衍生出了一系列與佛名經或佛名抄關係更密切的題材。我們可以舉如下幾個例子，從中可以看到發展的大體方向。

1. 書道博物館藏百七十佛造像題記（472 年，現無匹配的圖像和佛名）。

2. 雲岡石窟 11 窟邑義信士女等五十四人造像（483 年，根據題記共有九十五尊像，其中八十八尊佛被認爲可能是表現了三十五佛和五十三佛，此外還有彌勒、釋迦牟尼、多寶佛及菩薩造像）。〔2〕

3. 水泉石窟千五百龍華像題記（489 年，現無匹配的圖像和佛名）

4. 浙江新昌千佛岩造像（建於 494—497 年，包括三十五佛、千佛、十方佛）。〔3〕

5. 敦煌石窟 254 窟（475—490 年，中心柱窟。其壁面有尚存部分題

〔1〕《觀佛三昧海經》中的觀十方佛品受到早期禮懺儀式的强烈影響，但是其觀佛正行中不包括懺悔，故其基本性質是受到禮懺儀式影響的觀佛滅罪儀式，並非嚴格意義上的禮懺儀式。

〔2〕倉本尚德：《北朝時代の多佛名石刻——懺悔·稱名信仰と關連して》，第 68—69 頁。

〔3〕千佛岩共有兩窟，左窟塑三十五佛，右窟塑造十方十佛像及性質不明的千佛像。賀世哲認爲右窟以十佛和千佛並列表現了三世十方佛，其中千佛爲三劫三千佛。此外，賀世哲認爲二窟的内容是有關聯的。見賀世哲著《浙江新昌千佛岩三世十方佛造像》，《敦煌研究》2008 年第 3 期，第 1—4 頁。

名的三劫三千佛畫像）。[1]

6. 龍門古陽洞黄元德造像（511 年，五十三佛）。

7. 嵩陽寺碑（535 年，碑上造像包括七佛、彌勒、三十五佛、五十三佛、龍自在王佛、六方六佛）。

8. 馬蹄寺千佛洞 2 窟（此窟時代在 6 世紀初期或以前，中心柱窟。[2]窟内中心柱上層有壁畫佛像並存有五方佛名題名，據考與《十住毗婆沙論》及《觀佛三昧海經》十方佛名相合。據研究此十方佛與中心柱上三佛當爲一組，結合起來表現了三世十方佛的題材。相似的表現亦見於鄰近的金塔寺東窟）。[3]

上述八個 5 世紀末到 6 世紀初的多佛造像發展方向仍可歸納爲佛名數增廣和佛名結構上的複雜化兩個方面。以下我們對這些例子略作分析。

上例中有兩個造像可能和百七十佛與千五百佛有關。這兩個佛名組我們前文已經有所討論。由於百七十佛和千五百佛這兩個數字在翻譯經典中並無根據，故相關石刻佛像的依據很可能就是《稱揚百七十佛名經》和《十方千五百佛名經》這兩種佛名抄。這兩種佛名抄中的佛名都是現在十方佛。十方佛題材的造像中以十方十佛最爲多見，賀世哲先生已經進行過研究和總結。這些造像中使用哪組十方佛並無定準，如有的是刻了《華嚴經》的十方佛，有的是刻了《十住毗婆沙論·易行品》的十方佛等。在一些情況下，十方佛又可略作四方佛以配合中心柱窟的柱面空間布局。無論如何，這都是代表所有的現在佛。[4]五世紀晚期出現的這兩組佛則是增廣的十方佛。它們仍然表現了十方世界的諸現在佛，但是佛名

〔1〕參見 Abe, Stanley K.R, *Art and Practice in a Fifth Century Chinese Buddhist Cave Temple*, *Ars Orientalis* 20（1991），pp.1-31；賀世哲：《敦煌圖像研究：十六國北朝卷》，第 121—123 頁。

〔2〕關於馬蹄寺千佛洞 2 窟等早期窟的時代，有北凉、北魏的不同説法，但基本可認爲是在 6 世紀初期或以前作成。參見張善慶《張掖馬蹄寺石窟群研究回顧與述評》，載《麥積山石窟與絲綢之路佛教文化國際學術研討會論文集》，蘭州大學，2002 年 7 月 15—20 日。

〔3〕賀世哲較早提出此十方佛壁畫與中心柱上三佛爲一組。這種組合又見於金塔寺東窟，表現了三世十方佛。但由於對殘存題名尚未進行充分判讀，故未比對出佛名出處。見賀世哲《關於十六國北朝時期的三世佛與三佛造像諸問題（一）》，《敦煌研究》1992 年第 4 期，第 1—20 頁。張寶璽對此窟殘存佛名進行了更細緻的録文，明確了其出處。參見張寶璽《北魏太和期的中心柱窟》，載雲岡石窟研究院編《2005 年雲岡國際學術研討會論文集·研究卷》，文物出版社，2006 年，第 519—524 頁。

〔4〕賀世哲：《敦煌圖像研究：十六國北朝卷》，第 160—167 頁。

的數量大大增加。[1]

敦煌石窟254窟的三劫三千佛造像則表現了千佛崇拜的進一步發展。千佛名最早的漢譯本爲竺法護譯《賢劫經·千佛名號品》中的佛名。石刻中明確題名千佛的造像最早見於炳靈寺169窟。根據賀世哲上揭書中所列早期石窟中的“千佛”(多佛)造像表格及下文的解説可見,北魏以前有炳靈寺169窟、莫高窟272窟、莫高窟275窟、吐峪溝44窟等少量的幾處,似乎尚不是流行的題材。由於没有題記,其中可以肯定爲千佛題材者僅炳靈寺石窟而已。北魏時期千佛題材開始流行,其中最重要者似當推敦煌石窟254窟。此窟爲中心柱窟,這種窟形與禮佛儀式有密切的關係。此窟中造像内容繁多,其中壁面的千佛造像標有出自《過去莊嚴劫千佛名經》和《未來星宿劫千佛名經》的佛名。根據賀世哲的研究,賢劫千佛雖然未見題名,但可能是直接用造像表現的。整個窟中千佛造像意在表現的是三劫三千佛名的組合。故敦煌石窟254窟造窟時把三劫三千佛融入這個禮儀空間,很可能是爲了配合禮拜三千佛的儀式活動。三劫三千佛名是在千佛思想基礎上産生的一組佛名。本來,賢劫千佛雖然稱爲“現在”,其實是現在劫中在娑婆世界出現的佛名。千佛中釋迦牟尼已入涅槃,彌勒則尚未成佛,其他諸佛蓋亦如是。故千佛本不是禮懺的對象,在南北朝以前中國的禮懺中也不占重要地位。《賢劫經》中雖然已經提示要持誦、受持此千佛名號,但未提及禮拜、供養或懺悔的儀式。然而在南北朝時期似乎出現了禮拜千佛的信仰。根據《高僧傳》,亡於南齊的兩個南方僧人超辯和僧範都勤禮千佛。超辯在誦《法華經》的功課之外,“恒有餘力,禮千佛,凡一百五十餘萬拜”[2],僧範則“夜禮千佛爲一世常資”[3]。可見在5世紀晚期南方已經有禮拜千佛的實踐。這與北方千佛圖像的盛行大致在同一時間段内,當是有所關聯的。核之經典,三劫三千佛名系列的三部經典的出現自然是千佛信仰盛興

[1] 此一階段的石窟遺迹可能還包括武威天梯山石窟第一窟的造像。此窟内千佛本有題名,現在則僅存十九身,其中兩身有題名,爲“南無日月光明佛”和“南無寶光佛”。見胡同慶、安忠義著《佛教藝術》,敦煌文藝出版社,2004年,第220—221頁。這兩個佛名見於《佛説稱揚諸佛功德經》卷中。

[2] 《高僧傳》卷一二,《大正藏》第五十卷,第2059號,第408頁。

[3] 《續高僧傳》卷八,《大正藏》第五十卷,第2060號,第484頁。

的經典基礎。[1]其中，《未來星宿劫千佛名經》和《過去莊嚴劫千佛名經》提到了禮拜千佛的儀式，這兩部經典的出現可能與這股熱潮的興起有關。需要説明的是，和禮懺有關的早期譯經中都强調禮懺的基礎是禮拜十方佛，故單獨以三世佛爲禮拜對象的禮懺除千佛懺外極少見。與之相應的，我們也未見有三千佛系統以外的三世佛類佛名抄。

以上的十方佛和千佛兩類中都出現了數量在一百以上的佛名組合。這些佛名組合都出自特定佛名經或佛名抄，這些典籍基本都在東晉末至南北朝初期撰出或譯出，不久就成爲了造像的主題。其中，有的造像超過千數以上。這與當時佛名抄的增廣傾向互爲表裏，表明了5世紀中晚期佛名增廣趨於鼎盛的景况。

佛名抄發展的另一方向則是佛名的組合。

我們上文提到，敦煌本《十方千五百佛名經》雖然以十方佛爲基礎，但是其中也包括了三世佛，其全體佛名的性質爲三世十方佛。在石窟造像中，三世十方佛經常以三世三佛加十方佛（十佛或多佛）的形態表現，如上述馬蹄寺千佛洞兩窟之例即是如此。這一主題同時表現了佛和佛法在時間和空間上的普遍性。

禮敬三世十方佛的思想在《十住毗婆沙論·易行品》中已經有所體現。此論中的行法以十方十佛和其他現在佛爲主，但是提示了“復次過去、未來、現在諸佛，盡應總念恭敬禮”[2]。説明在龍樹時期印度佛教中已經出現了普禮三世十方佛、稱名懺悔的思想。而這裏三世佛加入其中，主要也是爲了體現佛在時間上的普遍存在，故云爲“總”。敦煌本《十方千五百佛名經》在中國人製作的三世十方佛名組合中形態較爲粗糙。此經在十方佛的東方佛中加入了過去、未來佛，以此構成了三世十方佛的形式。《佛説不思議功德諸佛所護念經》則在經文最後加入未來、過去兩組佛，也與十方佛構成一種三世十方佛的組合，其處理較《十方千五百佛名經》更合理些。這兩部經典都是較早出現的佛名抄，與三世十方佛題材在石窟中的出現時代或大致相當。這些佛名抄和造像以不同的形式構造了較

〔1〕《出三藏記集》卷四《新集續撰失譯雜經録》記録了《賢劫千佛名經》和兩種情况不詳的《三千佛名經》，無星宿劫和莊嚴劫兩部《千佛名經》。可能這兩部經典先在北方流行，在梁代以後纔流傳到南方。見《大正藏》第五十五卷，第2145號，第22、32頁。

〔2〕《十住毗婆沙論》卷五，《大正藏》第二十六卷，第1521號，第44頁。

爲簡單的三世十方佛名組合。

佛名組合後續發展受到《觀藥王藥上二菩薩經》的重要影響。[1]《觀藥王藥上二菩薩經》是對中國禮懺具有重要意義的一部經典。此經爲畺良耶舍於元嘉年間（424—453）所譯，《高僧傳》稱贊此經爲“轉鄣之秘術”，即消滅罪障的重要經典。[2]它是所謂“觀經類”經典之一，以介紹一種特別的修行法門爲主旨。其法將觀佛法與禮懺法結合起來，並有持咒的内容，由此構成了一種複雜的大型懺法。但此經在中國禮懺中的主要貢獻在於提供了一組複雜的三世十方佛名組合。《觀藥王藥上二菩薩經》中列有五十三佛名，但是在介紹行法時經中云“欲得懺悔五逆十惡，欲得除滅無根謗法極重之罪，當勤誦上藥王藥上二菩薩咒，亦當敬禮上[3]十方佛，復當敬禮過去七佛，復當敬禮五十三佛，亦當敬禮賢劫千佛，復當敬禮三十五佛，然後遍禮十方無量一切諸佛。晝夜六時心想明利，猶如流水行懺悔法”[4]。這些佛名組中，過去七佛很早便已出現，有多種譯經可供參考。三十五佛可見於《決定毗尼經》（大約譯於東晉時期），是印度廣爲流行的現在佛名。十方佛本是禮懺的最主要對象，有廣略不同的多組佛名可供選擇。賢劫千佛則可見於《賢劫經》和《賢劫千佛名經》（《觀藥王藥上二菩薩經》經文中提到三劫三千佛均是受持此經而成佛的，故將三千佛都納入這一組合也可以得到經文的支持。這部分文字後來被改造爲《三劫三千佛緣起》，可見於《大正藏》本《過去莊嚴劫千佛名經》之前），經文中對禮拜千佛的功德也大爲宣揚。由此《觀藥王藥上二菩薩經》將諸經中稱嘆的重要佛名組合起來，並進一步强調持誦、禮拜、贊嘆此諸佛並懺悔的功德。在經文最後則如《十住毗婆沙論》一樣提示要禮敬無量諸佛，以求“一網打盡”。這些佛名組合起來，大體包括了三世十方佛，並且包容了頗爲時重但又有些特殊的三劫千

〔1〕除了這一系統之外，還有其他類型的佛名組合形式，如《大通方廣經》佛名以及與之有關的陳海龍造像碑所刻佛名。參見王靜芬著、張善慶譯《佛名與禮懺——以張榮遷和陳海龍碑爲中心》，《敦煌研究》2010年第2期，第6—16頁。還有加入《法華經》中十六王子佛的組合等。從這些組合可以看到當時類似的嘗試形式非常多樣。

〔2〕《高僧傳》卷三，《大正藏》第五十卷，第2059號，第343頁。

〔3〕“上”或作“上下”，參見《大正藏》校記。

〔4〕《觀藥王藥上二菩薩經》，《大正藏》第二十卷，第1161號，第664頁。

佛。而這些佛名也都易於在翻譯經典中找到。[1]這給中國人構造複雜的三世十方佛名組合提供了絶佳的經典根據。

雲岡石窟 11 窟造像中的九十五尊像被認爲可能是表現了未來佛彌勒、過去佛多寶佛、釋迦牟尼以及三十五佛（現在佛）和五十三佛。若果如此，則其意義也是三世十方佛，並且可能已經受到《觀藥王藥上二菩薩經》的影響。可惜由於此造像並無佛名題記，故無法完全進一步加以確證。此後十年左右開刻的新昌千佛岩造像由於没有五十三佛故未必直接依據《觀藥王藥上二菩薩經》。然而其組合多個佛名組，也構成了一個較爲簡單的三世十方佛的組合。

梁簡文帝所作的《唱導文》中所列諸佛是最早明確依據《觀藥王藥上二菩薩經》經文構造起來的佛名組合[2]，而更成熟且與禮懺更緊密結合的形態則見於可能略晚些成立的《慈悲道場懺法》之中。與《慈悲道場懺法》大致同時的嵩陽寺碑過去七佛、未來彌勒佛、三十五佛、五十三佛、六方六佛的組合也明顯受到《觀藥王藥上二菩薩經》的影響，與兩種梁代懺儀文獻一樣，其中補入了表示空間的佛名組（六方佛）。它很可能與《慈悲道場懺法》並無直接的因承關係（詳下），但也是較爲成熟的佛名組合形式。

從《觀藥王藥上二菩薩經》對禮懺的强調可以推測這一系列的佛名組合的出現與禮懺滅罪的儀式有緊密關聯。《唱導文》和《慈悲道場懺法》都是明確用於禮懺儀式的文獻，可見這種組合形式是南梁時期非常流行的

---

〔1〕 嚴格來説《觀藥王藥上二菩薩經》並未給出未來佛，然而在《慈悲道場懺法》等文獻通過加入未來星宿劫千佛、彌勒佛以及三世十方佛總禮等方式作了彌補。這也可以看出佛名組合複雜化的一個基本原則即是完整地包括三世十方佛。

〔2〕 梁簡文帝《唱導文》爲懺儀中所用的儀式文書，見於《廣弘明集》卷十五，《大正藏》第五十二卷，第 2103 號，第 205 頁。關於其性質的討論，參見拙文《關於南朝的唱導》，載《敦煌吐魯番研究》第十六卷，上海古籍出版社，2016 年，第 21—34 頁。此文中雖然未全列佛名，但説明了禮敬對象順次爲四佛（此段列出佛名，出自諸經，從上下文看當對應《慈悲道場懺法》第一段十方佛）、五十三佛、三十五佛、賢劫千佛和現在百七十佛。關於其創作時間，《廣弘明集》原注云爲簡文帝在蕃時所作。（作者按：此文中列有臨川、安城、建安、鄱陽、始興、豫章、南康、廬陵、湘東、武陵等諸王。據《梁書·武帝紀》，湘東、武陵二王封於天監十三年即 514 年。又，其中建安王當指蕭偉。據《梁書》卷二十二，天監十七年（518）由於建安土瘠蕭偉被改封南平郡王。故可知此文撰於 514—518 年之間，爲蕭綱少年時所作。可以看到其中佛名當是依據《觀藥王藥上二菩薩經》組織。由於此文中佛名還不能嚴格對應《觀藥王藥上二菩薩經》，故其成立可能較《慈悲道場懺法》略早。）

禮懺用佛名。而可能是北朝末期所作的《現在十方千五百佛名並雜佛同號》也包括了三十五佛、五十三佛、百七十佛等佛名組，其組織方式似乎與《觀藥王藥上二菩薩經》也有密切關聯。尤其其中采用百七十佛作爲一階，未見於北朝諸石刻的佛名組合中，却與梁代兩種文獻如出一轍。又如上文所述，《現在十方千五百佛名並雜佛同號》很可能也是禮懺儀式中所用，故此殘卷前部内容很可能與《慈悲道場懺法》爲代表的禮懺用佛名有關。到隋代，這一系統進一步成熟。石刻方面有大住聖窟、曲陽八會寺刻經龕和房山雷音洞等遺迹，其佛名多有懺文等内容與之相配。文獻方面則有三階教的《七階佛名經》這一兼具禮懺文和佛名抄雙重性質的文獻，是用於三階教僧團每日六時禮懺修行的儀式手册。[1]

羅炤先生曾對大住聖窟等三窟及《七階佛名經》做過研究，並提出這一“北方禮懺系統”（當是指以《觀藥王藥上二菩薩經》中佛名爲基礎略作改動而用於禮懺儀式的傳統）出自靈裕之手。[2]但其實，這一禮懺系統並非北方所獨有，也不是遲至隋代才産生的。南梁皇族就已經采用這一系統的佛名構造大型禮懺儀式。尤其值得注意的是在《七階佛名經》中有兩階爲十方佛。這種形式並不見於嵩陽寺碑，却與《唱導文》和《慈悲道場懺法》相合。[3]考慮到簡文帝《唱導文》中的佛名組合還較不成熟，故這一系統佛名組合基本成型可能正是梁武帝時期。梁代懺儀實踐極其發達，這種類型的懺儀可能即以此爲契機由南入北。此系禮懺用的佛名在後續發展中還加入了二佛（最早見於《現在十方千五百佛名並雜佛同號》）和二十五佛（大約在北朝末或隋初）[4]，但是其基本的框架仍然

〔1〕 關於《七階佛名經》的情况及與其相關的石刻遺迹，本文無法詳論。請參看李裕群《鄴城地區石窟與刻經》，《考古學報》1997年第4期，第443—479頁；汪娟：《敦煌禮懺文研究》，第115—200頁；李玉珉：《寶山大住聖窟初探》，《故宫學術》季刊，1999年第2期，第1—51頁；張總：《中國三階教史》，社會科學文獻出版社，2013年，第486—551頁。

〔2〕 羅炤：《寶山大住聖窟刻經中的北方禮懺系統》，《石窟寺研究》2010年創刊號，第161—179頁。

〔3〕 其中《唱導文》第一段用了四方佛，雖然是以平面形式展開但仍然是意在表現空間上諸佛的存在。見上文。

〔4〕 加入二十五佛最早可能也並非是出自信行。在響堂石窟中即有二十五佛和三十五佛合刻的石柱存在，根據張總先生的研究，它可能並非出自《七階佛名經》，反而是對《七階佛名經》有所影響。參見峰峰礦區文物保管所、芝加哥大學東亞藝術中心編《北響堂石窟刻經洞——南區1、2、3號窟考古報告》，文物出版社，2013年，第84—96頁。

没有改變。由此，這一系統的佛名組合逐漸成爲最具代表性的禮懺用三世十方佛名組合。[1]

無論在石窟中還是在傳世文獻中都可以看到，《觀藥王藥上二菩薩經》系統的佛名抄又都逐漸産生形態上的轉變，即逐漸向禮懺文方向轉化。此類文本中最早者仍當推《慈悲道場懺法》。靈裕主持的大住聖窟中所刻亦兼有佛名和懺文相互配合，也可歸入此類。而套用五悔禮懺格式的形態則是《七階佛名經》。它們都兼具了禮懺文和佛名抄的特點。當然，在具體的形式上《慈悲道場懺法》和《七階佛名經》等又有不同，這種不同與兩種禮懺文所對應的儀式情況不同有密切的關係。其中前者是用於定期舉行的大型道場，而後者則用於僧團日常的六時勤行，其廣略自然大有差異。穿過這種表面的不同，我們可以發現其共同的本質是佛名經與禮懺文的合流。而這種情況也不僅發生在此一系統的佛名抄中。南梁所造的僞經《大通方廣經》以經文的形式將佛名與禮懺文結合在了一起，也可看作是這種演變的早期例子。而唐初僞撰的《佛名經》及其影響下的三種《千佛名經》異本也都是兼具禮懺文和佛名抄性質的文獻。山口正晃提出佛名經（抄）在南北朝末至隋有轉型，形態發生了變化，其實質也就是佛名抄與禮懺文的合流。而這一趨勢的發生似乎當上溯到6世紀南朝的懺儀實踐。

五、結　論

以上，我們主要以《佛説稱揚諸佛功德經》影響下的諸佛名抄爲綫索，結合佛名題刻和多佛造像的研究，嘗試勾勒佛名抄發展的總體情況。此處略作一分析和總結。

首先，我們大致梳理下佛名抄的發展軌迹。

東晉時期佛名抄並不發達，僅有少量相關的作品。同時期造像中多佛題材也並不流行。大約從5世紀上半葉開始，佛名抄撰作和多佛造像同時興盛起來。雖然《出三藏記集》無法幫助我們精確確定道安至僧祐之間佛名抄發展的歷史過程，但將文獻與石刻結合起來，可以認爲在5世紀末到

〔1〕 事實上由於《慈悲道場懺法》中以三劫三千佛爲一階，又有彌勒作爲主尊，其作爲三世十方佛名組合的性質較隋代以降諸佛名甚至更爲清晰。

6 世紀初已經出現了多種類型的佛名抄。齊梁時代以降，在南朝懺儀發展的帶動下，以《觀藥王藥上二菩薩經》爲根據組織佛名逐漸流行。這一系統的佛名抄在吸收其他諸種佛名抄的基礎上持續發展，造成了深遠的影響。同時，佛名抄的形態也逐漸産生變化。佛名與禮懺文相結合的形式也在此一時期出現並逐漸成爲主流。

佛名抄在東晉末南北朝初期開始興盛，主要原因是佛教教團的發展及修行思想的演變。無論佛名抄用於怎樣的用途，其基本的精神是佛陀崇拜。東晉以前的佛教僧團主要是以外國人爲中心的小型的組織。其修行内容，以三學尤其以定學爲主，小乘禪學占據較重要的地位。安世高譯經中與修行關係密切者就多是禪數經典，而到東晉時期道安、曇無蘭等僧人仍對安世高譯經稱揚備至，這與當時的修行風尚還是有一定關係的。體現佛陀崇拜思想的儀式，如禮懺、稱名、記誦佛名等，當時尚處於較爲幼稚的階段，主要用於八關齋等面向俗人的宗教活動。東晉以後佛教大爲發展，僧團急速擴張，修行論也逐漸多元化。禮懺等修行方式由於簡便易懂適於初機學人和居士修行，其思想和中國人的禮儀思想切合，地位逐漸上升。與之相類，其他崇尚他力的信仰性活動也逐漸發展，如十二卷本《灌頂經》是成立於劉宋的疑僞經典，其儀式内容多以神名爲中心，與禮懺儀式性質類同。[1]淨土思想的發展也是一個例子。淨土教雖有稱名、觀像的不同修行方法，但是其思想基礎也就是借他力（佛力）修行，與佛名禮懺等氣質相近。也就在東晉時期，出現了對中國淨土教影響至深的道安、慧遠師徒，北方則開始出現大量的無量壽佛（阿彌陀佛）造像。當然，北方盛行的造像活動本身，也是這種發展的體現。造像者從帝王到平民，有僧有俗，但都期望通過造佛、菩薩像得到功德。即使定學修行本身也産生了修行思想的轉化，即以觀佛爲中心的修行日漸流行，《觀佛三昧海經》及鳩摩羅什譯的諸禪經都著力宣揚這類禪法。此中的觀佛法與早期般舟三昧等觀佛法不同，是在般舟三昧與禮懺思想影響下産生的新觀佛法門，較小乘禪法和早期代表性的大乘觀佛法——般舟三昧法門，更爲强調佛力以及滅罪興福的功效。這一系列法門的發展背後所表現的修行論轉變，是佛名抄産生的原動力。

〔1〕 伍小劼：《〈大灌頂經〉研究》，上海師範大學哲學學院博士學位論文，2010 年。

佛名抄産生之後，其發展的兩個基本趨向爲佛名的增廣和佛名結構的複雜化。千佛以上的佛名抄可能在5世紀末6世紀初産生。千五百佛名的成立、發展歷程是這種增廣過程的典型例子。組建結構複雜的佛名組合，主要表現爲采用多個佛名組構成十方三世佛名，以同時表現諸佛在空間、時間上的普遍存在。這種結構化的雛形如早期的三世十方佛造像、敦煌本《十方千五百佛名經》和《佛説不思議功德諸佛所護念經》等。它們都是以一般的三世佛代表（七佛、釋迦牟尼、彌勒或定光佛、釋迦牟尼、彌勒等）加入十方佛名組中。五世紀晚期北方可能已經出現了依據《觀藥王藥上二菩薩經》組合佛名的嘗試（雲岡石窟11窟）。梁代的兩種禮懺文獻中的佛名則是更爲明確依據此經而構造出的三世十方佛名組合，其形態也已經與禮懺儀文緊密結合。大約撰於北朝末的《現在十方千五百佛名並雜佛同號》也采用了非常相近的佛名組合，並且加入了二佛。這一系列的發展最終成就了隋代諸石窟及三階教《七階佛名經》的佛名組合形式。

佛名抄增廣和結構的複雜化有一定的遞代關係。以齊梁爲界，佛名抄增廣的勢頭趨緩，如何組織佛名似乎成爲佛名抄撰作的首要問題。這應當與當時大部頭佛名典籍的翻譯和編撰有關。佛名抄增廣的主要動力當是佛陀崇拜思想的發展。在戰亂年代，以佛陀的神力爲依托，通過諸佛的力量實現世俗願望或進行修行是一般佛教信衆所最能接受的思想，而大量的佛名能夠滿足這種心理需要，表現諸佛神力的偉大和無所不在。但是要表現佛陀崇拜需要一定的實踐活動，如造像、寫經、記誦、稱名以及禮懺等，其中又以禮懺最爲重要。齊梁時代，北方有十二卷《佛名經》的翻譯，南方則有蕭子良主持的十卷本《諸佛名》（及附隨的兩卷本《諸菩薩名》）這部大型佛名抄的撰作。然而南北朝時期似並不見完整運用這兩部大型佛名經典進行儀式修行的實例。可見它們的存在本身雖然可以滿足信衆佛陀崇拜心理的需要，但部頭太大，總體上無法用於實踐。由此，佛名抄發展的方向轉爲構建合適的佛名組合。佛名組合的要求大致是佛名數可滿足信衆對佛陀的崇拜心理，規模便於記誦及納入禮懺儀式，結構可以代表時間、空間上的所有佛爲目標。《觀藥王藥上二菩薩經》正符合這種要求。故這一系列的佛名組合在諸佛名組合中脱穎而出成爲一時的主流。

最後，南北朝晚期直到隋唐佛名抄逐漸與禮懺文合流，形成新形態的佛名抄。這一發展不僅與佛名抄的發展有關，也與同時期禮懺儀式的發展有密切的關係。限於本文主題，在此不贅。

雖然此前在討論佛名抄時已經多處涉及禮懺，我們仍想在此略綴一言總結下禮懺與佛名抄的關係。

南北朝以前禮懺的對象當是以十方十佛爲主，而同時期佛名抄並不發達。進入南北朝，佛名抄開始往大型化方向發展，有上百乃至上千佛名的佛名抄逐漸撰作出來。這一方面標志著佛陀崇拜風氣的進一步發展，同時也可能與禮懺大型化的趨勢有關。南北朝晚期，佛名抄逐漸與禮懺文合流，形成了兼具佛名和禮懺儀文的文體。隨着這種新文體的出現，單純抄録佛名的佛名抄的撰作也漸漸稀少。從這個發展的路綫可以發現佛名抄的撰作和發展與禮懺儀式存在某種共生的關係。佛名抄爲禮懺儀式提供佛名支持和經典支持，禮懺則使佛名抄産生“意義”，通過儀式來表現信衆對佛陀的崇拜，由此産生滅罪興福的功效。而在這組關係中，禮懺是較爲根本的，它是佛名抄産生和發展的重要動力。

《佛教文獻研究》第三輯
2019 年，225—242 頁

敦煌寫本《佛説大輪金剛總持陀羅尼法》研究

梁麗玲

内容摘要： 敦煌文獻伯 3835 號背中抄録一卷題名爲《佛説大輪金剛總持陀羅尼法》的殘卷，但是内容並非宣揚持誦“大輪金剛陀羅尼神咒”的功德，而是修持“觀世音如意輪咒法”的殊勝，隨卷附有各種觀世音菩薩符印，配合相關儀式的操作，用以滿足不同衆生的願望。這類符印内容又與伯 2153 號、伯 2602 號背《如意輪王摩尼跋陀别行法》、伯 3847 號《觀世音及世尊符印十二通及神咒》有密切關係。本文試圖恢復《佛説大輪金剛總持陀羅尼法》的原貌，從經典流傳、結構分析、内容比對中厘清各寫卷之間的關係，窺察這類符咒及操作方法借用與轉化的痕迹，藉此觀察中古時期佛教（或密教）發展過程世俗化的現象。

關鍵詞： 觀音菩薩；如意輪觀音；符印；陀羅尼

作者單位： 臺灣銘傳大學應用中文系

一、前　言

密教傳入中國約在 7 世紀以後，至唐代開元三大士善無畏、金剛智、不空三位高僧，先後齎持系統完整的密教經典及圖像到長安，並且大事翻譯與弘揚以《大日經》《金剛頂經》爲體系的“純密”經典，唐密由是流行中國，蔚興一時。但是早在佛教傳入之初，印度早期密教（又稱“雜密”）即已隨著佛典的傳譯流播中土，這些雜密經典主要表現爲各種陀羅尼的運用，並且多與現世利益緊密結合。

在操作實踐上，早期密教咒語以持誦爲主，配合結手印等儀式，祇要虔誠持咒，即可獲得佛菩薩和諸天護法的加持庇祐。例如，《千眼千臂觀世音菩薩陀羅尼神咒經》卷二“解脱印”記載：“結加趺坐。先以左手中指，與大母指頭相捻，仰掌向上，餘三指散舒置於左膝上。次以右手亦如之，覆手置於右膝上。誦身咒二十一遍，所願悉皆滿足，諸有苦惱悉皆解脱。”〔1〕之後，陸續譯出的密教典籍中，則呈現將咒語書寫成雲篆星雷之形的神符，而其印則多非手印，而是類似道教或民間宗教形制鑄刻的印章。譯出的失名有《阿吒婆拘鬼神大將上佛陀羅尼經》〔2〕、失名譯《龍樹五明論》〔3〕、婆羅門僧譯《佛説北斗七星延命經》〔4〕、不空譯《佛説金毗羅童子威德經》〔5〕、瞿多三藏譯《佛説常瞿利毒女陀羅尼咒經》〔6〕、不空譯《觀自在菩薩大悲智印周遍法界利益衆生熏真如法》〔7〕、一行撰譯《曼殊室利焰曼德迦萬愛祕術如意法》〔8〕、阿質達霰譯《穢迹金剛禁百變法經》〔9〕等。據此可知，爲了吸引更多信衆而廣開方便之門，佛教信仰者有意迎合中土人士所好，在操作實踐上，攝取並轉化了道教的神符與印篆，或將咒語神符化，以朱砂等書寫於紙帛、器物上，成爲吞服或佩繫的符咒；或將神符刻印化，以印符印之方式取代密教結契印，用以消災除障、祈福延壽。

在敦煌文獻中也保存一批唐五代時期以觀世音爲題名，並繪有符咒、符印圖案及施作方法的抄本，計有斯 2498 號《觀世音菩薩符印》、伯 2153 號《觀世音菩薩如意輪陀羅尼章句咒並别行法》、伯 2602 號背《觀世音菩薩符印》末附《如意輪王摩尼跋陀别行法》、伯 3835 號背《觀世音如意輪王摩尼跋陀别行法》、伯 3847 號《觀世音及世尊符印十二通及神咒》、北敦 8738 號《觀世音如意輪咒法》。相較於後來雕刻印刷的藏經，敦煌寫本裏與觀音有關的符印，更完整地保留了符印的形製、功能與操作方法的原貌，除了可以了解觀音信仰在敦煌地區盛行的狀况外，亦可從密教的持誦咒語結手印轉化成畫符刻印的現象，考察密教信仰轉變的痕迹，足以爲觀

〔1〕參見 CBETA（2016），T20，no.1057a，p.89a26—b1。
〔2〕參見 CBETA（2016），T21，no.1238。
〔3〕參見 CBETA（2016），T21，no.1420。
〔4〕參見 CBETA（2016），T21，no.1307。
〔5〕參見 CBETA（2016），T21，no.1289。
〔6〕參見 CBETA（2016），T21，no.1265。
〔7〕參見 CBETA（2016），T20，no.1042。
〔8〕參見 CBETA（2016），T21，no.1219。
〔9〕參見 CBETA（2016），T21，no.1229。

音信仰世俗化提供更明顯而有力的證據。

此外，伯 3835 號背《佛説大輪金剛總持陀羅尼法》，雖然不以觀世音爲名，但持誦的是“觀世音如意輪咒”，而非該經所宣揚的“大輪金剛陀羅尼神咒”。其次，符印内容又多與伯 2153 號《如意輪王摩尼跋陀别行法印》、伯 2602 號背《如意輪王摩尼跋陀别行法》、伯 3847 號背《觀世音及世尊符印十二通及神咒》有密切關係。由於伯 3835 號背係屬首全尾缺的殘卷，本文試圖恢復《佛説大輪金剛總持陀羅尼法》的原貌，從經典流傳、結構分析、内容比對中厘清各寫卷之間的關係，窺察這類符咒及操作方法借用與轉化的痕迹，藉此觀察中古時期佛教（或密教）發展過程世俗化的現象。

二、 經題與性質

從經題來看，伯 3835 號背中抄録了一卷題名爲《佛説大輪金剛總持陀羅尼法》的寫本，並附有小標題《觀世音如意輪王摩尼跋陀别行法》，隨後又有副標題作《如意輪王摩尼跋陀别行法印》。本卷所抄内容屬於與密教觀音信仰有關的典籍，主要在宣揚修持此法的功德：於出世間法可超越十地〔1〕，入世間法可獲五種果報，隨卷載有八個與觀世音陀羅尼有關的符印，每一個印以各種不同的香木刻符，並配合持誦陀羅尼咒等相關儀軌。雖然現存大藏經中載有《佛説大輪金剛總持陀羅尼經》一卷〔2〕，但抄録内容却與伯 3835 號背《佛説大輪金剛總持陀羅尼法》截然不同。同樣地，實叉難陀譯《觀世音菩薩祕密藏如意輪陀羅尼神咒經》和菩提流支譯《如意輪陀羅尼經》〔3〕等經，也與《如意輪王摩尼跋陀别行法印》大

〔1〕 十地，是指大乘佛教修菩薩道行者所要經歷的最後十個修行階段，出自《華嚴經》十地品（即《十地經》）及《大方廣菩薩十地經》。已發菩提心的菩薩行者，要歷經十信、十住、十行、十迴向等四十階位修行福德與智慧資糧，然後進入十地修學。

〔2〕 參見 CBETA（2016），T21，no.1230。

〔3〕 兩者屬同本異譯，還有寶思惟、義淨翻譯者，共四本。據宋・仁岳撰《觀自在菩薩如意輪咒課法》卷一：“得如意輪咒，凡四本，詳其文實同出而異譯也。一、實叉難陀，此云覺喜，唐天后久視元年，譯八紙；二、阿彌真那，此云寶思惟，中宗神龍二年譯七紙；三、唐天后代三藏法師義淨，譯三紙；四、唐天竺三藏法師菩提流志，此云覺愛，譯十九紙。”參見 CBETA（2016），L135，no.1571，p.719a12—b1。

相徑庭。由於伯 3835 號背《佛説大輪金剛總持陀羅尼法》内容爲首全尾缺的殘卷，令人疑惑不解的是，此卷抄寫的内容究竟是《佛説大輪金剛總持陀羅尼法》，還是《如意輪王摩尼跋陀别行法印》?

從經録的記載來看，伯 3835 號背《佛説大輪金剛總持陀羅尼法》與《如意輪王摩尼跋陀别行法印》，雖未載録於今所能見的《大正藏》中，但是在日本圓仁年間（794—864）撰《入唐新求聖教目録》分别記載了："《佛説大輪金剛總持陀羅尼法》一卷（不空）[1]……《如意輪王摩尼跋陀别行法印》一卷"[2]。可見圓仁於承和五年（838）隨遣唐使入唐求法期間，在長安、五臺山及揚州等處搜羅佛典時曾見過這兩部典籍，並且於宣宗大中元年（847）將其帶回日本。其次，日本人安然撰寫的《諸阿闍梨真言密教部類總録》（即《八家秘録》）卷二"諸金剛部第十一・大輪金剛法"載録"《佛説大輪金剛總持陀羅尼法》一卷"[3]，同卷《神王法十二》："《如意輪王摩尼跋陀别行法印》（不空仁運珍）"[4]。根據此綫索可以發現日本平安時代，"入唐八大家"之中的圓仁、惠運、圓珍等人從中國帶回的新佛典裏，這兩部經也分别被歸類於"諸金剛部"和"神王法"，而且《如意輪王摩尼跋陀别行法印》還注明譯者（或撰者）"不空"。至於兩部經是否爲不空所譯則有待商榷，實際上僞托的成分極高，留後再詳細論述。雖然僅就經録所載，無法得知圓仁等人携回《佛説大輪金剛總持陀羅尼法》與《如意輪王摩尼跋陀别行法印》的具體樣貌，是否與伯 3835 號背所抄録的内容相符，但是至少可以推知，這兩部經確實於 9 世紀時，曾在長安、五臺山或揚州一帶流行，甚至東傳到日本。

從寫卷性質來看，無論是《觀世音如意輪王摩尼跋陀别行法》，或者《如意輪王摩尼跋陀别行法印》，皆已揭示本卷屬於别行法的性質，以及未見於大藏經的原因。所謂别行，係指自大部典籍中抽取一部分内容使其獨立發行，例如從《妙法蓮華經》中將"普門品"獨立抽取，作爲《觀音經》流布於世，又自《千手千眼觀世音菩薩廣大圓滿無礙大悲心陀羅尼經》抽出咒語部分成爲《大悲咒》，又如伯 3920 號《佛説大輪金剛總持陀

[1] 參見 CBETA（2016），T55，no.2167，p.1079a22。
[2] 參見 CBETA（2016），T55，no.2167，p.1080c27。
[3] 參見 CBETA（2016），T55，no.2176，p.1125c26。
[4] 參見 CBETA（2016），T55，no.2176，p.1128b11—13。

羅尼經》下注有“金剛部中略出”等。至於别行法，可能是因爲密教的修法儀軌較爲繁複，爲了適應不同根性的衆生，在密宗嚴謹修行次第之外，别開另一種方便法門。事實上，别行法被廣泛運用於密教各種體系中，除了不空譯《北方毗沙門多聞寶藏天王神妙陀羅尼别行儀軌》〔1〕和一行撰《七曜星辰别行法》〔2〕一卷被收録於大藏經之外，其他還有《如意輪王摩尼跋陀别行法印》〔3〕一卷、《尊勝别行成就法》〔4〕、《持世陀羅尼經别行法》〔5〕、《青目天女别行法》〔6〕一卷（無人名二紙策子説伏敬福等法有咒印）、《隨求請雨别行法》〔7〕一卷等都不入藏。特别是《如意輪王摩尼跋陀别行法印》，已將修密法誦咒語結手印的儀軌，轉化成刻符成印，再印於身體之頭、眼、心、足等處。至於其根據的經典及轉化的原因，則留後詳述。

從整份寫卷抄録的内容來看，伯 3835 號背爲册子裝，除了正面書寫與密教有關的《十一面觀音神咒印》《觀世音菩薩祕密藏如意輪陀羅尼神咒經》〔8〕、《不空羂索神咒心經》〔9〕、《佛説觀經》〔10〕之外，背面抄有妙色身如來真言、甘露王如來真言、水散食一本、佛頂心咒、破魔結界降伏真言、刀印真言、索印真言、縛鬼真言、釋迦牟尼佛懺悔真言、智論真言、金剛佛頂心真言、大部禁方、入髑真言、金剛藏菩薩三字觀想、文殊

〔1〕 不空譯《北方毗沙門多聞寶藏天王神妙陀羅尼别行儀軌》，CBETA（2016），T21，no. 1250，pp.230a19—233a19。

〔2〕《七曜星辰别行法》，CBETA（2016），T21，no.1309，pp.452—457a33。

〔3〕《入唐新求聖教目録》卷一“如意輪王摩尼跋陀别行法印一卷”，CBETA（2016），T55，no. 2167，p.1080c27。《諸阿闍梨真言密教部類總録》卷二“如意輪王摩尼跋陀别行法印一卷”，CBETA（2016），T55，no.2176，p.1128b12。

〔4〕《惠運禪師將來教法目録》卷一“尊勝别行成就法一卷”，CBETA（2016），T55，no. 2168A，p.1088a29。

〔5〕《惠運禪師將來教法目録》卷一“持世陀羅尼經别行法一卷”，CBETA（2016），T55，no.2168A，p.1088a27。

〔6〕《新書寫請來法門等目録》卷一“青目天女别行法”，CBETA（2016），T55，no. 2174A，p.1109b27。此目録乃大唐咸通六年從六月迄於十月。於長安城右街西明寺日本留學僧圓載法師院求寫雜法門等目録具如右也。日本貞觀七年十一月十二日却來左京東寺重勘定。

〔7〕《新書寫請來法門等目録》卷一“隨求請雨别行法一卷（不空三藏譯一紙策子此法極略作法不明疑似不足）”，CBETA（2016），T55，no.2174A，p.1109b4。

〔8〕 參見 CBETA（2016），T20，no.1082。

〔9〕 參見 CBETA（2016），T20，no.1094。

〔10〕 即畺良耶舍譯《佛説觀無量壽佛經》，CBETA（2016），T12，no.0365。

菩薩觀想、《佛説大輪金剛總持陀羅尼法》等。值得注意的是，伯 3835 號背面所抄寫的内容表面上雖與佛教有關，但皆不見於傳世大藏經之中。據此可以推測，伯 3835 號背《佛説大輪金剛總持陀羅尼法》和其他的真言、咒語一樣，都可能是唐代密教興起以後，民間佛教（或密教）信仰者模仿佛經、道經的形式編造而成。由於同卷《觀世音菩薩祕密藏如意經輪陀羅尼神咒經》一卷後有題記署明“戊寅年八月五日清信弟子楊願受寫此經記之耳也，後代流傳，利益衆生，莫墮三塗（途）”，其中戊寅年依據王三慶〔1〕考訂應是宋太宗太平興國三年（978），至少可以推知楊願在抄寫此卷時，《佛説大輪金剛總持陀羅尼法》仍在敦煌地區流傳。

三、結構與内容

敦煌遺書中，除了伯 3835 號背之外，並未再有以《佛説大輪金剛總持陀羅尼法》爲名的抄本，但是題名爲《如意輪王摩尼跋陀别行法印》者，尚有伯 2153 號與伯 2602 號背兩卷。另外，伯 3874 號也抄録了與如意輪王摩尼跋陀神咒有關的符印。其中，伯 2153 號《觀世音菩薩如意輪陀羅尼章句咒並别行法》裏，完整抄録了《如意輪王摩尼跋陀别行法印》的内容及十七個符印，但是符印的順序與内容與伯 3835 號背略有出入。至於伯 2602 號背“觀世音菩薩符印”一卷中，抄録了首全尾缺的《如意輪王摩尼跋陀别行法印》，所抄七個符印的順序雖與伯 3835 號背完全相符，但是有關“善神擁護符印”的内容則有明顯的差異。此外，伯 3874 號“觀世音及世尊符印十二通及神咒”中，由於卷首殘破不堪，無法得知所抄經名，但是其中前三個符印與伯 3835 號背完全相符，後九個符印則多能與伯 2153 號相互對應，而且卷末還抄録了一段强調若不恭敬此印者，將遣金剛護法神等持劍摧碎其人的内容，這段具有恫嚇性的文字，似乎能與伯 3835 號背《佛説大輪金剛總持陀羅尼法》前後呼應。

經由以上敘述，我們可以發現伯 2153 號、伯 2602 號背、伯 3835 號背和伯 3874 號，皆分别抄録了與《如意輪王摩尼跋陀别行法印》有關的

〔1〕 參見王三慶《敦煌文獻題記編年及其分析研究（3/3）》，2004 年 8 月 1 日至 2005 年 7 月 31 日，第 214 頁。

内容。但是這四個寫卷彼此之間的關係爲何，産生差異的原因，皆有進一步厘清之必要。以下分成兩個部分進行討論。

（一）形式結構與排列次序

從編排結構來看，伯 3835 號背、伯 2153 號和伯 2602 號背三卷的形式相近，從開端皆抄有《如意輪王摩尼跋陀别行法印》，其次爲宣揚修此法的殊勝，於出世間法便超十地，可達佛陀所居住或應化的種種國土，接著是别行法的咒語，之後再强調此陀羅尼咒於入世間法能滅一切罪，得現世五種功德果報，最後是觀世音菩薩宣説各種符印的刻印之法，並配合相關的操作儀式，用以滿足不同衆生的需求與願望。

其次，將四個寫卷符印的抄寫順序整理如下：

	伯 3835 號背	伯 3874 號
1	旃檀摩尼印	
2	鉢頭摩印	
3	善神擁護印	
4	神足印	
5	解脱印	
6	神通印	神通印
7	隱形印	隱形印
8	愛樂印	愛樂印
9		寶輪印
10		大地振動印
11		磨訶花手印
12		磨訶鞢羅印
13		求男女印
14		大陀羅尼别行法印
15		寂滅定印
16		諸花印
17		諸妙果印

伯 2153 號	伯 2602 號背
旃檀摩尼印	旃檀摩尼印
善神擁護印	鉢頭摩印
神足印	善神擁護印
神通印	神足印
愛樂印	解脱印
大地振動印	神通印
磨訶鞢羅印	隱形印
大陀羅尼别行法印	
諸妙果印	
鉢頭摩印	
解脱印	
隱形印	
寶輪印	
求諸願印	
求男女印	
寂滅定印	
諸花果印	

由上表所示，我們可以發現兩種現象：其一，雖然伯 3835 號背、伯 3874 號和伯 2602 號背三個寫卷記録的内容都不完整，但是其中“神通印”和“隱形印”的抄寫順序完全一致，而且伯 3835 號背和伯 2602 號背兩卷除了“善神擁護印”以外，編排順序與内容也大抵相同；其二，伯 2153 號屬首尾完整的卷子，但符印的順序與前三者有明顯的差異，尤其是伯 3874 號的“磨訶花手印”與伯 2153 號“求諸願印”（暫擬）兩者不能對應，内容亦有較大出入。由於衆生祈求的願望不同，每一個符印皆可隨其所好單獨操作，各自滿願，因此，僅就編排順序似乎無法看出這兩類的差別。

再者，雖然伯 3835 號背和伯 3874 號兩卷的抄寫時間不同，字迹亦有差異，但是將伯 3835 號背的八個符印與伯 3874 號的十二個符印組合起來，扣除重複的三個，恰好可以對應伯 2153 號所記録的十七個符印。特别是伯 3874 號卷末抄録的文字：

> 世尊：若有善男子善女人等，見我此印，不恭敬者，我遣金剛頭首百千億持護我此印。若當不恭敬，我敕金剛力士、摧碎金剛、軍荼利金剛、密迹金剛、嗚趨沙摩金剛、火頭金剛、神金剛、不壞金剛、大力金剛、軍荼利金剛、密毗羅金剛、火輪金剛、大火頭金剛、下輪金剛，各各執其利劍，胡禄弓箭，各領百億，各各執其寶杵，擎山動石，黄塵覺（崛）起，日月角落，速至其人門首。我持利劍、寶杵，杵其人碎，令如微塵，當墮阿鼻地獄。願令□不信，不信得是此。世尊，我頭首等常擁護作印者，我護其人，如護眼精（睛）畏令晦，亦如母憐其子畏有染患，亦如貓牛護尾愛其畏落，亦如□□愛其真珠，亦如魚愛其水。如是等，如上所説，不得惱亂我作是印，若當如大柴燒，須臾終了。

卷末這段具有威脅、恐嚇意味的文字，刻意强調若不恭敬信受此如意輪陀羅尼印者，將遣衆金剛護法神等手持利劍、執金剛寶杵摧碎之，令如微塵，墮阿鼻地獄；反之，若恭敬擁護此印者，將受金剛護法神的護佑。

金剛力士、密迹金剛等，以手執金剛杵而得名，本係欲界天中的夜叉，受四天王所統率，因常隨侍佛，守護佛教。在漢譯經典裏，金剛手、金剛神、執金剛、密迹金剛與金剛力士被認爲意思相類，可以替换使用。例如菩提流支譯《入楞伽經》卷八“化品”：“大慧！金剛密迹常隨侍衛應化如來前後圍遶，非法佛報佛根本如來、應、正遍知。大慧！根本如來遠離諸根大小諸量，遠離一切凡夫聲聞辟支佛等。”〔1〕對照同本異譯的實叉難陀《大乘入楞伽經》卷六“變化品”：“大慧！變化如來，金剛力士常隨衛護，非真實佛。真實如來離諸限量，二乘外道所不能知，住現法樂成就智忍，不假金剛力士所護。”〔2〕端看譯者的翻譯習慣。

在佛教典籍裏，記載密迹金剛爲護法神者，有《增壹阿含經》卷二十二：“是時，梵天王在如來右，釋提桓因在如來左，手執拂，密迹金剛力士在如來後，手執金剛杵，毗沙門天王手執七寶之蓋，處虚空中，在如來上，恐有塵土坋如來身。”〔3〕又據《雜阿含經》卷五所載：“時有金剛力鬼神，持金剛杵，猛火熾然，在虚空中，臨薩遮尼犍子〔4〕頭上，作是言‘世尊再三問，汝何故不答？我當以金剛杵，碎破汝頭，令作七分’。”〔5〕若薩遮尼犍子之外道不回答佛陀詢問時，密迹金剛護法即以金剛杵臨其頭上欲。又曇無讖譯《大般涅槃經》卷三“壽命品”：“昔十五日，僧布薩時，曾於受具清淨衆中，有一童子，不善修習身、口、意業，在屏隈處盜聽説戒。密迹力士承佛神力，以金剛杵碎之如塵。”〔6〕此經指出童子違逆佛法，盜聽説戒，被密迹力士護法神以金剛杵摧碎之事。

大乘佛教認爲密迹金剛雖常示現夜叉形象護持正法，實爲菩薩的化身，例如曇無讖譯《金光明經》卷三“鬼神品”：“金剛密迹、大鬼神王及其眷屬五百徒黨，一切皆是大菩薩等，亦悉擁護聽是經者。”〔7〕在鳩摩羅

〔1〕參見CBETA（2016），T16，no.0671，p.560c23—26。

〔2〕參見CBETA（2016），T16，no.0672，p.622c7—10。

〔3〕參見CBETA（2016），T2，no.0125，p.663c6—9。

〔4〕薩遮尼犍子，人名。尼犍爲苦行外道之通名，譯曰離繫；薩遮是其名，譯言有，或諦，大有離繫外道之子也。此人歸佛悟大道，爲鬱闍延城嚴熾王，説世出世之法，遂與王共詣佛所受記別。

〔5〕參見CBETA（2016），T2，no.0099，p.36a15—18。

〔6〕參見CBETA（2016），T12，no.0374，p.380c10—13。

〔7〕參見CBETA（2016），T15，no.0662，p.350a13—16。

什譯《佛說首楞嚴三昧經》卷一“百千密迹金剛力士常隨護侍，自然能觀知諸佛道”[1]，密迹金剛力士似指金剛衆中之一。又依菩提流支譯《大寶積經》卷九“密迹金剛力士會”[2]所載，相傳往昔轉輪聖王勇郡有千子及法意、法念二王子。法意太子曾發誓願，若千位兄長成佛時，當爲金剛力士護持，親近於佛，聞諸佛秘要密迹之事。據此傳説得知，密迹金剛力士爲法意太子的後身。

從小乘佛教發展到大乘佛教的過程中，密迹金剛力士皆是以護侍釋尊，守護正法爲事。一直到了密教流傳以後，才轉而成爲密部之金剛薩埵——祕密主，以護持傳承密宗大法的身份出現。例如，一行《大毗盧遮那成佛經疏》卷一“入真言門住心品”：“金剛手祕密主者，梵云播尼，即是手掌，掌持金剛與手執義同，故經中二名互出也。西方謂夜叉爲祕密，以其身口意，速疾隱祕，難可了知故，舊翻或云密迹。若淺略明義，祕密主，即是夜叉王也。執金剛杵，常侍衛佛，故曰金剛手。然是中深義，言夜叉者，即是如來身語意密，唯佛與佛乃能知之，乃至彌勒菩薩等，猶於如是祕密神通，力所不及，祕中最祕，所謂心密之主，故曰祕密主。能持此印，故云執金剛也。”[3]而《佛說大輪金剛總持陀羅尼經》便是世尊將入般涅槃時，爲執金剛説受總持法門之法。

值得注意的是，伯 3874 號卷末這段不恭敬此印，將遭金剛護法等持劍摧碎的文字叙述，唯本卷所獨有，似乎能與伯 3835 號背卷首的《佛説大輪金剛總持陀羅尼法》相互呼應。而且伯 3835 號背“善神守護印”中執持刀劍的密迹金剛、火頭金剛等護法神，也能與伯 3874 號卷末的内容相對應。據此推測，整合伯 3835 號背與伯 3874 號兩個寫卷的内容，或許可以試著還原編造者以《佛説大輪金剛總持陀羅尼法》爲題的原始面貌。

（二）“善神擁護印”的内容差異

將寫卷經文與符印内容比對之後可以發現，除了前述伯 3874 號的“磨訶花手印”與伯 2153 號“求諸願印”無法對應之外，大部分符印内容大抵相同，衹有“善神擁護印”出現較大的歧異。兹將三個寫卷的内容迻録如下：

---

[1] 參見 CBETA（2016），T15，no.0642，p.631c17—18。
[2] 參見 CBETA（2016），T11，no.0310，p.52c14—26。
[3] 參見 CBETA（2016），T39，no.1796，p.582a4—13。

	伯 3835 號背	伯 2153 號	伯 2602 號背
善神擁護印 	世尊:若有善男子善女人誦持此如意摩尼咒者,欲使諸善神等,以好木尅印,帶,常爲天龍八部諸善神常當擁護。 又遣蜜(密)迹金剛、摩醯首羅、商羯羅爲持護,有七十萬億金剛蜜(密)迹、一切爲君吒利金剛、吒呵金剛、尼藍婆金剛、鬱秋婆金剛、火頭金剛、碎摧馬頭等面爲上首,各各執持刀劍,朔時於佛前白佛言:"我等徒衆爲作法之人,爲自擁護。"	世尊:若有善男子善女人誦此如意輪陀羅尼咒者,欲諸善神等,以䊵尅印,帶行,常謂天龍八部諸善神尊等常得擁護。 右遣密迹金剛、摩醯遮、刀利、釋梵天大將軍等常得擁護。 作此印者,我遣四大天王常當擁護。又復諸佛三寶,亦當擁護。我如來持法者,右使阿毗達摩、商羯羅常得衛護。作此印者,復遣野叉童子爲作給使,復遣金童子、藥叉童子、童女等常當衛護。又遣江神、虚空神、諸山林神、宅神、火神、風神等,悉皆受驅使。獲阿修羅、乾闥婆、鬼神大將軍阿吒婆拘、金色孔雀王等悉皆爲作擁護。 右敕天曹、地府、善惡部官、冥官、業道、曠野丘林道、力精鬼皆作驅使。此人共天地日月齊生,不可言。又謂三十三天衆,亦謂諸世間,亦爲助護一切力。	世尊:若有善男子善女人誦此如意輪陀羅尼咒者,欲使諸善神等,木尅印,帶行,常爲天龍八部諸善神尊常爲擁護。 作印者,我遣四大天王常當衛護,護爲諸三寶,衛護我如來。 持此者,右使阿毗達摩、商羯羅者常當衛護。作印者,復遣夜叉童子爲作給使,復遣金剛童子、藥叉童子、童女等常當衛護。又遣江神、海神、河神、虚空神、雨欲神、山林神、水神、風神等,皆悉謂驅使。復阿修羅乃至乾闥婆、鬼神大將,阿吒拘、金色孔雀王等悉皆衛護。 右敕天曹、地府、善惡部官、冥官、業道、曠野丘林道、力神鬼皆作驅使。此人等天府日月齊,豈不可言。

經録文内容比對之後可知，伯 3835 號背、伯 2153 號和伯 2602 號背三卷都主張刻此印並經常佩帶者，當受天龍八部諸善神等守護。但是派遣護持的諸善神尊，則分爲兩種：其一，伯 3835 號背專以金剛護法神爲主；其二，伯 2153 號和伯 2602 號背兩卷的護法善神大抵相似，且所舉尊神皆呈現多元組合。例如密迹金剛、阿修羅、乾闥婆、火神、金色孔雀王、三十三等，多見於《千手千眼觀世音菩薩廣大圓滿無礙大悲心陀羅尼經》（以下簡稱《大悲心陀羅尼經》）卷一：

> 我遣密迹金剛士，烏芻君茶鴦俱尸，八部力士賞迦羅，常當擁護受持者。我遣摩醯那羅延，金剛羅陀迦毗羅，常當擁護受持者……我遣釋王三十三，大辯功德婆怛那，常當擁護受持者……我遣金色孔雀王，二十八部大仙衆，常當擁護受持者……我遣脩羅乾闥婆，迦樓緊那摩睺羅，常當擁護受持者。我遣水火雷電神，鳩槃茶王毗舍闍，常當擁護受持者。〔1〕

由此可見，伯 2153 號和伯 2602 號背《如意輪王摩尼跋陀别行法印》的"善神擁護印"，蓋取材於《大悲心陀羅尼經》的内容與形式再加以轉化。至於驅使天曹、地府、善惡部官、冥官、業道、曠野丘林道、力精鬼等，則可能借用了中國道教天官和冥府掌管生死的概念。所謂天曹乃天上官署，主長生，依《南齊書・高逸傳・顧歡》云："今道家稱長生不死，名補天曹，大乖老莊，立言本理。"〔2〕又據薛用弱《集異記・衛庭訓》謂"歲暮，神謂庭訓曰：'吾將至天曹，爲兄問禄壽。'"〔3〕，至於冥中陰司曰地府，如《中黄真經》云："地府除籍天録名，坐察陰司役鬼神。"〔4〕由此可見，伯 2153 號與伯 2602 號背的善神擁護印，除了宣揚如意輪陀羅尼咒的功能之外，還兼具差遣天上、地下執掌人類生死官吏的能力，可令其保護作印之人，使長命百歲，壽與天齊。此外，雖然伯 2602 號背的抄寫順序與伯 2153 號有所差異，但是就符印的性質與功能等内容來看則大

〔1〕參見 CBETA（2016），T20，no.1060，p.108b5—26。
〔2〕《南齊書》卷五四，《二十五史》第三册，上海古籍出版社，1986 年，第 99 頁。
〔3〕李昉：《太平廣記》卷三〇二"神十二"，中華書局，2013 年，第 6 頁。
〔4〕參見《道藏》第八册，文物出版社，1988 年，第 389 頁。

抵一致，應歸於同一類型。

再從伯 3835 號背專以金剛護法神爲主的内容進行探究，由於伯 3835 號背同時列有三個經題，且所抄内容又與《佛説大輪金剛總持陀羅尼法》没有直接關係，所以我們可以假設伯 2153 號與伯 2602 號背抄寫的《如意輪王摩尼跋陀别行法印》出現較早，而伯 3835 號背可能是根據此類寫本加以改造，另外再命名爲《佛説大輪金剛總持陀羅尼法》的。並且爲了配合經名，刻意强化金剛護法的威神力，伯 3835 號背的編造者便將“善神擁護印”，從原本出自《大悲心陀羅尼經》與中國道教信仰有關的護法神，全部轉化成與密教有關的金剛護法。其中密迹金剛、摩醯首羅、吒呵金剛、火頭金剛等，可見於《藥師如來觀行儀軌法》卷一：

> 密迹金剛藏王……摩醯首羅王天布單那王。二十八部鬼神大將……弟子一心啓請。二十八金剛藏王、大輪金剛、軍荼利金剛、大烏芻沙摩金剛、大摧碎金剛、火頭金剛、青面金剛、吒呵金剛、設愛金剛、利牙爪金剛、傷竭羅金剛、各領所管五萬藥叉飛輪走釛，雲集道場。受弟子隨心供養，然後加助弟子威力，願咒句如意願速得成就。〔1〕

此一推論若能成立的話，正好可以解釋本卷小標題《觀世音如意輪王摩尼跋陀别行法》的用意，意謂《佛説大輪金剛總持陀羅尼法》乃脱胎於《如意輪王摩尼跋陀别行法印》，但是爲了有所區隔而特别加上“觀世音”菩薩的名號。

經由以上論述，似乎可以厘清這四個寫卷之間的關係，約可分成兩類：其一是伯 3835 號背與伯 3874 號專以金剛護法神爲主，屬於《佛説大輪金剛總持陀羅尼法》；其二是伯 2153 號和伯 2602 號背多元組合的護法善神，與《如意輪王摩尼跋陀别行法印》有關。至於伯 2602 號背的抄寫順序與伯 3835 號背、伯 3874 號相同的原因，鑒於三卷寫本皆爲殘卷，就目前文獻狀況無法進行更深入的探討。

〔1〕 參見 CBETA（2016），T19，no.0923，pp.28c18—29a10。

四、借用與轉化

伯3835號背命名作《佛説大輪金剛總持陀羅尼法》，又作《觀世音如意輪王摩尼跋陀别行法》，性質屬於别行法。此題名可能是修習密教金剛法門的徒衆，爲了適應衆生不同的根性，施設不同的善巧方便，試圖以《佛説大輪金剛總持陀羅尼經》爲依據，另外開展出更爲簡便易持的修行方法。如同《大佛頂如來放光悉怛多般怛羅大神力都攝一切咒王陀羅尼經大威德最勝金輪三昧咒品》，又名《大佛頂别行法》（無畏出）〔1〕，或本題云《大佛頂如來放光大神力都攝大威德記最勝金剛三昧咒法》〔2〕，乃抄録《陀羅尼集經》《楞嚴經》等結合而成。〔3〕

依《佛説大輪金剛總持陀羅尼經》的經名來看，所謂“總持”，又稱陀羅尼，或簡稱咒，具有“總一切法，持無量義”之意，强調持誦此陀羅尼的功德，即對於世間、出世間無量無邊一切佛法，皆能總攝憶持而不忘失。這部經主要是世尊臨般涅槃，佛法將滅之際，預告末劫衆生而説之總持法門，以及誦經、坐禪等種種殊勝善法。特别是若能在如來像前，誦大輪金剛陀羅尼二十一遍，當入一切曼荼羅（此云壇也），即如見佛，所求諸法皆得成就。根據其卷一記載：

> 佛告執金剛神言：我滅度後，末法之時，衆生薄福，三災競起，吾毒鬼神，諸天魔等。南閻浮提振旦國中，諸惡鬼神及諸八萬四千天魔，一一魔有五千眷屬，南閻浮提殺害衆生無量無數。汝等金剛今於此會聞祕密之法，汝等金剛聞持咒方法，速先誦大輪金剛陀羅尼神咒。汝不持此法門者，一切諸咒縱令有驗，猶有行僞盗法之罪。滅度之後，當落地獄，受罪苦已，當落畜生道，行僞獲罪如是。〔4〕

並於卷末指出，若不依法誦持作意，縱使得驗，亦犯盗法之罪，當墮

〔1〕參見CBETA（2016），T19，no.0947，p.180a4—7。

〔2〕參見CBETA（2016），T19，no.0947，p.188c21—22。

〔3〕詳參吕澂《楞嚴百僞》，《吕澄佛學論著選集》第一册，齊魯書社，1991年；林敏《大佛頂别行法の基礎的研究》，《仙石山論集》第三號，國際佛教學大學院大學，2006年；林敏《大佛頂别行法の諸本について》，《印度學佛教學研究》第五十五卷第二號，日本印度學佛教學會，2007年。

〔4〕參見CBETA（2016），T21，no.1230，p.161c8—12。

惡趣。同樣在《陀羅尼集經》卷二“佛説作數珠法相品”：“誦此陀羅尼三七遍，即當入一切曼荼羅，所作皆成。誦咒有身印等種種印法。若作手印，誦諸咒法，易得成驗。若未曾入灌頂壇者，不得輒作一切手印。若人誦此陀羅尼者，即同入壇。作印行用，不成盜法也。”〔1〕亦是强調未獲灌頂者，不得修此法門，否則有盜法之嫌。

可見密教修法有一套完整的儀軌〔2〕，必須遵守一定的修習次第，例如依《佛説大輪金剛總持陀羅尼經》指示：除了誦念《大輪金剛陀羅尼神咒》之外，尚須瞭達其義，繫念思維，作意觀照，方能發揮功效，消除違犯愆咎。如此嚴密的修法過程，對一般信衆而言，似乎有執行上的困難。因此，爲了吸引不同根器的信衆，避免密教修法儀軌的複雜，修習金剛法門的信徒或者崇信民間佛教者，便借用現有能滿足一切衆生願的《如意輪王摩尼跋陀别行法印》加以改造，提供給修行金剛法門的信衆修習方便之法。

據李小榮指出，伯 2153 號《如意輪王摩尼跋陀别行法印》所述的“如意輪王法”是在摭取多種内典，參照道教術儀，結合密典軌法的基礎上，新出的中土人士之述作。〔3〕此别行法的最大特色，便是將密教結手印的修行方法，轉變成了刻符用印的方式。關於佛教借用道教符印的論題，前賢已有相關論著討論〔4〕，本文僅就伯 3835 號背《佛説大輪金剛總持陀羅尼法》可能借用伯 2153 號《如意輪王摩尼跋陀别行法印》或其他相關佛教典籍進行改造的情形加以探究。以下比對伯 3835 號背和伯 2153 號的神足印、解脱印，再參照智通譯《千眼千臂觀世音菩薩陀羅尼神咒經》卷二中的相關内容，整理如下表：

〔1〕 參見 CBETA（2016），T18，no.0901，p.803b19—23。

〔2〕 密教是大乘佛教、印度教和印度民間信仰的混合物，它以高度組織化的咒術、壇場（曼荼羅）、儀軌（供養、念誦佛像的儀式、準則等）和各種神格信仰爲其特徵。密教儀軌極爲繁複，對設壇、供養、誦咒、灌頂皆有嚴格的規定，主張修“三密”，即手結契印（身密）、口誦真言（語密）、心作觀想（意密），三密相應，便可即身成佛。

〔3〕 詳參李小榮《敦煌密教文獻論稿》，人民文學出版社，2003 年 7 月，第 107 頁。

〔4〕 蕭登福：《從〈大正藏〉所收佛經中看道教星斗崇拜對佛教之影響》，《臺中商專學報》1991 年第 23 期，第 105—155 頁；同《道教符籙咒印對佛教密宗之影響》，《臺中商專學報》1992 年第 24 期，第 51—98 頁；同《道教星斗符印與佛教密宗》，新文豐出版社，1993 年；同《道教與密宗》，新文豐出版社，1993 年；同《道教術儀與密教典籍》，新文豐出版社，1994 年；同《論佛教受中土道教的影響及佛經真僞》，《中華佛學學報》1996 年第 9 期，第 83—98 頁；同《道家道教影響下的佛教經籍》，新文豐出版社，2005 年；同《試論道教對印度佛教密宗的形成與影響》，世界佛教密乘研究學會主辦“第 2 屆中國臺灣密宗國際學術研討會”，2005 年，第 11 頁。

	伯 3835 號背《佛説大輪金剛總持陀羅尼法》	伯 2153 號《如意輪王摩尼跋陀别行法印》	《千眼千臂觀世音菩薩陀羅尼神咒經》
神足印 	世尊，此印神足，以沈水香木尅印，方圓一寸三分，以用印足。 欲進萬里，不以爲難。 若有（疑）心，指（衹）行萬里。若除却疑心，至誠，須臾間，即到西方極樂世界，見阿彌陀如來及觀音、大勢至等，及十方淨土諸佛如來，皆爲受記。不經七日，即證須陀洹果。	世尊，此印神足印，以沈香木尅之，方圓一寸二分，以用印足。 欲進萬里，不以爲難。若有疑心，衹行萬里。若除疑心，至誠，須臾中間，即到西方極樂世界，而見阿彌陀佛身及觀世音菩薩、大勢至等，悉皆盡見十方諸佛。如來與行者摩頂授記，一切諸佛，世尊皆悉歡喜，大壽安樂。	自在神足印第二十三 起立，先以左手握右脚大拇指如把拳，次以右手握左手腕背上。誦身咒七遍，欲進千里，不以爲難。誦咒之時，勿令聲出。[1]
解脱印 	觀世音白佛言：如我憐念一切衆生，作如是印。 若不解脱者，誓願我不成正覺，若有作如意輪别行法印者，欲求解脱，以金銅鑄寫印，隨心一切。用以印照之，即得解脱，成等正覺。 若欲降魔伏怨，自變作微塵，東西南北章狂，不知去處。	世尊，觀世音菩薩白佛言：世尊，憐念一切諸衆生，作如是印。 若不解脱者，以至同注（金銅鑄）寫，隨心所用。照之印，得解脱，成無上正覺。 若欲除諸魔怨者，執印向持，立誦别咒三七遍，一切魔怨，即得消散。	解脱印第二十二 結跏趺坐。先以左手中指與大拇指頭相捻，仰掌向上，餘三指散展置於左膝上。次以右手亦如之，覆手置於右膝上。誦身咒二十一遍，所願悉皆滿足，諸有苦惱悉皆解脱。 若善男子善女人具造十惡五逆等罪，如閻浮提履地變爲微塵，一一微塵成於一劫，是人造若干等罪，應墮地獄歷劫受苦，永無出期。是善男子善女人，能於舍利及佛像前，白月十五日，一日一夜不食，結印誦咒滿一百八遍，如上諸罪苦惱悉皆消滅，若不滅者無有是處。[2]

〔1〕參見 CBETA(2016)，T20，no.1057b，p.96a14—17。
〔2〕參見 CBETA(2016)，T20，no.1057b，pp.95c29—96a13。

經由比對結果可知，伯 3835 號背的神足印大抵參照伯 2153 號的内容，除了印的尺寸大了一些，以及清楚指出不經七日即可證得須陀洹初果的現世利益。有關修持法門，則從《千眼千臂觀世音菩薩陀羅尼神咒經》誦身咒、結手印，著重用二手十指之曲折屈伸來標志如來内證的本誓，改造成直接藉由畫符刻印的用印操作，不必持咒，衹需秉持至誠無疑之心，須臾間即可至西方極樂世界，而且爲了强調符印的廣大威神力，刻意將“欲進千里，不以爲難”轉化爲“欲進萬里，不以爲難”。至於解脱印的文字出入較大，尤其在降伏魔怨方面，伯 2153 號除了執印向持外，還需配合誦别咒二十一遍纔見效，而伯 3835 號背直接用印照之，諸魔怨自變作微塵，終不知去處。其中伯 3835 號背的“若欲降魔伏怨，自變作微塵”，更有可能直接借用《千眼千臂觀世音菩薩陀羅尼神咒經》“若善男子善女人具造十惡五逆等罪，如閻浮提履地變爲微塵”的内容加以轉化而成。

其次，除了前述“善神擁護印”内容的差别之外，伯 3874 號的“磨訶花手印”與伯 2153 號“求諸願印”的内容雖無法對應，但仍有部分雷同之處。兹整理如下：

	伯 3874 號“磨訶花手印”	**伯 2153 號“求諸願印”**
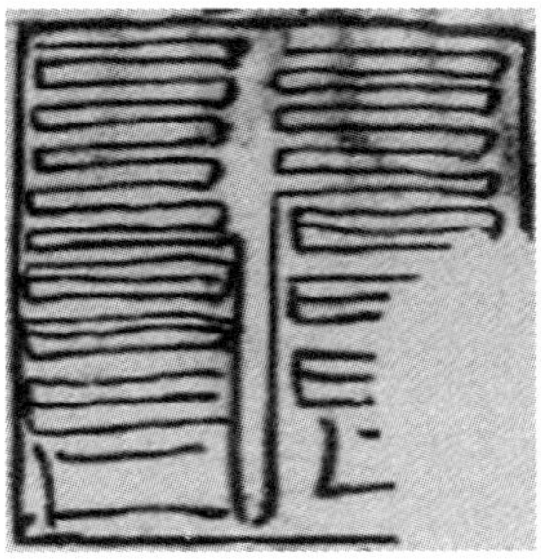	□□世間，若有衆生誦此如意輪陀羅尼及誦大悲者，若不作此□，不成誦咒。此印磨訶花手之印。若有行持如意輪大悲觀世音者，伏作此印，萬劫不食，共同一日，氣力無有盡日。若誦咒不作此印，自力終不成持。若欲誦咒，先作此印，一當萬不可具論。文中亦云：赤銅寫，莫諍價數。	世尊：若有衆生，生生世世之中，能誦如意輪陀羅尼神咒求驗者，以取赤銅寫，隨價數而寫，不得爭價。若爭價數，其印即不成。誦一萬遍，結大道場求諸願者，將此印印檀（壇）上，咒之一百八遍，乃至三七日已來，我日現三身，與摩頂授記，所願充足，悉皆不違。

雖然這兩個符印所求的願望不同，伯 3874 號的“磨訶花手印”强調此印的功能在於持如意輪大悲觀世音，縱使萬劫不食，氣力仍無有盡日；誦大悲咒前，先作此印，可以一當萬；而伯 2153 號“求諸願印”則是先持誦如意輪陀羅尼神咒一萬遍，再將此印印壇上，配合一百八遍咒，二十一天之後，佛一日現三身，與摩頂授記，所求諸願皆能滿足。

但是在伯3874號的“磨訶花手印”末尾抄寫到“文中亦云：赤銅寫，莫諍價數”，恰好與伯2153號“以取赤銅寫，隨價數而寫，不得爭價”的意思相近。特别是伯3874號的“文中亦云”，顯然是有所根據，且極有可能指的就是伯2153號的“以取赤銅寫，隨價數而寫，不得爭價。若爭價數，其印即不成”。從伯2153號所載清晰明瞭的修行儀軌，相較於伯3874號的語句却含糊不清，據此可以推知，伯3874號的意有未竟，可能没有轉化成功，無形中留下了借用的證據。

五、結　語

從文獻價值來看，雖然日本圓仁《入唐新求聖教目録》和安然《諸阿闍梨真言密教部類總録》，皆載録了《佛説大輪金剛總持陀羅尼法》與《如意輪王摩尼跋陀别行法印》，可惜未見於現存的《大正藏》。所幸敦煌文獻中伯2602號背、伯2153號、伯3835號背與伯3874號保存了此類寫卷的可能樣貌，雖然不能確定是否爲圓仁、安然等所見的原貌，但是至少經由本論文的整理，重現《佛説大輪金剛總持陀羅尼法》的内容，同時讓日本寺院古寫經録與敦煌遺書之間有了連接。其次，通過内容探索厘清了這四個寫卷的關係，一類是伯3835號背與伯3874號專以金剛護法神爲主，係屬《佛説大輪金剛總持陀羅尼法》；另一類是伯2153號和伯2602號背多元組合的護法善神，與《如意輪王摩尼跋陀别行法印》有關。

從佛教傳播來看，密教的别行法乃針對衆生不同的根器，轉化了原本煩瑣複雜的修行儀軌，且爲了迎合信徒期望速得成效的需求，提供簡便易行的實踐方法，以達到吸引信徒而廣爲流傳之目的。以伯3835號背《佛説大輪金剛總持陀羅尼法》爲例，此經雖以修持金剛法門爲主，仍然可以通過誦持《觀世音如意輪王摩尼跋陀别行法》及相關咒語、符印的加持，滿足衆生的所有願望，爲佛教世俗化的過程提供有力的證明。

《佛教文獻研究》第三輯
2019 年，243—260 頁

敦煌本《灌頂拔除過罪生死得度經》“八大菩薩”考論

伍小劼

内容摘要： 敦煌本《灌頂拔除過罪生死得度經》不僅數量衆多，而且與藏經本有一些不同之處。有的敦煌本《灌頂拔除過罪生死得度經》中八菩薩與藏經本不同，它來源於此前已有的經典，又經歷了修訂的過程，敦煌本中還保留了《灌頂拔除過罪生死得度經》修訂時的過渡形式。

關鍵詞： 敦煌本；《藥師經》；《灌頂經》；慧簡

作者單位： 上海師範大學哲學與法政學院

一、 學術史回顧

20 世紀初敦煌遺書的發現是中國學術研究中的大事件，尤其是占敦煌遺書百分之九十以上的佛經寫本或是可以校訂現存大藏經，或是可以找到大量未入藏經典，或是可以直接觀照中古中國各個社會階層的宗教信仰，形態豐富，對我們研究佛教文獻學和中古中國的宗教社會文化影響難以估計。《灌頂拔除過罪生死得度經》（以下簡稱《灌頂經》）是《藥師經》的第一個本子，敦煌本形態也最爲複雜，與藏經本八菩薩名號有較大區別，現在筆者著重對敦煌本《灌頂經》中的八菩薩進行專門考論。

1993 年，蕭登福指出敦煌出土的《藥師經》八菩薩之名不一致，又認爲敦煌出土《藥師經》皆爲帛尸梨蜜多羅譯本。[1]稍後，中國臺灣學者

---

〔1〕 蕭登福：《道教星斗符印與佛教密宗》，第 38—39 頁。

李玉珉注意到了敦煌遺書《藥師經》與今本《藥師經》的區别。[1]首先她認爲慧簡本是一個譯本，而收入大藏經的《灌頂經》是慧簡譯本的一個修訂本，後人託付於東晉帛尸梨蜜多羅的名下。李玉珉仔細核對敦煌遺書《藥師經》和現存於大藏經中的譯本，發現敦煌遺書《藥師經》的譯本共有五本，即除了大藏經收録的帛尸梨蜜多羅本、達摩笈多本、玄奘本以及義淨本外，還有一個譯本與帛尸梨蜜多羅的翻譯極爲近似，李玉珉認爲，這個本子很可能就是慧簡的譯本。接下來，李玉珉比較了帛尸梨蜜多羅本和慧簡本，發現二者極爲相近，不同的地方在於一是藥師八菩薩的稱號有别，前者意譯，後者音譯；第二則是前者卷末載有藥師琉璃光咒，慧簡本則没有咒。聯繫到帛尸梨蜜多羅的本子，其菩薩名都是中國人所熟知的菩薩，而慧簡本的八菩薩皆是梵名，李玉珉因此推測，載於大藏經中的《灌頂經》很可能就是慧簡本的修訂之作。

接繼李玉珉的工作，寧强也討論了敦煌遺書中的《藥師經》與《灌頂經》的關係。[2]寧强受李玉珉的啓發，更加詳細地討論了敦煌遺書中《藥師經》與《灌頂經》的關係，提出了自己的觀點。寧强認爲，在從僧祐到智昇的歲月中，一直有一個失譯的名爲《佛説藥師經》（或《藥師琉璃光經》）的存在，這個《藥師經》有别於《灌頂經》。通過對經録的考察和對敦煌文獻的整理，寧强認爲，這個一直流傳且失譯的《藥師經》即是敦煌古本《藥師經》，這個敦煌古本《藥師經》與現今流傳的《灌頂經》的區别在於前者八菩薩是梵名，後者則是意譯；前者没有續命咒語，後者則有。寧强由此推論，在慧簡之前已經有了《藥師經》的譯本，慧簡把它進行了適合中國的加工，這個加工過的慧簡本即是現今《灌頂經》卷十二的《灌頂經》。

綜合以上論述，敦煌遺書中的《灌頂經》和藏經本相比，八菩薩名號相異的有多號，這種現象已經被學者們注意並加以研究。但是從研究結果以及研究路徑上均存在討論空間。下面我先進行文獻分類、統計、整理等工作。在此基礎上，再進行初步研究。

---

〔1〕 李玉珉：《敦煌藥師經變研究》，臺北《故宫學術季刊》第七卷第三期，1990 年，第1—39 頁。

〔2〕 寧强：《佛經與圖像——敦煌第二二零窟北壁畫新解》，臺北《故宫學術季刊》第十五卷第三期，1998 年。

二、 分類整理

下面我們試著對現存敦煌遺書中的《灌頂經》進行分類歸納，分類的原則按照譯本（或版本）及相應的編號組織。

敦煌遺書《藥師經》分類表

譯本（版本）	卷　號
《灌頂經》（藏經本）	斯 501[1] 斯 1042 斯 1754 斯 3196 斯 3265 斯 3276 斯 3799 斯 4260 斯 4554 斯 4854 斯 5014 斯 5424 斯 5510 斯 6947 斯 7098 斯 7187 斯 7256 斯 7323 斯 7562 斯 7575 斯 7631 斯 7650 斯 7735 斯 8030 斯 8478 斯 8794 斯 8795 斯 8796 斯 8797 斯 8798 斯 8799 斯 8800 斯 8801 斯 8840 斯 8860 斯 8866 斯 8995 斯 9108 斯 9714 斯 9780 斯 9881 斯 9971 斯 9976 斯 10019 斯 10061 斯 10123 斯 10217 斯 10242 斯 10246 斯 10287 斯 10466 斯 10467 斯 10662 斯 10677 斯 10690 斯 10724 斯 10741 斯 12043 斯 12058 斯 12187 斯 12354 斯 12358 斯 12365 斯 12435 斯 12543 斯 12751 斯 12847 斯 12976 斯 12978 斯 13148 斯 13232 斯 13653F 斯 14072 斯 14073 斯 14074 伯 2013 伯 2178V 伯 4842 伯 4892 伯 4914 伯 5025（6） 俄 Φ200 俄 Дx00014 俄 Дx00913 俄 Дx01675 俄 Дx02016 ＋ 俄 Дx02034 ＋ 俄 Дx02294 ＋ 俄 Дx03724 俄 Дx02524 俄 Дx02651 俄 Дx03223 俄 Дx03276B 俄 Дx03278A 俄 Дx03464 ＋ 俄 Дx03551 ＋ 俄 Дx03559 俄 Дx03488 俄 Дx003723 俄 Дx03842 俄 Дx05012 俄 Дx05132 俄 Дx05558 俄 Дx05701 俄 Дx05929 俄 Дx05971 ＋ 俄 Дx05978 ＋ 俄 Дx05987 ＋ 俄 Дx05989 ＋ 俄 Дx05994 ＋ 俄 Дx05995 ＋ 俄 Дx05998 俄 Дx09022 俄 Дx10780 ＋ 俄 Дx10781 ＋ 俄 Дx10782 俄 Дx10784 俄 Дx11098 俄 Дx11249 俄 Дx11981 俄 Дx12391 俄 Дx12882 俄 Дx14648 俄 Дx14776 俄 Дx15060 俄 Дx15532 俄 Дx15790 俄 Дx16158 俄 Дx16299 俄 Дx16759 俄 Дx16840 俄 Дx16912 俄 Дx17621 俄 Дx17629 俄 Дx17703 俄 Дx17738 俄 Дx18315 俄 Дx18337 俄 Дx18483 俄 Дx18547 俄 Дx18840 俄 Дx18846 俄 Дx18854 北敦 00032 北敦 00033 北敦 00317 北敦 00391 北敦 00737 北敦 00848 北敦 01169 北敦 01178 北敦 01414 北敦 01495 北敦 02103 北敦 02130 北敦 02435 北敦 02756 北敦 04039 北敦 04220 北敦 04263 北敦 04505 北敦 04510 北敦 06225 北敦 06477 北敦 06545 北敦 06672 北敦 06734 北敦 07407 北敦 07496

〔1〕 表格中編號均省去後面的“號”。

（續表）

譯本（版本）	卷號	
《灌頂經》（藏經本）	北敦 07790　北敦 07876　北敦 08167　北敦 08607A　北敦 08862　北敦 08929　北敦 08931　北敦 08932　北敦 08933　北敦 08937　北敦 08938　北敦 08939　北敦 08942　北敦 08943　北敦 08944　北敦 09130　北敦 09131　北敦 10286　北敦 10457　北敦 11100　北敦 11115　北敦 11234　北敦 11453　北敦 11514　北敦 11515　北敦 11516　北敦 11517　北敦 11527　北敦 11528　北敦 11535　北敦 11723　北敦 11736　北敦 11869　北敦 11926　北敦 12008　北敦 12091　北敦 12143　北敦 12151　北敦 12152　北敦 12213　北敦 14465　北敦 14824　北敦 14840H　北敦 14908　北敦 15036　北敦 15059　北敦 15107　北敦 15182　北敦 15183　北敦 15274　北敦 15288　北敦 15589　北敦 15786　北大 D068　北大 069　敦研〇五五　敦研〇六五　敦研三五五　津藝 270　津藝 313　浙敦 068　浙敦 084　津圖 058　臺北“中央”圖書館藏 103　B175：2　B175：3　B175：7　B175：8	
《灌頂經》（異本）	與藏經本比，經文末無咒語	斯 534　斯 1051　斯 1446　斯 2443　斯 2494　斯 2541　斯 3874　斯 3974　斯 4179　斯 4345　斯 6722　斯 6919　伯 2928　北敦 02232　北敦 02656　北敦 02691　北敦 02909　北敦 03143　北敦 03306　北敦 03567　北敦 03619　北敦 03798　北敦 04507　北敦 05277　北敦 05451　北敦 05452　北敦 05464　北敦 05702　北敦 05843　北敦 06690　北敦 07959　北敦 08151　上圖 071　羽 235　羽 506
	與藏經本比，經文末無咒語，又無八菩薩	斯 2515　斯 3186　斯 3768　斯 6800　北敦 01397　北敦 02791　北敦 04627　北敦 04920　敦博 049　津藝 119　羽 468　羽 577
	八菩薩與藏經本異，且經文末無咒語	斯 162　斯 2444　斯 3903　斯 4083　斯 5037　斯 5200　斯 6383　北敦 00602　北敦 03407　北敦 06674
	八菩薩與藏經本異，且後有多加文字；經文末無咒語	斯 1968　俄 Дx01500　北敦 04407
	八菩薩與藏經本同，且後有多加文字	俄 Дx05488
	經文開頭爲“佛遊毗舍離”	敦研 009

説明：本表收集分類還有不完善之處，待日後補充。

從上述分類來看，藏經本《灌頂經》占據敦煌遺書中《灌頂經》的多數，但是異本也不少。就異本而言，主要分爲兩類，一類是咒語的有無與相異，一類則是八菩薩的相異以及八菩薩前後文字的不同。進一步說，就本文討論的"八菩薩"名號而言，異本達到了二十六號，下文就依據這二十六號遺書中的"八菩薩"展開研究。

三、敦煌本《灌頂經》"八大菩薩"研究

首先，我將藏經本《灌頂經》涉及"八菩薩"名號的相關内容録文如下：

> 佛言："若四輩弟子，比丘、比丘尼；清信士、清信女。常修月六齋年三長齋，或晝夜精勤一心苦行。願欲往生西方阿彌陀佛國者，憶唸晝夜。若一日、二日、三日、四日、五日、六日、七日，或復中悔，聞我說是藥師瑠璃光佛本願功德，盡其壽命欲終之日，有八菩薩，其名曰：文殊師利菩薩、觀世音菩薩、得大勢菩薩、無盡意菩薩、寶壇華菩薩、藥王菩薩、藥上菩薩、彌勒菩薩。是八菩薩皆當飛往迎其精神，不經八難生蓮花中，自然音樂而相娛樂。"
>
> 佛言："假使壽命自欲盡時，臨終之日得聞我說是藥師瑠璃光佛本願功德者，命終之後皆得上生天上，不復經歷三惡道中；天上福盡若下生人間，當爲帝王家作子，或於豪姓長者居士富貴家生，皆當端正聰明，智慧高才勇猛；若是女人，化成男子，無復憂苦患難者也。"〔1〕

這段文字中，八菩薩在中間起的作用相當於"引路菩薩"。但八菩薩在敦煌本《灌頂經》中情況至少可以分爲三種：

第一種，經文中没有八菩薩。根據筆者的統計，這些卷子如下：斯2515號，斯3186號，斯3768號，斯6800號，北敦01397號，北敦02791號，北敦04627號，北敦04920號，敦博049號，津藝119號，羽468號，羽577號，共十二號。

〔1〕《灌頂經》，CBETA（2016），T21，no.1331，p.533b28—c15。

第二種，經文中有八菩薩，且八菩薩與藏經本同。這些卷子如下：斯1042號，斯1446號，斯2443號，斯2494號，斯2541號，斯3276號，斯3874號，斯4179號，斯4345號，斯5014號，斯6722號，斯6919號，斯6947號，伯2178V號，俄Дх05488號，北敦00032號，北敦00033號，北敦00317號，北敦00848號，北敦01495號，北敦02130號，北敦02232號，北敦02656號，北敦02909號，北敦03143號，北敦03619號，北敦04220號，北敦04505號，北敦05452號，北敦05843號，上圖071號，共三十一號。

第三種，經文中有八菩薩，且八菩薩與藏經本異。這些卷子如下：斯162號，斯1968號，斯2444號，斯3903號，斯4083號，斯5037號，斯5200號，斯6383號，俄Дх01500號，北敦00602號，北敦03407號，北敦04407號，北敦06674號，共十三號。

下面我們重點就第三種情况作一個説明。八菩薩的名字在上述十三號中基本相同，有時略有小異，如斯1968號，八菩薩名字爲“跋陀和菩薩，羅鄰那竭菩薩，憍目兜菩薩，那羅達菩薩，須深彌菩薩，摩訶薩伽菩薩，用垣達菩薩，和瑜論菩薩”。

斯3903號，八菩薩名字爲“拔陀和菩薩，羅鄰那竭菩薩，矯越覺菩薩，那羅達菩薩，須量彌菩薩，摩訶薩和菩薩，同祇達菩薩，和倫輪菩薩”。

斯5200號，八菩薩名字爲“跋陀和菩薩，羅鄰那菩薩，憍目兜菩薩，那羅達菩薩，須深彌菩薩，摩訶薩迦菩薩，用恒達菩薩，和瑜倫菩薩”。

北敦04477號，八菩薩名字爲“拔陀和菩薩，羅鄰那竭菩薩，憍目兜菩薩，那羅達菩薩，須深彌菩薩，摩訶薩迦菩薩，勇恒達菩薩，和瑜論菩薩”。

北敦03407號，八菩薩名字爲“跋陀和菩薩，羅鄰那竭菩薩，憍目兜菩薩，那羅達菩薩，須染彌菩薩，摩訶伽菩薩，寶壇華菩薩，和輪輪菩薩”。

除北敦03407號外，八菩薩名號其他大體相同。學者李玉珉、寧强已經撰文指出了這些現象〔1〕，寧强並以斯162號爲例進行了初步研究，寧

〔1〕 李玉珉：《敦煌藥師經變研究》，臺北《故宫學術季刊》第七卷第三期，1990年。寧强：《佛經與圖像——敦煌第二二零窟北壁畫新解》，臺北《故宫學術季刊》第十五卷第三期，1998年。寧强等索引用的斯162號實際上衹有七菩薩，分别爲“拔陀和菩薩，羅鄰那竭菩薩，矯越覺菩薩，須量彌菩薩，摩訶薩和菩薩，同祇達菩薩，和倫輪菩薩”，與諸本比，少了“那羅達菩薩”。又寧强引用的斯261號，應爲《金光明最勝王經》，非《灌頂拔除過罪生死得度經》。

强認爲這些八菩薩名字應爲"文殊師利菩薩、觀世音菩薩、得大勢菩薩、無盡意菩薩、寶壇華菩薩、藥王菩薩、藥上菩薩、彌勒菩薩"八菩薩的音譯。〔1〕我們對此持保留態度。下面我們把藏經本《灌頂經》的八菩薩梵文對音轉寫如下〔2〕：

文殊師利：Mañjuśri	觀世音：Avalokiteśvara
得大勢：Mahāsthāmaprāpta	無盡意：Akṣayamatir
寶壇華：缺	藥王：Bhaiṣajyarāja
藥上：Bhaiṣajyasamudgata	彌勒：Maitreya

在藏經翻譯史上，文殊師利後來被翻譯成曼殊師利，觀世音有時音譯成阿縛盧枳低濕伐羅或阿唎耶跋盧枳羝鑠筏囉等，得大勢有時音譯成摩訶娑太摩鉢鉢羅鉢跢，無盡意有時被音譯成阿差末或阿差末底等，彌勒有時被音譯成梅呾麗耶等。從這些音譯名可以看出，這些菩薩和上述"拔陀和"等菩薩名字相差甚大。如果我們拋開藏經中已有譯名，把"拔陀和"等八菩薩與"文殊師利"等八菩薩進行對照，會發現兩者不是相對應的關係。鳩摩羅什譯《摩訶般若波羅蜜經》卷一說：

> 願受無量諸佛國土，念無量國土諸佛三昧常現在前，能請無量諸佛，能斷種種見纏及諸煩惱，遊戲出生百千三昧，——諸菩薩如是等種種無量功德成就。其名曰：颰陀婆羅菩薩、罽那伽羅菩薩、導師菩薩、那羅達菩薩、星得菩薩、水天菩薩、主天菩薩、大意菩薩、益意菩薩、增意菩薩、不虛見菩薩、善進菩薩、勢勝菩薩、常勤菩薩、不舍精進菩薩、日藏菩薩、不缺意菩薩、觀世音菩薩、文殊師利菩薩、執寶印菩薩、常舉手菩薩、彌勒菩薩。如是等無量百千萬億那由他諸菩薩摩訶薩，一切菩薩皆是補處，紹尊位者。〔3〕

在這裏我們可以清楚地看到，颰陀婆羅（即颰陀和）菩薩和觀世音菩

〔1〕蕭登福亦持這種看法，見蕭登福《道教星斗符印與佛教密宗》，第40頁。
〔2〕梵文名字據中村元《佛教語大辭典》（縮印版），東京書籍，1981年。又見辛嶋靜志《妙法蓮華經詞典》，創價大學國際佛教學高等研究所，2001年。其中寶壇華找不到相應的梵文名。
〔3〕《摩訶般若波羅蜜經》卷一，CBETA（2016），T08，no.0223，p.217a25—b08。

薩等同在一起[1]，這從一個側面反映“拔陀和”等八菩薩與“文殊師利”等八菩薩不是相對應的關係。然而這段引文既有音譯又有意譯，不好判斷是否爲相對應的關係，爲了增强説服力，我們還可舉《大智度論》的例子。其書卷七説：

如是等諸菩薩，共佛住王舍城耆闍崛山中。問曰：“如是菩薩衆多，何以獨説二十二菩薩名?”答曰：“諸菩薩無量千萬億説不可盡，若都説者，文字所不能載。復次是中二種菩薩：居家、出家。善守等十六菩薩是居家菩薩。颰陀婆羅居士菩薩是王舍城舊人，寶積王子菩薩是毗耶離國人，星得長者子菩薩是瞻波國人，導師居士菩薩是舍婆提國人，那羅達婆羅門菩薩是彌梯羅國人，水天優婆塞菩薩（及）慈氏、妙德菩薩等是出家菩薩，觀世音菩薩等從他方佛土來。若説居家，攝一切居家菩薩，出家他方亦如是。”[2]

《摩訶般若波羅蜜經》與《大智度論》均爲鳩摩羅什所譯，如果説《摩訶般若波羅蜜經》中音譯與意譯混雜，不好判斷。那麽在《大智度論》中就看得很明顯，《大智度論》説此處有二十二菩薩名，這説明《摩訶般若波羅蜜經》中間的菩薩名字不是重複出現的意譯。《大智度論》中認爲二十二菩薩分爲居家菩薩與出家菩薩，颰陀和菩薩與彌勒菩薩分屬於居家菩薩與出家菩薩，觀世音菩薩屬於從他方佛土來的菩薩。這就更清楚地説明颰陀和等菩薩與觀世音菩薩等不是相對應的菩薩。

意大利學者左冠明（Stefano Zacchetti）對《光讚經》進行了專題研究[3]，

---

〔1〕菩薩名字的對應關係可參考竺法護譯《光讚經》卷一：“其名曰：颰陀和菩薩、羅鄰那竭菩薩、摩訶須菩和菩薩、那羅達菩薩、橋日兜菩薩、和輪調菩薩、因坻菩薩、賢守菩薩、妙意菩薩、持意菩薩、增意菩薩、不虚見菩薩、立願菩薩、周旋菩薩、常精進應菩薩、不置遠菩薩、日盛菩薩、無吾我菩薩、光世音菩薩、溥首菩薩、寶印首菩薩、常舉手菩薩、常下手菩薩、慈氏菩薩，諸菩薩衆如是難限，不可計數，億百千姟，一切妙德，清淨同真。”參見CBETA（2016），T08，no.0222，p.147b01—09。

〔2〕《大智度論》卷七，CBETA（2016），T25，no.1509，p.110c29—111a12。

〔3〕Stefano Zacchetti, *In praise of light*, *A critical synoptic edition with an annotated translation of Chapters 1—3 of Dharmarakṣa's Guang zan Jing 光讚經*, *Being the earliest Chinese translation of the larger Prajñāpāramitā*, The International Research Institute for Advanced Buddhology, Soka University, 2005。

這位學者根據吉爾吉特等地發現的梵文本對《光讚經》做了一個精校本。《光讚經》中有一段關涉到了跋陀和等八菩薩，文如下：

> 諸菩薩者德皆如是——其名曰颰陀和菩薩、羅鄰那竭菩薩、摩訶須菩和菩薩、那羅達菩薩、橋日兜菩薩、和輪調菩薩、因坻菩薩、賢守菩薩、妙意菩薩、持意菩薩、增意菩薩、不虛見菩薩、立願菩薩、周旋菩薩、常精進菩薩、不置遠菩薩、日盛菩薩、無吾我菩薩、光世音菩薩、漸首菩薩、寶印首菩薩、常舉手菩薩、常下手菩薩、慈氏菩薩，諸菩薩衆如是難限，不可計數，百千姟一切妙德清淨同真。[1]

仔細查看，實際上這裏僅僅提到了八位菩薩中的七位，少了我們上面提到過的須深彌菩薩。根據這位學者的工作，我們把七位菩薩的梵文名字羅列如下[2]：

颰陀和：Bhadrapāla　　羅鄰那竭：Ratnākara
摩訶須菩和：Mahāsusārthavāha　　那羅達：Naradatta
橋日兜：Guhagupta　　和輪調：Varuṇadeva
因坻：Indra

在這出現的七位菩薩中，颰陀和菩薩是一位非常引人注目的菩薩，颰陀和菩薩與賢守菩薩或許就是同一位菩薩[3]，賢守有時又譯作賢護。在初期瑜伽中，賢護菩薩爲在家菩薩，如果人有急疾，呼叫賢護等八大菩薩的名號，可以得到解脱。[4]賢護菩薩或者颰陀和菩薩頻繁地出現在早期佛教經典當中[5]，並且在支謙譯《佛説維摩詰經》中與其他七位菩薩共爲出家菩薩的代表，在《治禪病秘要法》中颰陀和等八菩薩還能治急疾。這些迹象表明颰陀和等八菩薩是印度傳統的八菩薩形象，也很可能爲《灌頂經》中八菩薩的原來形象。

---

〔1〕《光讚經》，CBETA（2016），T08，no.0222，p.147a29—b09。
〔2〕Stefano Zacchetti，2005. pp.253—254。
〔3〕Stefano Zacchetti，2005. p.253。
〔4〕方廣錩：《印度禪》，浙江人民出版社，1998年，第115頁。
〔5〕辛嶋靜志在其編撰的《正法華經詞典》中還原了颰陀和菩薩的梵文。《正法華經詞典》，創價大學國際佛教學高等研究所，1998年，第8頁。

實際上佛典當中的八菩薩組合有好幾種，下面我們把這幾種八菩薩進行歸類。

八菩薩名號表

經　　名	八　菩　薩
《般舟三昧經》卷一	颰陀和菩薩、羅鄰那竭菩薩、憍日兜菩薩、那羅達菩薩、須深菩薩、摩訶須薩和菩薩、因坻達菩薩、和輪調菩薩。參見CBETA（2016），T13，no.0417，p.901b28—c01。
《灌頂經》	文殊師利菩薩、觀世音菩薩、得大勢菩薩、無盡意菩薩、寶壇華菩薩、藥王菩薩、藥上菩薩、彌勒菩薩。參見CBETA（2016），T21，no.1331，p.0533c05—07。
《大樂金剛不空真實三昧耶經般若波羅蜜多理趣釋》卷上	金剛手菩薩、摩訶觀自在菩薩、虚空藏菩薩、金剛拳菩薩、文殊師利菩薩、才發心轉法輪菩薩、虚空庫菩薩、摧一切魔菩薩。參見CBETA（2016），T19，no.1003，p.0607c15—18。
《八大菩薩曼荼羅經》	觀自在菩薩、慈氏菩薩、虚空藏菩薩、普賢菩薩、金剛手菩薩、曼殊師利菩薩、除蓋障菩薩、地藏菩薩。
《七佛八菩薩所説大陀羅尼神咒經》	文殊師利菩薩、虚空藏菩薩、觀世音菩薩、救脱菩薩、跋陀和菩薩、大勢至菩薩、得大勢菩薩、堅勇菩薩。
《大方廣菩薩藏文殊師利根本儀軌經》	慈氏菩薩、普賢菩薩、地藏菩薩、虚空藏菩薩、除蓋障菩薩、滅罪菩薩、金剛手菩薩、妙財菩薩。參見CBETA（2016），T20，no.1191，p.0871c02—03。
《舍利弗陀羅尼經》	光明菩薩、慧光明菩薩、日光明菩薩、教化菩薩、令一切意滿菩薩、大自在菩薩、宿王菩薩、行意菩薩。參見CBETA（2016），T19，no.1016，p.0698a11—13。

説明：有的八菩薩組合見於多部佛經當中，本表衹是選取了代表性的佛經。

關於八菩薩，賴富本宏已經對此進行過圖像學的研究。〔1〕上述八菩薩組合中，特别值得注意的是第一種和第二種組合。《灌頂經》中的八菩薩組合除了見於本經外，另外還見於義淨譯《藥師琉璃光七佛本願功德經》，除了這兩部經外，不見於其他經典。雖然在藏經中没有發現除“藥師經”

〔1〕 賴富本宏：《密教佛の研究》，法藏館，1990年，第607—632頁。但是賴富本宏把“文殊師利”等八菩薩説成出自《藥師琉璃光如來本願功德經》是不準確的，文殊師利等八菩薩應出自《灌頂拔除過罪生死得度經》及《藥師琉璃光七佛本願功德經》。

外的"文殊師利"等八菩薩組合，但是我們在敦煌寫本中發現了與之相同的組合。這件遺書爲斯 102 號，土橋秀高已經對此件遺書進行了録文和研究。〔1〕爲了便於研習，我們用斯 102 號爲底本，用土橋秀高的録文本爲校本（校記稱甲本），對這件遺書重新整理了録文，由於該遺書較長，我們衹選取其中相應的部分進行録文。

［斯 102 號録文］

七佛教戒偈文

毗婆尸佛言："忍辱第一道，佛説無爲最。出家惱他人，不名爲沙門。"

尸棄佛言："譬如明眼人，能避險惡道。世有聰明人，能遠離諸苦。"

毗舍浮佛言："不謗亦不嫉，當奉行諸戒。飲食知止足，常樂在空閑。心定樂精進，是名諸佛戒。"

拘留孫佛言："譬如蜂采花，不壞色與香。但取其味去，比丘入聚然。不違戾他事，不觀作不作。但身觀身行，若正若不正。"

拘那含牟尼佛言："一切惡莫作，當奉行諸善。恒精專一志，是則諸佛教。"

迦葉佛言："慎莫作放逸，聖法當勤學，如是無憂愁，心定入涅槃。"

釋迦牟尼佛言："善護於口言，自淨其志意。身莫作諸惡，此三業等淨。能得如是行，是大仙人道。"

又釋迦牟尼佛重説教誡偈〔2〕："護身爲善哉，能護口亦善。護意爲善哉，護一切亦善。菩薩護一切，便得救衆苦。菩薩守口意，身不犯衆惡。是三業道淨，得聖所行道。若人撾駡不還報，於嫌恨人心不恨，於瞋人中心常淨，是人爲惡自不作。七佛爲世尊，能救護世間。是佛説戒經，我已廣説竟。諸佛及弟子，恭敬是戒經。恭敬戒經已，

〔1〕土橋秀高：《敦煌本にみられる種種の菩薩戒儀——スタイン本を中心として》，《西域文化研究》第六《歷史と美術の諸問題》，法藏館，1963 年。

〔2〕"偈"，甲本作"言"。

各各相恭敬。慚愧得具足，能得無爲道。”已説一切戒經竟，一切得布薩。

八菩薩贊戒偈文

謹依阿毗達摩等諸大乘經中説：“有八菩薩過去發願度脱一切衆生，當臨命終時，悉來迎接此念佛念法念僧，堅持齋戒、乃通定惠如是内秘精密久無退轉、有業緣者。將至十方淨土，隨願往生。”夫受清淨戒大同小異，若同即三聚戒，别則八行偈。如七佛各各别説偈，皆同利益衆生。恐自根機不等，後有見聞者，先願除去其疑惑及妄想顛倒，令漸滅盡。然與學相應，入真實無爲道。

文殊師利法王子菩薩。若有持戒人，勤求於佛道，我不憚劬勞，終身常護念。

觀世音菩薩。佛子發心持，上品淨戒者。雖經歷千生，不墮三惡道。

大勢至菩薩。戒爲金翼鳥，威勢武力强。戒爲行寶藏，所在相利益。

無盡意菩薩。戒爲大橋樑，運度到彼岸。戒爲大舟船，出離生死海。

寶檀花菩薩。戒爲究竟伴，能過險惡道。是故歡喜禮，嚴淨持戒身。

藥王菩薩。是我此肉身，恒爲老病死。不久當臭爛，急速勤持戒。

藥上菩薩。戒如好良田，能生諸佛身。戒如大藥樹，療治衆毒病。

彌勒菩薩。一切諸衆生，堅持清淨戒。日夜策勤修，臨終引正路。

又八菩薩同共贊戒偈文戒是大道門，法是菩提海。過去微塵佛，皆由修行起。

［録文完］

從上述録文可見，這是一組七佛八菩薩偈文，目的在於勸人持戒。然而這一組七佛八菩薩與前面所引的《七佛八菩薩所説大陀羅尼神咒經》中七佛譯法有異，八菩薩則不同之處比較明顯。土橋秀高在文章中把《摩訶僧祇律》與斯102號中八菩薩偈文進行了排比，雖然有相同之處，但是不同之處也很明顯。[1]總之，可以肯定，斯102號中的八菩薩偈文並不是翻譯作品，而應該是中國僧人所作。《八菩薩贊戒偈文》中説：“有八菩薩過去發願度脱一切衆生，當臨命終時，悉來迎接此念佛念法念僧，堅持齋戒，乃通定惠如是内秘精密久無退轉、有業緣者。將至十方淨土，隨願往生。”又説：“臨終引正路。”然而正如我們下面指出的，佛典中最早所見的擔當“臨終來迎”角色的是“跋陀和”等八菩薩，而非“文殊師利”等八菩薩。因此我們可以推測，《八菩薩贊戒偈文》或許是受《灌頂經》中“文殊師利”等八菩薩的影響。值得注意的是《七佛八菩薩所説大陀羅尼神咒經》中的八菩薩雖然與現藏經本《灌頂經》中的八菩薩有異[2]，却也有《灌頂經》中非常特别的“救脱菩薩”和“跋陀和菩薩”，或許《灌頂經》的形成與該經關係密切，還有待進一步研究。

第二種情況中《般舟三昧經》中的八菩薩則見於多部早期大乘經典中，如《光讚經》《摩訶般若波羅蜜經》《佛説八吉祥神咒經》《佛説佛名經》《佛説華手經》《佛説灌頂百結神王護身咒經》《佛説灌頂摩尼羅亶大神咒經》《佛説天地八陽神咒經》等，可見這種八菩薩組合是早期大乘經典較爲流行的組合。

我們在敦煌本《灌頂經》中的八菩薩情況分類中已經分爲没有八菩薩、“跋陀和”等八菩薩、“文殊師利”等八菩薩三種情況。邵朋在研究梵本《藥師經》時，也已經注意到梵本《藥師經》没有具體指出八菩薩的名號[3]，但邵朋認爲此八菩薩名號無法得知，我們不贊同，正如我們指出的現藏經本《灌頂經》就有八菩薩名號，如果注意到敦煌本，還能看到不同的八菩薩組合。從現在敦煌本八菩薩的存在情況看，雖然我們不能確定

---

〔1〕 土橋秀高:《敦煌本にみられる種種の菩薩戒儀——スタイン本を中心として》,《西域文化研究》第六《歷史と美術の諸問題》，法藏館，1963年，第146頁。

〔2〕《七佛八菩薩所説大陀羅尼神咒經》中的“得大勢菩薩”與“大勢至菩薩”應爲同一菩薩，此處爲何作兩位菩薩，不得其解。丁福保在《佛學大辭典》中注意到這個問題，他把二者當作一個菩薩看待，却加進了一個經中没有特指的“釋摩男菩薩”。

〔3〕 Gregory Schopen, *The Bhaiṣajyaguru-Sūtra and Buddhism of Gilgit*, Ph.D dissertation, The Australian National University, 1978, pp.276—294.

上述三種情況出現的前後順序〔1〕，但是結合藏經中八菩薩出現的情況，有一點可以確定，即“跋陀和”等八菩薩出現的時間較“文殊師利”等八菩薩出現的時間要早，而且《大灌頂經》中的其他卷次中多處出現了“跋陀和”等八菩薩。

又敦煌本《灌頂經》八菩薩中，北敦03407號特别值得注意，其名號爲“跋陀和菩薩、羅鄰那竭菩薩、憍目兜菩薩、那羅達菩薩、須染彌菩薩、摩訶伽菩薩、寶壇華菩薩、和輸輪菩薩”，這裏“跋陀和”等八菩薩中出現了“文殊師利”等八菩薩中的“寶壇華菩薩”，用它代替了“用垣達菩薩”。前面已經指出，寶壇華菩薩非用垣達菩薩的意譯，那麽這裏出現這種情況就值得關注。我們注意到後漢支婁迦讖譯《般舟三昧經》卷二説：

> 今四輩人住我前，五百之衆能堪持。是八菩薩颰陀和、羅鄰那竭、那羅達、摩訶須薩、和輪調、因坻、須深、憍日兜，比丘及尼、清信士，奉玄妙法上義句。常以經道哀世間，宣暢方等普流化。颰陀和等八菩薩，於五百衆爲英雄。常當奉持方等經，於世之俗無所著。釋一切縛解空慧，紫磨金色百福相。恒行慈哀度衆生，施以安隱滅諸塵。壽終之後生法家，不復歸於三惡道。世世相隨常和協，然後逮得尊佛道。已棄舍於八難處，遠離一切諸惡道。其功德行莫能稱，所受福祐無能量。當復值見彌勒佛，咸同一心往自歸。悉共供養等慈哀，逮於無上寂滅句。其心僉然而和同，正意奉事人中尊。不倚俗事得法忍，疾逮無上大道行。〔2〕

支謙譯《佛説八吉祥神咒經》卷一中八菩薩出現的場合：

> 爾時諸菩薩颰陀和菩薩、羅鄰那竭菩薩、橋日兜菩薩、那羅達菩薩、須深彌菩薩、摩訶薩須薩和菩薩、因坻達菩薩、和輪調菩薩，是八人求道已來無央數劫，於今未取佛。願言：“使十方天下人民皆得佛道，若有急疾，皆當呼我八人名字，即得解脱，壽命欲終時，我八

〔1〕 還没有足夠的題記資料或書志學材料來確定上述寫本的準確年代。
〔2〕《般舟三昧經》卷二，CBETA（2016），T13，no.0418，p.911c07—23。

人便當飛往迎逆之。"[1]

劉宋罽賓三藏曇摩蜜多譯《觀虚空藏菩薩經》中八菩薩出現的情景：

> 跋陀和菩薩，羅鄰那竭菩薩，憍日兜菩薩，那羅達菩薩，須深彌菩薩，摩訶須薩和菩薩，因坦達菩薩，和倫調菩薩。是八菩薩從《般舟》出，是八人求道以來無央數劫，於今未取佛。願言："彼十方天下人民皆得佛道，有急疾皆呼我八人名字，即得解脱。壽命終時，我八人便當飛往迎逆之。"誦禮八菩薩者得現世福，命終八人迎接將往極樂國土，化生蓮花中作無生菩薩。[2]

《觀虚空藏菩薩經》中八菩薩出現時的情景明確講出自《般舟三昧經》。但《般舟三昧經》中誓願的主題是佛，而不是《觀虚空藏菩薩經》中出現的八菩薩，二者稍有區别。如果我們將《般舟三昧經》卷二、《佛説八吉祥神咒經》卷一、《觀虚空藏菩薩經》中八菩薩出現的場合，與上引《灌頂經》八菩薩出現的場合相對比，會發現三者相似的地方非常多。《般舟三昧經》中説"颰陀和"等八菩薩棄舍於八難[3]處，遠離一切惡道，或見彌勒佛。關於"八難"，《灌頂經》中説："是八菩薩皆當飛往迎其精神，不經八難生蓮花中，自然音樂而相娱樂。"關於"彌勒佛"，《灌頂經》説："佛告文殊若欲生十方妙樂國土者，亦當禮敬瑠璃光佛。欲得生兜率天見彌勒者，亦應禮敬瑠璃光佛。"[4] 雖然相同之處很多，但不同之處亦很明顯，那就是《灌頂經》中説"若欲往生西方阿彌陀國者""生蓮花中"等，其中已經有了濃厚的西方阿彌陀信仰。[5]而《般舟三昧經》中根本没有出現西方阿彌陀信仰，倒是有彌勒信仰的痕迹，《灌頂經》中雖然也有彌勒信仰的文字，但很明顯地位已經很次要了。根據佛教史家的

---

[1] 《佛説八吉祥神咒經》卷一，CBETA（2016），T14，no.0427，p.73a17—23。

[2] 《觀虚空藏菩薩經》，CBETA（2016），T13，no.0409，p.679b24—c04。

[3] 依《長阿含經》卷九、《中阿含經》卷二十九等，八難處爲：地獄、畜生、餓鬼、長壽天、邊地、盲聾喑啞、世智辯聰及佛前佛後。

[4] 《灌頂經》，CBETA（2016），T21，no.1331，p.534a12—14。

[5] Gregory Schopen，"Sukhāvatī as a generalized religious goal in Sanskrit Mahāyāna Sūtra literature，" *Indo-Iranian Journal*. Vol.19. 1977. pp.177—210.

研究，彌勒信仰不管是在印度、中亞還是在中國，都是在早期較爲流行，其後才是西方阿彌陀信仰。

支謙譯《佛説八吉祥神咒經》中“颰陀和”等八菩薩出現的時候，後面接著説：“是八人求道已來無央數劫，於今未取佛。願言：‘使十方天下人民皆得佛道，若有急疾，皆當呼我八人名字，即得解脱，壽命欲終時，我八人便當飛往迎逆之。’。”這一段文字不見於藏經本《灌頂經》，但是我們在敦煌本《灌頂經》中能找到相對應的文字。如斯1968號，文爲：

跋陀和菩薩、羅鄰那竭菩薩、憍目兜菩薩、那羅達菩薩、須深彌菩薩、摩訶薩伽菩薩、用垣達菩薩、和瑜論菩薩，如是等八人求道以來無數殃劫，於今未取佛，願言十方天下人民皆得佛道，然後成佛。有人欲終[1]時，皆當飛往迎其精神，不經八難生蓮花中，自然音樂，而相娛樂。

俄Дx01500有相似文字，文爲：

其壽命欲終之日，有八菩薩，其名曰：跋陀和菩薩、羅鄰那竭菩薩、憍目兜菩薩、那羅達菩薩、須深彌菩薩、摩訶薩伽菩薩、用垣達菩薩、和瑜論菩薩，是菩薩等八人求道以來無殃數劫，於今未取佛，願言十方天下人民皆得佛道，然後成佛。有人欲終時，皆當飛往迎其精神，不經八難生蓮花中，自然音樂，而相娛樂。

北敦04407號亦有相似的文字，文爲：

其壽命欲終之日，有八菩薩：颰陀和菩薩、羅鄰那偈菩薩、憍目兜菩薩、那羅達[2]菩薩、須深彌菩薩、摩訶薩伽菩薩、勇垣達菩薩、和瑜論菩薩，如是菩薩八人求道以來無數殃劫，於今未取佛身，願言十方天下人民皆得佛道，然後成佛。有人欲終時，皆當飛往迎其精

〔1〕“終”，底本無，據北敦04407號補。
〔2〕“羅達”，底本殘，據斯1968號及北敦04407號補。

神，不經八難生蓮花中，自然音樂，而相娛樂。

俄 Дx05488 號爲一殘片，文字相似：

> 文殊師利□…□/
> 寶壇華菩薩□…□/
> 是菩薩等求□…□/
> 願□…□/

把殘缺文字補齊後，文如下：

> 文殊師利菩薩、觀世音菩薩、得大勢菩薩、無盡意菩薩/
> 寶壇華菩薩、藥王菩薩、藥上菩薩、彌勒菩薩。/
> 是菩薩等求道以來無數殃劫，於今未取佛身，/
> 願言十方天下人民皆得佛道□…□/

從斯 1968 號、俄 Дx01500 號與北敦 04407 號可以看出，這三段文字明顯參照了《佛説八吉祥神咒經》卷一。雖然這兩段文字不見於其他敦煌本《灌頂經》，但結合上引《般舟三昧經》，有一點可以肯定，那就是“跋陀和”等八菩薩最先出現在這段文字裏，“文殊師利”等八菩薩後來纔出現在這段文字裏。聯繫到敦煌本《灌頂經》此處至少有十三處“跋陀和”等八菩薩的組合，我們推測在寫本大藏經時代的某一個時期，八菩薩的組合爲“跋陀和”等八菩薩，“文殊師利”等八菩薩爲後來的修訂。而我們上舉的北敦 04407 號中“跋陀和”等八菩薩組合中出現了“文殊師利”等八菩薩中的“寶壇華菩薩”，其原因可能爲此件寫本反映了從“跋陀和”等八菩薩過渡到“文殊師利”等八菩薩的過程。俄 Дx05488 號是“文殊師利”等八菩薩而非“跋陀和”等八菩薩，後面加上“是菩薩等求道以來無數殃劫，於今未取佛身，願言：十方天下人民皆得佛道□…□”這一段文字，也僅發現這一例，作爲孤例，我們雖然不能做過多猜測，但却能坐實這種情況確實出現過，我們推測俄 Дx05488 號與北敦 04407 號一樣，反映了從“跋陀和”等八菩薩過渡到“文殊師利”等八菩薩的過程。“跋陀和”等八菩薩應是較古老的形態。

筆者在上文中談到了敦煌本《灌頂經》中“跋陀和”等八菩薩與《佛説八吉祥神咒經》《般舟三昧經》等關係密切。實際上，《大灌頂經》卷四《灌頂百結神王護身咒經》、卷八《摩尼羅亶大神咒經》中就出現了“跋陀和”等八菩薩。這也從一個側面説明《灌頂經》與《大灌頂經》前十一卷有著較强聯繫，有必要在認識《灌頂經》時，將其與《大灌頂經》作爲一個整體考慮。〔1〕

綜上所述，我們認爲寧强等人提出的“文殊師利”等八菩薩爲“跋陀和”等八菩薩意譯的説法是不可靠的。進一步而言，李玉珉、寧强等人的研究中，提出了藏經本是慧簡的修訂本，在之前有一個“古本”。從現存材料看，敦煌本《灌頂經》與藏經本《灌頂經》最大的不同是八菩薩名號相異，但是否可從八菩薩不同的情況就能夠説藏經本是慧簡的修訂本，慧簡本之前的是所謂的“古本”？從實際情形看，藏經本衹是將八菩薩的名號换成了大家更爲熟悉的菩薩名號，這種行爲還不能視爲慧簡“依經抄撰”，“依經抄撰”應該是指整個經典的創作而言，八菩薩名號的不同更應該將其視爲經典流傳過程中的現象。

四、結論與展望

文章首先對敦煌遺書中的《灌頂經》進行了分類整理，然後對與藏經本《灌頂經》不同的八菩薩進行了研究。

通過研究，筆者認爲敦煌本《灌頂經》中與藏經本《灌頂經》八菩薩名號不同是一個值得重視的現象，其中“觀世音”八菩薩不是“跋陀和”八菩薩的意譯，“跋陀和”八菩薩極有可能是《灌頂經》的較早形態。特别是其中還保留了中間的過渡狀態，研究價值較高。“跋陀和”八菩薩的存在，在一定程度上體現了《灌頂經》的來源、發展與演變，值得進一步研究。

---

〔1〕參見拙文《〈大灌頂經〉形成及其作者考》，《華東師範大學學報》（哲學社會科學版）2011年第3期。

《佛教文獻研究》第三輯
2019 年，261—293 頁

敦煌本《佛説七女觀經》探微*

汪　娟　黄薇静

内容摘要： 敦煌本《佛説七女觀經》的内容，既符合支謙譯本《佛説七女經》之國王七女塚間觀尸、皆得道果等情節，又被收入《大正藏》第八十五卷“疑似部”中，因此研究者或視作疑僞經，或判爲小乘經。究竟《佛説七女觀經》與《七女經》的差異何在，以及《佛説七女觀經》應如何判定其歸屬等相關問題，皆有待進一步厘清。因此，本文是在前人的研究基礎上，將敦煌本斯 1548b 號、斯 5839 號《佛説七女觀經》以及其他《七女經》的相關文本（支謙本、僧祇律本、寶唱本），依其内容架構分爲出城之因、塚間觀尸、七女偈言、七女所願四段情節，進行比對和分析，藉以闡明四者之間七女故事的關聯性，並進一步探討敦煌本《佛説七女觀經》的主題思想，以及七女故事的流傳與運用情形。

研究發現，四經的情節發展頗爲雷同，關係密切。支謙本不但是現存最早的《七女經》文本，而且結構完整，内容豐富，篇幅最長。至於僧祇律本、寶唱本、敦煌本的故事情節，皆不出支謙本《七女經》正宗分的範圍。然而，從七女名稱互有差别，以及偈頌形式、用語内涵的差異，又顯出四經文本或有不同的來源，或者是隨著時代的衍化而進行的節略、增添和改造。無論如何，最早的支謙本《七女經》或其底本，有可能即是七女故事的源頭，而僧祇律本、寶唱本、敦煌本都有可能直接或間接受其影響。特别是支謙本“迦葉佛授記”的完整情節，正好可以補苴敦煌本於“七女所願”之後的缺漏。

事實上，敦煌本《佛説七女觀經》不僅是闡發無常思想，同時蘊含了對

* 本文承蒙方廣錩先生於“敦煌遺書與佛教研究國際學術研討會”上，提示《敦煌學大辭典》的資料，且雍容大度地贊同拙見，修訂舊説，特此致謝！

苦、空、無常、無我的觀照，完全合乎大小乘佛教共通的"四念住"思想。此外，敦煌本《佛說七女觀經》還增添了大乘佛教特别强調的"福慧雙修"思想。這一點和支謙本《七女經》中"七女所願"的境界，也常被後代佛典視爲大乘不可思議境界，頗相契合。因此，敦煌本《佛說七女觀經》或可視爲一部由小乘趨向大乘的佛教典籍。

關鍵詞：《佛說七女觀經》；《七女經》；疑僞經；四念住；福慧雙修

作者單位：臺灣銘傳大學應用中文系

一、前　言

英藏敦煌本斯 1548b 號《佛說七女觀經》被收入《大正藏》第八十五卷"疑似部"中〔1〕，未列出其他校本。七女故事情節精彩，醒世意味濃厚，偈頌之詞讀來朗朗上口，字句之間透露著一股蒼涼、無常的氛圍，相當引人入勝，但因部分文句似有缺漏，致有文意不連貫之處。事實上，除了《大正藏》所收録的斯 1548b 號《佛說七女觀經》以外，斯 5839 號也是同一經的寫本，可資參校。〔2〕此外，在《大正藏》第十四卷還收録有三國時代吴國支謙所譯之《佛說七女經》〔3〕，兩經名稱非常相似，衹差了一個"觀"字。經查該經内容，不但與敦煌本《佛說七女觀經》描述的故事情節多有雷同，而且經文字數幾乎是敦煌本《佛說七女觀經》的四倍，實可視爲補苴敦煌本《佛說七女觀經》的重要材料。不僅如此，東晉《摩訶僧衹律》第三十六卷亦録有極爲簡略的七女故事，文末並注明"如《七女經》中廣說"〔4〕，文字最短；還有南朝梁寶唱撰《經律異相》第三十四卷《波羅奈國王七女與帝釋共語》，篇幅略長，不但叙述了七女之名與相似情節，篇末也有注明"出《佛說七女經》"〔5〕。

---

〔1〕參見 CBETA（2016），T85，no.2913，p.1459a13—c13。

〔2〕本文采用斯 1548b 號、斯 5839 號兩件寫本重新校録《佛說七女觀經》之合校本，以下或簡稱"敦煌本"。

〔3〕《佛說七女經》，CBETA（2016），T14，no.0556，pp.907c10—909b29，以下或簡稱"支謙本"。

〔4〕《摩訶僧衹律》卷三十六，CBETA（2016），T22，no.1425，p.519a2—6，以下或簡稱"僧衹律本"。

〔5〕《經律異相》卷三十四"波羅奈國王七女與帝釋共語五"，CBETA（2016），T53，no.2121，pp.185b20—186a18，以下或簡稱"寶唱本"。

有關《佛説七女觀經》的前人研究，宇井伯壽首先將斯 1548b 號《佛説七女觀經》作了和譯，並提出吉藏引用其中第七首偈頌（衹有一句之差）的事實，但仍離不開作爲疑僞經的可能性。[1]牧田諦亮亦將《佛説七女觀經》列入疑僞經[2]，但並未作討論。方廣錩於《〈大正新修大藏經〉評述》曾提及："第 2913 號《佛説七女觀經》，係歷代大藏經已經收入之小乘佛教經典，此次誤作疑僞經收入。"[3] 認爲此經應爲小乘佛教經典，却被誤作疑僞經，提出和前人不同的見解，並於《敦煌學大辭典》"七女觀經"的詞條中指出，此經爲印度佛教經典，譯者不詳，且"與吴支謙譯《七女經》的主要内容完全相同"。該詞條並指出，《佛説七女觀經》計有斯 1546 號、斯 1548 號、斯 5839 號等寫本。[4]唯斯 1546 號寫本據黄永武編《敦煌寶藏》第十一册擬題爲《大乘密嚴經》[5]，故知此號寫卷當係誤植；但其正確指出斯 5839 號，確爲《佛説七女觀經》殘卷。齊藤隆信《敦煌本〈七女觀經〉とその偈》一文，除了進一步提出寶唱本以外，並針對《佛説七女觀經》三個異本（支謙本、寶唱本、僧祇律本）的經文、七女偈頌進行詳細比較，從偈頌的形式和用韻，估計《佛説七女觀經》的成立年代大約在 9 世紀以後，並推論《佛説七女觀經》大概是把支謙既譯的《佛説七女經》、寶唱本一系的七女故事加以增删、改組，撰述而成的經典。[6]文中雖亦提及世間無常的主題，但是並未深入分析。究竟《佛説七女觀經》與《七女經》的差異何在，《佛説七女觀經》應判定爲小乘經或疑僞經，《佛説七女觀經》除了無常的主題以外還表達了哪些重要的思想，歷代佛典對七女故事的引用情形等相關問題，皆有待進一步厘清。

因此，本文立基於前人研究的基礎上，重新將敦煌本斯 1548b 號、斯

〔1〕 宇井伯壽：《佛説七女觀經》，《西域佛典の研究：敦煌逸書簡譯》，岩波書店，1970 年，第 405—409 頁。

〔2〕 牧田諦亮：《疑經研究》，京都大學人文科學研究所，1976 年，第 38 頁。

〔3〕 方廣錩：《〈大正新修大藏經〉評述》，《聞思：金陵刻經處一百三十周年紀念專輯》，華文出版社，1997 年，第 230—253 頁。又收録於《隨緣做去　直道行之：方廣錩序跋雜文集》，國家圖書館出版社，2011 年，第 65—78 頁，特别是第 75 頁。

〔4〕 參見季羨林主編《敦煌學大辭典》，第 709 頁。

〔5〕 黄永武編：《敦煌寶藏》第十一册，新文豐出版公司，1981 年，第 515 頁。

〔6〕 齊藤隆信：《敦煌本〈七女觀經〉とその偈》，高橋弘次先生古稀記念會事務局編：《淨土學佛教學論叢：高橋弘次先生古稀記念論集》第二卷，山喜房佛書林，2004 年，第 461—478 頁。

5839 號《佛説七女觀經》與支謙本、僧祇律本、寶唱本《七女經》進行比對。首先進行四經文本的叙録，其次分析比對文本的内容，藉以闡明四者之間七女故事的差異性與關聯性，進而探討《佛説七女觀經》的主題思想，以及七女故事的流傳與運用情形。

二、敦煌本《佛説七女觀經》及相關文本叙録

支謙本《七女經》，是現存最早的七女故事，全文約三千字，在四經中篇幅最長，故事情節也最完整而詳細。依據佛經結構采用的三分科經法來説，第一爲“序分”，内文從“聞如是”到“分儒達即自還得五百兩金”，叙述拘留國一婆羅門（名摩訶蜜）有七女，喜穿華服，既聰穎又驕縱。有人邀她去聽佛説法，並詢問對七女的看法，佛的回答却是“此女不好皆醜，無有一好處”。又説：“顔色好不爲好，身體好不爲好，衣服好不爲好。二言、綺語不爲好。心端意正，此乃爲好。”釋迦佛在拘留國説法，藉由婆羅門七女説明世俗與佛法所認知的“好”實不相同。第二爲“正宗分”，此段經文從“佛告婆羅門”到“即得阿惟越致”處，叙述波羅奈城國王機惟尼有七女，皆爲優婆夷，拋棄世間的榮華富貴，意志堅定地告别父親，到塜間去觀察死尸。七女見到尸身的慘狀，爲救死人魂魄，各作一偈，句句撼動人心，第二忉利天王也深受感動，欲協助她們達成心願。當前面三女説完願望，天王就示意她們不必再説，因其願望過於高妙，無力協助完成。適巧迦葉佛在附近説法，授記國王七女，“却後十劫，悉當作佛”；與會者在親見七女得佛授記、化成男身之後，皆發道心，“皆得法眼”。第三爲“流通分”，從“佛告婆羅門”到“爲佛作禮而去”，叙述釋迦佛藉由國王七女的故事，告誡摩訶蜜及其七女：“當念非常”，“若人施行善，不自貢高綺語者，死後皆生天上；若施行惡者，當入泥犁中”。聽完佛陀説法，原本驕縱的婆羅門女心生歡悦，立即把身上的珠寶卸下；佛也大爲感動，以脚指按地，大顯神通，使拘留國人民、諸天鬼神龍，皆大歡喜。

僧祇律本是由東晉佛陀跋陀羅、法顯所譯，全文共計六十四字，爲四經中篇幅最短，故事情節也最簡略之文。雖然最精彩的七女偈言、願望遭到省略，但它還是詳列城名、國王名、七女之名，並提到過去世迦葉佛，

以及文出《七女經》，故仍具參考價值。

寶唱本全文約九百字，内容較僧祇律本詳細，依文意分四部分：第一部分“出城之因”，從“波羅奈國道場”到“王即聽之”，詳列城名、國王名、七女之名；第二部分從“七女俱出城外”到“我曹身等不久亦爾”，詳實記載塚間觀尸的情形；第三部分記七女偈言，從“各説一頌”到“神自隨行走”，偈言以五言偈頌爲主，但句數不一；第四部分從“時天帝釋”到“言竟不現（出《佛説七女經》）”，有四女提出願望，句型多以四字爲句，形式整齊，而天帝釋對於如此高妙之願望，表示無力協助完成。

敦煌本《佛説七女觀經》目前所見有兩件：斯 1548 號、斯 5839 號。第一件寫本斯 1548 號〔1〕，首缺尾全，殘存的部分抄寫了兩部經典：前者爲《父母恩重經》，首部殘缺，尾題作“佛説父母恩重經”；後者爲《佛説七女觀經》，首尾完整，經文前後皆題有“佛説七女觀經”，内文計有四十二行。第二件寫本斯 5839 號〔2〕，首部殘缺，起自第六女所説偈言“形著諸繒綵”，訖於尾題“佛説七女觀經”止，僅存十五行，紙張下緣的部分文字多有漫漶，而且殘存文字皆與斯 1548 號相同。《佛説七女觀經》全文約七百字，按文意亦分爲四部分：第一部分説明出城之因，從“聞如是”至“王即聽之”，此經並未介紹故事發生地點，也没有告知七女之名，祇知七女父親爲冥緣王。第二部分從“出城東門”到“會當如是”，描述塚間觀尸的情形。第三部分記七女偈言，從“姊妹七人”到“智慧隨身首”，以五言偈頌爲主，各有八句。第四部分從“第四（二）忉利天王從天來下”到“於是七女皆得道果”，有三女提出願望，且表達願望的句子形式整齊，多以四字爲句，最後説明七女“皆得道果”。

值得注意的是，《佛説七女觀經》天帝語諸女言：“止止，汝之所願無想，吾不能得。”顯示忉利天王無力協助七女達成願望，那麽最後由誰協助完成呢？緊接著“日月中王，使汝得之”一句，便極易誤解爲可由日月中王來協助完成。但是從支謙本《七女經》詳實記載了忉利天王所説：“我不能得是願。諸女欲得作釋梵四天王、日月中尊，是則可得。今女所

〔1〕 黄永武編：《敦煌寶藏》第十一册，第 535—536 頁。
〔2〕 黄永武編：《敦煌寶藏》第四十四册，新文豐出版公司，1982 年，第 502 頁。

願，實我所不知。”可見《佛説七女觀經》的文意其實是説，忉利天王最多衹能協助諸女成爲日月中王，但無力完成七女達到無想的願望。緊接著最後一句却逕以“於是七女皆得道果”作結，仿佛是“日月中王，使汝得之”，以及七女因而獲得道果，如此將造成錯誤的解讀，顯見其中缺漏了一大段文字，致使文意無法連貫。

此段内容，根據寶唱本的記載，帝釋説：“汝欲作日月中王，爲可得矣。若夫虚無無想，非吾所制。”但是帝釋無能爲力，説完就離開了。可以印證不是由日月中王來協助七女獲得道果，而且“七女問：‘天帝神德高大，何以不能致此？’天帝釋言：‘諸女修齋戒，吾亦奉於佛，當爲法兄弟，快乎妙願！’言竟不現”。頗有進一步强調諸女的境界與天帝釋已在伯仲之間的意味。僧祇律本雖未出現相關情節，但是提及“於迦葉佛前發願，如《七女經》中廣説”。四經衹有支謙本《七女經》完整地説明過去迦葉佛曾授記七女未來皆當作佛，而且悉化成男子，即得阿惟越致。可見《佛説七女觀經》因爲省略了迦葉佛授記的故事情節，致使“於是七女皆得道果”一句，無所憑依。

大體來説，通過以上四經的比較可以發現：在結構方面，支謙本《七女經》的序分、正宗分、流通分三段俱全，前有佛陀説法之緣由，後有受持本經之利益；僧祇律本、寶唱本與敦煌本僅保存了支謙本正宗分的内容，即直接進入經文正題，因此以支謙本的故事内容最爲完整而詳盡。在内容方面，四經的情節發展頗爲雷同，但支謙本的三分中叙述了現在佛（釋迦佛）和過去佛（迦葉佛）兩組説法；僧祇律本僅一筆帶過“過去世”和“迦葉佛”；寶唱本與敦煌本却脱漏了迦葉佛授記七女的重要情節。顯示出僧祇律本、寶唱本與敦煌本似乎皆由支謙本《七女經》正宗分的故事節略或修改而成。無論内容也好，字數也好，都比支謙本《七女經》來得更爲簡省。

三、敦煌本《佛説七女觀經》及相關文本之内容比對

由於支謙本《七女經》的正宗分與僧祇律本、寶唱本、敦煌本的全文頗相契合，故將四經依其内容分爲四部分：出城之因、塚間觀尸、七女偈言與七女所願，列表進行比對。第一欄爲支謙本《七女經》正宗分和《七

女經》相應的經文，第二欄爲僧祇律本的經文，第三欄爲寶唱本的經文，第四欄爲敦煌本《佛說七女觀經》的文本校録。由於《大正藏》所收斯1548b號《佛説七女觀經》，在録文上仍有少部分的訛誤，有必要重新加以隸定，故本文利用斯1548b號、斯5839號兩件寫本重新校録，並加入新式標點符號。首先第一部分“出城之因”，詳如下表：

文本	支謙本《七女經》(T14，no.0556)	僧祇律本《七女經》(T22，no.1425)	寶唱本《七女經》(T53，no.2121)	敦煌本《佛説七女觀經》斯1548b號（T85，no.2913)、斯5839號
一、出城之因	佛告婆羅門。			聞如是，一時佛説《佛説七女觀經》。
	昔者有城，名波羅奈，從地底去佛、諸當來佛，皆於是上坐。	過去世時，有波羅奈城。	波羅奈國道場，從地底上皆黄金色，魚鱗鱉甲轉次相加。往古諸佛，皆坐其上。	
	爾時，有國王名機惟尼，作優婆塞，大明經，爲佛作精舍。王有女悉爲優婆夷，明經智慧，端正無雙，身上皆著金銀、琥珀、珠寶，被服甚好。	王名吉利，有七女。	王名脂旬尼，作優婆塞，明於經道，爲佛立精舍，極大嚴事。王有七女，皆並端正，悉持五戒，執節不嫁。	昔冥緣王有七女，覺世非常，不著繒綵衣服，不著指鐶臂釧，不捉香油塗身。
	第一女字羞耽，第二女字須耽摩，第三女字比丘尼，第四女字比丘羅輸，第五女字沙門尼，第六女字沙門密，第七女字僧大薩耽。	一名沙門，二名沙門友，三名比丘尼，四名比丘尼婢，五名達摩支，六名須達摩，七名僧婢。	第一女名淑調，二名異妙，三名除貪，四名清守，五名息心，六名靜友，七名僧婢。	

（續表）

文本	支謙本《七女經》（T14，no.0556）	僧祇律本《七女經》（T22，no.1425）	寶唱本《七女經》（T53，no.2121）	敦煌本《佛説七女觀經》斯 1548b 號（T85，no.2913）、斯 5839 號
一、出城之因	常以佛正法齋戒布施。	—	常以月八日、十四日、十五日、二十三日、二十九日、三十日，精受八戒，持正法齋。修厥所信奉戒，布施名聞，智慧之行。	歲三長齋，月六齋。
	訖竟，七女便相將，至父王正殿，白言：“我曹姊弟（娣）[1]，欲相隨到塚間遊觀。”	—	七女齋畢，求到城外冢間遊觀。	姊妹相將，詣父王殿前，稽首白王：“女等前身，積罪無福，今值女身，處其深宫，眼無所見。求王放女，出城遊觀。”
	王言：“塚間大可畏！但有死人骨髮、形骸狼藉，支散在地，諸悲哀者、啼哭者滿其間，有虎狼、野獸、鵄梟，主噉死人肉血。汝曹姊娣，何爲塚間？我宫中有園觀、浴池，中有飛鳥、鴛鴦相隨而鳴，中有衆華，五色光目，芝草奇樹，衆果清凉，恣意所食，極可遊觀。汝曹姊娣，何爲塚間？”	—	王告七女：“冢間可惡，但有死人，骸骨狼藉，狐狸鵄鵂食噉其肉，諸哭泣者，滿在其間，有何可觀？我宫裏有園苑浴池，其中有五色蓮華，鳬鵠鴛鴦衆鳥翔集其地，列重光目之草，琦樹陰凉，甘果恣口，可往遊戲。”	王告女言：“我作天下之父[2]、萬基之主，有苑園、浴池[3]、華臺、樓觀，亦可觀之，何用出城觀乎？”

〔1〕“姊弟”之“弟”，據《大正藏》校勘記改作“娣”。參見 CBETA（2016），T14，no.0556，p.908a29。“娣”，猶妹之意。以下“姊弟”徑改爲“姊娣”，不另出注及校記。

〔2〕《大正藏》第八十五卷録“父”爲“文”，據斯 1548b 號原卷校改。

〔3〕《大正藏》第八十五卷録“池”爲“地”，據斯 1548b 號原卷校改。

（續表）

文本	支謙本《七女經》（T14，no.0556）	僧祇律本《七女經》（T22，no.1425）	寶唱本《七女經》（T53，no.2121）	敦煌本《佛説七女觀經》斯 1548b 號（T85，no.2913）、斯 5839 號
一、出城之因	七女即報言："大王，衆果美食，何益萬分？我見世間人老時，命日趣死，人生無有不死者。我曹非小兒，嘗爲餘食所惑？王哀念我姊娣者，當聽我曹姊娣，到城外觀死人。"如是至三。	—	七女答言："大王，甘果衆美，何益於我。我見世人，生壽無幾，命日趣死，形爲幻化，莫得久存。我以免夫幼孩，不爲甘美惑也，徒欲觀非常之法，願却貪意耳，願王哀許。"	女對王曰："雖有苑園、浴池、華臺、樓觀，可悦樂耳，非女遊觀之處。"
	王言："大善，聽汝姊娣所爲。"		王即聽之。	王即聽之。

第一部分主要描述七女想要出城之因。首先介紹七女的背景，雖然她們住在皇宫内，但長期持齋，對美食、美景也毫不在意，衹求父王讓她們出城游觀。其中支謙本《七女經》提到七女在父王同意出宫門後，便捨棄身上的珠寶華服。敦煌本《佛説七女觀經》説七女在皇宫内已經不穿華服，不樂裝扮了。衹有寶唱本並未提及七女著華服、善於打扮一事。至於僧祇律本更是從七女名稱之後，直至迦葉佛前發願的故事情節及偈頌，全數省略。

爲了理解四經於傳遞過程的交互影響，兹將四經之相關國名及人名分别整理，詳如下表：

國名或人名	支謙本《七女經》	僧祇律本《七女經》	寶唱本《七女經》	敦煌本《佛説七女觀經》
國名	波羅奈	波羅奈	波羅奈	—
國王名	機惟尼	吉利	脂旬尼	冥緣王
一女名	差耽	沙門	淑調	—

（續表）

國名或人名	支謙本《七女經》	僧祇律本《七女經》	寶唱本《七女經》	敦煌本《佛説七女觀經》
二女名	須耽摩	沙門友	異妙	—
三女名	比丘尼	比丘尼	除貪	—
四女名	比丘羅輜	比丘尼婢	清守	—
五女名	沙門尼	達摩支	息心	—
六女名	沙門密	須達摩	靜友	—
七女名	僧大薩耽	僧婢	僧婢	—

由上表可知，前三經之國名同爲“波羅奈”，國王名稱分别是“機惟尼”“吉利”“脂旬尼”，發音相近，似乎衹是音譯及意譯的不同，但是七女名字則互有差異，顯示僧祇律本、寶唱本並不是直接以現存的支謙本《七女經》作爲底本。儘管如此，前三經中的七女名字也不是毫無關聯的。例如：支謙本、僧祇律本的第三女皆名爲“比丘尼”；又支謙本的第二女名爲“須耽摩”，僧祇律本的第六女名爲“須達摩”，雖然次第不同，應該衹是音譯用字的不同。此外，僧祇律本、寶唱本的第七女皆名爲“僧婢”；又僧祇律本第一女名爲“沙門”，寶唱本第五女名爲“息心”，雖然次第不同，但“息心”即爲“沙門”的意譯〔1〕，兩者意思相同。由此可見，三經之間似乎存在一定的淵源。

至於敦煌本《佛説七女觀經》，並没有出現國名和七女名，而且“冥緣王”一詞和前三經也不存在音譯的關係。宇井伯壽認爲冥緣王不見於其他經典，又因冥緣王與閻魔王音近相通，因此冥緣王恐怕就是指閻魔王。〔2〕筆者認爲，冥緣與閻魔雖然語音相近，但是從經義來考慮的話，冥緣王是七女的父親，屬於人間（人道）的國王；閻魔王是惡鬼的國主，屬於鬼道，因此以閻魔王來解釋冥緣王，恐怕不是那麽恰當。儘管“冥緣王”一詞並不見於其他經典，但是“冥緣”一詞在佛典中其實並不罕見，不論是指“固知冥緣

〔1〕 參見《佛光大辭典》卷三“沙門”詞條，第2972頁。
〔2〕 宇井伯壽：《佛説七女觀經》，《西域佛典の研究：敦煌逸書簡譯》，第408頁。

之搆，著於在昔”[1]、“庶遘冥緣”[2] 等宿昔的因緣，或是“内外並冥，緣智俱寂”[3] 的“冥緣”，似乎都説明了“冥緣王”一詞，也不能完全排除有來自意譯的可能性。如果再由敦煌本《佛説七女觀經》的偈頌和全文來看，其内容與前三本《七女經》頗相契合，而且七女偈頌的順序和寶唱本完全相同，也有一部分的内容必須通過支謙本的情節補充，才能獲得正確的理解，可見它們之間必定具有相當密切的關係。如果暫不考慮從人物名稱的差別顯示出四經文本可能有不同的來源，乍看之下，仿佛僧祇律本、寶唱本與敦煌本《佛説七女觀經》的内容即是由支謙本《七女經》節録而出的。

第二部分爲“塚間觀尸”，經文内容詳如下表，其中僧祇律本並未出現此段故事情節，故不列入討論。

文本	支謙本《七女經》	寶唱本《七女經》	敦煌本《佛説七女觀經》
二、塚間觀尸	爾時，七女即與五百婇女，嚴駕出宫門。七女即解頸下瓔珞散地……遂到城外塚間，大臭處不淨，但聞啼哭聲。諸婇女及人民身體肅然，衣毛爲竪。	七女俱出城外，往到冢間大臭之處，聞哭泣之聲，啬然毛竪。	出城東門，到其塚間。
	七女直前，視諸死人。中有斷頭者，中有斷手足者，中有斷鼻耳者，中有已死者，或有未死者，中有梓棺者，有席中裹者，有繩縛者。家室啼哭，皆欲令解脱。七女左右顧視，死人衆多，復有持死人從四面來者。飛鳥走獸，共爭來食之。死人膖脹，膿血流出，數萬億蟲，從腹中出，臭處難可當，七女亦不覆鼻。	因共直前，觀諸死人。見有斷頭斷臂，手脚異處，或有僵尸，草覆席裹，或有辜格在地，生草束縛中，有罪未死者。家室啼哭，令其解脱，又有擔負死人，從城中出者。七女左右遠望，見死者甚多。諸飛鳥走狩，爭食其肉，或就土中挖掣尸出，膖脹生蟲，其臭難近。	見一死尸，膖脹爛臭，狐狼踐蹋，形骸異處。

〔1〕《弘明集》第五卷“固知冥緣之搆，著於在昔”，CBETA（2016），T52，no.2102，p.32a12。

〔2〕《廣弘明集》第二十三卷“庶遘冥緣”，CBETA（2016），T52，no.2103，p.264b17。

〔3〕《出三藏記集》卷十一引影法師“中論序”：“内外並冥，緣智俱寂。”參見CBETA（2016），T55，no.2145，p.77a18。隋・吉藏諸經玄論、義疏亦多加引用或詮釋，不勝枚舉。

（續表）

文本	支謙本《七女經》	寶唱本《七女經》	敦煌本《佛説七女觀經》
二、塚間觀尸	直前繞之一匝，即自相與言："我曹姊弟（娣）身體，不久皆當復爾。"	於是七女繞之一匝，自相謂言："我曹身等，不久亦爾。"	姊妹相將，遶尸三匝，涕零號泣："我等女身，會當如是。"

第二部分是塚間觀尸。七女一同出城，來到墓地，見到逐漸毀壞的尸體，心生憐憫，涕零號泣説：我們的身體，不久也當如此！當中支謙本與寶唱本描寫七女到墓地之後，見到許多死尸，聽聞家屬悲傷哭泣，她們直視死人，並繞尸一圈。支謙本與寶唱本的描述相似，衹有敦煌本的叙述最爲簡略，衹描寫其到塚間，見一死尸，繞尸三匝，涕零號泣，亦即以一死尸代表所見一切死人。這個部分的書寫，主要目的其實在於引起以下的"七女偈言"，因此此處敦煌本的文句省略，並不會影響故事的主題和情節發展。

第三部分"七女偈言"可説是經文内容最重要的主體，詳如下表。其中僧祇律本亦未講述此段内容。此外，因寶唱本和敦煌本的説偈順序相同，却與最早的支謙本《七女經》有所不同，顯然做過相應的調整，故依後起的寶唱本、敦煌本的順序爲主，並將最早的支謙本順序略作調整，俾便比對，但仍維持經中七女序號不變。

第三部分是描述七女游觀墓地之後，有感而發的偈言，七女各説一偈，表達對世間無常的感嘆。三經中的七女偈言，爲經文中最重要的思想。偈言的内容，多采用譬喻修辭，以具體的物象來説明生死無常的理論。三經皆以人、舍（宅）、車、城、船、雀借代爲"身"或"形"，當人死、舍毁、車敗、城空、捨船（或船捨岸）以及雀飛時，"魂"或"神"將無所依靠。有趣的是，依表中次序的第一、第六兩首偈言，意思最爲接近，皆以衣著、外貌爲主；第二、第四兩首偈言所提及的舍（宅）與城，皆以居住爲主；第三、第五兩首偈言，提及車與船，皆以行爲主。除了未提到"食"以外，這六首主題剛好是圍繞在人們日常生活的"衣住行"方面，衹有第七首的"縠穿雀飛"與此無關。

文本	支謙本《七女經》	竇唱本《七女經》	敦煌本《佛説七女觀經》
三、七女偈言	第一女言：“寧可各作一偈，救死人魂魄耶。” 六女皆言：“大善。”	各説一頌。	姊妹七人，各説一偈言。
	第一女言： 此人生時， 好香塗身，著新好衣， 行步衆中，細目綺視， 於人中作姿則，欲令人觀之。 今死在地，日炙風飄。 主作姿則者，今爲所在？	第一女言： 世人重其身， 好衣加寶香， 綺視雅容步， 姿則欲人觀。 死皆棄於塚， 何用是飾嚴？	第一女説偈言： □□（此人）〔1〕重其身， 如似好寶珠， 企視鵝容步， 姿則欲入居。 □（今）〔2〕死棄塚間， 禽獸競共疽， 一切皆如是， 何用於世殊？
	第七女言： 一身獨居， 人出去其舍， 舍中空無有守者， 今舍日壞敗。	第二女言： 譬如一身居， 人去舍毁傾， 神遊而身棄， 莫能制其形。 癡貪謂可保， 安知後當亡。	第二女説偈言： 譬如一身居， 人去宅無光， 身死如神誓（逝）， 乃知此非常。 今覩死尸觀， 忽然遇豺狼， 一切皆如是， 安得有久長？

〔1〕“此人”二字殘缺，據支謙本《七女經》擬補，斯 1548b 號原卷尚保存第二字“人”之末筆。承上文“見一死尸”，故此處用支謙本《七女經》之“此人”比竇唱本之“世人”更佳。

〔2〕據支謙本《七女經》擬補。

（續表）

文本	支謙本《七女經》	竇唱本《七女經》	敦煌本《佛説七女觀經》
三、七女偈言	第三女言： 乘車而行， 中道捨車去， 車不能自前。 主使車行者， 今爲所在？	第三女言： 觀神載形時， 猶馬駕車行， 車敗而馬去， 可知此非常。	第三女説（偈）言： 譬如馬駕車， 車破而馬去， 四大解散時， 魂神依何住？ 初集四大時， 來從何所處？ 乃知此非常， 唯福可恃怙。
	第五女言： 有城完堅， 中多人民， 皆生長城中。 今城更空， 不見人民， 爲在何所？	第四女言： 本見城完好， 中人樂安居， 所求未央足， 何便忽空虚？	第四女説偈言： 譬如好城郭， 衆人樂安居， 所求未厭足， 何其忽空虚？ 人命如草木， 春長冬以枯， 唯有修福德， 智慧隨身軀。
	第四女言： 譬如人乘船而行， 衆人共載而渡水， 得岸便繫船，	第五女言： 若乘船度水， 至當捨船去， 形非神常宅，	第五女説偈言： 人之不修福， 譬如乘船渡， 四大乖離時，

（續表）

文本	支謙本《七女經》	寶唱本《七女經》	敦煌本《佛說七女觀經》
三、七女偈言	棄身體去， 如棄船去。	焉得久長居？	如船捨岸去。 地定風不動， 火微水還故， 身非神常宅， 安得久長處？
	第六女言： 人死卧地， 衣被常好， 從頭至足， 無有缺減。 今不能行， 亦不能動搖， 其人當今， 爲在何所？	第六女言： 人死依塼卧， 形具尚鮮好， 挺然不動搖， 厥神安所在？	第六女說偈言： 如人好莊嚴， 形著諸繒綵， 自縱取時榮， 故使欲人待。 侹然不動搖， 其神安所在？ 觀世塚間尸， 將來宜應改。
	第二女言： 雀在瓶中， 覆蓋其口， 不能出飛。 今瓶已破， 雀飛而去。	第七女言： 如雀在瓶中， 羅縠覆其口， 縠穿雀飛去， 神自隨行走。	第七女說偈言： 如雀在瓶中， 羅縠覆其口， 縠穿雀飛去， 神明隨所受。 四大和合時， 如雀瓶中有， 唯有修善福， 智慧隨身首。

最早的支謙本《七女經》，其偈言多作雜言體，此時的譯經尚未呈現出齊言偈頌的特色。其中以問句作結者有四首，諸如第一女言："主作姿則者，今爲所在?"第三女言："主使車行者，今爲所在?"第五女言："不見人民，爲在何所?"第六女言："其人當今，爲在何所?"經文使用如此問句的形式，旨在引起人們對生命無常的重視。寶唱本《七女經》之偈言，已經全數改爲韻文體，除了第一女和第二女的偈言爲六句外，其餘五女的偈言形式皆作四句，近似五言絶句。敦煌本《佛説七女觀經》之偈言形式，不但全作韻文，而且固定爲八句，較接近五言律詩。句數與寶唱本相比，第一女和第二女皆多了兩句，其餘五女也各增加了四句，不論是篇幅或是内容，都是諸經當中最爲突出和成熟的。這些韻文讀來朗朗上口，而且詩句中所散發的氛圍，不但可以説明人生無常的道理，也有不少形與神、福與慧等概念的討論。

最後，第四部分是"七女所願"，其中僧祇律本並未講述七女願望，祇有"於迦葉佛前發願"一句，以及"如《七女經》中廣説"交代出處，故不列入比較。其餘三經的願望，或三女，或四女，分合不同，但順序一致。唯敦煌本《佛説七女觀經》的願望未加序號，詳如下表：

文本	支謙本《七女經》	寶唱本《七女經》	敦煌本《佛説七女觀經》
四、七女所願	爾時，第二忉利天王釋提桓因坐（座）即爲動搖，聞七女説經，如伸臂頃，即從天上來下，讚七女言："所説大善，欲願得何等所願者，我能爲汝得之。"	時天帝釋，聞之下贊："善哉善哉，汝欲何願，吾今與汝。"	第四（二）忉利天王從天來下，到諸女前，問女言："汝等何所求，欲使汝得之。"
	七女俱言："卿是釋天乎？梵天耶？不見卿來時，自然在我前，使我知之。"	七女問曰："是梵天耶？將地神耶？得無帝釋耶?"	諸女良久不答。
	即報言："諸女，我是釋提桓因，聞説善言好語，故來聽之。"	答言："然，吾是忉利天帝釋也。"	復問女言："汝等何所求，欲使汝得之。"

（續表）

文本	支謙本《七女經》	寶唱本《七女經》	敦煌本《佛説七女觀經》
四、七女所願	七女言：“卿屬者欲與我曹願，卿是第二忉利天上最尊，當爲我等得之，我姊弟請説所願。”		—
	第一女言：“我願欲得無根、無枝、無葉之樹，於其中生，是我所願也。”	第一女言：“願得無根、無枝、無葉之樹，於其中生，如是爲快。”	一女言：“乞願無根、無鬚、無枝、無葉，於其中生，是則爲樂。”
	第二女言：“我欲得地上無形之處，無陰陽之端，願欲於其中生。”	第二女言：“願所生之地，清淨無欲，無有陰陽，寂無所緣。”	—
	第三女言：“人於深山中大呼，音響四聞，耳不知所在，我願於其中生。”	第三女言：“願如山中，呼聲之響，無往無反，自然無形。”	一女復願：“常無五欲，常處寂靜，耳飡法音，目覩聖教，是則爲樂。”
	—	第四女言：“願如虛空，不始不終，無所出生，與道通洞。”	一女復願：“幽幽冥冥，猶如虛空，登願玄覺，常覩聖容，是則爲樂。”
	釋提桓因報言：“且止，我不能得是願。諸女欲得作釋梵四天王、日月中尊，是則可得。今女所願，實我所不知。”	釋言：“止止，諸女所願甚妙。汝欲作日月中王，爲可得矣。若夫虛無無想，非吾所制。”	天帝語諸女言：“止止，汝之所願無想，吾不能得。日月中王，使汝得之。”
	七女答言：“卿是天上獨尊，有威神，何以不能得此願？卿譬如老牛，不能挽車，亦復不能耕犁，無益於主。”	七女言：“天帝神德高大，何以不能致此？”	—
	釋提桓因報言：“我聞説經，故來聽之。非我所知，即便辭謝。” 七女默然無報。	天帝釋言：“諸女修齋戒，吾亦奉於佛，當爲法兄弟，快乎妙願！”言竟不現。	—

（續表）

文本	支謙本《七女經》	寶唱本《七女經》	敦煌本《佛説七女觀經》
四、七女所願	爾時，空中有天言：“今迦葉佛近在，惟於陵聚中，何不往問迦葉佛?”七女聞之大歡喜…… 釋提桓因白佛言：“我向者聞國王七女説經，故來聽之。七女便從我索是願……我時不能報答，願佛爲七女解説其意。” 迦葉佛言：“善哉！發問多所過度，是事羅漢、辟支佛尚不能知此事，何況於故（汝）[1]?” “此國王七女共發阿耨多羅三藐三菩提心已來……却後十劫，悉當作佛……當度七十五億萬人，令得菩薩及羅漢道。” 迦葉佛授七女別時，即踊躍歡喜，便住虚空中，離地二十丈，從上來下，悉化成男子，即得阿惟越致。	—	於是七女皆得道果。

第四部分是七女所求的願望，描寫帝釋天從天而降，問七女有何願望，想幫助她們完成，然而光是前面幾位的願望就已太過高遠，連帝釋天也無能爲力，故希望她們停止説下去。值得注意的是，三經的願望發表順序相當一致，而以寶唱本的四女願望，最爲完整，與支謙本、敦煌本皆可互相對應。不論三人或四人所説願望，實際上皆代表七女共同之願望。

就文意方面來推敲，三經述説的境界頗爲相同。第一女的願望，皆爲生於“無根、無枝、無葉”之樹。第二女的願望，“地上無形之處，無陰陽之端”（支謙本），其境界與“清淨無欲，無有陰陽”（寶唱本）相似。第三女的願望，“音響四聞，耳不知所在”（支謙本）、“呼聲之響……自然無形”（寶唱本）與“常無五欲，常處寂靜，耳飡法音”（敦煌本），皆與

〔1〕“故”字據《大正藏》校勘記改作“汝”。參見 CBETA（2016），T14，no.0556，p.909a11。

聽覺、聲響有關。第四女的願望，“願如虛空，不始不終”（寶唱本）與“幽幽冥冥，猶如虛空”（敦煌本），所表現的層次都是“願如虛空”。第一女、第二女皆以“視覺”的角度出發，第三女以“聽覺”的角度出發，皆能達到“無形”或“寂靜”之境，因此與第四女所説的“虛空”其實也是互相冥合的。

至於最後的結局，敦煌本《佛説七女觀經》從“日月中王，使汝得之”到“於是七女皆得道果”之間，因爲缺漏了“迦葉佛授記”的重要情節，致使文意無法貫通。然而，這段情節僅見於支謙本《七女經》完整的記載。由此可見，儘管四經文本的詳略和細節的表述互有差異，但是支謙本《七女經》的内容最爲豐富，故事詳盡，仍可視爲僧祇律本、寶唱本和敦煌本的最佳補苴材料。而且，支謙本《七女經》雖被列爲小乘佛典，但其經文中却出現了“是事羅漢、辟支佛尚不能知此事”以及“國王七女共發阿耨多羅三藐三菩提心……却後十劫，悉當作佛……當度七十五億萬人，令得菩薩及羅漢道”一段文字，似乎成爲後來國王七女故事漸趨大乘化的一大契機。

四、 敦煌本《佛説七女觀經》的主題思想

雖然敦煌本《佛説七女觀經》的内容比起支謙本《七女經》來得簡要，但其偈言形式最爲成熟齊整，主題思想也更具豐富多元的時代特色。而且，支謙本《七女經》與敦煌本《佛説七女觀經》雖然區別僅在一“觀”字上，但是“觀”字恰好是《佛説七女觀經》的重點所在。支謙本是以婆羅門七女和國王七女兩組故事作爲參照，而敦煌本主要闡述國王七女所觀的内容。佛教的觀即指觀照，是用智慧觀察事理。敦煌本《佛説七女觀經》的七女偈言，實際蘊含了對苦、空、無常、無我的觀照，不但包含有通用於小乘、大乘佛教的“四念住”思想，也有近似大乘佛教强調的“福慧雙修”思想，試分别説明如下。

（一）四念住

四念住的思想，或稱爲四念處，不但常見於原始佛典，即使是大乘佛典也多所宣揚。例如《大智度論·序品》所説：“觀四法四種：觀身不淨，觀受是苦，觀心無常，觀法無我。是四法雖各有四種，身應多觀不淨，受

多觀苦，心多觀無常，法多觀無我。”[1]

首先，就“觀身不淨”而言，敦煌本《佛説七女觀經》中，七女自小身處皇宫，原本可以過著錦衣玉食的生活，盡情享受，但她們不受誘惑，既不著珠寶華服，也不塗香打扮，堅持每月六齋，年三長齋。出宫門外，不是四處游山玩水，而是選擇到人人望而却步的墓地去觀看死尸毁壞的情景，即“見一死尸，膖脹爛臭，狐狼踐蹋，形骸異處”，並且繞著尸體走了三圈。事實上，許多經典中皆有觀身不淨之法，特别是通過觀死尸以治貪欲之心。今以《禪法要解》爲例：

> 習不淨有二種：一者，觀死尸臭爛不淨。我身不淨，死尸一等，無有異也。如是觀已，心生惡厭，取是相已，至閑静處，若樹下、若空舍，以所取相，自觀不淨，處處遍察，繫心身中，不令外出，若心馳散，還攝緣中。二者，雖不眼見，從師受法，憶想分别，自觀身中，三十六物，不淨充滿……[2]

據《禪法要解》的記載，若淫欲多者，應修習二種不淨觀：第一爲觀死尸臭爛不淨，第二雖不見死尸，自觀身中也是充滿髮、毛、涕、淚、汗、垢、痰等三十六種不淨之物。藉由觀想自身肉體之臭爛不淨，可以對治衆生的貪欲煩惱。

其次，就“觀受是苦”而言，由於世人對生的執著，對常的期待，便會帶來痛苦，如《佛説四諦經》所云：“從生苦，從老苦，爲病苦，爲死苦，不哀相逢苦、離哀苦、所求不得是亦苦、倉卒五種苦生。”[3]七女見到死尸變化、死的痛苦，領悟出每個人終將如此，而分别説偈，表達所思。由此即可推知，出東門觀塚尸一事，實際上可以視爲七女求道的契機。這個情景和悉達太子在出游四門之後，才决定出家求道的故事，頗有異曲同工之妙。

再者，就“觀心無常”而言，七女因爲觀看尸體隨時間而變爲醜惡爛

---

〔1〕《大智度論》卷十九“一序品”，CBETA（2016），T25，no.1509，p.198c11—14。
〔2〕《禪法要解》，CBETA（2016），T15，no.0616，p.286b24—c1。
〔3〕《佛説四諦經》，CBETA（2016），T01，no.0032，p.814c6—8。

臭之狀，體悟出："一切皆如是，安得有久長"，"人命如草木，春長冬以枯"，"身非神常宅，安得久長處"，"觀世塚間尸，將來宜應改"等，提醒世人凡是世間存在的，不管是精神還是物質，都是無常的。又如《大智度論·行相品》所説："無常亦有二種：一者念念滅，一切有爲法，不過一念住；二者相續法壞故，名爲無常，如人命盡，若火燒草木，如煎水消盡。"〔1〕換言之，一切有爲法的刹那生滅，即是"念念無常"；相續之法壞滅，如人壽命盡則死滅，即是"相續無常"。人最後會死，物最後會滅。七女偈言多采取譬喻手法，叙述無常生死的變化。例如，人去宅空、車破馬去、人去城空、岸至捨船、瓶穿雀飛，這些都是無常的道理。

最後，就"觀法無我"而言，七女偈言中有"譬如一身居，人去宅無光""所求未厭足，何其忽空虚""初集四大時……乃知此非常""四大乖離時，如船捨岸去""四大和合時，如雀瓶中有"，等等。從四大的和合與乖離，即可印證《佛説八大人覺經》所謂的"四大苦、空，五陰無我；生滅變異（即無常），虚僞無主"〔2〕。由此可知，雖然敦煌本《佛説七女觀經》的經文用語僅出現"非常"一語，而没有出現無常、苦、空、無我諸詞，事實上，已經藴含了苦、空、無常、無我的思想。因爲無常故苦，而四念住中的"觀身不淨，觀受是苦，觀心無常，觀法無我"，四法雖各别異，思想其實是一體的，無法硬性割裂。

值得注意的是，支謙本《七女經》對無常的描述，多爲生前、死後的直接對比，生前以"人"或"身"加以表述，死後直接曰"死"，語言顯得較爲質樸。

南北朝時期，由於戰争不斷，庶民百姓長期處於苦難之中，影響了人民的生活和思想，於是出現了"神滅"與"神不滅"兩大論爭，其重點在於"形"與"神"的關係。例如，《弘明集》收録的廬山慧遠《沙門不敬王者論·形盡神不滅》提及，"以實火之傳於薪，猶神之傳於形；火之傳異薪，猶神之傳異形。前薪非後薪，則知指窮之術妙；前形非後形，則悟情數之感深。惑者見形朽於一生，便以爲神情俱喪，猶覩火窮於一木，謂終期都盡耳"〔3〕。論述前形雖死，"神"却可以傳於後形，就像前薪之火

〔1〕《大智度論》卷四十三，CBETA（2016），T25，no.1509，p.372b19—22。
〔2〕《佛説八大人覺經》，CBETA（2016），T17，no.0779，p.715b7—8。
〔3〕《弘明集》第五卷，CBETA（2016），T52，no.2102，p.32a1—5。

可以傳於後薪，不間斷地一直燃燒。如果從寶唱本所録的七女偈言來看，便有四首涉及“形”與“神”的流行用語，例如“神游而身棄，莫能制其形”“觀神載形時”“形非神常宅”“形具尚鮮好……厥神安所在”等顯示出語言的時代性。到了敦煌本《佛説七女觀經》，雖然衹有一首論及形與神，却有三首同時提及身與神，“身非神常宅”“身死如神誓（逝）”“神明隨所受……智慧隨身首”，顯示“身”的用語幾乎取代了“形”。

至於“神”的相關用語，支謙本中僅出現一次“魂魄”；寶唱本前後五次，衹用一個“神”字；敦煌本《佛説七女觀經》則用到“神”“魂神”“神明”等語，可能是綜合了前面兩經的用語。事實上，魂也好，神也好，這一類的用語，常見於中國古代的典籍。例如《左傳・昭公七年》之“匹夫匹婦强死，其魂魄猶能馮依於人”、《淮南子・卷九主術訓》之“天氣云魂，地氣爲魄”、《儀禮注疏・士喪禮》之“出入之氣謂之魂，耳目聰明謂之魄。死者，魂神去，離於魄”，等等，顯示佛教在傳播的過程中，不免受到中國文化的影響，也可視爲佛教世俗化的例證之一。

（二）福慧雙修

雖然在四部《阿含》等原始佛典中，已屢屢出現有“福德”“智慧”的用語，但通常衹是作爲衆德的項目之一。到了大乘佛教階段，進一步對“福德”與“智慧”的修持，賦予了更重要的地位，而且兩者並舉，稱爲“福慧雙修”。例如曇無讖譯《大般涅槃經》：“……則爲具足二種莊嚴：一者智慧，二者福德。若有菩薩具足如是二莊嚴者，則知佛性，亦復解知名爲佛性，乃至能知十住菩薩以何眼見，諸佛世尊以何眼見。”〔1〕認爲“福德”“智慧”爲諸佛菩薩所修的二種莊嚴。法藏述《華嚴一乘教義分齊章》也提及：“此終教中，論其實行。從初發意，即福慧雙修，故成佛時，無别修也。”〔2〕强調“福慧雙修”其實是由最初發心到成佛時所共同修行的“成佛之道”。

此外，在《大智度論・序品》中叙述迦葉佛時，兄弟二人出家求道的故事：“一人持戒、誦經、坐禪；一人廣求檀越，修諸福業。至釋迦文佛出世，一人生長者家，一人作大白象，力能破賊。長者子出家學道，得六

〔1〕《大般涅槃經》卷二十五，CBETA（2016），T12，no.0375，p.767b16—19。
〔2〕《華嚴一乘教義分齊章》卷二，CBETA（2016），T45，no.1866，p.490c20—21。

神通阿羅漢，而以薄福，乞食難得。”[1] 這段故事，宋代宗曉引述“昔賢首宗有通師頌曰：‘福不得不作，慧不得不學。有慧無福德，羅漢應供薄；有福無智慧，象身七寶絡。福德長善芽，智慧翻邪惡。福慧二莊嚴，具足成正覺。’”[2]；王日休《龍舒增廣淨土文》則作：“故偈云：‘修福不修慧，象身掛瓔珞；修慧不修福，羅漢應供薄。’此福慧所以不可不兼修也。必不得已，寧使慧勝於福，莫令福勝於慧。”[3] 由此可見，大乘佛教認爲，如果修福、修慧兩者皆具足，即可成佛正覺。其中尤以智慧更勝於福德。而且，許多佛教懺儀在實行皈依三寶的儀節時，常念誦“皈依佛，兩足尊；皈依法，離欲尊；皈依僧，衆中尊”[4] 的短偈，似乎意味著“福德”與“智慧”，即可視爲佛的雙足。

敦煌本《佛説七女觀經》在七女偈言裏也提到不少有關“福”“慧”的概念（事實上，敦煌本《佛説七女觀經》所强調的福、慧思想，在其他相關文本中的七女偈言，都没有出現過）。例如“乃知此非常，唯福可恃怙”“唯有修福德，智慧隨身軀”“唯有修善福，智慧隨身首”等偈言，而且，其中有兩首將福、慧並舉，其目的主要在於將“福德”“善福”與“智慧”相應對。雖然敦煌本《佛説七女觀經》並没有直接提出“福慧雙修”的用語，却有可能受到當時盛行大乘佛教的時代氛圍所影響吧。

值得注意的是，七女偈言認爲常行善福（或修福德），智慧便隨身而來，這和正統佛教認爲智慧遠比福德更爲重要的觀點，稍有不同。或許是因爲修福比修慧來得容易，而且，既可迎合社會大衆的喜好，也有利於佛法的傳播，因此亦可視爲佛教世俗化的另一例證。

五、七女故事的傳播與運用

如上所述，七女故事主要見於《七女經》。《七女經》一卷，最早見載

[1] 《大智度論》卷八，CBETA（2016），T25，no.1509，p.119b18—21。
[2] 《金光明經照解》卷一，CBETA（2016），X20，no.0361，p.497a21—23//Z 1：31，p.391a12—14//R31，p.781a12—14。
[3] 《龍舒增廣淨土文》卷九，CBETA（2016），T47，no.1970，p.280b6—8。
[4] 例如袾宏《瑜伽集要施食儀軌》卷一，CBETA（2016），X59，no.1080，p.266a6 等等，不勝枚舉。

於《道安録》，僧祐《出三藏記集》引述："安公云：出阿毗曇。"[1] 阿毗曇，又譯爲阿毗達磨，通常是指三藏中的論書，主要針對經中的觀點進行統整與探討。但是，《摩訶僧祇律》又説"阿毗曇者，九部修多羅"[2]，即指九部經。而且，《摩訶僧祇律》中亦曾引述七女故事，並説"如《七女經》中廣説"，故知此處的"出阿毗曇"，應當是指經典，而不是出自論典。

據各經録的記載，《七女經》的異名，分别作《士女經》《七如經》《七本經》《奈女經》《七女本經》《七女人本經》《女本心明經》《七女本心明經》等。這些異名多與"女"或"七女"有關，其中《士女經》之"士"可能爲"七"之形誤；《七如經》之"如"可能爲"女"之形誤；《奈女經》之"奈"應當是"波羅奈國"的簡稱；各經名中的"本"字，可能是指國王七女爲本，有别於婆羅門七女；而"心明"即是國王七女的智慧觀照。

此經前後有三譯二闕[3]，分别是三國支謙、西晉竺法護，以及西晉聖堅。三經同本别譯，内容大同小異。[4]衹可惜目前衹能見到支謙本，而法護本、聖堅本皆已亡佚。[5]不論是在《衆經目録》《大唐内典録》《大周刊定衆經目録》《開元釋教録》《貞元新定釋教目録》等經録中，《七女經》皆被列入小乘佛教經典。

由此可見，最早的支謙本《七女經》或其底本，可能即是七女故事的源頭，而僧祇律本、寶唱本可能都有直接或間接受到《七女經》的影響。

---

[1] 《出三藏記集》，CBETA（2016），T55，no.2145，p.7a4—5。

[2] 《摩訶僧祇律》卷十四，CBETA（2016），T22，no.1425，p.340c5。

[3] 詳見《開元釋教録》卷十三"有譯有本録"："《七女經》一卷（一名《七女本經》），月支優婆塞支謙譯（第一譯，三譯二闕）。"參見 CBETA（2016），T55，no.2154，p.615c21—22。

[4] 詳見《大周刊定衆經目録》卷八："《七女經》一卷（六紙，一名《七女本經》，長房云"出阿毗曇"），右吴黄武年支謙譯，出《長房録》。《七女本經》一卷，右西晉・竺法護譯，出《長房録》。《七女本經》一卷（與支謙出者，大同小異，亦名《女本心明經》，亦名《七女經》），聖堅於河南國譯，出《長房録》。上三經同本别譯。"CBETA（2016），T55，no.2153，p.417c17—23。

[5] 詳見《開元釋教録》卷十五"别録中有譯無本録之二・小乘經重譯闕本"："《七女本經》一卷，三藏竺法護譯（第二譯），《七女本經》一卷（亦名《女本心明經》，亦名《七女經》），沙門釋聖堅譯（第三譯），右前後三譯，一存二闕。"參見 CBETA（2016），T55，no.2154，p.640c10—13。

除了現存的支謙本、僧祇律本、寶唱本《七女經》以及敦煌本《佛說七女觀經》以外，在其他佛典中也有不少有關七女故事的討論。

首先，北涼時期翻譯的《大愛道比丘尼經》，叙述大愛道請教佛："女人爲不可度耶?"佛說："精進持戒，具足，無缺減，不犯如毛髮，現世得化成男子身，便得無量，决得作佛。"佛陀在回答大愛道的問題時，便有一例與七女有關：

> 佛言："……過去迦葉佛時，國王家有七女人，從生至長大，不樂綺飾。六情斷滅，無餘垢欲。行觀死人，分别身中惡露，愁悲不樂，乃徹第七梵天。時第二釋提桓因來下問訊之：'欲求何願乎，吾皆能得之。'時七女各各説願，乃願摩訶衍不可思議事。爾時，釋提桓因了不能得是願，天神語之：'迦葉佛近在此，可往問之也。'七女即從諸女人，共到佛所，稽首佛足下，釋提桓因叉手白佛言：'七女願如是，我不能得之，願佛開解之，使得安隱。'佛言：'如是七女，前過去佛時，世世作功德，今得生國王家，當得受决。此願阿羅漢、辟支佛尚不能及知，何况諸天釋梵也。'爾時，七女踊躍歡喜，踊在虚空中，皆成男子身。却後亦當受决，當得作佛。今大愛道輩，常行大慈大悲，却後亦當成男子，受决作佛。"大愛道聞佛説是語，頭腦著地，作禮而去。[1]

經中以過去佛時，國王七女因世世作功德，得生國王家及迦葉佛授記，皆化成男子，當得作佛爲例，對比姨母大愛道常行大慈大悲，亦能化成男子，受决作佛。值得注意的是，《大愛道比丘尼經》將七女的願望當作是"摩訶衍（大乘）不可思議事"，亦即希望通過菩薩行法的修持，而能獲得大乘境界。又説："此願阿羅漢、辟支佛尚不能及知，何况諸天釋梵也。"顯然是指被歸爲小乘的"阿羅漢""辟支佛"等聖者，尚且無法了解大乘境界，何况諸天！儘管《七女經》向來被歸爲小乘佛典，而且支謙本中尚未明確出現"摩訶衍（大乘）"的字樣，然而《大愛道比丘尼經》的經文則顯示出，北涼時期的譯經已有將七女故事歸入大乘的例證，並且

〔1〕《大愛道比丘尼經》，CBETA（2016），T24，no.1478，pp.949c28—950a15。

可與敦煌本《佛説七女觀經》中的七女偈言所呈現的大乘思想，互相印證，呈現出《佛説七女觀經》漸趨大乘化的軌迹。

又如西魏惠襲《法華經文外義》卷一論及“四依、四不依”中的“依了義經，莫依不了義經”提到：

> 復爲説依了義經，莫依不了義經。何等名爲“不了義經”？如《七女經》言：“如雀在瓶中，羅縠覆其口，縠穿雀飛去，識神隨後走。”三乘究竟，一切無常，一切無我。如斯非一，皆經法不分明，多生人惑，如似“識神隨走”，謂言“常”而隨後走也。一切無常，謂舉常果，第一義空、諸無爲等，皆是無常。聞道三乘，謂舉鏗然是定，故知不了教多生人惑，不足可依。何等以爲了教？還翻上“識神相續隨後走”，有爲中無常，三乘非究竟，即是一乘。如是真正能生人解，是以可依，即是别解第二依。〔1〕

此經並未提到七女故事的相關情節，祇舉了其中的一首偈言作論述。更重要的是，此偈言已非散文體，而是如同寶唱本、敦煌本第七女偈言的前四句，唯第四句作“識神隨後走”，與寶唱本作“神自隨行走”相比，祇有第一、三字相同；與敦煌本作“神明隨所受”相比，僅第三字相同。雖然文句有所差别，但其意義相通。作者以此偈中的“識神隨後走”來解釋“不了義經”，涉及常見，故教人多生疑惑；如改爲“識神相續隨後走”，即是“了義經”，如此才能真正解决人生的疑惑。

隋代吉藏《三論玄義》提及“外道四執”包括：（一）計邪因邪果，（二）執無因有果，（三）立有因無果，（四）辨無因無果。其中論及“有因無果”的例子，引述七女之偈言如下：

> 問云：“何名爲有因無果？”答：“斷見之流，唯有現在，更無後

〔1〕《法華經文外義》，CBETA（2016），ZW02，no.0020，pp.346a20—347a2。《法華經文外義》未爲我國歷代經録記載，亦未爲歷代大藏經收録。根據各敦煌文獻收藏單位公布的目録，僅見上海博物館藏此一件，編爲3317號。本文首殘尾全，卷尾有尾題及題記：“法華經文外義一卷，一校竟，大統十一年歲次乙丑九月二十一日，比丘惠襲於法海寺寫訖，流通末代不絶也。”參見CBETA（2016），ZW02，no.0020，p.293a8—10。

> 世。類如草木，盡在一期。”難曰：“夫神道幽玄，惑人多昧。義經丘而未曉，理涉旦而猶昏。唯有佛宗，乃盡其致。”經云：“如雀在瓶中，羅穀覆其口，穀穿雀飛去，形壞而神走。”匡山慧遠釋曰：“火之傳於薪，猶神之傳於形；火之傳異薪，猶神之傳異形。前薪非後薪，則知指窮之術妙；前形非後形，則悟情數之感深。不得見形朽於一生，便謂識神俱喪。火窮於一木，乃曰終期都盡矣。”後學稱黄帝之言曰：“形雖糜而神不化，乘化至變無窮。”雖未彰言三世，意已明未來不斷。〔1〕

吉藏一方面引用如同寶唱本、敦煌本第七女偈言的前四句經文，唯第四句改作“形壞而神走”。與寶唱本的“神自隨行走”相比，祇有第五字相同；與敦煌本的“神明隨所受”相比，更無一字相同。雖然文句不同，意義仍然相通，三者皆提到了“神”或“神明”。另一方面，吉藏還引述了廬山慧遠的《形盡神不滅》論，藉由“薪”盡而“火”傳，闡述“形”盡而“神”不滅（“形”雖糜而“神”不化），藉以駁斥外道立“有因無果”的斷見。

初唐玄應《一切經音義》及中唐慧琳《一切經音義》皆録有“羅犢”與“梓棺”二詞之音義説明，然皆僅見於現存的支謙本《七女經》。其中涉及第四女異名，僅《大正藏》的底本《高麗藏》作“比丘羅轜”〔2〕，其餘宋本、元本、明本、宫本和上述兩本《一切經音義》皆作“比丘羅犢”〔3〕。唯“轜”與“犢”兩字之字形相似，同爲車部，但字音、字義皆不相同。遼僧行均《龍龕手鑑》亦載明了“犢”之義爲“兵車名”，而經文則是“比丘名，在《七女經》中”〔4〕。此處純粹是就經文音義的訓詁，並不涉及義理的討論。

〔1〕《三論玄義》，CBETA（2016），T45，no.1852，p.1c9—21。

〔2〕《佛説七女經》，CBETA（2016），T14，no.0556，p.908a25—26。

〔3〕《一切經音義》卷十三：“《七女經》羅犢：扶分反，字比丘羅犢，經文從貴作轒，非也。”CBETA（2016），C056，no.1163，p.1005b14—16。慧琳：《一切經音義》卷五十五：“《七女經》，玄應撰　羅犢：扶分反，字比丘羅犢，經文從貴作轒，非也。”參見CBETA（2016），T54，no.2128，p.674a6—7。

〔4〕釋行均著、正宗敦夫編纂校訂：《龍龕手鑑》，日本古典全集刊行會，1934年，第56頁。

後周義楚撰《釋氏六帖》於“七女端正”的詞條中也引述“《七女經》云：‘有長者七女，端正可喜；有言醜者，與金五百。周行國内，無敢言者。詣佛，佛言：不端正。曰：云何？不殺等，名爲端正。’”〔1〕，説明長者七女的顔貌端正，並非端正；能夠持守（不殺等）戒律，纔是真正的端正。

宋代以下的禪宗語録、頌古聯珠中，有許多涉及“七賢女遊尸陀林”的話頭，七女故事已然成爲禪宗的一則著名公案。例如南宋普濟編集的《五燈會元》中，便將七女故事置於七佛中的第四尊釋迦牟尼佛之下：

> 世尊因七賢女遊尸陀林。一女指尸曰：“尸在這裏，人向甚處去？”一女曰：“作麼？作麼？”諸姊諦觀，各各契悟。感帝釋散華，曰：“惟願聖姊有何所須，我當終身供給。”女曰：“我家四事七珍，悉皆具足。唯要三般物：一要無根樹子一株，二要無陰陽地一片，三要叫不響山谷一所。”帝釋曰：“一切所須，我悉有之；若三般物，我實無得。”女曰：“汝若無此，爭解濟人？”帝釋罔措，遂同往白佛。佛言：“憍尸迦！我諸弟子大阿羅漢不解此義，唯有諸大菩薩乃解此義。”〔2〕

其實，塚間觀尸一事，在《七女經》中原本是迦葉佛時國王七女的故事，但是普濟《五燈會元》不但將七女改稱爲七賢女，而且直接把“七賢女遊尸陀林”置入“釋迦牟尼佛（賢劫第四尊）”的故事中，反而不提迦葉佛授記之事；並且將七女的願望擬物化，變成“無根樹子、無陰陽地、叫不響山谷”等三般物。值得注意的是，佛陀告訴帝釋天憍尸迦：“我諸弟子大阿羅漢不解此義，唯有諸大菩薩乃解此義。”説明七賢女的願望，非小乘阿羅漢所知，祇有大乘菩薩才能理解，可見此處亦將七女所願視爲大乘的境界。許多禪宗典籍甚至將《七女經》稱爲《七賢女經》，如守遂注《溈山警策注》有“穀穿雀飛，識心隨業”之條目，下引“《七賢女經》

---

〔1〕《釋氏六帖》，CBETA（2016），B13，no.0079，p.328a12。

〔2〕《五燈會元》，CBETA（2016），X80，no.1565，p.30c5—14//Z2B：11，p.3c14—d5//R138，p.6a14—b5。

云：‘雀來入瓶中，以縠覆其口。縠穿雀飛去，識心隨業走。’”[1]，此處所引爲第七女的偈言，和寶唱本、敦煌本一樣都是整齊的五言偈頌，但是文句不盡相同，特别是第四句的“識心隨業走”，顯然有轉向强調“業”力影響的趨勢。

元代王古《大藏聖教法寶標目》於《七女經》目下摘述七女故事如下：

> 右佛説：“過去世波羅柰國王有七女，遊塚間觀死尸，各説無常法偈。帝釋來讚喜，問所求願？七女答：‘欲得無根無枝無葉樹，無形無陰陽地，於深山大呼，耳不聞響。’天不能答。往見迦葉佛，聞法受記，後皆作佛。即踴身空中，變爲男子。”[2]

作爲經目提要，此段文字簡介《七女經》，顯然僅偏重於國王七女故事，叙述七女願望及見迦葉佛，聞法受記，化身成男的結局。

明代陳實《大藏一覽》於“兩女雖誇端正好　六根不善又何堪”的標題下，先説了《雜譬喻經》記載的故事，再説《七女經》的相關故事：

> 《雜譬喻經》云：“昔婆羅門，兩女端正，乃懸金團，期十日内募索，有能訶女醜者，便輸與金，竟無應募者。將至佛所，佛便訶言：‘此女皆醜，無有一好。’阿難白佛：‘此女有何不好？’佛言：‘人眼不視色，是爲好眼，耳鼻及口亦爾……身喜細滑，手喜盗財，如此等者，皆不好也。’。”
>
> 《七女經》云：“長者有其七女，端正無比，國人無敢説其不好。將至佛所，佛云：‘不好。所言好者，不貪世間色聲香味爲好。此女何好也？’迦葉佛時，國王七女，不著歡娱。入尸陁林，觀見死尸，各各説其所以。帝釋讚言：‘諸女若有所願，我當與之。’女曰：‘一要無根樹子一株，二要無陰陽地一片，三要無音響山一座。’帝釋曰：

[1]《潙山警策注》，CBETA（2016），X63，no.1239，p.227a6—8//Z 2：16，p.145a9—11//R111，p.289a9—11。

[2]《大藏聖教法寶標目》，CBETA（2016），L143，no.1608，p.643b6—11。

‘諸物皆有。若此三願，我即無之。’迦葉佛以天眼觀見，攝來會中，爲天帝言：‘諸大聲聞，尚不曉此。’佛言：‘國王女如此，汝女何者好也？’”〔1〕

由於《雜譬喻經》中婆羅門兩女與《七女經》中長者（支謙本亦作“婆羅門”）七女的故事性質十分相近，故陳實直接將此兩經放在一起，進行比附。同時，藉由《七女經》中國王七女的故事和長者七女作爲參照，説明衹有色相端正而六根不善，仍爲不好。此處和《五燈會元》同樣是將七女的願望擬物化爲三樣東西。此外，清代續法《四十二章經疏鈔》於論述“一切女人，皆作不淨觀……一切女人，皆作不好觀……此二爲離欲定心之本”〔2〕時，同樣舉以上兩經爲例解釋不好觀，唯將《雜譬喻經》略作《譬喻經》，引文大致相同；而引用《七女經》又比《大藏一覽》所載更爲簡短（略去國王七女的三般願望），旨在强調國王七女爲好，長者七女“體不淨、行不端”，實爲不好。

明代周永年編纂《吴都法乘·雜舉篇》提及“雲駛月行，舟行岸移，四大假合，而成幻軀。《七女經》偈云：‘雀來入瓶中，羅縠掩瓶口，縠穿雀飛去，識神隨業走。’”〔3〕，此處“縠”當作“縠”，形近之訛。此經舉《七女經》第七女偈言，和寶唱本、敦煌本文句相近而不盡相同，第四句“識神隨業走”和守遂注《潙山警策注》的“識心隨業走”，衹有一字之差，也是强調“業”力的影響。

明末智旭《閲藏知津》叙録支謙本《七女經》云：“拘留國婆羅門七女，喜自貢高，有分儒達居士，爲之問佛，訶其不好，並説往昔國王七女因緣。”〔4〕《閲藏知津》作爲藏經的閲讀指南，大致略述《七女經》之緣起，至於國王七女因緣，僅一筆帶過。

清代淨昇於《法華經大成音義》卷一“瓶穿雀飛”的詞條中指出：“《佛説七女經》云：‘雀來入瓶中，以縠覆其口。縠穿雀飛去，識心

〔1〕《大藏一覽》，CBETA（2016），J21，no.B109，pp.504c22—505a2—11。

〔2〕《四十二章經疏鈔》，CBETA（2016），X37，no.0671，p.725a12—24//Z 1：59，p.99c4—16//R59，p.198a4—16。

〔3〕《吴都法乘》，CBETA（2016），B34，no.0193，p.887b10—11。

〔4〕《閲藏知津》，CBETA（2016），J32，no.B271，p.24b18—19。

隨業走。’”〔1〕此經亦舉《七女經》的第七女偈言，文句和守遂注《溈山警策注》完全相同。值得注意的是，這部著作雖然也是音義訓詁之作，但是可以再度證明利用《七女經》的偈頌來詮釋《法華經》的經義，並不是衹有《法華經文外義》一則孤例而已。

比較特别的是，清代咫觀《法界聖凡水陸大齋法輪寶懺》的儀文有“一心奉請《佛説七女經》（拜觀同上）吴月支國優婆塞支謙譯。拘留國婆羅門七女，喜自貢高。有分儒達居士，爲之問佛，訶其不好，並説往昔國王七女因緣”〔2〕。此部懺法在敬禮法寶時，也將《七女經》作爲水陸法會的禮拜對象之一。

從以上論述可知，七女故事的傳播，曾出現於經目提要、經文義疏、音義訓詁、禮拜儀文等不同類型的典籍中。有關七女故事的情節引用，有將婆羅門七女和國王七女相對照，進一步説明女人的“不好觀”，如《大藏一覽》《四十二章經疏鈔》等是；也有僅以婆羅門七女爲主，如《釋氏六帖》中的長者七女，佛言：“不端正。”更多的情況是偏重於國王七女的故事情節：其一爲略述情節者，如《大藏聖教法寶標目》；其二爲單獨討論第七女偈言者，支謙本衹説“今瓶已破，雀飛而去”，而從寶唱本開始作五言偈頌，緊接在第三句“㲉穿雀飛去”之後，各本第四句的異文變化尤多——從寶唱本的“神自隨行走”，接著惠襲本“識神隨後走”、吉藏本“形壞而神走”、敦煌本“神明隨所受”、守遂本“識心隨業走”到周永年本“識神隨業走”，可見第七女的偈言得到廣泛的引用，除了“神”“神明”“識神”“識心”等用語不同以外，敦煌本及以前各本主要闡述形與神的關係，而之後兩本的語義重點已轉向“業”力思想；其三論述七女的願望，支謙本、寶唱本和敦煌本中或三或四，互有參差，但皆强調願欲“於其中生”或所願“無想”，而《大愛道比丘尼經》僅以“乃願摩訶衍不可思議事”一句帶過，至於《五燈會元》則將七女的願望更加通俗化、擬物化，變成“無根樹子、無陰陽地、叫不響山谷”等三般物，並且强調“唯有諸大菩薩乃解此義”；其四叙述七女受記，得成道果，例如《大愛道比

〔1〕《法華經大成音義》，CBETA（2016），X32，no.0620，p.547c10—12//Z 1：51，p.231a4—6//R51，p.461a4—6。

〔2〕《法界聖凡水陸大齋法輪寶懺》，CBETA（2016），X74，no.1499，p.911a14—17//Z 2B：2，p.390c6—9//R129，p.780a6—9。

丘尼經》即引用國王七女故事，告訴大愛道諸人，常行大慈大悲，亦能如同七女一般，化成男子，受决作佛。由此可見，七女故事的運用範圍廣泛，用途多樣，特别喜以國王七女作爲榜樣。

六、結　語

疑僞經主要是由中國人假托佛説而撰寫的，因此它所反映的是中國佛教的思想，對研究中國佛教的發展具有重大的意義。[1]敦煌本《佛説七女觀經》被收入《大正藏》第八十五卷疑似部，日本學者多抱持著“疑僞經”的看法。方廣錩於《〈大正新修大藏經〉評述》一文中提出：“第 2913 號《佛説七女觀經》，係歷代大藏經已經收入之小乘佛教經典，此次誤作疑僞經收入。”[2] 究竟《佛説七女觀經》應如何判定其歸屬，針對此一問題，筆者提出兩個看法：第一，經查《七女經》被許多佛教經典目録列入小乘佛教，如《歷代三寶紀》《衆經目録》《大唐内典録》《開元釋教録》《貞元新定釋教目録》等，故“歷代大藏經已經收入之小乘佛教經典”，其實應指《七女經》才是。第二，它之所以列入“疑僞經”中，正如方廣錩所説：“有的經典，是抄摘某些翻譯經典的内容，敷衍成文，傳統也把它們當作僞經”[3]，但是並未違背佛教的思想義理。由此來看，《佛説七女觀經》摘録了《七女經》一部分的情節大意，又重新加以改造、潤飾，是以被當成“疑僞經”來看待，似乎也未嘗不可，但是《佛説七女觀經》中衹有一兩個例證可以看到迎合世俗化的傾向，大體上並未悖離佛教的思想精義。究竟敦煌本《佛説七女觀經》是不是疑僞經，可能還須藉由“疑僞經”的界義來決定，目前學界對“疑僞經”似乎尚未達成一定的共識，仍有待他日進一步討論。

另一方面，由於支謙本《七女經》的結構完整、内容豐富、篇幅最長，因此在歷代文獻中對七女故事的運用往往各取所需，有的著重七女的“好”與“不好”，有的著重國王七女的受記作佛，有的用來詮釋“了義

---

〔1〕 方廣錩：《佛教典籍百問》，佛光出版社，1992 年，第 122 頁。

〔2〕 方廣錩：《〈大正新修大藏經〉評述》，《聞思：金陵刻經處一百三十周年紀念專輯》，第 230—253 頁。後又收録《隨緣做去　直道行之：方廣錩序跋雜文集》，第 65—78 頁。

〔3〕 方廣錩：《佛教典籍百問》，第 122—123 頁。

經”與“不了義經”的差別，有的用來駁斥外道“有因無果”的斷見，有的强調“業”力的影響，有的純粹討論音義訓詁，有的用在經典禮拜，等等。很明顯，《佛説七女觀經》祇是摘取了《七女經》中國王七女塚間觀尸、修得道果的情節，而其内容除了原始佛典所標榜的四念住思想以外，還加入了大乘佛教甚爲注重的“福慧雙修”思想。因此《佛説七女觀經》的内涵不但可以契合《華嚴經》疏的大乘思想，其經文亦可見於《法華經》相關注疏不止一次的引用，並與北凉《大愛道比丘尼經》、南宋《五燈會元》將七女所願視爲大乘（菩薩）不可思議境界，頗有前呼後應之勢。其實從最早的支謙本《七女經》來看，“是事羅漢、辟支佛尚不能知此事”以及“國王七女……悉當作佛……當度七十五億萬人，令得菩薩及羅漢道”的經文，已經透露出七女故事後來朝向大乘化發展的端倪。

由此可見，依據歷代經録將支謙本《七女經》判定爲“小乘佛教經典”是正確的，但是經過增删和改造的《佛説七女觀經》既未收入歷代經録之中，而其故事情節和思想内涵又與支謙本《七女經》不盡相同。因此，敦煌本《佛説七女觀經》或可視爲一部由小乘趨向大乘的佛教典籍。

《佛教文獻研究》第三輯
2019 年，295—310 頁

敦煌遺書地論學派《涅槃經疏》（擬）中的佛性思想
——以 BD02224、BD02316、BD02276 號爲中心*

史經鵬

内容摘要： 佛性論是中國佛教史上關注的焦點。南北朝時期，中國佛教迅猛發展，衆多佛性論順勢而起，競擅風流。敦煌遺書中保存的以 BD02224、BD02316、BD02276 號綴接而成的《涅槃經疏》（擬），屬於地論學派文獻，表現了地論學派發展過程中的一種佛性思想。《涅槃經疏》（擬）在借鑒《仁王般若波羅蜜經》的五忍等思想基礎上，重新詮釋了《涅槃經》中的熙連、八恒及四依概念，構建了較爲完整的修行階段論。在此基礎上，《涅槃經疏》（擬）提出了既非本有、亦非始有的佛性論，即佛性在衆生修行的性種性階段才出現，通過主體與佛性的互動，保障衆生提升修行，以至解脱。

關鍵詞： 敦煌遺書；地論學派；《涅槃經疏》（擬）；修行階段論；佛性

作者單位： 中央民族大學哲學與宗教學學院

自從大乘經典《涅槃經》傳入中國以來，佛性思想就成爲中國佛教界關注和討論的焦點。以吉藏《大乘玄論》或慧均《大乘四論玄義》的記載來看，南北朝曾流行十餘家佛性學説。[1]如此衆多的佛性論觀點，在南北朝百餘年間，順勢而起，競擅風流，極大地豐富了中國佛性論的内涵。然而，藏内史料所載之衆多佛性論，一方面極其簡略，讓人難以理解各種佛

---

* 本文爲中央民族大學東亞佛教研究中心 2017 年度項目部分成果（項目編號：EABI2017065A007）。

〔1〕《大乘玄論》，《大正藏》第四十五卷，第 35 頁中下；慧均：《大乘四論玄義》，《卍續藏經》第四十六卷，第 601 頁上至 602 頁上；湯用彤：《漢魏兩晉南北朝佛教史》（增訂本），北京大學出版社，2011 年，第 375—396 頁；廖明活：《南北朝時代的佛性學説——中國佛性思想的濫觴》，中國臺灣《中華佛學學報》2007 年第 20 期。

性論的全貌，另一方面，這些史料多雜有記載者或批評者的主觀意識，也無法充分體現出如此衆多佛性論的思想史意義。幸運的是，敦煌遺書中保存了一批南北朝佛經注疏，如本文擬考察的地論學派《涅槃經疏》（擬）。通過對這些文本的整理和研究，將可以大大豐富我們對南北朝佛性思想史的整體理解。

一、《涅槃經疏》（擬）介紹

本文所要考察的《涅槃經疏》（擬），爲中國南北朝時期佛教注疏，原著卷數不詳，作者不詳，未爲歷代大藏經所收，亦未見歷代經録著録。

本文獻爲南本《大般涅槃經》注疏，現於敦煌遺書中發現三號，爲BD02224號、BD02316號與BD02276號。BD02224號，共八百零四行，首殘尾脱；BD02316號，共二百六十行，首脱尾脱；BD02276號，共二百八十行，首脱尾殘。從書體及注疏内容來看，三者原爲同一文件，後分散保存。

從書體來看，BD02224號與BD02276號後二百一十二行字體相同，BD02316號與BD02276號前六十八行字體相同。由此可見，本文獻經不同寫經生書寫組合構成。

從注疏内容來看，BD02224號乃注疏《大般涅槃經》“金剛身品第五”“名字功德品第六”“四相品第七”“四依品第八”及“邪正品第九”，注釋範圍從《大正藏》第十二卷第622頁下欄至第647頁上欄；BD02316號乃注疏“邪正品第九”“四諦品第十”“四倒品第十一”及“如來性品第十二”，注釋範圍從《大正藏》第十二卷第647頁上欄至第651頁下欄；BD02276號乃注疏“如來性品第十二”“文字品第十三”“鳥喻品第十四”“月喻品第十五”及“菩薩品第十六”，注釋範圍從《大正藏》第十二卷第651頁下欄至第663頁中欄。BD02224號尾與BD02316號首之間内容有佚，不可直接綴接。BD02316號尾與BD02276號首之間，重複“不成也。‘若自生’者，結第二句自種因義”十五字，内容可直接綴接。

此文獻已有青木隆整理本[1]，但該版本在録文、斷句方面多有待商

[1] 參見青木隆整理《涅槃經疏》，收入青木隆、荒牧典俊、池田將則、金天鶴、李相旻、山口弘江編《藏外地論宗文獻集成續集》，韓國金剛大學佛教文化研究所，2013年，第445—514頁。

椎之處。本文所引此《涅槃經疏》(擬)文句,悉以筆者的重新整理本〔1〕爲准。

關於疏中思想,青木隆曾考察了其中的教判和因果思想,並認爲此疏爲法上、慧遠時代的地論學派文獻。〔2〕

其證據有二:首先,疏中的判教思想出現了通教、通宗及圓教、頓教、漸教等概念,其中圓教指《大集經》,頓教指《華嚴經》,漸教指《涅槃經》。而早期地論學派中曾有一批重視《大集經》的地論師,如耆闍寺安凛。〔3〕其次,疏中出現了有爲緣集、無爲緣集及真實緣集的概念,這也是地論學派共用的概念。

但值得注意的是,此《涅槃經疏》(擬)雖在思想上與地論學派有密切關係,但就現存疏文中的引用文獻來看,並未出現《十地經論》之名,而是或以《法華經》《法鼓經》内容比附《涅槃經》中的比喻,或以《仁王般若波羅蜜經》《楞伽經》(四卷)、《文殊師利問菩提經》等經中思想構建闡釋體系。《涅槃經疏》(擬)獨特的佛性思想就在這種闡釋體系中凸顯出來。

二、真性依持

如青木隆所述,從判教和緣集思想來看,本疏屬於地論學派文獻。此外,從疏中的心識及真性依持思想來看,也可以補充論證這一觀點。

首先,如《大般涅槃經》"如來性品"中,佛陀以譬喻說法,認爲金剛性質堅硬,利鑁不能穿徹,而佛性正如金剛,一切天、魔及人天戲論可以穿壞衆生五陰之相,却不能毀壞金剛一樣的佛性。〔4〕對此,《涅槃經疏》(擬)疏釋道:

---

〔1〕參見史經鵬《中國南北朝涅槃學基礎研究》,上海師範大學博士后報告,2014年,第111—154頁。

〔2〕參見青木隆《敦煌出土地論宗文獻涅槃經疏に説かれる教判と因果について》,《印度學佛教學研究》第九十一號,1997年,第258—262頁。

〔3〕另可參看石井公成《〈大集經〉尊重派の地論師》,《駒澤短期大學研究紀要》第二十三號,1995年,第103—110頁。智顗:《妙法蓮華經玄義》,《大正藏》第三十三卷,第1716號,第801頁中。

〔4〕《大般涅槃經》,《大正藏》第十二卷,第0375號,第649頁下。

“磐石沙礫，直過無難”者，無七識緣智，雖堅可壞也。“金剛巨徹”者，第八真識不可損也。

即疏文以八識的心識結構——七識緣智和第八真識，來解釋《涅槃經》中的“磐石沙礫”和“金剛”，認爲第八真識即是佛性，不可損壞。就此心識結構，通檢中華電子佛典協會的電子佛典集成（CBETA［2016］），可知唐代以前經論之中，僅在淨影慧遠的《大乘起信論義疏》與《大乘義章》中有所運用。淨影慧遠是地論學派南道派的代表人物，由此可見，此《涅槃經疏》確與地論學派存在密切關係。

其次，自《般若經》《涅槃經》相繼傳入中土以來，般若性空與涅槃佛性之間初時扞格，繼而融通，般若學到涅槃學的轉向問題一時主宰著當時中國佛教界的思想潮流。這一點在《涅槃經疏》（擬）中也有所體現。在解釋《涅槃經》“如來性品”中雪山妙藥的譬喻時，疏文認爲“衆生五陰有此真性……真常佛性，體離衆相，爲‘一味藥’”。而後，疏文又引用《般若經》中的“無有一法出於法性”〔1〕，說明“真性理融，無在不在”，因而確立了佛性就是真性、法性，融通貫徹於一切事物之中的觀點。由此來看，《般若經》中空的法性思想與《涅槃經》中的佛性觀念被融合等同在一起。

再次，既然佛性等於法性，貫通一切法，那麼佛性與一切法之間具有什麼樣關係？對此，《涅槃經疏》（擬）云：

前“文字品”舉宗語詮，則有理教之别；尋旨半滿，則有常無常異。若事克絛别，則生死絶依持之本；菩提涅槃，事缺圓通之益。若爾，彼我無由，生死涅槃，安有資成之用。今明妄想不孤，義存隱覆，至寂殊能，量同法界，是以無常與苦，不介於真性；常之與樂，無舍垂迹。故致真僞雖殊而渾波同容，澄原湛一而義顯殊能。良以真旨理融，無外於法性，故不相離，以彰至性沖玄，理有津益之美。

〔1〕原文作“菩薩摩訶薩行般若波羅蜜時，不見有法出法性者”。參見鳩摩羅什譯《摩訶般若波羅蜜經》，《大正藏》第八卷，第224頁中下。

即如果分開解釋生死等有爲之法和菩提涅槃等無爲之法的話，則二者互相隔絶，不能即體即用，圓融無二。而事實上，無常與苦和真性之間沒有介隔，常樂法身也有垂迹妙用，真僞融通爲一，佛性之理雖然沖遠玄漠，但可以資成利益衆生的修行。因此，疏文下定語道，“有爲無爲皆以如來藏爲本”，這一真常不變，不生不滅、無在不在、體離衆相的佛性是有爲法和無爲法的依持之本。

由此可見，第八真識就是佛性，就是如來藏，是一切有爲法和無爲法所依持的根本，而不是真實的如來藏依持虚妄之法。基於這一常住絶相的真性，有爲緣集和無爲緣集才得以成立，即疏文所云：

> 真性是衆善之原萬德之本。忻善崇德，非此不發，故得與衆生作真歸依之義……性雖真實，以對治因緣，因果義興，彰無爲緣集成就之義。

既然佛性與一切法之間存在本末、體用的關係，則從因果的角度來看，不論有爲緣集還是無爲緣集，若談及因緣生起，則已經落在三世因果系列之中。衆生修行佛法，精進不懈，當然是在三世因果中。因而，在論及衆生修行中的佛性問題時，可有或當常或現常的種種議論。而但就佛性自體而論，則是常住不變，不生不滅，非三世因果所攝的真理。這一點，經疏中自有明確地分殊，即“然此性法，非當非現，就衆生而論，得言三世，體非三世也”。

最後，就“真性依持”這一概念來看，《涅槃經疏》（擬）中云：

> 若爾，有爲智起，亦假真而立，彼此何異？釋云：真性依持，異本自古，非是方便，真顯彼謝，何資之有。

即真性是有爲智的所依，非方便之法，它自身無所憑依，真實顯現爲自身。就此對比史料所載地論南道派的“真如依持”思想：

> 陳梁已前，弘《地論》師二處不同：相州北道計阿黎耶以爲依持，相州南道計於真如以爲依持。此二論師俱稟天親，而所計各異，

同於水火。[1]

地人云：一切解惑真妄依持法性，法性持真妄，真妄依法性也。[2]

可見《涅槃經疏》（擬）中的“真性依持”與藏内文獻記載在形式上僅有一字之差。而兩者思想上的一致，由前文分析亦可得到確證。

綜上所述，通過分析《涅槃經疏》（擬）與淨影慧遠著作之間在八識結構上的同義性，以及真性依持與真如依持之間的一致性，可以進一步佐證《涅槃經疏》（擬）與地論南道派之間存在著密切關係。

三、八恒、四依及種性

《涅槃經疏》（擬）中借鑒了《仁王般若波羅蜜經》《文殊師利問菩提經》等的思想來闡述自己的修行階段論。其中，尤其是《仁王般若波羅蜜經》中的“習種性”“性種性”和“道種性”等概念，在詮釋《大般涅槃經》中的四依人及相應的佛性論時，發揮了極其重要的作用。

如對於《涅槃經》“四相品”中斷食肉文的疏釋中，《涅槃經疏》（擬）云：

“異意故聽食三種”者，以習種之始，意淺未深，聽作三種無常觀也……道種終心始成，無漏初地果興……從種性以上，相違緣亦不聽著也。

對同一品中長者教子半滿二字喻，疏文也説：

“唯有一子”者，習種中得一分解也……“以愛念故教半字”者，方便道爲半字也。下合聲聞弟子習種教量也。

[1] 《法華玄義釋籤》，《大正藏》第三十三卷，第1717號，第942頁下。
[2] 《摩訶止觀》，《大正藏》第四十六卷，第1911號，第54頁上。

由此可見，“習種”“種性”（即性種性）和“道種”等概念都出現了，並且支撐起了疏文中從修習無常觀的地前到初地的修行階段。因而，在考察此《涅槃經疏》（擬）的佛性思想之前，需首先闡明疏文中四依與各類種性的關係。

在《大般涅槃經》“四依品”中，佛陀説明了四依人，以及從熙連到八恒的九種人對待《大般涅槃經》的態度。四依人分別是：

> 有人出世具煩惱性，是名第一；須陀洹人、斯陀含人，是名第二；阿那含人，是名第三；阿羅漢人，是名第四。是四種人出現於世，能多利益、憐愍世間，爲世間依，安樂人天。〔1〕

而從熙連河沙到八恒河沙（從一恒到八恒）諸如來所的衆生，是指根據他們對《大般涅槃經》的態度和修行方法而依次遞升的九個修行階段。在此過程中，不同衆生對於《大般涅槃經》分別有著發菩提心、受持、不誹謗、廣説、正解、信樂、讀誦、書寫、解一分義乃至十六分義，以及令他人受持供養此經的態度和修行實踐。〔2〕

由此可見，所謂四依以及熙連、八恒等概念，是《大般涅槃經》提出的不同的修行階段理論。在《大般涅槃經》中，這些概念體系相互之間没有明顯的會通和解釋，這給後來的注疏留下了一定的闡釋空間。

《涅槃經疏》（擬）中所用的“習種”“性種”“道種”等概念，來自《仁王般若波羅蜜經》的“菩薩教化品”。首先，經中將修行般若波羅蜜的菩薩分爲伏忍、信忍、順忍、無生忍、寂滅忍五個階位，每個階位又細分爲上、中、下三個層次。其次，伏忍中又依次生起習種性十心、性種性十心及十道種性地，依次向上，從信忍至寂滅忍，最終佛與菩薩以寂滅忍進入金剛三昧。〔3〕

相對於《涅槃經》中的四依人、熙連以及八恒等修行次第，《仁王般若波羅蜜經》中的“習種性”“性種性”“道種性”等又是另一套修行階次。這三者之間究竟存在什麼關係呢？《涅槃經疏》（擬）在對“如來性

〔1〕《大般涅槃經》，《大正藏》第十二卷，第0375號，第637頁上。

〔2〕同上書，第639頁上中。

〔3〕《仁王般若波羅蜜經》，《大正藏》第八卷，第0245號，第826頁中下。

品”中王子好刀譬喻的疏釋中說：

> “王子”者，初依也。“貧賤”者，熙連人也……“貧人於後見王子好刀”者，依教，信有真性也……一恒人秉王教，故名之爲王，非上王子父也……“雖曾眼見”者，信心見也……“況故取”者，況有體證也……“我（筆者注：王）庫藏中無，況王子邊見”者，我教量中常無邪我，況四依邊而得有也……“言崩”者，一恒教息也。“得立餘子紹繼”者，二恒人爲師也……“次第四三”者，三恒四恒人，檢校同前……“如是見”者，信、解分別，非正見也，故下言“不見我刀真實之相”也。

此文中，刀喻指佛性，王子等人喻指對佛性有不同信仰及認知程度的修行者。由此可見，首先，就王子和貧人的關係來看，分别對應著初依和熙連，且熙連尚未進入初依的範圍。其次，執有好刀的王子是初依人，其逃亡他國之後，其餘諸子繼承王位，未見好刀，祇是一恒乃至四恒之人，因此，從熙連以至四恒，都尚未進入初依的範圍。

另外，上述疏文中還論及熙連等人和佛性的關係。對此，《涅槃經疏》（擬）中另有疏釋道：

> “善男子，若有凡夫能善説者”以下，歎習種人自分解中堪爲法師。“當知是菩薩相貌”者，雖未階四依，教量之化同也，故云相貌也。
>
> “譬如有人勇健”者，初依已上也。“怯弱”者，習種之流也。
>
> “我正法餘八十年”者，八修行也。前卌年者，無常四修也。所以不云後卌者，欲明熙連、習種未入真常四修也。

結合上文，有三點值得注意。首先，從熙連以至四恒，這五種人對於佛性的修行方式都是依教量而信。其次，習種性和四依對比出現，習種性位於四依以下。但習種人依據自己的理解，可以作爲法師教人，這與前文中一恒乃至四恒人可以爲師相互對應，因而習種性應該對應於前四恒人。第三，熙連人雖然依據法師教導信服真性之説，但他尚未能作爲法師教導他人，因此熙連人應該屬於習種性之前的階位。

《涅槃經疏》（擬）又云：

> 初依後四分義，何者是四？如魔所説經律爲二，佛所説經律爲二，經是生解之軌，律是起行之法，二闇二明，以之爲四。亦可二是違中解行，二是順中解行，即是四分義也。

所謂解行，即如疏文中所説“解行發者，道中發也”，是指道種性的修行方式。因此，初依包含著道種性。而疏文又言，“初依八分”，則初依正指向五恒人。因爲習種性是一、二、三、四恒人，初依後四分義指向道種性，則可推知，初依前四分義中應該包括性種性。疏文又云“習種中得一分解”，結合《涅槃經》中四恒人得十六分中一分之義，五恒人得八分義[1]，可知習種性中的第四恒人得一分義，五恒所得八分義之中的後七分義，性種性得三分義，道種性得後四分義。

另外，《涅槃經疏》（擬）在對“四依品”“四諦品”“四倒品”的疏釋中，詳細闡述了四依與五忍的關係：

> 就初辨四依體德差别義中，初略舉名數，次廣辨其相，下結宣通之德。文約所故。凡依者，堪爲法師者，經辨法師不定，良以義别故也。習種辨法師，就化教明也，性種辨法師，就其相行教行也。四地中辨法師者，但三地以還，直云練金；四地以上辨莊嚴具，斷於智障，以明法師；五地得陀羅尼，以明法師；六地義陀羅尼，以明法師者；七地明法師得雙道無間故也；八地方明法師者，師念念入寂，無功用也。自後可知。
>
> 今辨第二依，就六地以還者，何也？且准《仁王經》，辨初二果始與信順二忍相應，未會無生，是以束爲一依。
>
> 又一解：《文殊問菩提心經》，從初地至六地未集諸車具，七地至九地車成，十地辨駕用，若就此義，亦是一相……“是人未得第二第三住處”者，七地無相修，八地以上無相果，六地以還功用相修未得後二，故云未得第二第三也。法先有一解，第二依人偏須料簡，何故

[1]《大般涅槃經》，《大正藏》第十二卷，第0375號，第639頁上中。

也？第二依束二果二忍合爲一依故也。今云未得者，初果未得第二果人住處也，第二果人未得第三果人住處也。（四依品）

第二依人四分解也：一者善分别自心現，二者善知外性，三者離生住滅見，四者得自覺聖智善樂。此四者即理真修，故寄諦明也。（四諦品）

然第三依具十四分義，謂那含、菩薩位階無相修，雙道具足，顯方便果行成就。第四依者具十六分義，謂羅漢、菩薩位階無學無相修，果報行淳熟，大寂滅遠離，彰性淨果修。（四倒品）

由引文可見，有以下三點值得注意。第一，本疏中雖然没有出現《十地經論》之名，但確實受到其影響。如關於初至三地是“練金”，四地“辨莊嚴具”，就是分别和《十地經論》的“明地第三”〔1〕、“焰地第四”〔2〕的比喻有關。

第二，文中所謂辨法師義，即指四依在何種意義上可以爲世人所依，作爲法師，教化衆生。這和他們對佛性的認知程度密切相關。如習種性僅是依其他法師的教量而信奉佛性之説，是信心見佛性，因而他之所以能稱爲法師，衹是依據自己的理解（或四恒所得一分義）而宣揚曾經接受的教量。這一點，詳見下文佛性部分。

第三，《涅槃經疏》（擬）依據《仁王般若波羅蜜經》和《文殊問菩提心經》（《文殊師利問菩提經》），認爲第二依是指初地到六地菩薩，相應於五忍中的信忍和順忍，是六恒。而第三依即七恒，第四依即八恒。

既然第二依對應信忍和順忍，則以此推之，第三依和第四依依次分别對應於無生忍和寂滅忍。但疏文中是以“記别”的方式説明的：

“不藏真實舍利”者，七地以上修無功用人，無學位顯法身義也……初依不云得記者，在煩惱也。第二人得無生記。第三人記者，得寂滅忍記。

---

〔1〕《十地經論》：“譬如本真金，巧師練治，秤兩等住，轉更精好，光明倍勝。”《大正藏》第二十六卷，第1522號，第158頁下。

〔2〕《十地經論》：“諸佛子，譬如本真金巧師練治作莊嚴具，成就不失，余非莊嚴具真金所不能及。”《大正藏》第二十六卷，第1522號，第162頁中。

即第二依得信、順二忍後獲得無生忍的記别，第三依得無生忍後獲得寂滅忍的記别。

綜上所述，可將熙連、八恒與四依及各種種性的對應關係圖示如下：

<table>
<tr><th>熙連—八恒</th><th>四依</th><th>十六分義</th><th colspan="2">種性—五忍</th></tr>
<tr><td>熙連</td><td>—</td><td>—</td><td colspan="2">—</td></tr>
<tr><td>一至四恒</td><td>—</td><td>一分義（四恒）</td><td>習種性</td><td rowspan="2">伏忍</td></tr>
<tr><td>五恒</td><td>初依</td><td>八分義</td><td>性種性—道種性</td></tr>
<tr><td>六恒</td><td>二依</td><td>十二分義</td><td colspan="2">信忍—順忍（無生記）</td></tr>
<tr><td>七恒</td><td>三依</td><td>十四分義</td><td colspan="2">無生忍（寂滅忍記）</td></tr>
<tr><td>八恒</td><td>四依</td><td>十六分義</td><td colspan="2">寂滅忍</td></tr>
</table>

四、佛　性

當佛性真體獨存之時，常住不變，離緣絶相。但此時佛性體用未融，於衆生修行無絲毫之益，是一種理論上的存在。當衆生修行佛法時，必然落在因果系列中，修行過程中的佛性成爲一種現實的、動態的存在。

《涅槃經疏》（擬）在疏釋“菩薩品”時，表明了佛教中修行的最終妙果和修行之因的關係：

> 今明在因成因善，妙用天真，累所不染；在果顯果德，寂圓通自在無礙，備益之道，其義在兹。然言必以次，故先明因行，舉此彰因，名曰“菩薩行品”。論因始也，創於發心……上明發心諸行之始，行既成立，能除惑障，顯證真實，令行淨義彰。然行淨本於性淨，而淨用無礙，妙莫能加，沖旨難曉，借喻以彰，宜次明之。

即佛性要資成衆生的修行之道，就必須在因果法中，成爲衆生的修行之善因。而善因始於衆生的發心。若衆生發心開始實踐上的修行，即清淨的修行，必然可以導向常住之果。並且，這一修行過程中的清淨性，是由佛性自體本性的清淨性來保證的。這就是性淨而行淨，體用相融無礙。

作爲理的佛性自體，常住不變，衆生實際修行中的佛性如何顯現，則要依於衆生的發心。然而並非一切衆生皆會發心，所以佛性在衆生的修行過程中就不是從始至終存在的。

從初至“猶如金剛不容外物”，明性淨真旨，淨妙之極，澄明内朗，外周法界，是以能令凡有心者，莫不沫兹靈淵，發菩提心，除一闡提不能令發也；二從“迦葉白佛”至“如是人者謂一闡”，明不信不受義；三從“是故當知大乘”下此段，結性淨淨用之義也。

如文中所示，雖然真淨佛性有無限妙用，使得有心之物獲得修行之資助，但其中的一闡提人，焦芽敗種，不能發心，因爲其“身心非器”，不能信受《大般涅槃經》所説道理。如此來看，一闡提人尚未達到熙連人的階位。

《涅槃經疏》（擬）又云：

向迦葉問：“五逆四重習種、闡提是熙連前人，若涅槃光能令此人發心，與淨持戒，有何差别？”與性種無異。若爾，何故云五恒行道方便成初依人也？故知四恒以還不能發心也。

第二問：“如來上云聞大涅槃，一經於耳，斷五逆煩惱，何故復説四恒以還，不解其義？”二言相食，願决疑也。

下答：“除一闡提，熙連以上皆有發義。但發有多種。熙連發者，信中發也。習種發者，解中發也。性種發者，行中發也。解行發者，道中發也。初地發者，證中發也。言四恒不解者，未達行中發也。下云羅刹爲緣方發者，但習種對治現前，令勝道不進，即是羅刹，因之生厭，後得發心，説之爲緣。”

此文中有兩點值得注意：第一，不僅一闡提人不能發心，甚至犯了五逆罪和四重罪的習種性也不能發心；第二，從熙連以上都有發心義，但所發方式不同，熙連是信中發，習種性是解中發，性種性是行中發，道種性是解行中發，初地菩薩是證中發。

不同修行階段衆生的發心方式，和他們見佛性的方式之間存在密切聯繫。《涅槃經疏》（擬）中道：

就中有三段。從初至“真佛弟子”，明種性人聞見義；二從“迦葉菩薩白佛言”，訖“非諸聲聞緣覺所及”，明十住菩薩諸佛修見義；三從“非聖凡夫”訖品，明習種人修順明白義……就習種教量信順中有二。從初至“我庫藏中無如是刀”，明教量人無慧解，不能見義；二從“善男子，今日如來”訖下，明雖無慧見，信順不違義。

由此可見，各種性的衆生見佛性的方式不同，習種性不能見佛性，祇可以信順佛性；種性，應該包括性種性和道種性兩者，可以聞見佛性；從初地以上，以至諸佛，則是修見佛性。結合上文，可以看出各種種性的修行和發心方式。如下表所示：

<table>
<tr><th>修行階段</th><th>辨法師義</th><th>見佛性方式</th><th>發心方式</th></tr>
<tr><td>五逆四重習種性——闡提</td><td>—</td><td>不見</td><td>不發</td></tr>
<tr><td>熙連</td><td>—</td><td>信心見</td><td>信中發</td></tr>
<tr><td>習種性</td><td>化教/教量[1]</td><td>不見—信順</td><td>解中發</td></tr>
<tr><td>性種性—道種性</td><td>相行教行—解行</td><td>聞見</td><td>行中發—解行中發</td></tr>
<tr><td>初地—三地</td><td>練金</td><td rowspan="8">修見</td><td rowspan="8">證中發</td></tr>
<tr><td>四地</td><td>辨莊嚴具，斷於智障</td></tr>
<tr><td>五地</td><td>得陀羅尼</td></tr>
<tr><td>六地</td><td>義陀羅尼</td></tr>
<tr><td>七地</td><td>得雙道無間</td></tr>
<tr><td>八地</td><td>無功用</td></tr>
<tr><td>九地</td><td></td></tr>
<tr><td>十地</td><td></td></tr>
</table>

〔1〕“教量”一詞在《涅槃經疏》（擬）中出現多次，但其意涵，都指向習種性。據韓國高麗大學李相旻博士研究，教量本爲佛教三量説（教量、比量、現量）之一，後來三量説在地論學派中發展爲四量説（教量、信言量、比量、現量），教量意味著難以理解却不得不信從的教説。因而，四量説在地論學派逐漸偏離了知識論的意思，具有修行階段論的性質，即從對難以理解的教説懷有信心（教量），再逐漸理解此教義真理，最終到達現量的階段。《涅槃經疏》（擬）中雖未出現信言量、比量及現量，但其習種教量概念也應該置於地論學派的四量説中來理解。參見李相旻著《地論學派の四量説について》，韩國金剛大學主辦《地論宗と浄影寺慧遠論文集》，第285—308頁。

由此可知，當佛性不再作爲獨立存在的理體，而與衆生的實踐修行關聯起來，它如何顯現並發生作用，就要依靠修行主體的實際態度和行爲了。如上表所示，不同修行階段的衆生，通過不同的方式與佛性產生互動，正體現了《大般涅槃經》被判爲漸教經典的原因。這也在此《涅槃經疏》（擬）中有所體現。

略明經教不同，如似《大集》等經是圓教，《華嚴》等是頓教，《涅槃》是漸教。雖等大乘，顯義不同。《大集》就自體因果以論真實，若就此宗，得言衆生即是佛，萬義皆具足，故名圓教。若舉《華嚴》《涅槃》等，此言即外道也。《華嚴》就相違□因以顯真實，無别二乘也。習種發心即徹後際，其猶象兒，故名頓。若就此宗，昏識凡夫即有性用也。《涅槃》熏修因，以説妄想，資真實成緣集之義，要是種性以上方有佛性。從教量修入，故名爲漸，是以二乘作菩薩也。若就此宗，得言先際無性，中際有也。若不准此，發言成亂。

由此可見，《涅槃經疏》（擬）的作者對《大集經》《華嚴經》及《涅槃經》的大乘教義性質有著全面深刻的認識。若依《大集經》，衆生即佛，不僅是《涅槃經》所説的“一切衆生悉有佛性”。若依《華嚴經》，自習種性發心，其佛性就與常住之佛相同。即使在無明昏識的凡夫身上，佛性也在時刻發揮著作用，而不是僅供觀照的作爲客體的理。

若依《涅槃經》，則可以從兩個方面進行説明：第一，一切衆生悉有佛性，可以理解爲作爲理體的佛性，也就是法性，此時“無有一法出於法性”；第二，在衆生的實際修行中，人與佛性的互動，主體客體之間的互相保證和提升，祇能出現在特定的時刻，即在種性“行中發”的階段。

若從中國佛教史的角度看，在南北朝關於佛性本有—始有的爭論中，《涅槃經疏》（擬）認爲“先際無性，中際有也”，即佛性既非本有，亦非始有，而是在衆生實際修行的中際而有。

在佛性的本始之爭中，當時南朝《大般涅槃經集解》中諸師的觀點大多認爲佛性本有，這是從理的角度所作的説明。[1]與之相比，《涅槃

〔1〕《大般涅槃經集解》，《大正藏》第三十七卷，第381頁上。

經疏》(擬)則區分了佛性的兩種存在方式——真常自體(理)和發心修行,這無疑是佛性思想史的一種發展。雖然疏中尚未出現理佛性與行佛性的對舉,但實際上已經導其先河,爲之做出了具體細緻的理論構思和基礎。

進一步來看,《涅槃經疏》(擬)的佛性思想表明,作者認爲衆生衹是信順《涅槃經》的真常佛性之理是不夠的,衆生必須身體力行,踐行《涅槃經》的思想,才可以見佛性,佛性之清淨也能保證衆生修行活動之清淨,由此開始良性循環,長此以往,以至解脱。這種佛性論帶有强烈的實踐性質,這或許與當時佛教的生存環境有關。

從北朝當時的社會背景來看,佛教生存在異族王者的統治之下,又經歷了北魏太武帝的滅佛事件,佛教教團的危機意識非常强烈。而《大般涅槃經》中屢屢强調大乘戒的重要性,甚至表達出執持刀杖、護持大乘正法的觀念,這正契合了當時中國佛教徒的危機意識。[1]本疏中宣導"行中發"的觀點,鼓勵衆生切身實踐佛法,或許也體現了這一時代精神。

五、小　結

本文主要考察了南北朝敦煌遺書地論學派的《涅槃經疏》(擬),分析了其中與佛性相關的思想,可以總結爲以下三點:

1.《涅槃經疏》(擬)中對八識結構的運用與淨影慧遠相同,疏中的真性依持思想,也與地論學派南道派的真如依持相近,可以進一步佐證本疏與地論學派的密切關係。

2. 本疏充分吸收了《仁王般若波羅蜜經》《文殊師利問菩提經》等經中思想概念,如習種性、性種性、道種性及五忍等,以之闡釋《大般涅槃經》中的八恒、四依等概念,形成較爲完整的修行階段論。

3. 在上述修行階段論的基礎上,本疏進一步闡述了衆生實際修行中佛性的存在方式。衆生修行中的佛性,不再是純粹獨立存在的理體,佛性的

〔1〕安藤俊雄:《北魏涅槃學の傳統と初期の四論師》,横超慧日編:《北魏佛教の研究》,平樂寺書店,1970年,第179—201頁。長澤圓:《初期中國佛教における〈大般涅槃經〉受容についての一考察》,《印度學佛教學研究》1997年第四十六卷第一號,第255—257頁。

顯現與衆生的發心直接相關——行中發。重視具體修行中發心和佛性的作用，或許折射出《涅槃經》在北朝滅佛的社會環境中的傳播情況。而從理和修行兩方面理解佛性，體現了此《涅槃經疏》（擬）在佛教思想史中承上啓下的地位。

《佛教文獻研究》第三輯
2019 年，311—336 頁

斯 8044、8166、9723 號綴合、定名與作者蠡測*

王招國（定源）

内容摘要： 斯 8044、8166、9723 號爲斯坦因收集的敦煌遺書。這三號殘卷的紙質、字體、行款一致，可以直接綴合，所存内容與道氤撰《御注金剛般若經宣演》有關，並且是在參考寶達撰《金剛暎》内容的基礎上撰述而成的。結合它的文書形態看，顯然是一種《御注金剛般若經宣演》的科判文獻。遼僧詮明曾經撰有《宣演科》二卷，而且他的著作曾經流傳到敦煌及吐魯番地區，故本文認爲，這三號殘卷很有可能就是詮明《宣演科》的殘存。《宣演科》的現存，不僅爲研究遼僧詮明及其著作提供了新資料，也爲探討遼代佛教與敦煌地區之間的交往，以及考察藏經洞的封閉時間等方面提供新的物證。

關鍵詞： 敦煌遺書；《御注金剛般若經宣演》；道氤；《宣演科》；詮明

作者單位： 上海師範大學哲學與法政學院

2009 年 9 月筆者遠赴倫敦考察英國國家圖書館藏敦煌遺書，主要考察英藏中關於《御注金剛般若經宣演》（以下簡稱《宣演》）及其相關寫本。[1]考察期間，承蒙業師方廣錩先生見告，英藏中的斯 8044、8166 號均與《宣演》有關。隨後，我在英藏中檢出斯 9723 號，其所存文字固然不多，但其内容也與《宣演》密切相關。通過觀察斯 8044、8166 號與

---

* 本文内容先由日文寫成，以《敦煌寫本〈御注金剛般若經宣演〉の科段文獻及びその作者》爲題發表於國際佛教學大學院大學《仙石山佛教學論集》第六號（2011 年 9 月），後收入拙著《敦煌本〈御注金剛般若經宣演〉の文獻學的研究》（大東出版社，2013 年 6 月）。現據拙著收入稿翻譯、改訂而成。

〔1〕 英國國家圖書館藏敦煌遺書中，現已判斷是《宣演》的寫本，共有七號，編號依序是：斯 771、1389、2671、2738、4052、5905、8078 號。其中有三號可以直接綴合，即斯 2738 號＋斯 771 號＋斯 2671 號。

斯 9723 號的紙質、字體發現，這三號寫本實際可以直接綴合，同屬於一種文獻的斷裂。因其内容與《宣演》有關，而且在文面上又可以看到若干朱筆所畫的科分綫條，由此初步判定它應該屬於《宣演》的科文。

《宣演》爲唐代開元年間長安青龍寺沙門道氤（668—740）所撰，是繼唐玄宗《御注金剛般若經》之後，解釋羅什譯本《金剛般若經》的著作。據筆者此前的研究可知[1]，《宣演》成書以後，流傳甚廣，影響頗巨，甚至有人對它進行過注釋。比如，敦煌遺書現存有一種題名爲《金剛暎》的寫本，即是解釋《宣演》而成。此外，高麗義天（1055—1104）《新編諸宗教藏總録》（以下簡稱《義天録》）卷一中著録有“宣演科二卷”與“宣演會古通今鈔六卷”[2]。此二書均爲遼代僧人詮明（生卒年不詳）的著作，目前雖然未見有文本傳世，但從書名上推斷，前者是《宣演》的科文，後者是《宣演》的另一種注釋書。既然遼僧詮明曾注釋過《宣演》，並撰有《宣演科》，那麽上述英藏中的三號寫本是否爲詮明《宣演科》的殘卷呢？本文即是帶著這一疑問，擬對這三號寫本進行介紹、綴合，並在考察内容的基礎上，針對其作者問題提出筆者現階段的看法。不周之處，希望大家指正。

一、斯 8044、8166、9723 號的基本情況與綴合

本文探討的這三號寫本編在斯 6980 號之後，其圖版均未被黄永武先生所編的《敦煌寶藏》所收，目前正在陸續出版的《英國國家圖書館藏敦煌遺書》（廣西師範大學出版社）也尚未公布。國際敦煌項目（IDP）網站僅公布其中的斯 8166 號。因此我們有必要先了解這三號寫本的基本情況。

（一）斯 8044 號

高 28.5 厘米，長 20.5 厘米。黄麻紙。首尾均殘，首兩行中部殘損，左上角破損嚴重。單面書寫，有淡墨烏絲欄，天地界。現存兩紙，共十三行，前一紙存九行，後一紙僅剩三行。最後一行僅存一個字痕，無法辨識。行書抄寫，書品佳，有雙行小字注文。有朱筆句讀及删除號。另在前三行的上方以及倒數第 4 行中間處有朱筆科分綫條。現已托裱，並與斯

〔1〕有關《宣演》的研究，請參見拙著《敦煌本〈御注金剛般若經宣演〉の文獻學的研究》，2013 年。

〔2〕《新編諸宗教藏總録》，《大正藏》第五十五卷，第 2184 號，第 1170 頁下 10—11。

8043、8045 號裱在一起。

（二）斯 8166 號

高 28.5 厘米，長 52.5 厘米。黄麻紙。首尾均殘，首尾下半部破損嚴重。單面書寫，有淡墨烏絲欄，天地界。現存三紙，共三十二行，第一紙僅存六行，第二紙有二十四行，第三紙僅存兩行。從中間一紙來看，每紙約二十四行，每行約二十字。行書抄寫，書品佳，卷首第一行處有雙行小字注文。有朱筆句讀及重文號。天界上方見有朱筆科分綫條，而且綫條從右到左逐一增多，第 1—10 行上方有三條横綫，第 11—19 行上方有四條横綫，第 20—32 行上方有五條至六條横綫。此外，在第十一行與第二十行首端分别有“二”字，第二十九行首端有“三”字，這三字位置均高出正文一字左右空間抄寫。卷面左下有鉛筆“S8166”。

（三）斯 9723 號

高 13.7 厘米，長 13.8 厘米。黄麻紙。首尾均殘，上半部分破損嚴重。單面書寫，有淡墨烏絲欄，僅見有地界綫。現存一紙，共九行。首行僅存一個字痕，無法辨識。行書抄寫，書品佳。有朱筆句讀。卷背有鉛筆“9723”，現已夾入硬塑料片中。

通過以上介紹可知，這三號寫本的殘損程度比較嚴重，保存文字最多的是斯 8166 號。值得注意的是，從各自紙質、字體、行款等方面來看，三號寫本完全相同。並且通過綴殘分析，結果顯示三號寫本前後文字可以直接綴合。若按所存内容先後排列，其順序是：斯 9723 號＋斯 8044 號＋斯 8166 號。玆綴合揭圖如下：

【圖版綴合】

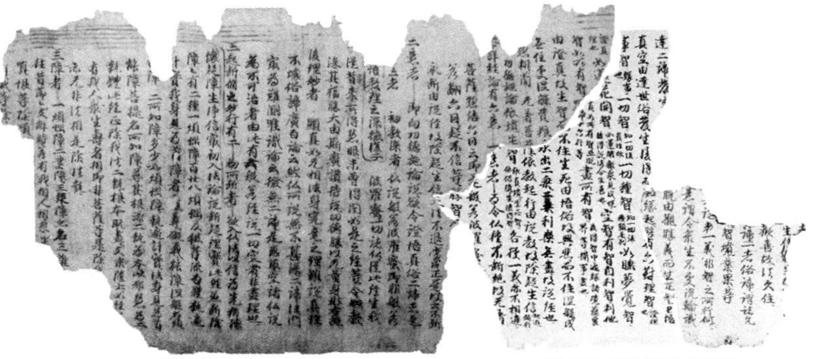

斯8166號　　斯8044號斯9723號

爲了方便討論，再將綴合後的現存文字移録如下。不過，需要作幾點説明：

（1）每行之前的數字表示綴合後的行數。

（2）第 1—9 行的雙行下畫綫部分爲斯 9723 號殘存文字。第 8—19 行的單行下畫綫部分爲斯 8044 號殘存文字。第 11—42 行的波浪綫部分爲斯 8166 號殘存文字。

（3）□表示原有字痕，無法識讀。

（4）…表示無法確知的殘缺字數。

（5）括弧内的文字表示爲小字注文。

（6）加框文字表示綴合前無法識讀，綴合後方可識讀。

（7）爲了便於理解，結合原文句讀，加了新式標點。

【文字綴合】

01 …□…

02 …生信解生故□…

03 …歡喜故，法久住

04 …□諦，一者俗諦，謂諸凡

05 …□智、境、業、果等

06 …□説第一義，非智之所行，何

07 …意，謂令衆生，不處沉輪。識

08 達二諦，發生…脱，由觀勝義，而生正智，已悟

09 真空，由達世俗，發生後得，而知緣起，略有六對，理智（證理也），

10 事智（緣事也），一切智（知一切法真性故）、一切種智（知一切法種類差别），如睡夢覺智

11 （證真理也）、如蓮花開智（如蓮開敷，衆見咸悦，後得説法，令生喜也），空智、有智、自利智、利他

12 智，如所有智（真如所有智，三脱四諦十六行等）、盡所有智（後得智中，遍緣諸境蘊處界等，攝事盡也）。

13 由證真故，生智而不住生死。由悟俗故，興悲而不住涅

槃。成

14 無住處涅槃資粮，永出二乘二乘[1]，利樂無盡，故説經也。

15 □總料簡，無著菩薩，依教起行，由説教故，除疑生信（起進修行）。

16 功德施論，依境生智（依真境生正智，依俗境生後得智），各據一義，亦不相違。

17 參詳經論有六意，一意者，爲令佛種不斷絶故。無著

18 菩薩總結六因云：即是般若波羅蜜…

19 若翻六因，疑不信等。勝智□…

20 永斷，由説經故，除疑生信。入法不退，當成正覺，故云不斷。

21 二意者，即向功德施論説，欲令證悟，真俗二諦者是。

22 □□三者，初教深者，佛説般若波羅蜜，即非般若

23 □悟教理之深微復二：波羅蜜，一切諸佛從此經生，我

24 從昔來所得慧眼，未曾得聞，如是之經等。令知教

25 深，其福勝大，由斯廣贊持説功德，勝以無量身財布施。

26 後理妙者，顯真如無相法身究竟之理，雖説真理

27 不壞俗諦。廣百論云：然佛所説，無不甚深，二諦法門，

28 最爲難測。唯識論云：撥無二諦，是惡取空，諸佛説

29 爲不可治者。由此有云：般若經説一切空者，非盡理也。

30 二起斷修之妙行有二：初所斷者，欲入佛法，以信爲先，猶豫

31 懷疑，障生淨信。最初入法論説，斷疑理實，此經兼斷除

32 障，障有二種：一煩惱障，百二十八煩惱及彼等流爲體，執遍

33 計實我，身見爲首。障者，覆義、礙義，能障涅槃名煩

34 □障。二所知障，多少如煩惱障，執遍計實法，身見爲首。

35 能障菩提，名所知障。尋其根源，二執爲本。以邪慧爲二

〔1〕“二乘”字旁，原寫本有朱筆删除號。

36 執體，此經正除我、法二執。根本既盡，支末隨亡。如經□
37 有我、人、衆生、壽者相，即非菩薩等。是除我…
38 亦無非法相，是除法執。
39 三障者，一煩惱障，二業障，三報障，亦名三雜□…
40 往昔節節支解時，若有我相、人相、衆生…
41 嗔恨等，除煩□…
42 □滅等，除□…

綴合後共存三紙，凡四十二行，最後一紙僅存兩行。若以每紙二十四行計算，實際所存内容不足二紙。除首行一字無法識讀之外，包括小字注文在内，可判讀者約七百三十七字。現存狀况首尾仍殘，卷首上方與卷末下方殘損尤甚。儘管如此，綴合之後的内容爲研究提供了便利。以下爲了論述方便，且將此稱之爲“綴合本”。

二、“綴合本”的内容分析與定名

衆所周知，英藏敦煌遺書從斯 6980 號之後，殘卷居多，加上這一部分圖版至今尚未影印公開，給研究者帶來許多不便。目前，如果想了解斯 6980 號之後的遺書情况，除了國際敦煌項目網站公布的部分圖版之外，有兩種目録書值得參考，第一種是業師方廣錩先生編著的《英國圖書館藏敦煌遺書目録（斯 6981 號至斯 8400 號）》〔1〕（以下簡稱“方目”），第二種是榮新江先生編著的《英國圖書館藏敦煌漢文非佛教文獻殘卷目録（S.6981—13624）》〔2〕（以下簡稱“榮目”）。後者如其名稱所示，它主要著録的是非佛教文獻部分，因斯 8044、8166、9723 號屬於佛教文獻，故“榮目”未予著録。而“方目”則以著録佛教文獻爲主，但其著録從斯 6981 號至斯 8400 號止。所以“綴合本”的斯 8044 號與斯 8166 號已著録在中。對於斯 8044 號，“方目”擬題作“夾注御注金剛般若波羅蜜

〔1〕 參見方廣錩編著《英國圖書館藏敦煌遺書目録（斯 6981 號至斯 8400 號）》，宗教文化出版社，2000 年。

〔2〕 參見榮新江編《英國圖書館藏敦煌漢文非佛教文獻殘卷目録》，新文豐出版公司，1994 年。

經宣演”，並在録文基礎上作了如下説明：

> 本文獻未爲歷代大藏經所收，係對道氤的《御注金剛般若波羅蜜經宣演》的注釋，注釋的部分用夾注形式出現，故名。[1]

僅從斯 8044 號，即“綴合本”的第 8—20 行來看，此號遺書雙行小字注最多，因其正文部分與《宣演》卷上大致相同，故無論從寫本形態還是文本内容，將其擬作“夾注御注金剛般若波羅蜜經宣演”無疑是最爲合理的。不過，對於斯 8166 號，“方目”的擬題另作“御注金剛般若波羅蜜經宣演卷上”，並説明“與《大正藏》本相比，文字略有參差”[2]。由此擬題可知，“方目”當年並未意識到斯 8044 號與斯 8166 號可以綴合，否則對同一種文獻，不可能擬出兩種名稱。無論如何，方目的擬題率先揭示了“綴合本”與《宣演》之間的關係，爲我們進一步研究“綴合本”内容給予極大啓發。現在的問題是，“綴合本”到底是《宣演》，還是《宣演》的注釋書，或者兩者都不是，則需要進一步分析。

綜觀“綴合本”的現存内容，目前與它關係最爲密切的祇有《宣演》卷一的開端部分。爲了便於對照，先將《宣演》的對應部分原文引述如下（大致可對應部分以下劃綫示之）：

> 然此六因，攝爲三對：初二除疑起信對；次二生智攝福對；後二悟理與教對。又前前因，能引後後由。疑斷故信解生，信解生故入深法，入深法故不退轉，不退轉故生歡喜，歡喜故法久住，其配位地，至文當釋。又依功德施菩薩論云：佛所説法，咸歸二諦：一者俗諦，二者真諦。俗諦者，謂諸凡夫、聲聞、獨覺、菩薩、如來，乃至名義，智、境、業、果相屬。演曰：俗諦之中，人法不同。人中凡聖，聖中三乘，大乘因果。如是差別法中，能詮所詮，能緣所緣，能感所感，各相繫屬，是謂俗諦。論又云：真諦者，謂即於此，都無所得，如説第一義，非智之所行，何況文字，乃至無業，無業果諸聖種性。

〔1〕方廣錩編著：《英國圖書館藏敦煌遺書目録（斯 6981 號至斯 8400 號）》，第 292 頁。
〔2〕同上書，第 328 頁。

論釋二諦，已次屬當。經云：是故此般若中，説不住相，布施一切法無相，不可取，不可説。生法無我，無所得，無能證，無成就，無來無去等，此釋真諦。又説内外，世間出世間，一切法相，及諸功德，此建立俗諦，如是應知。演曰：六塵外，五眼内，色外心内。衆生器爲世間，無漏無爲爲出世間。總説此等名，一切法相，所有校量、身命、資財、持經福等及諸功德，論意衆生不識二諦，常處沈（沉）淪，爲令衆生識達二諦，發生勝智，當得解脱。如有頌言：非不見真如，而能了諸行。皆如幻士等，雖有而非真。由觀勝義，而生正智，以悟真空，由達世俗，發生後得，而知緣起，略有六對：理智，事智，一切智，一切種智，如睡夢覺智，如蓮花開智，空智，有智，自利智，利他智，如所有智，盡所有智。諸佛菩薩無量功德，二智爲本，因識真俗，有此智生。是故説經，令悟二諦。又由證真故，生智而不住生死。由悟俗故，興慈而不住涅槃。或無住處涅槃資糧，永出二乘，利樂無盡，故説經也。上依論釋，次總料簡者，無著菩薩依教起行。功德施論，依境生智，各據一義，亦不相違。然總參詳經之與論，起一至六，攝意周盡。言一意者，爲令佛種不斷絶故。無著菩薩總結六因云：即是般若波羅蜜，令佛不斷。此意若翻六因，疑不住等，勝智不生，如理不顯，佛種永斷，由説經故，除疑生信，入法不退，歡喜弘通，當成正覺，故云佛種不斷。言二意者，即向論説。二諦者，是開爲三者：一爲悟教理之深微，二爲起斷修之妙行，三爲識果德之真化。初門復二：初教深，後理妙。言教深者，佛説般若波羅蜜，即非般若波羅蜜，一切諸佛從此經生。須菩提，深解義趣，涕淚悲泣。我從昔來，所得恵眼，未曾得聞，如是之經。無著論云：令大乘教，久住於世。由斯廣讚持説功德，勝以無量身財布施。令知教深，其福勝大。專心受學。言理妙者，爲顯真如無相法身究竟之理，雖説真理，不壞俗諦。故功德施論，依經製名，由破取著，得入真諦。不壞假名，悟達俗諦。廣百論第十云：然佛所説，無不甚深，二諦法門，最爲難測。唯識論云：撥無二諦，是惡取空，諸佛説爲不可治者。由此有云：般若經説一切空者，非盡理也。二起斷修之妙行亦爲二：初所斷，後所修。言所斷者，欲入佛法，以信爲先，猶預懷疑，障生淨信，依初入法論説，斷疑理實，此經兼斷餘障。障有二種：煩惱、所知。尋其根源，二執爲本，此經正除我、法二執。根本既盡，支末隨亡。如經若有我人衆生壽者相，即非菩薩等。是除我執，無法相亦無非法相等，是除法執。又障有三：即三雜染，我於往昔節節支解時，若有我相、人相、衆生相、壽者相，應生嗔恨等。除煩惱障，善男子、善女人，受持讀誦此經。爲人輕賤，先世罪業，即爲消滅等，除其業障。當知是經義不可思議，果報亦不可思議等，是除報障。〔1〕

通過《宣演》的上揭内容，多少可以推測彌補“綴合本”殘缺的部分文字。不過，將“綴合本”現存内容與《宣演》原文進行對照，兩者的文字相同雖多，但差異之處也非常明顯。歸納而言，主要有以下幾個方面。

（一）文字多寡不同

“綴合本”行款每行約二十字，按此計算，第 5—6 行“智、境、業、果等……□説第一義”之間的殘損部分大約有十個字，但《宣演》此處的對應文字至少還有六十多字。接著，第 6—7 行“何……意”之間殘損部分約有十個字，但《宣演》此處的對應文字至少還有一百五十個字。第 8 行“……脱，由觀勝義”兩句之間，《宣演》本文另有“如有頌言：非不見真如，而能了諸行。皆如幻士等，雖有而非真”。此四句頌完全不見於“綴合本”。第 12—13 行“盡所有智（後得智中，遍緣諸境藴處界等，攝事盡也）由證真故”之間，《宣演》本文另有“諸佛菩薩無量功德，二智爲本，因識真俗，有此智生。是故説經，令悟二諦”等二十八字。類似這種“綴合本”文字少，而《宣演》文字多的情況，其他還有，不贅舉。

與以上相反，“綴合本”也有比《宣演》增加文字的情況，這主要包含兩個部分：第一雙行小字注部分，這些文字完全不見於《宣演》；第二正文部分，主要集中在“綴合本”第 32—37 行處，即對於《宣演》的“障有二種，煩惱、所知”一文，“綴合本”敷衍解釋作“障有二種，一煩惱障，百二十八煩惱及彼等流爲體，執遍計實我，身見爲首。障者，覆義、礙義，能障涅槃名煩□障。二所知障，多少如煩惱障，執遍計實法，身見爲首，能障菩提，名所知障”。總之，兩者文字互有廣略。

〔1〕 此據《大正藏》第八十五卷所收伯 2173 號録文（從第 9 頁中至第 10 頁中），個别文字有訂正。

（二）文字表述不同

“綴合本”與《宣演》之間，有些文意雖然相近，但各自表述不同。比如，“綴合本”第7行“謂令衆生，不處沉輪”，《宣演》相應作“衆生不識二諦，常處沈（沉）淪”。顯然，《宣演》意在强調如果不了解真、俗二諦，將不斷處於生死輪回之中，而“綴合本”的表述方式是爲了不讓衆生處於生死輪回之中，故令衆生正確認識真、俗二諦的道理。再如，“綴合本”第16—17行“各據一義，亦不相違。參詳經論有六意”，《宣演》相應作“各據一義，亦不相違。然總參詳經之與論，起一至六”，兩者文意完全相同，但“綴合本”的表述更加簡潔。此外，“綴合本”第21行“二意者，即向功德施論説，欲令證悟，真俗二諦者是”，《宣演》相應作“二意者，即向論説。二諦者”，同樣，兩者文意幾乎没有差别，衹是《宣演》的表述比“綴合本”更加簡單明瞭。

（三）文字順序不同

這種情况僅有一處，即“綴合本”第24—25行“令知教深，其福勝大，由斯廣贊持説功德，勝以無量身財布施”，《宣演》則作“由斯廣讚持説功德，勝以無量身財布施。令知教深，其福勝大”。

據筆者考察，迄今爲止，《宣演》的現存文本，敦煌遺書有十七號，吐魯番出土文書有三十多號，《趙城金藏》另存一卷刻本（僅卷五内容）。通過比較，這些文本相互之間雖然難免有魚魯之訛，或因脱衍等而導致的差異，但没有像“綴合本”與《宣演》這樣差異如此之大。因此，可以斷定“綴合本”不可能是《宣演》的殘卷。雖則如此，“綴合本”與《宣演》之間的密切關係是不容忽視的。從“綴合本”的現存内容，尤其是雙行小字注文以及對煩惱、所知二障部分的解釋文字來看，“綴合本”更像是《宣演》的注釋書。

關於《宣演》的注釋書，現知者有《金剛暎》和遼僧詮明所撰的《宣演會古通今鈔》以及《宣演科》。後兩書迄今未見有文本傳世，而《金剛暎》一書在敦煌遺書和吐魯番出土文書中均有保存，現已確認者敦煌遺書有五號，吐魯番文書有兩號，各自簡要情况如下：

（1）日本村山龍平氏舊藏，兩面書寫，《金剛暎》抄在正面，存卷上部分，卷首署作者“京地清發道場沙門寶達集”。《大正藏》第八十五卷（經號：2734）據此號遺書有録文。

（2）法國國家圖書館藏伯3466號（1），存四行，上端通殘，草書抄寫。内容爲《金剛暎》卷上部分。

(3) 法國國家圖書館藏伯 3466 號 (2)，存三行，下端通殘，草書抄寫。它與前一伯 3466 (1)，抄寫筆迹相同，實際内容可以上下綴接。伯 3466 號 (1) 的首行可以直接綴合伯 3466 號 (2) 的第三行。

(4) 法國國家圖書館藏伯 4748 號，僅一紙，殘存十一行，下部殘損。首題"金剛暎序"，爲序言部分内容。

(5) 俄羅斯科學院東方學研究所聖彼得堡分所藏 Дх 08231 號，僅一紙，兩面書寫，正面存五行，内容爲道液的《淨名經集解關中疏》卷下部分。背面存四行，上下殘損，内容爲《金剛暎》卷上部分。

(6) 德國國家圖書館藏吐魯番文書 Ch255 號，殘存四行，通卷上下殘，爲卷上部分。

(7) 德國國家圖書館藏吐魯番文書 Ch3044 號，殘存十九行，通卷上殘，爲卷上部分。[1]

上述七號，村山氏舊藏《金剛暎》寫本所存内容最多，除了伯 4748 號《金剛暎序》之外，其餘三號殘存文字均不出村山氏舊藏本内容。目前的問題在於，"綴合本"是否爲《金剛暎》殘卷呢？答案是否定的。因爲，《金剛暎》與"綴合本"兩者的現存内容部分正好可以對應，通過比較顯示，兩者的文字比"綴合本"與《宣演》的差異還要大。所以，"綴合本"不可能是《金剛暎》殘卷。不過，"綴合本"與《金剛暎》的關係依然值得重視，尤其是"綴合本"中多出《宣演》的部分文字，即雙行小字注與解釋煩惱、所知二障的内容與《金剛暎》有著密切的關係。

首先，看一下"綴合本"中雙行小字注部分與《金剛暎》的關係。

如前所示，"綴合本"中不見於《宣演》的雙行小字注共有十處，其中前八處集中在"綴合本"第 9—12 行部分，主要解釋十二種智中的八種智，即：

(1) 理智（證理也）——事智（緣事也）

(2) 一切智（知一切法真性故）——一切種智（知一切法種類

〔1〕 德國國家圖書館藏吐魯番文書 Ch255 與 Ch3044 兩號，榮新江主編的《吐魯番文書總目》(歐美收藏卷) 已著録，但未予定名，均以"佛典殘片"示之。對 Ch255 號還説明是"高昌故城出土"寫本（武漢大學出版社，2007 年，第 20、246 頁）。從這兩號的筆迹風格、行款字數來看，兩者文字雖然不能直接綴合，但很可能是同一寫本的斷裂，出土自同一地方。

差别）

(3) 如睡夢覺智（證真理也）——如蓮花開智（如蓮開敷，衆見咸悦，後得説，法令生喜也）

(4) 空智——有智

(5) 自利智——利他智

(6) 如所有智（真如所有智，三脱四諦十六行等）——盡所有智（後得智中，遍緣諸境藴處界等，攝事盡也）

以上十二種智可分爲六對，“綴合本”僅對其中（1）（2）（3）（6）四對八智進行了注釋。有趣的是，“綴合本”對此八智所作的小字注文，幾乎可以在《金剛暎》中找到相應文字，其原文如下：

略有六對者，則真俗二智有六對差名也。

第一對，證理之智真，勝事之智俗。

第二對，知一切法真性故名一切智。知一切法差别相故名一切種智，則種類差别而知故，以種言而簡别也。

第三對從喻爲名，如蓮花開敷，衆見咸悦。喻後得説法，令生喜也。

如所有智者，真如所有智也。故對法論云：如所有者，三脱四諦十六行等也。

盡所有者，謂後得智中遍緣諸境也。故對法論云：盡所有者，藴處界等攝事盡故。[1]

上文首行“略有六對”屬於《宣演》原文，其後是《金剛暎》對此所作的解釋，其中下畫綫標示的部分大體可以與“綴合本”的雙行小字對應。第一對中的“事智”，《金剛暎》原文作“勝事之智俗”，其中“勝”字，恐怕是“緣”字的誤寫。[2]因爲這兩個字在行草書寫法上非常相近，容易致誤。第一對“理智”與“事智”的解釋，“綴合本”與《金剛暎》

[1] 《金剛暎》，《大正藏》第八十五卷，第2739號，第53頁中13—22。

[2] “緣事之智”的表述亦見於窺基《成唯識論述記》卷四“後得智中，緣事之智亦名分别”（《大正藏》第四十三卷，第386頁中欄）。相反，“勝事之智”，管見所見，除了《金剛暎》之外，不見於他書。

的表述雖有不同，但文意一致。隨後，第二對“一切智”與“一切種智”的解釋也並没有大的差别。第三對“綴合本”解釋“如睡夢覺智（證真理也）”部分雖然不見於《金剛暎》，但對“如蓮花開智”的解釋以及第六對“如所有智”與“盡所有智”的解釋兩者幾乎同文。此外，《金剛暎》明確指出有六對，但它未舉出第四、第五兩對名稱，而“綴合本”也唯獨没對第四、第五兩對進行解釋。兩者情況不謀而合。

其次，看一下“綴合本”另外兩處雙行小字注與《金剛暎》的關係。爲了便於説明，先將“綴合本”原文移録如下：

> 15 □總料簡，無著菩薩，依教起行，由説教故，除疑生信（起進修行）。
>
> 16 功德施論，依境生智（依真境生正智，依俗境生後得智），各據一義，亦不相違。

對應上文，《金剛暎》原文作：

> 次總料簡者，有其二意：一料簡兩論不同所以，二總對經文及論，以明説意多少不同，如疏可知。依教起行者，由説教故，除疑生信等，即是起進修行也。依境生智者，境即二諦，由依二諦，生真俗等六對之智。[1]

“綴合本”第 15 行中的“無著菩薩，依教起行”乃是《宣演》原文，《金剛暎》引後一句進行解釋，認爲演説教法的目的在於除疑生信，即“起進修行”之意，對此，“綴合本”的解釋與《金剛暎》完全相同。至於“依境生智”一句，“綴合本”與《金剛暎》的表述雖有不同，但文意大致無别，均説明由於境界的差别所獲得的智慧也不一樣，依真境（真諦）生正智，依俗境（俗諦）生後得智，二智所依境界各不相同。

再次，除雙行小字外，“綴合本”中關於解釋煩惱障與所知障的正文部分也於《金剛暎》有關。先舉“綴合本”這一部分文字如下：

---

〔1〕《金剛暎》，《大正藏》第八十五卷，第 2739 號，第 53 頁中 22—27。

32 障，障有二種：一煩惱障，百二十八煩惱及彼等流爲體，執徧
33 計實我，身見爲首。障者，覆義、礙義，能障涅槃名煩
34 □障。二所知障，多少如煩惱障，執遍計實法，身見爲首。
35 能障菩提，名所知障。尋其根源，二執爲本。以邪慧爲二
36 執體，此經正除我、法二執。根本既盡，支末隨亡。如經□

《金剛暎》原文是：

> 應知障有二種，煩惱、所知者。障者，覆義、礙義名之障。故成唯識論第九云：煩惱障者，謂執遍計所執實我，薩迦耶見而爲上首，百二十八根本煩惱及彼等流，諸隨煩惱，此皆憂惱有情身心，能障涅槃名煩惱障。所知障者，謂執遍計所執實法，薩迦耶見而爲上首。見疑、無明、愛、恚、慢等。覆所知境，無顛倒性，能障菩提名所知障。尋其根源，二執爲本者。即上論文，遍計所執實我、法二見，及相應法邪惠爲二執體性，此界與二障爲本也。

以上兩文是分別圍繞《宣演》原文“障有二種：煩惱、所知。尋其根源，二執爲本，此經正除我、法二執”所作的不同程度的解釋，兩者可以對應的部分筆者已用下綫標出，比較之後，“綴合本”的表述顯然比較簡略。《金剛暎》明確交待有引述《成唯識論》卷九内容，其中從“煩惱障者”至“能障菩提名所知障”即爲引文部分。而“綴合本”没有標明引述資料的名稱，從它的文字内容來看，直接引自《成唯識論》的可能性不大。因爲“綴合本”相應部分無論是從語序還是表述，皆與《成唯識論》卷九内容相距甚遠，尤其是“障者，覆義、礙義”一句不見於《成唯識論》，相反却見於《金剛暎》，表明“綴合本”直接參考過《金剛暎》。當然，“綴合本”與《金剛暎》之間也有一些不同措詞，比如對於《金剛暎》中“薩迦耶”（sat-kāya）一詞，“綴合本”作“身”，這僅是音譯與意譯的區别，實際文意並無出入。

通過以上考察，“綴合本”多出《宣演》的部分文字，幾乎可以在《金剛暎》中找到相應出處。我們認爲這不可能是一種巧合或偶然現象，應該是“綴合本”直接參考《金剛暎》的結果。也就是説，“綴合本”絶非《金剛

暎》殘卷，而是在參考《金剛暎》内容的基礎上進行編撰的另一部著作。

既然“綴合本”是注釋《宣演》内容，但它又不是《金剛暎》，那麽它該如果定名呢？想要回答這一問題，實際還需注意“綴合本”的文獻形態。

從文獻形態看，“綴合本”的最大特色在於它的文面上有許多朱筆科分。根據科分綫條的指示，現存内容大致可示圖如下：

- 經論有六意
  - 一意
  - 二意
    - （一）悟教理之深微
      - （1）初教深
      - （2）後理妙
    - （二）起斷修之妙行
      - （1）初所斷
        - 煩惱障、所知障
        - 煩惱障、業障、報障
      - （2）後所修（欠損）
    - （三）識果德之真化（欠損）

需説明的是，“綴合本”第 17 行以前，天頭處雖有朱筆科分，但詳細情況不明。上圖僅反映了“綴合本”第 17 行“經論有六意”之後的科分情況，第 17 行“經論有六意”之後僅存（一）（二）意内容，其中第二意分出三種子目，前二種子目爲“一悟教理之深微”“二起斷修之妙行”。第三種子目原文殘缺，可據《宣演》補作“三識果德之真化”。從這些科分看，“綴合本”的文獻形態非常獨特，並非一般的注釋書。除此之外，“綴合本”中還有一處文字需要注意：

22　□□三者，初教深者，佛説般若波羅蜜，即非般若
23　□悟教理之深微復二：波羅蜜，一切諸佛從此經生，我
24　從昔來所得慧眼，未曾得聞，如是之經等。令知教
25　深，其福勝大，由斯廣贊持説功德，勝以無量身財布施。

第 22 行“□□三者”，根據《宣演》原文，可補作“開爲三者”，所謂三者，係指如上科分所示的“一悟教理之深微”“二起斷修之妙行”以及業已殘損的“三識果德之真化”。因此，“開爲三者”之後不可與“初教深者”連讀。“初教深者”實際是次行“□悟教理之深微復二”的子目之一。據科分綫條所示，第 22 行末“若”字當與第 23 行中間處的“波”字連讀。上揭四行的正確閲讀順序應該是：

初教深者，佛説般若波羅蜜，即非般若波羅蜜，一切諸佛從此經生，我從昔來所得慧眼，未曾得聞，如是之經等。令知教深，其福勝大，由斯廣贊持説功德，勝以無量身財布施。

類似上述現象在一般注釋書中比較罕見，顯然是一種科分文獻的書寫和標記方式。因此，結合“綴合本”的文獻形態來看，我們可以擬名它爲《宣演科》。

三、《宣演科》(擬) 的作者

基於“綴合本”是《宣演科》（擬）的推論，以下嘗試探討它的作者問題。先説結論，我們認爲《宣演科》（擬）的作者可能是遼僧詮明，理由如下。

（一）詮明撰述過《宣演科》

就目前掌握的資料看，歷史上至少有兩個人曾經對《宣演》進行過注釋，一位是寶達，另一位是詮明。寶達的生卒年代不詳，大約是唐開元末至大中年間（741—860）的人物，曾住長安清發道場，撰有《宣演》的注釋書《金剛暎》。而詮明是遼代燕臺憫忠寺（即今北京宣武區法源寺）僧人，號無礙大師，大約生活於五代後唐天成年至遼聖宗統和年間（926—1012），曾主持編纂過《契丹藏》，著述頗豐，尤精唯識。[1]在他的衆多著作中有兩種與《宣演》相關，如《義天録》卷一“金剛般若經”類目下繼

〔1〕 關於詮明的生平情况，可參考張暢耕、畢素娟《論遼朝大藏經的雕印》(《中國歷史博物館館刊》總第9期，1986年，第69—89頁）與竺沙雅章《宋元佛教文化史研究》（汲古書院，2000年）等論著。然而，關於詮明的生平事迹，除了此前已經知道並被利用的智光撰《重鐫雲居寺碑記》、希麟《續一切經音義序文》以及《順天府志》卷七之外，近年在韓國松廣寺發現的《妙法蓮華經玄贊會古通今新抄》卷一之前所附由劉晟所撰的一篇序文也頗值得注意。因爲該序中談到一位官拜參知政事的河間（現在河北省滄州）刑公，他曾經撰寫過一篇詮明的“本事碑”。此碑全文目前佚，但該序中有所引用，可以爲研究詮明生平提供一些新的信息。關於此序，日本學者西脇常記已有介紹文章，即《劉晟撰〈妙法蓮華經玄贊會古通今新抄序〉について》(《文化史學》63，2007年11月）一文。此文後來作爲附録收入西脇氏《中國古典社會における佛教の諸相》第Ⅲ部—4“出ロコレクションの一斷片によせて”（知泉書館，2009年10月）文末，並改題作《劉晟撰〈妙法蓮華經玄贊會古通今新抄序〉》。不過，西脇氏在移録序文時，不知何故脱落了兩個半頁文字，需要注意。

“宣演六卷　道氤述”之後著録云：

宣演科二卷
宣演會古通今鈔六卷　　已上　詮明述[1]

以上兩書均爲詮明著作，前者是《宣演》科文，後者是《宣演》注釋書，合計有八卷。義天乃高麗文宗第四子，十一歲出家，北宋元祐元年（1086）來華求法，於次年回國，在宋期間他廣交緇素，搜羅佛典。回國後繼續向北宋以及遼、日本等地廣泛收購經典章疏，所收典籍後來大多著録在《義天録》中。《義天録》屬於“海東有本現行録”，表明上述二書至少在當時的高麗是有現本流傳的。詮明爲遼代僧人，他的某些著作雖然傳入北宋[2]，但如沈括《夢溪筆談》卷十五“契丹書禁甚嚴，傳入中國者法皆死”[3] 所言，如果考慮遼、宋之間的書禁政策，《義天録》中所著録的詮明著作，與其説是從北宋收集所得，不如説直接從遼傳入高麗的可能性更大。無論如何，此二書目前在韓國未見有傳本存世，中國本土也似乎散佚無聞。

由於《宣演科》與《宣演會古通今鈔》今無傳本，而此二書之名目前又僅見於《義天録》，故不免令人懷疑，在尚未發現此二書文本之前，或没有其他傍證的情況下，該目録所載是否值得信從呢？對此問題，我們認爲詮明對《宣演》進行注釋，並撰述《宣演科》是完全可能的，這可以從以下兩個方面進行論述。

第一，《宣演》曾經傳入遼國，並爲詮明所引用。應縣木塔出土詮明《上生經疏會古通今新抄》兩卷，在卷二中有一處《宣演》的引文：

青龍疏云：有教有行有得有果證名爲正法，有教有行而無果證名爲像法。建立像似之法，滅没正法故。雖（唯）有教在無行無證名

---

〔1〕《義天録》，《大正藏》第五十五卷，第 2184 號，第 1170 頁下 10—11。

〔2〕如日僧成尋《參天台五臺山記》第六卷載“此（北）多學慈恩宗，予學玄贊由被告示，小僧問：‘《攝釋》《鏡水抄》有無？’答：‘無。’由給以契丹僧詮明《抄》，釋《玄贊》書也者”。可見，詮明《法華玄贊會古通今抄》曾經傳到北宋。

〔3〕沈括著、胡道靜注：《夢溪筆談》，中華書局，1957 年 11 月，第 160 頁。

爲末法。佛初記別，正法一千年，像法一千年，末法一萬年，由度女人正法減半。然有兩説，一云由度女人減五百歲。雖説八敬，不減正法。由彼不行，正法還滅。故經有説（即賢劫等經也）及薩婆多等宗，皆唯（爲）正法但五百年。一云正法一千年，若［不］説八敬，全無行者，正法欲減（滅）。既有行者，正法依定，大衆部等皆作此説。〔1〕

開頭所謂的“青龍疏”就是指《宣演》，蓋因《宣演》撰述於長安青龍寺而得名。以上所引内容相當於《宣演》的卷中部分。兩者相比，除了兩處下畫綫部分不見於《宣演》原文之外，其餘文字幾乎相同。通過這一引文，可以肯定《宣演》文本曾經流傳到遼國，並爲詮明所引用。因此，詮明完全有可能對《宣演》進行注釋。

第二，詮明之所以選擇《宣演》進行注釋，應該説與他的教學傾向有關。我們知道，遼代佛教在佛教義學方面，側重於弘揚華嚴和唯識，詮明是遼代唯識學僧的代表性人物，撰寫過不少唯識學方面的著述。《義天録》中著録他的著作共有十七種，除了前面提到的兩種之外，另外還有十五種，具體書目是：

(1)《妙法蓮華經玄贊會古通今新抄》十卷（存卷一、二、六）〔2〕

(2)《妙法蓮華經玄贊會古通今新抄科》四卷（存卷二部分）

(3)《妙法蓮華經玄贊會古通今新抄大科》一卷（佚）

(4)《金剛般若經消經鈔》二卷（佚）

(5)《金剛般若經消經鈔科》一卷（佚）

---

〔1〕《宋藏遺珍》第六卷，第4181頁。

〔2〕《新抄》共有十卷，目前不見有全本傳世，現存者僅卷一、卷二和卷六。文本形態共有三種：即遼代刻本、韓國刻本和吐魯番出土寫本。遼代刻本最早是1974年在山西應縣佛宫寺釋迦塔中發現，存卷二和卷六。關於這兩卷的圖版及其書志情況，可參見1991年文物出版社出版的《應縣木塔遼代秘藏》一書。吐魯番出土寫本目前僅發現一種殘片，現存旅順博物館，僅有七行，圖影已收入1978年日本京都法藏館出版的《吐魯番出土佛典研究·高昌殘影》，該書原擬名作《論語疏》，但實際内容是《新抄》的卷二部分。至於韓國刻本，2004年在韓國松廣寺四天王像的腹内發現，存卷一和卷二，其中卷一内容完全不見於其他傳本，且卷首有序，極爲珍貴。此外，日本貞慶撰《法華經開示抄》中引用《新抄》至少有二十餘處，有些明確記載引自《新抄》的卷五和卷十部分，這些佚文同樣非常珍貴，值得進一步研究。

(6)《彌勒上生經疏會古通今新抄》四卷（存卷二、四）[1]
(7)《彌勒上生經疏會古通今新抄科》一卷（存）
(8)《彌勒上生經疏會古通今新抄大科》一卷（佚）
(9)《成唯識論詳鏡幽微新鈔》十七卷（佚）
(10)《成唯識論述記應新抄科文》四卷（存卷三）
(11)《成唯識論述記應新抄大科》一卷（佚）
(12)《百法明門論金臺義府》十五卷（佚）
(13)《百法明門論金臺義府科》二卷（佚）
(14)《百法明門論金臺義府大科》一卷（佚）
(15)《續開元釋教録》三卷　詮曉集　舊名詮明（佚）

上列著作大多已經亡佚，即使部分有所保存，也僅是零本而已。僅從上列書目來看，可以知道有不少屬於唯識學方面的論著。不僅如此，仔細觀察這些注釋書，其中（1）《妙法蓮華經玄贊會古通今新抄》、（6）《彌勒上生經疏會古通今新抄》、（10）《成唯識論述記應新抄科文》等三種，都是對唐代唯識學家窺基（632—682）著作的復注書。詮明作爲一位唯識學僧人，他精研《成唯識論》《百法明門論》等唯識學原典是完全不足爲奇的，他如此重視窺基的唯識學著作並加以進一步詮釋，無疑充分反映了他的教學立場和興趣所在。

詮明之所以對《宣演》產生興趣，正是因爲他自己的教學思想取向與《宣演》一書的內容性質相吻合。《宣演》是一部《金剛經》的注釋書，從《金剛經》自身所闡發“空”的思想立場來看，它與唯識學“有”的思想似乎並無關涉，但綜觀《宣演》內容可以知道，作者道氤引用了大量的玄奘新釋的唯識學經論，同時還參考和引述過不少窺基的唯識學著作，使得《宣演》一書具有濃厚的唯識思想特色，表明道氤在教學思想方面的立場。正基於這一原因，後人有時還將《宣演》與唯識學著作並列進行論述，如日本僧人圓珍在中國收集到《宣演》文本之後，在他自己的著作《授決集》中談到以下一段話：

---

〔1〕 日本東大寺宗性抄《彌勒如來感應抄》第一中見有“又云：釋詮明作上生經四卷，釋委明天上幽玄，復用白檀木造慈氏三寸像，恭敬供養”（參見平岡定海著《東大寺宗性上人之研究並史料》下，日本學術振興會刊，1960 年，第 257 頁）。此《上生經》四卷，當指《上生經疏會古通今抄》而言。

又余請來成唯識家疏，隨分不少，隨覽多説，成不成義，自非如來，莫執諍之。揩《淨名疏》、從方法師《百法幽抄》《青龍金剛經疏》等，總導無定性、二乘永入無餘，不回入於大乘之理。《掌記抄》中，數數亦爾，可信受之。〔1〕

上文圓珍引用了揩《淨名疏》、從方法師《百法幽抄》以及《青龍金剛經疏》以證成無定性與二乘者皆可證得無餘涅槃之説。揩，即指神楷，如宋從義撰《法華經三大部補注》卷四“若蒙諸佛等覺悟時，於所知障亦解脱故，西京崇福神楷法師淨名疏中廣破此説”〔2〕。《宋高僧傳》卷四有“周京兆崇福寺神楷傳”，根據此傳，他是“大乘基之法門猶子也”〔3〕。神楷《淨名疏》現已不存，從他的師承譜系來看，不難推測該書是一部以唯識學的角度進行注釋的著作。而《百法幽抄》現收入《續藏經》卷四十八的《百法論幽顯抄》（僅存卷一、二、七），作者從方有時寫作從芳。此書是解釋《百法明門論》，屬於唯識學著作。至於《青龍金剛經疏》，當然就是指《宣演》。需要指出的是，此處《宣演》與《淨名疏》《百法幽抄》等並舉，表明圓珍已將《宣演》視爲一部唯識學的著作。此外，《宣演》在日本的平祚《法相宗章疏》（914 年成書）、藏俊《注進法相宗章疏》（1094 年成書）均有著録〔4〕，均視它爲唯識法相方面的著作之一。

總之，詮明對《宣演》進行注釋，一方面基於他自己的教學思想取向，另一方面也與《宣演》作者道氤的思想立場以及《宣演》内容所具有的理論特色有關。

此外我們還注意到，在《義天録》著録的詮明著作中，尤以科判類文獻居多，甚至同一種著作存在兩種科判的情況，例如《妙法蓮華經玄贊會古通今新抄科》與《妙法蓮華經玄贊會古通今新抄大科》、《彌勒上生經疏會古通今新抄科》與《彌勒上生經疏會古通今新抄大科》等。科判文獻可

〔1〕《授決集》，《大正藏》第七十四卷，第 2367 號，第 304 頁上 19—24。

〔2〕《法華經三大部補注》，《續藏經》第二十八卷，第 0586 號，第 201 頁中 3—4。關於神楷的《淨名疏》，《義天録》第一卷有著録“（維摩經）疏七卷　神楷述”，據此可知，神楷的《淨名疏》共有七卷。

〔3〕《宋高僧傳》，《大正藏》第五十卷，第 2061 號，第 730 頁下 18—19。

〔4〕《法相宗章疏》著録“金剛般若宣演三卷　道氤述”；《注進法相宗章疏》著録“同經宣演三卷（道氤集）”。

以說是理解一種經疏的綱目，詮明相當注重這類文獻的創作，《宣演科》即是其中之一。這也加强説明《宣演科》（擬）作者是詮明的可能。當然，應該指出，從詮明的著作目録來看，所有科判文獻都是針對他自己的著作而撰述的。也就是説，《義天録》著録的"宣演科二卷"，有可能不是對道氤《宣演》所作的科判，而是詮明自己《宣演會古通今鈔》的科判。這僅是綜觀詮明著述的特點之後所作的假説，就《義天録》所著録的内容而言，這種假説目前尚無法成立。即使可以成立，也不會影響我們對《宣演科》（擬）作者是詮明的推論，祇需要將《宣演科》的擬名改爲《宣演會古通今鈔科》即可。

（二）敦煌遺書、吐魯番文書中存有詮明著作

詮明的著作廣泛流傳於東亞地區，西至敦煌、吐魯番，東至高麗、日本均有流傳。敦煌遺書伯 2159 號即抄有詮明的著作。此號遺書兩面抄寫，正面抄唐代知恩《金剛般若經依天親菩薩論贊略釋秦本義記》（以下簡稱《義記》）。背面抄兩個文獻：一是《妙法蓮華經玄贊科文卷第二》，二是《大方廣佛華嚴經卷第七十二》。背面卷首兩紙抄《妙法蓮華經玄贊科文卷第二》，與此相同的首題凡三見，前兩處首題下分别署有"燕臺憫忠寺沙門　詮明　科定"與"燕臺寺忠寺沙門　詮明　科定"。第二紙末有餘白，但没有接著抄寫。後兩處所抄内容與前面重複，顯然是爲了練筆而抄。此所謂《妙法蓮華經玄贊科文》，實際是《義天録》中著録的《妙法蓮華經玄贊會古通今新抄科》，此書共有四卷，伯 2159 號背僅抄其卷二的開端部分。伯 2159 號背所抄《妙法蓮華經玄贊科文》内容雖然有限，但明確有作者署名，可以肯定詮明的著作曾經傳到敦煌，而且巧合的是，伯 2159 號背所抄内容與《宣演科》同樣屬於科判著作。

敦煌遺書發現詮明的著作，除了能藉此證明詮明著作的確傳入敦煌之外，還可以爲探討敦煌藏經洞的封閉時間提供有力的物證。對此問題，畢素娟曾經撰有《遼代名僧詮明著作在敦煌藏經洞出現及有關問題》一文[1]已有所探討。此文根據《妙法蓮華經玄贊科文》這條材料，結合詮明的生存年代以及《妙法蓮華經玄贊科文》傳入敦煌的時間，提出敦煌藏

〔1〕 畢素娟：《遼代名僧詮明著作在敦煌藏經洞出現及有關問題》，《中國歷史博物館館刊》1992 年總第 18—19 期，第 133—139 頁。

經洞的封閉時間當在曹賢順降夏的天聖八年（1030）至西夏正式占領敦煌的景祐二年（1035）之間。其實，這種説法是法國學者伯希和最早提出的[1]，屬於敦煌藏經洞封閉原因中的宋初避西夏之亂説。關於敦煌藏經洞的封閉時間和原因，一百多年來議論頗多，至今懸而未決。這裏想指出的是，畢素娟在她的文章中多次引用《遼史》，列舉了遼朝與敦煌之間的交往記録，説明敦煌從歸義軍曹氏政權以及曹義金時期開始就與遼朝有著朝貢的關係，並認爲伯 2159 號可能是來往於遼國燕京與敦煌之間的僧人在燕京或西京（即今大同）等地抄寫，之後再帶回敦煌的，她的理由是伯 2159 號所抄知恩的《義記》與《大方廣佛華嚴經》盛行於遼國境内和五臺山一帶。至於《妙法蓮華經玄贊科文》的抄寫時間，該文認爲可能抄寫於應曆十五年至統和二十年（965—1002）之間，而傳入敦煌的時間當在敦煌曹宗順、曹賢順時期，相當於遼統和二十四年至開泰九年（1006—1020）之間。

其實，伯 2159 號具體在何時、何地抄寫，是否先在遼國所抄之後再傳入敦煌，可能還需要進一步論證。從伯 2159 號的抄寫情况，我們注意到，本遺書正面所抄的知恩《義記》，首尾完整，而背面第一個文獻《妙法蓮華經玄贊科文》僅有兩紙，第二個文獻《大方廣佛華嚴經卷第七十二》首尾也是完整的，背面的兩個文獻内容没有必然聯繫。在行款風格上，前一個文獻所用紙張没有烏絲欄，也没有天地界，而第二個文獻有，而且每行約十七字左右，抄寫相當規範。此外，從伯 2159 號正背面的字迹來看，三個文獻中《大方廣佛華嚴經卷第七十二》應該抄寫最早，抄寫時間大約在八九世紀。筆者認爲，知恩《義記》可能是利用《大方廣佛華嚴經卷第七十二》的背面進行抄寫的，是抄寫者抄至卷末時發現紙張不夠，於是再用抄有《妙法蓮華經玄贊科文》的兩紙進行綴補。因此，《妙法蓮華經玄贊科文》當是利用廢紙抄寫而偶然被保存下來的。基於這一點，我們認爲知恩《義記》當在敦煌地區所抄，抄寫時間在《妙法蓮華經玄贊科文》傳入敦煌之後。因爲相對比較發達的遼國而言，地處西陲的敦煌紙張來之不易，出現紙張緊缺的情况極爲正常。所以，現存兩紙的《妙法蓮華經玄贊科文》不太可能直接從遼國傳入敦煌，而是根據傳入敦煌地

〔1〕 伯希和：《敦煌石室訪書記》，《北京圖書館館刊》1935 年第九卷第五號。

區的另一種抄本在當地練習抄寫之後而被再次利用的。無論如何，敦煌遺書中出現詮明的著作，可以爲我們主張《宣演科》（擬）爲詮明著作提供有力的傍證，説明敦煌遺書中出現詮明的著作並不足爲怪。

不僅如此，詮明的著作進一步流傳到了吐魯番地區。關於這一點，日本學者西脇常記先生已經指出[1]，他在吐魯番文書中揭出詮明的兩種著作，即《彌勒上生經疏會古通今新抄》及其科文。前書現存有 Ch/U6121＋Ch/U6002（這兩號上下可以綴接，中間部分殘損）、Ch/U6228、Ch/U7372 以及從《吐魯番柏孜克里克石窟出土漢文佛教典籍》卷下所收編號爲 162：81TB10：07a 殘片。[2]此外，筆者還發現，《吐魯番柏孜克里克石窟出土漢文佛教典籍》卷下最後一號未定名的 255：81TB10：03a 殘片[3]，以及德藏吐魯番文書 Ch367V，也是《彌勒上生經疏會古通今新抄》寫本。這些殘片與現存的趙城廣勝寺本《彌勒上生經疏會古通今新抄》卷二、卷四内容無法重疊，根據其所引的疏文原文推測，相當於廣勝寺本卷三或卷四之前半部分，可以補缺。從筆迹風格上看，這七號寫本可能屬於同一寫本的斷裂，同一個地方出土。至於《彌勒上生經疏會古通今新抄科》，吐魯番文書中現知者有兩號，均爲刻本，分别是 Ch/U1054＋Ch/U1615（這兩號上下可以綴接）。關於這一科文，現知除了趙城廣勝寺本之外，還有應縣木塔出土的遼刻本，廣勝寺本題爲《上生經疏隨新抄科文》（前殘），遼刻本題爲《上生經疏科文》（首尾全），題名雖然有别，實際是同一書。遼刻本末附有刊記"時統和八年歲次庚寅八月/癸卯朔十五日戊午故記，/燕京仰山寺前楊家印造，/所有講贊功德，/回施法界有情"[4]，這是我們目前唯一可以據以斷定詮明著作撰述年代的信息。

我們知道，遼國作爲少數民族統治北方的政權，在其立國的兩百餘年中，與五代、北宋長期對峙，並且在對外文化交流上采取禁書政策，但在民間社會以及宗教文化交流方面依然割不斷與外界的溝通。况且遼國燕京

---

〔1〕 西脇常記：《中國古典社會における佛教の諸相》"8 唯識關係新史料"，知泉書館，2009 年，第 203—231 頁。

〔2〕 新疆維吾爾自治區吐魯番學研究院、武漢大學中國三至九世紀研究所編：《吐魯番柏孜克里克石窟出土漢文佛教典籍》卷下，文物出版社，2007 年，第 419 頁。

〔3〕 同上書，第 444 頁。

〔4〕 山西省文物局、中國歷史博物館編：《應縣木塔遼代秘藏》，文物出版社，1991 年，第 288 頁。

地處燕雲十六州故地，加之遼國上下無不信佛，在佛教文化交流方面，遼國與敦煌、吐魯番地區的交往仍然比較頻繁。詮明著作在敦煌遺書和吐魯番文書中保存至今，就是遼與敦煌、吐魯番地區交往的最有力的物證。

總之，關於《宣演科》（擬）作者，通過以上兩方面的分析，我們認爲最大的可能就是遼僧詮明。

四、餘　論

《宣演科》（擬）如果是詮明著作，還有一些遺留問題，那就是《宣演科》（擬）的抄寫年代與詮明的生存年代是否相符，《宣演科》（擬）與詮明現存的其他科判文獻是否有類同現象。因爲這些問題涉及本文的推論，因此有必要作進一步解釋。

首先，《宣演科》（擬）的抄寫年代與詮明的生存年代是否相符的問題。如前所述，《宣演科》（擬）僅是一件殘存四十二行的寫本，没有題記。它的抄寫年代衹能根據它的字體風格加以判定。業師方廣錩先生曾經判定《宣演科》（擬）中的斯 8044、8166 號爲唐代寫本，没有具體説明時間。僅從《宣演科》（擬）寫本的字體來看，的確具有唐代的寫本風格。不過，斷定一種寫本的抄寫年代，除了需要考慮它的字體以及紙質之外，寫本内容也是一個非常重要的判斷指標。從《宣演科》（擬）内容來看，《宣演科》（擬）的撰述年代自然不會早於 9 世紀中葉。因爲通過我們以上對《宣演科》（擬）内容的考察，可以肯定它是在參考《金剛暎》内容的基礎上進行撰述的。《金剛暎》是寶達的著作，寶達的生卒年代目前雖然尚不清楚，但它作爲一部《宣演》的注釋書，其撰述年代不可能早於《宣演》成書的開元末年（約 741 年），這是《金剛暎》成書的上限時間。至於其下限時間，《金剛暎》之名現知最早見於日僧圓珍的《智證大師請來目録》，其中著録有“金剛經暎三卷（寶達）”[1]。《智證大師請來目録》成書於日本天安三年，即唐大中十三年（859），這意味著《金剛暎》肯定在開元末至大中十三年（741—859）之間的百餘年中撰述而成。既然《宣演科》（擬）受《金剛暎》的内容影響，那它的成書年代肯定就在大中十三年之後。而

〔1〕《智證大師請來目録》，《大正藏》第五十五卷，第 2173 號，第 1105 頁下 1。

詮明的生活年代大約在五代後唐天成至遼聖宗統和末年（926—1011）之間，如果以現存統和八年（990）撰述的《上生經疏科文》爲推斷標准，詮明的大部分著作撰寫於 10 世紀末至 11 世紀初，這是没有問題的。也就是説，《宣演科》（擬）如果作爲詮明的作品，則其抄寫年代不可能早於 11 世紀。因此，《宣演科》（擬）是否可以作爲 11 世紀的寫本，是一個遺留問題。

當然我們知道，一個時代有一個時代的書寫特點和字體風格。根據字體來判斷寫本年代，是研究寫本過程中一種比較可靠且行之有效的方法，但諸事都有例外。有時候同一時期寫本，字體風格迥異的情況是存在的。況且斷定寫本年代，需要綜合考慮字體、紙張、内容等諸多因素，其中除了需要有標本作爲參考資料之外，也受到斷定者對書法鑒賞能力的制約。結合本文情況不妨舉一個例子。即前文提到柏孜克里克石窟出土的 162：81TB10：07a 與 255：81TB10：03a 殘片，在《吐魯番柏孜克里克石窟出土漢文佛教典籍》一書中均被斷定是唐代寫本[1]，實際它是詮明作品，不可能存在遼代著作的唐代寫本。

其次，《宣演科》（擬）與詮明現存的其他科判文獻是否存在類同的現象問題。至今爲止，在詮明的現存著作中屬於科判類的文獻共有三種即《妙法蓮華經玄贊科文》（伯 2159 號背）、《上生經疏科文》（廣勝寺本、遼刻本和吐魯番出土刻本）和《成唯識論應新鈔科文》（遼刻本）。無論寫本抑或刻本，各自的文獻形態大體相同，即前舉注釋書的段落結構和條目，並按前後層次予以分級標出，如果有二級層次，通常用“初”“二”或“初”“後”表示。如果有二級層次以上，往往以“初”“二”“三”等依次示之。應該説這是一般科判文獻的形態。然而，從現存《宣演科》（擬）的情況來看，其段落結構和科判層次雖與一般的科判文獻相同，但其中所含有的解釋性語句，有些是以雙行小字注的方式出現，這在一般科判文獻中極爲少見。也就是説，在文獻形態上《宣演科》（擬）與詮明現存的其他科判文獻之間既有相同，也有差異。這種差異僅是一種文獻形態上的變化現象，還不足以否定我們的上述推論。相反，由詮明著作目録我們注意

---

〔1〕 新疆維吾爾自治區吐魯番學研究院、武漢大學中國三至九世紀研究所編：《吐魯番柏孜克里克石窟出土漢文佛教典籍》卷下，第 524、533 頁。

到，對於同一種注釋書，它往往有兩種科判類文獻。既然如此，科判文獻之間有所不同是正常的，表明詮明著作中的同一類文獻很可能存在不同形態的文本。

總而言之，《宣演科》（擬）作爲詮明的著作雖然留下上述問題，但還不足以影響本文的推論。所以，《宣演科》（擬）的遺存，不僅爲研究遼僧詮明及其著作提供了新的資料，也爲探討遼代佛教與敦煌地區之間的交往，以及考察藏經洞的封閉時間等方面提供新的物證，值得重視。

編 後 記

2016年10月，上海師範大學哲學與法政學院敦煌學研究所舉辦了“敦煌遺書與佛教研究國際學術研討會”，會議共收到論文二十篇。來自國外的法國遠東學院、法國國家圖書館、日本駒澤大學、日本國際佛教學大學院大學、韓國高麗大學、丹麥哥本哈根佛教研究會及國内的中國社會科學院、敦煌研究院、北京大學、復旦大學、四川大學、中央民族大學、上海師範大學、台灣銘傳大學、台灣成功大學等單位的二十多位學者參加了會議。

會議爲期兩天，參會學者圍繞會議主題展開討論，議題涉及敦煌遺書與佛教宗派、海外藏敦煌遺書、敦煌遺書學術史、敦煌遺書與傳世文獻、敦煌遺書文本及思想研究等各個方面。會議討論熱烈，既加强了友好交流，又拓展了學術視野。

爲了體現本次會議的學術成果，《佛教文獻研究》編委會决定將本次會議論文作爲“敦煌遺書與佛教研究”專輯發表。本輯收入的十六篇論文，刊布前均請有關作者做了重新修訂。會議論文中，有幾篇論文作者已另作他投，未能一並收入，稍有遺憾！

從會議召開至會議論文正式出版，前後已有三年多時間。在此，謹對文章作者表示歉意，也希望得到讀者的諒解！

《佛教文獻研究》編委會

2019年10月20日

稿　約

爲促進漢文佛教文獻學的發展，上海師範大學哲學與法政學院敦煌學研究所特編輯出版《佛教文獻研究》學術刊物。歡迎海内外學者不吝賜稿。

相關説明：

（一）來稿（含圖版）應遵守學術規範，字數不限，要求言之有物。歡迎利用新材料、新方法研究問題。

（二）來稿請用 WORD 文檔，並盡可能附與 WORD 文檔相同的 PDF 文檔。如有圖版，請附清晰數碼照片。

（三）來稿請遵守本《稿約》所附的“《佛教文獻研究》來稿格式”。

（四）本刊實行雙向匿名審稿制，來稿行文中請勿透露作者信息。來稿請另附作者真實姓名、出生年月、工作單位、職稱等基本信息，以及通訊地址、電子郵箱、電話等聯絡方式。發表時使用實名或筆名，尊重作者意願。

（五）接到來稿後，本刊將在三個月内做出刊用、建議作者修訂後刊用、退稿等決定，並通知作者。在收到通知之前，請勿一稿多投。如作者不願意對文稿進行修訂，請於投稿時説明；如作者修訂後依然没有達到發表標準，本刊將做退稿處理。

（六）來稿一律不退，請自留底稿。

（七）來稿一經發表，略致薄酬。並贈奉同期本刊兩本，抽印本二十册。

（八）在本刊發表的文章，本刊享有版權。

（九）本刊聯絡方式：

地址：上海市徐匯區桂林路 100 號
上海師範大學敦煌學研究所
郵編：200234　傳真：021-64328950
投稿郵箱：dy21jp@163.com

附：《佛教文獻研究》來稿格式

（一）來稿由標題、作者、内容摘要、關鍵詞、作者單位名稱、正文組成。必要時可於文末附參考文獻，參考文獻請按中、日、西、俄文順序排列，同一文種參考文獻請按作者姓名首字音序排列。

（二）内容摘要以三百字左右爲宜，關鍵詞不超過五個。

（三）來稿標題層次請按照一、（一）1.（1）的順序處理。

（四）來稿正文使用宋體。獨立引文使用華文楷體，不需引號。

（五）來稿一律采用新式標點符號，繁體横排。注釋一律采用腳注，每頁重新編號，腳注號碼用阿拉伯數字〔1〕、〔2〕、〔3〕……表示。注釋號碼在句中的位置如下例所示：×××〔 〕，×××〔 〕。“×××”〔 〕，“×××。”〔 〕

（六）中、日文書名，論文名及雜志名均加書名號，如《×××》。其他外文，書名、雜志名以斜體字表示，論文名加雙引號，如“×××”。

（七）徵引格式：

1. 引用“CBETA 中華電子佛典集成”時，要求使用最新版本，並標明年代，標注格式爲“CBETA（2018），T04，no.0200，p.213c23”。引用紙質本藏經時，標注順序爲藏經名、卷數、經號、頁碼、欄次、行數，標注格式爲“《大正藏》第 4 卷，第 0200 號，第 213 頁下 23”。頁碼連接號以“-”表示，標注格式爲“CBETA（2018），T04，no.0200，pp.213c23－214a13”，或標注爲“《大正藏》卷四，第 0200 號，第 213 頁下 23－214 頁上 13”。

2. 作者本人對引文作文字訂正，請用腳注逐一標注。若據 CBETA（2018）或《大正藏》勘記訂正文字，可統一標注，標注格式爲“CBETA

(2018)，T04，no.0200，p.213c23－28。文字據校勘記有訂正"；或標注爲"《大正藏》卷四，第0200號，第213頁下23－28。文字據校勘記有訂正"。

3. 引用專著、叢書時，標注順序爲作者名（或編者名）、書名（含卷册數）、出版社、出版時間、頁碼。例如：

（1）湯用彤：《漢魏兩晉南北朝佛教史》（增訂本），北京大學出版社，2011年，第10頁。

（2）任繼愈主編：《國家圖書館藏敦煌遺書》第44册，北京圖書館出版社，2007年，第278頁。

（3）敦煌研究院編：《敦煌遺書總目索引新編》，中華書局，2000年，第10頁。

4. 引用論文集、文獻彙編等編輯作品時，要標出析出文獻（文章）的作者與析出文獻的名稱。標注順序爲作者名、篇名、編輯者名、書名（含卷册數）、出版社、出版時間、頁碼。文章作者與編輯者一致時，後者可略去。例如：

（1）張岱年：《論宋明理學的基本性質》，任繼愈主編：《儒教問題爭論集》，宗教文化出版社，2000年，第50－62頁。

（2）陳垣：《校書法四例》，張舜徽選編：《文獻學論著輯要》，中國人民大學出版社，2011年，第308頁。

5. 引用期刊論文時，標注順序爲作者名、文章名、期刊名（含卷册數或期號）。例如：

方立天：《慧能創立禪宗與中國佛教化》，載《哲學研究》2007年第4期。

6. 引用未正式出版的學位論文時，標注順序爲作者、文題（括注所屬學術機構及論文性質）、完成時間、頁碼。例如：

侯沖：《中國佛教儀式研究——以齋供儀式爲中心》（上海師範大學博士學位論文），2009年3月，第10頁。

7. 引用未正式出版的會議論文時，標注順序爲作者、文題、會議名稱、地點及時間、頁碼。例如：

伍小劼：《〈大灌頂經〉與〈出三藏記集〉"新集續撰失譯雜經録"中的咒語類經典研究》，"第二屆中國密教國際學術研討會"論文集，浙江紹興，2013年6月，第12頁。

8. 除了“CBETA 中華電子佛典集成”外，如引用網絡資料，應爲僅見於網絡之資料。標注格式請參照上列相關文獻格式，並請加注網頁地址，括注下載時間。

（八）文中第一次出現帝王年號時，請括注公元紀年。第一次提到外國人名的漢譯時，請括注外文名。引用敦煌遺書時，請用“北敦”“斯”“伯”等中文首字指代收藏單位。

（九）文中如有録文，請參照《藏外佛教文獻》總第十六輯的《録文校勘體例》。